PENSEURS DE LA LIBERTÉ

Collection dirigée

par

Alain Laurent

La collection « Penseurs de la Liberté » a pour vocation de publier des ouvrages d'histoire des idées et des biographies intellectuelles d'auteur contribuant, dans un esprit d'ouverture dénué de tout souci de pureté doctrinale, à l'approfondissement et la promotion de la liberté individuelle.

L'ÉGOÏSME VERTUEUX

THIERRY GONTIER

L'ÉGOÏSME VERTUEUX

Montaigne et la formation de l'esprit libéral

Penseurs de la liberté

les belles lettres

95, bd Raspail 75006 Paris.
www.lesbelleslettres.com

ISBN : 978-2-251-45398-9

AVANT-PROPOS

Cet ouvrage prolonge une série de conférences données en 2016 à l'Université catholique de Louvain-la-Neuve dans le cadre de la chaire Mercier. Je remercie les collègues belges qui m'ont donné cette opportunité, et en particulier Jean-Michel Counet qui a organisé ces conférences. Je remercie aussi les membres de l'Atelier Montaigne, créé en 2013 grâce au soutien du LabEx COMOD, qui ont ouvert bien des horizons à ma recherche. Plutôt que publier cet ouvrage dans une collection académique d'histoire de la philosophie, j'ai souhaité qu'il le soit dans cette collection dédiée à la pensée libérale et à son histoire : je remercie son directeur, Alain Laurent, d'avoir accepté de l'y accueillir.

Plusieurs des questions ici traitées ont fait l'objet d'articles publiés dans différentes revues et ouvrages collectifs. Je les ai pour la plupart modifiés, souvent sur des points importants, voire totalement réécrits. Pour ne pas y faire à chaque fois référence dans mes notes, j'en ai dressé la liste dans la bibliographie.

La rédaction de cet ouvrage a été achevée en décembre 2020. Je n'ai pu prendre en compte que très partiellement, et souvent de façon allusive, la littérature postérieure.

Les références aux *Essais* de Montaigne proviennent de l'édition de Pierre Villey (Paris, PUF, 1924, rééditée dans la collection Quadrige en trois volumes, puis en un seul).

J'indique successivement le livre, le chapitre et la page dans cette édition. Je ne me sers des symboles [A] (édition de 1580), [B] (édition de 1588) et [C] (ajouts manuscrits de Montaigne à l'édition de 1588 sur l'Exemplaire de Bordeaux) que lorsqu'ils sont utiles à mon propos.

Sauf précision, c'est toujours moi qui traduis les textes en langue étrangère.

Dans mes références bibliographiques, je me sers des deux abréviations suivantes :

– *BSAM* : *Bulletin de la société des amis de Montaigne* ;

– *MS* : *Montaigne Studies*.

INTRODUCTION

The effects of civil war on the mind of men. A general ferment of fanaticism, discord and faction. Two singular exceptions. Montaigne in his retirement. Henry IV on the thron.

Edward Gibbon[1]

Gibbon reckons, in these bigoted times, but two men of liberality in France, Henry IV and Montaigne.

Ralph Waldo Emerson[2]

La lecture libérale de Montaigne

La plupart des généalogies du libéralisme ne mentionnent guère la figure de Montaigne. Celles-ci se concentrent le plus souvent sur une histoire britannique : n'est-ce pas dans l'Angleterre du XVIIe siècle que les mutations intellectuelles ont été accompagnées d'une révolution politique effective, la révolution dite « glorieuse »,

1. Edward Gibbon, *Miscellaneous Works of Edward Gibbon, With Memoirs of His Life and Writings Composed by Himself…*, vol. 5, Londres, 1814, p. 537.

2. Waldo Emerson, « Montaigne: or the Skeptic », *Representative Men*, dans *The Complete Writings of Ralph Waldo Emerson…*, New York, Wm. H. Wise and Co., 1929, p. 376.

donnant naissance à des institutions politiques durables et ayant la valeur d'un modèle dans l'Europe et l'Amérique des siècles suivants ? Et n'est-ce pas avec Adam Smith, au XVIIIe siècle, que la doctrine libérale a trouvé avec l'économie du marché son modèle théorique ? Nombre d'ouvrages sur l'histoire du libéralisme partent de John Locke : si la pensée prélockéenne n'est pas oubliée, elle est en général reléguée dans une simple introduction et souvent limitée à une histoire anglo-saxonne[3]. Montaigne y tient le plus souvent une moindre place que Hooker, Hobbes ou Milton. Même Stephen Holmes, qui adopte une vision plus large du libéralisme et de sa généalogie, dans laquelle il admet des penseurs de la souveraineté absolue comme Jean Bodin et Thomas Hobbes, ne cite guère l'auteur des *Essais*[4].

Cela est vrai non seulement des généalogies anglo-saxonnes du libéralisme, mais aussi des généalogies « françaises », dont on pourrait s'attendre à ce qu'elles prêtent une oreille plus attentive aux sources continentales de la pensée libérale. La synthèse de Catherine Audard, tout en faisant droit aux valeurs fondatrices du libéralisme que sont la souveraineté de l'individu, la liberté de conscience ou l'égalité des hommes en dignité, fait remonter ce proto-libéralisme à Hobbes et à Locke[5] ; si elle inscrit sa généalogie dans un contexte global européen, son histoire du libéralisme reste principalement une histoire anglaise[6]. Soucieux de penser le libéralisme

---

3. Voir par exemple le recueil de textes d'Alan Ryan, *The Making of Modern Liberalism*, Princeton/Oxford, Princeton University Press, 2012, qui commence son récit avec Hobbes.

4. Stephen Holmes, *Passions and Constraint: On the Theory of Liberal Democracy*, Chicago, University of Chicago Press, 1995.

5. Voir Catherine Audard, *Qu'est-ce que le libéralisme ? Éthique, politique, société*, Paris, Gallimard, 2009, p. 42-67.

6. « L'émergence de l'individu libéral est celui de situations d'une violence extrême : en Europe, les guerres de Religion et la révocation de l'édit de Nantes par Louis XIV le 18 octobre 1685, en Angleterre, la première révolution anglaise et la république de Cromwell,

au-delà d'une doctrine strictement économique, Lucien Jaume se réfère à quelques auteurs français, mais en se limitant à la fin du XVIIe et du début du XVIIIe siècle (avec en particulier Bayle et Montesquieu)[7]. L'ouvrage collectif dirigé par Alain Laurent et Vincent Valentin ne fait place à la pensée française qu'en citant de façon non systématique certains textes de La Boétie et de Jurieu[8]. Tout en enracinant la problématique libérale dans la question du théologico-politique, Pierre Manent introduit son ouvrage sur le libéralisme avec Machiavel pour passer directement à Hobbes et à Locke[9]. Son recueil plus tardif de textes de penseurs du libéralisme commence par le « combat pour la tolérance » de John Milton (« l'auteur du *Paradis perdu* se présente comme le premier écrivain majeur qui peut être dit "libéral"[10] ») et de John Locke. La tradition académique a ainsi consacré une généalogie qui part des auteurs britanniques du XVIIe siècle pour ensuite emprunter un socle commun (Hutcheson, Shaftesbury,

---

la restauration de Charles II en 1660, le front protestant contre la France en 1678 et finalement la Glorieuse Révolution de 1688 » (*ibid.*, p. 50-51).

7. Lucien Jaume, *La Liberté et la Loi. Les origines philosophiques du libéralisme*, Paris, Flammarion, 2010.

8. Alain Laurent, Vincent Valentin (dir.), *Les Penseurs libéraux*, Paris, Les Belles Lettres, 2012. Dans un autre ouvrage (*La Philosophie libérale. Histoire et actualité d'une tradition intellectuelle*, Paris, Les Belles Lettres, 2002, p. 202-209), Alain Laurent fait droit aux libéraux français de la fin du XVIIe et du début du XVIIIe siècle, dont il dresse une liste, sans remonter aux époques antérieures, et en particulier à La Boétie, aux monarchomaques et à Montaigne.

9. Pierre Manent, *L'Histoire intellectuelle du libéralisme*, Paris, Calmann-Lévy, 1987.

10. P. Manent, *Les Libéraux*, Paris, Gallimard, 2001, p. 45. Ce n'est que dans des ouvrages plus récents que Manent prend la mesure de l'importance de Montaigne dans la constitution de la pensée libérale. *Le Regard politique* (Paris, Flammarion, 2010) cite à plusieurs reprises Montaigne comme celui qui transpose les valeurs du républicanisme à un niveau privé (voir en particulier p. 174-176). L'ouvrage *Montaigne. La vie sans loi* (Paris, Flammarion, 2014), semble faire directement écho par son titre au programme libéral cité dans l'ouvrage de 2001 (sans mention de Montaigne) d'un « État sans règle » (p. 29-33).

Adam Smith en Grande Bretagne, Montesquieu, Constant, Tocqueville en France, etc.) avant de se ramifier en différentes traditions et idéologies, jusqu'à la scission entre libéraux sociaux et progressistes, libéraux conservateurs et libertariens.

Il en va un peu différemment des commentaires récents des *Essais*. On peut dire que l'image d'un Montaigne retiré à l'âge de 38 ans dans une solitude studieuse loin des tumultes de son époque a aujourd'hui vécu[11]. Les travaux de Géralde Nakam, de David Schaefer et de Biancamaria Fontana, parmi bien d'autres, ont montré l'engagement tant institutionnel qu'intellectuel de Montaigne dans le contexte politique de son temps[12]. Les *Essais* ne prétendent sans doute pas être un traité politique, comme le sont par exemple le traité *Du droit des magistrats sur leurs sujets* de Théodore de Bèze (1574), la *République* de Bodin (1576) ou les *Politiques* de Juste Lipse (1589) : ils n'en comprennent pas moins nombre d'analyses et de jugements relatifs aux événements et aux pratiques politiques de leur époque. Certains de ces jugements sont explicites ; d'autres doivent être décodés : bien des thématiques sceptiques et morales de Montaigne

11. Comme le fait remarquer Philippe Desan (« Service public et vie privée chez Montaigne : "d'une séparation bien claire" ? », dans N. Panichi, R. Ragghianti, A. Savorelli [dir.], *Montaigne contemporaneo*, Pise, Edizioni della Normale, 2011, p. 143), le premier à avoir mis en avant l'engagement de Montaigne dans la vie publique de son temps est Alphonse Grün, dans son ouvrage *La Vie publique de Michel de Montaigne. Étude biographique* (Paris, D'Amyot, 1855). Philippe Desan écrit cependant que « depuis cette étude, d'ailleurs assez mal reçue à son époque, il faut reconnaître que l'aspect public de la pensée de Montaigne n'a guère fait fortune » (p. 143-144).

12. Voir en particulier : Géralde Nakam, *Les* Essais *de Montaigne, miroir et procès de leur temps. Témoignage historique et création littéraire*, Paris, Nizet, 1984 ; David Schaefer, *The Political Philosophy of Montaigne*, Ithaca/Londres, Cornell University Press, 1990 ; Biancamaria Fontana, *Montaigne's Politics. Authority and Governance in the* Essais, Princeton, Princeton University Press, 2008, trad. *Montaigne en politique*, Marseille, Agone, 2013.

ne sauraient être comprises hors de ce contexte politique, et c'est à juste titre que Philippe Desan a proposé récemment une lecture globale de l'œuvre de Montaigne à partir d'un prisme politique[13].

Si les *Essais* tendent de plus en plus à être lus comme un ouvrage politique, cela ne veut pas dire qu'ils soient nécessairement compris comme un ouvrage « libéral ». Tout en présentant des points de proximité avec la nôtre, trois types de lectures politiques de Montaigne doivent cependant en être distinguées.

1. La première est la lecture *sceptique-conservatrice* d'un Montaigne défenseur de la coutume, qui se dit « desgousté de la nouvelleté » (I, 23, p. 119)[14] et interdit de « changer aisément une loy reçeüe » (p. 108). Non que le conservatisme de Montaigne renvoie à une idéalisation de l'histoire : les exemples de vertu du passé qui parsèment les *Essais* ont moins la valeur de modèles à imiter qu'une fonction critique à l'égard des institutions en vigueur. En ce sens, le conservatisme de Montaigne annonce celui d'un Michael Oakeshott[15] : il est un moyen de défense contre le choc psychologique et social d'un changement, une réaction contre le coût trop élevé d'une réforme dont les bénéfices restent incertains (« quelque apparence qu'il y ayt en la nouvelleté, je ne change pas aisément, de peur que j'ay de perdre au change », II, 12, p. 569 ; « rien ne presse un estat que l'innovation : le changement donne seul forme à l'injustice et à la tyrannie », III, 9, p. 958), alliés

---

13. Philippe Desan, *Montaigne. Une biographie politique*, Paris, Odile Jacob, 2014.

14. Voir en particulier Frieda Brown, *Religious and Political Conservatism in the Essais of Montaigne*, Genève, Droz, 1963 ; Sylvia Giocanti, « L'engagement sceptique : politique et distance », *Éthique, Politique, Religions*, 5/2, Paris, Classiques Garnier, 2014, p. 31-48 ; Alexander Roose, « Montaigne, libéral et sceptique : les lectures de Judith Shklar, Isaiah Berlin, Friederich Hayek, et Michael Oakeshott », *MS*, 28, 2016, p. 111-124.

15. Michael Oakeshott, *Du conservatisme*, trad. J.-F. Sené, Paris, Félin, 2011.

à un profond doute sur l'existence de valeurs universelles au nom desquelles ces sacrifices pourraient être justifiés.

Mais même cette forme de conservatisme ne peut que problématiquement être attribuée à Montaigne[16]. La « nouvelleté » qu'il dénonce ne désigne pas pour lui n'importe quel changement. Elle a un visage précis, celui du dogmatisme doctrinal, du sectarisme et de l'intolérance. C'est bien cet « orgueil du nouveau[17] » que Montaigne rend responsable des troubles civils de son temps. Son conservatisme est pour ainsi dire sélectif. Dans sa déclaration de méfiance à l'égard de la « nouvelleté », il ne cherche pas à critiquer une réforme en faveur de l'humanité des peines ou une amélioration du sort des classes les plus défavorisées. John Christian Laursen a fait légitimement valoir en quoi le conservatisme sceptique de Montaigne différait d'autres formes de conservatisme par son opposition à la politique en usage de grandeur et de puissance, son rejet de l'absolutisme et du mépris des masses, etc.[18]. Il n'y a pas de valorisation *simpliciter* de la coutume chez Montaigne : le chapitre « De la coutume de ne changer une loy receüe » se présente comme un réquisitoire contre cette « violente et traistresse maistresse d'escole » qui s'insinue imperceptiblement en nous pour nous découvrir enfin son « furieux et tyrannique

16. Sur les limites de l'interprétation de la pensée politique de Montaigne comme « conservatrice », voir en particulier Robert Aulotte, « "Ce ne peut estre malice, c'est plus pour le malheur" : réflexions sur l'attitude d'esprit de Montaigne face au problème de "l'obéissance au magistrat" et la "manutention des polices" », dans M. Dassonville (dir.), *Ronsard et Montaigne, écrivains engagés*, Lexington (Kentucky), French Forum Publishers, 1989, p. 117-123, ainsi que l'étude plus récente d'Hubert Vincent, « Scepticisme et conservatisme chez Montaigne ou qu'est-ce qu'une philosophie sceptique ? », dans P.-F. Moreau (dir.), *Le Retour des philosophies antiques à l'Âge classique*, t. II : *Le Scepticisme aux XVI*e *et XVII*e *siècles*, Paris, Albin Michel, 2001, p. 138.

17. Eric MacPhail, Article « Mémoire », dans Ph. Desan (dir.), *Dictionnaire Michel de Montaigne*, Paris, Honoré Champion, 2004, p. 652.

18. John Christian Laursen, *The Politics of Scepticism in the Ancients: Montaigne, Hume and Kant*, Leyde/New York, Brill, 1992. Voir en particulier le chap. 5, « Skeptical Ideologies in Montaigne », p. 125-144.

visage » (I, 23, p. 109) et en nous portant à la pratique de tous les vices (cruauté, tyrannie, trahison) comme à la croyance en toutes les fictions de l'imagination. Si le chapitre se clôt sur une réhabilitation partielle de la coutume, celle-ci n'est comprise que comme un minimum pragmatique insatisfaisant, à défaut de mieux[19], un semblant d'ordre irrationnel auquel nous consentons partie par paresse, partie parce qu'aucune autre bonne solution ne s'offre immédiatement à nous dans le contexte présent.

La prudence à l'égard des réformes n'est d'ailleurs pas le seul aspect à prendre en considération. Le scepticisme de Montaigne le conduit à défendre un idéal foncièrement anti-dogmatique, au sens où aucun régime ne saurait avoir le statut d'un modèle absolu : « Je tiens [...] que d'aller desirant le commandement de peu en un estat populaire, ou en la monarchie une autre espece de gouvernement, c'est vice et folie. Ayme l'estat tel que tu le vois estre : s'il est royal, ayme la royauté ; S'il est de peu, ou bien communauté, Ayme l'aussi, car Dieu t'y a faict naistre » (III, 9, p. 957). Ce conformisme emprunte au scepticisme de Sextus Empiricus, et en particulier au dixième trope d'Énésidème sur la relativité des lois et des coutumes, en refusant de fonder la société humaine sur une valeur comprise comme intemporelle et universelle[20]. Ainsi compris, le scepticisme de Montaigne renverrait non au scepticisme conservateur d'Oaekeshott, mais à celui que Hans Kelsen caractérisait comme propre au démocrate, par opposition à l'autocrate qui croit à la certitude intangible des valeurs politiques[21]. Cet antidogmatisme est bien en ce sens une composante d'un projet de réforme sociale,

19. Cet aspect est mis en valeur dans l'ouvrage d'Alan Levine, *Sensual Philosophy: Toleration, Skepticism, and Montaigne's Politics of the Self*, Lanham/Boulder/New York-Oxford, Lexington Books, 2001, p. 173-182.

20. Voir Sextus Empiricus, *Hypotyposes pyrrhoniennes*, I, 11, § 23 et I, 14, § 145, ainsi que la mise au point de Sylvia Giocanti, « L'engagement sceptique », art. cité.

21. Hans Kelsen, *La Démocratie. Sa nature, sa valeur*, trad. C. Eisenmann, Paris, Dalloz, 2004.

que nous pouvons rétroactivement rattacher à celui de la démocratie libérale.

2. La seconde lecture politique de Montaigne est presque l'inverse de la première. Il s'agit de la lecture *républicaniste* des *Essais*[22]. Elle peut s'appuyer sur la référence récurrente de l'ouvrage aux vertus républicaines des Anciens, qui l'inscrit dans la tradition de l'humanisme civique[23]. Elle s'appuie aussi sur quelques formules isolées et comme échappées de la plume de Montaigne en faveur des gouvernements démocratiques : ainsi, la « domination populaire », malgré ses excès, semble à Montaigne « la plus naturelle et équitable » (I, 3, p. 20), et Étienne de La Boétie aurait préféré « avec raison » être né à Venise plutôt qu'à Sarlat (I, 28, p. 194) ; les lois en usage « sont souvent faictes par [...] des gens qui, en haine d'equalité, ont faute d'equité » (III, 13, 1072), etc. Si ces propos ne conduisent jamais l'auteur des *Essais* à prôner ouvertement une réforme des institutions, les tenants d'un Montaigne démocrate, républicain et réformiste pourront répondre que cette réserve ne témoigne de rien d'autre

22. Voir Nannerl O. Keohane, « Montaigne's Individualism », *Political Theory*, 5/3, 1977, p. 363-390, ainsi que Id., *Philosophy and the State in France: The Renaissance to the Enlightment*, Princeton, Princeton University Press, 1980, p. 98-116. Les ouvrages cités de David Schaeffer (voir aussi son article « Montaigne's Political Reformation », *The Journal of Politics*, 42/3, 1980, p. 766-791) et de Biancamaria Fontana insistent aussi sur la volonté de Montaigne de contribuer à une réforme institutionnelle. Richard Sayce (*The* Essays *of Montaigne. A Critical Exploration*, Londres, 1972, p. 233-259) soulignait déjà les aspects « révolutionnaires » des *Essais*, en nommant Montaigne « *liberal* », au sens assez général de « progressiste » : « Nous sommes devant un Montaigne qui est à la fois profondément conservateur [au moins du point de vue pragmatique] et radicalement libéral, voire révolutionnaire, et avant tout subversif » (p. 259).

23. Sur l'humanisme civique de la Renaissance, voir Hans Baron, *The Crisis of the Early Italian Renaissance. Civic Humanism and Republican Liberty in an Age of Classicism and Tyranny*, Princeton (NJ), Princeton University Press, 1955, rééd. 1966, ainsi que Quentin Skinner, *Visions of Politics*, t. II : *Renaissance Virtues*, Cambridge (UK), Cambridge University Press, 2002.

que d'une forme de dissimulation dictée par des impératifs de prudence[24].

Enfin et surtout, cette interprétation se fonde sur l'amitié de l'auteur des *Essais* pour La Boétie. Il est significatif que Montaigne écrive que cette amitié soit née de sa lecture du *Discours de la servitude volontaire* : cet ouvrage, dit-il, « a servy de moyen à nostre premiere accointance » et « me donna la premiere connoissance de son nom, acheminant ainsi cette amitié que nous avons nourrie... » (I, 28, p. 184). Il est donc plus que probable que le jeune Montaigne se soit senti en sympathie avec les idées du *Discours*[25] : la question reste de savoir à

---

24. C'est la thèse principale de l'ouvrage de David Schaefer, *The Political Philosophy of Montaigne*, pour qui Montaigne est un réformiste radical dissimulé : « Quelque jugement que l'on soit incliné à porter sur la sincérité du conservatisme de Montaigne, il est significatif que la plupart des interprètes ont jugé que l'effet global des *Essais* sur ses lecteurs comme étant bien plus révolutionnaire que conservateur » (D. Schaefer, *The Political Philosophy of Montaigne*, *op. cit.*, p. 155). Schaefer cite Richard Sayce, Jacob Zeitlin et Colette Fleuret, et pense que leurs lectures sont fondées, en avançant cet argument à notre sens peu probant : « S'il était vrai que la pensée et l'inclination de Montaigne fussent conservatrices plutôt que révolutionnaires, il faudrait alors conclure [...] qu'il fut un piètre défenseur de sa cause. Ce jugement serait surprenant, étant donné sa maîtrise reconnue de la rhétorique et du style » (*ibid.*). Voir aussi *ibid*, p. 176 : « La posture conservatrice de [Montaigne] masque une intention claire de promouvoir une nouvelle "réforme" qui affaiblirait, voire supprimerait, l'influence de la religion dans la vie politique. » Notons que, suivant la coutume nord-américaine (qui oppose le *liberal* au *conservative*), David Schaefer nomme par le terme anglais « *liberal* » ce réformisme révolutionnaire qu'il attribue à Montaigne. Pour une critique de cette interprétation straussienne de Montaigne, voir la recension de Peter Burke dans le *Journal of Modern History* (65, 1993, p. 407-408) et l'article de James Supple, « David Lewis Schaeffer: Armaingaud Rides Again », dans K. Cameron, L. Willett (dir.), *Le Visage changeant de Montaigne / The Changing Face of Montaigne*, Paris, Honoré Champion, 2003, p. 259-275. Voir aussi la mise au point critique de Philippe Desan sur la tradition post-straussienne de lecture des *Essais* (*Montaigne : penser le social*, Paris, Odile Jacob, 2018, p. 277-299).

25. On sait par ailleurs qu'une tradition interprétative remontant à Arthur Armaingaud (« Montaigne et La Boétie », *Revue politique et parlementaire*, 13, mars 1906, p. 499-522 et mai 1906, p. 322-348 ; *Montaigne*

quel point il l'est encore au moment de la rédaction des *Essais*. Les temps ont changé. Tout comme le zèle religieux[26], le zèle républicain est suspect d'hypocrisie, servant le plus souvent de façade à des passions glorieuses inavouables. En réalité, confronté au contexte des guerres civiles, Montaigne est passé d'une certaine forme de républicanisme courante chez les aristocrates de son époque, dans leur opposition larvée aux tendances absolutistes de la monarchie française, à un autre idéal social et politique : non celui d'un engagement entier au service de la cause publique, mais celui d'une négociation entre le privé et le public. Et si, comme nous le verrons, Montaigne reprend les thématiques principales du *Discours de la servitude volontaire* dans son chapitre « De mesnager sa volonté », son attaque contre la servitude n'est pas tournée contre un régime politique en particulier, mais contre toute forme d'asservissement au public. C'est là selon nous l'une de ses principales contributions à la formation de l'esprit libéral.

---

pamphlétaire : l'énigme du Contr'Un, Paris Hachette, 1910) veut que Montaigne ait lui-même écrit le *Discours* attribué à La Boétie. Cette tradition est aujourd'hui reprise par Daniel Martin dans son étude « Montaigne, Author of *On Voluntary Servitude* » (dans D. Schaefer [dir.], *Freedom over Servitude. Montaigne, La Boetie and On Voluntary Servitude*, Wesport/Londres, Greenwood Press, 1998, p. 127-187) : « La thèse que je défends est que Montaigne a exposé sa pensée ouvertement dans le *Discours de la servitude volontaire*, et de façon dissimulée dans les *Essais* » (p. 128). Voir aussi, dans le même volume, l'étude de Régine Reynolds-Cornell, « Smoke and Mirrors: Covert Dissent in Montaigne's *Essays* and Overt Dissent in the Discourse *On Voluntary Servitude* » (*ibid.*, p. 115-126), qui reprend les principaux arguments en faveur de la thèse d'Armaingaud. Une synthèse est faite, toujours dans le même volume, par David Schaefer (« Montaigne and La Boétie », *ibid.*, p. 1-30). Pour une critique du renouveau de ces thèses d'Armaingaud, associé à l'idée post-straussienne d'un Montaigne systématiquement dissimulateur, voir Philippe Desan, *Montaigne : penser le social*, *op. cit.*, p. 277-299.

26. « Je ne trouve aucune qualité si aysée à contrefaire que la devotion, si on n'y conforme les meurs et la vie : son essence est abstruse et occulte ; les apparences, faciles et pompeuses » (III, 2, p. 813).

3. La troisième lecture, qui n'est pas contradictoire avec la première[27], est celle d'un Montaigne répondant à la crise de son temps par une dénégation radicale du politique et l'adoption d'une posture apolitique. Mais retrait de la vie publique ne veut pas nécessairement dire indifférence à la politique. La « retraite » de Montaigne naît d'un sentiment d'impuissance face à la situation chaotique des temps : « tout crolle autour de nous » (III, 9, p. 961) ; aussi, « il est temps de nous desnouer de la societé, puis que nous n'y pouvons rien apporter » (I, 37, p. 242). C'est donc bien malgré lui que Montaigne est contraint à ce « dénouement » alors même qu'il revendique sa volonté de participer à la vie publique : « Ma forme essentielle est propre à la communication et à la production : je suis tout au dehors et en evidence, nay à la societé et à l'amitié » (II, 3, p. 823) ; « Je suis de cet avis, que la plus honnorable vacation est de servir au publiq et estre utile à beaucoup » (III, 9, p. 952). Ce que Montaigne aurait aimé, c'est pouvoir associer vie publique et vie privée : « J'aime la vie privée parce que c'est par choix que je l'aime, non par disconvenance à la vie publique (autant selon ma complexion) » (III, 9, p. 988). Confronté à la crise sociale, celui-ci prend conscience de l'impossibilité de cette synthèse du privé et du public. S'il se « desnoue » de la société, cela ne va pas sans le sentiment d'une amputation de sa personnalité. Cette frustration transparaît particulièrement dans l'inscription à l'entrée de sa bibliothèque, où, tout en reprenant les *topoi* antiques sur la vieillesse et les bienfaits de l'*otium*, il ajoute une note discordante, que l'on aurait bien du mal à trouver

27. Elle est en revanche plus difficilement compatible avec la seconde, comme le montre la critique récurrente par Felicity Green de l'interprétation « bourgeoise » de Montaigne, attribuée en particulier à Nanerl Keohane, à David Schaefer et à Philippe Desan (*Montaigne and the Life of Freedom*, Cambridge [UK], Cambridge University Press, 2012, p. 5 et 8). Green plaide par ailleurs en faveur d'un Montaigne indifférent à la forme du régime politique et partisan d'un « conventionnalisme multivalent dans lequel la coutume et la fortune, plutôt que la raison, sont à la base des normes politiques » (p. 111).

chez Cicéron ou Sénèque, en se disant « *dégoûté* (*pertæsus*) depuis longtemps de l'esclavage de la cour et des charges publiques[28] ». Platon avait éprouvé le même sentiment d'impuissance face à la corruption des temps : à défaut de pouvoir fonder une république au niveau politique, il s'était replié sur une république intérieure à l'âme et sur le petit cénacle d'amis qu'était l'Académie. De même, la position apolitique de Montaigne est une position sur la politique de son temps : elle traduit non le simple engagement en faveur d'un accomplissement hors du monde politique, comme pouvait encore le penser Marcel Conche à partir d'un prisme épicurien[29], mais le rejet d'une situation politique spécifique, équivalent au refus de consentement préconisé par La Boétie à l'encontre de la tyrannie.

Ce repli a été interprété par Max Horkheimer comme un geste de retrait dans un « sanctuaire intérieur », dans une « intériorité récréative [...], détachée et confortablement installée »[30]. Horkheimer est d'ailleurs moins critique à l'égard de ce désengagement chez Montaigne lui-même, chez qui il prend le sens d'une contestation de l'autoritarisme et de la barbarie de l'époque, qu'à l'égard des formes qu'il peut prendre dans le contexte contemporain : ce retrait constitue le geste bourgeois-libéral par excellence de consentement passif à l'alliance du pouvoir totalitaire et de celui de l'argent[31] ; aussi, la formule de Montaigne, « savoir jouir loyalement de son être », ne pouvait-elle, écrit Horkheimer, se réaliser que « dans une figure plus libre de l'humanité » que celle que nous connaissons aujourd'hui[32].

---

28. Inscription de Montaigne sur l'entrée de sa « librairie » (voir l'introduction de Pierre Villey aux *Essais*, p. XXI). Nous soulignons.

29. Marcel Conche, *Montaigne ou la conscience heureuse*, 1re éd. 1964, rééd. Paris, PUF, 2002.

30. Max Horkheimer, « Montaigne et la fonction du scepticisme », dans Id., *Théorie critique. Essais*, trad. G. Coffin, O. Masson et J. Masson, Paris, 1978, p. 271.

31. Horkheimer cite ici Honoré de Balzac : « le scepticisme reconnaît : l'omniscience et la toute-puissance de l'or » (*ibid.*, p. 288).

32. *Ibid.*, p. 311.

Cette vision du retrait en soi comme échappatoire au politique et refuge dans une intériorité non-politique a été exploitée en un sens plus positif par des commentateurs contemporains de Montaigne. Citons ici deux ouvrages récents. Tout d'abord celui de Sarah Bakewell, qui, dans le sillage de Stephen Zweig[33], inscrit dans le contexte de crise politique l'idéal d'une sagesse comprise comme conquête de liberté intérieure. Cette conquête emprunte aux stoïciens et aux épicuriens les techniques de diversion visant à « ménager une arrière-boutique » en soi-même en créant une sorte de micro-société d'amis échappant à l'emprise du politique[34]. Dans un esprit stoïcien, Felicity Green pense que Montaigne plaide pour la liberté comme non-domination, au sens républicaniste tel qu'analysé par Quentin Skinner, mais que cette liberté n'est conquise que dans une retraite en soi-même et une fuite hors des contingences du monde, et en particulier du monde politique[35]. Ainsi, « la liberté doit être garantie non grâce à la participation politique à un État libre, mais grâce à une pratique personnelle de contrôle de soi [*self-regulation*] qui nous permette de préserver notre liberté de la sujétion et de l'expropriation[36] » ; « l'engagement de Montaigne en faveur de la liberté, ajoute Green, ne lui laisse guère d'autre choix que de se retirer de la vie publique, en établissant sa retraite dans le seul endroit du monde dont on peut dire qu'il n'appartient qu'à lui : le *domus* dont il

33. Voir Philippe Desan, « Le Montaigne de Stephan Zweig », Id., *Dix études sur Montaigne*, Paris, Classiques Garnier, 2020, p. 197-207.

34. Voir Sarah Bakewell, *Comment vivre ? Une vie de Montaigne en une question et vingt tentatives de réponses*, trad. P.-E. Dauzat, Paris, Albin Michel, 2013, p. 183-206 et p. 258-285.

35. « L'espace symbolique de la bibliothèque fournit un refuge fermé et privé dans lequel il est possible de se cacher, en s'abstenant de toute compagnie et de toute cérémonie. Significativement, cependant, cet état de réclusion est présenté par Montaigne non comme le lieu d'une découverte introspective de soi, mais comme une condition de domination et de contrôle de soi » (F. Green, *Montaigne and the Life of Freedom*, *op. cit.*, p. 127).

36. *Ibid.*, p. 3.

est le *dominus*[37] ». Tout se passe comme si les causes de l'aliénation n'étaient pas politiques, mais psychologiques : faire passer pour voulu ce qui est en réalité contraint, c'était bien là le paralogisme stoïcien dénoncé par Isaiah Berlin.

Mais le retrait de Montaigne n'est pas celui des stoïciens et des épicuriens antiques. Pour lui, la solitude est aussi une façon – la seule envisageable en temps de guerre civile – de participer efficacement à la vie publique. L'attitude de Montaigne peut être comparée à celle de Socrate, qui revendique « ne pas être un homme à [s]'occuper des affaires de la cité[38] » tout en proclamant être « le seul [des Athéniens] qui cultive la véritable technique politique et le seul qui mette aujourd'hui cette technique en pratique[39] » : paradoxalement, on est meilleur citoyen lorsqu'on adopte une position de surplomb vis-à-vis des affaires de la cité. L'égoïsme se révèle plus bénéfique à la société que l'excès de zèle civique, en un temps où le civisme sert de couverture aux passions inavouables de fanatisme et de cruauté. La position de Montaigne se veut à la fois détachée et critique par rapport à la société et à ses modes de fonctionnement. On peut la rapprocher de celle de « l'ironiste libéral » telle qu'elle est définie par Richard Rorty dans son projet d'articuler hors de toute perspective de synthèse l'exigence privée de perfectionnement personnel et l'exigence publique de solidarité[40]. Cet apparent recul engendre un certain nombre de valeurs politiques[41]. La solitude définit à sa façon le modèle d'un nouveau mode de fonctionnement de la cité : elle a ainsi

---

37. *Ibid.*, p. 125.

38. Platon, *Gorgias*, 473 e 7. Voit aussi *Apologie de Socrate*, 31 d 7-9, où Socrate déclare « ne pas mêler des affaires de la cité ».

39. *Gorgias*, 521 d 6-8.

40. Richard Rorty, *Contingence, ironie et solidarité*, trad. P.-E. Dauzat, Paris, Armand Colin, 1993.

41. Un aspect bien étudié par Douglas Thompson : « L'auto-représentation de Montaigne comme manifestement fait pour la seule vie privée [...] plaide précisément en faveur son utilité à une vie publique

une dimension publique. L'amitié et la conférence sont, nous le verrons, deux modèles de sociétés de solitaires.

Plus généralement, Montaigne aperçoit l'un des fondements théoriques de la pensée libérale : la fondation de la société sur l'individu considéré dans son état de solitude, c'est-à-dire dans son état présocial ou asocial. Un texte de Stanley Cavell sur Emerson pourrait éclairer cette intuition : « Son aversion [pour la société] offre à l'inspiration démocratique la seule mesure interne de sa fidélité à elle-même [...]. Puisque son aversion constitue un geste par lequel on se détourne continuellement de la société, c'est par là même qu'on se tourne continuellement vers elle[42]. » La démocratie, au sens libéral du terme, repose sur une vision de la société consentie par chacun, ou, en tout cas, à laquelle chaque individu pourrait consentir. Mais pour penser ce qu'implique ce consentement, quel en est le motif, quels sont les coûts et les bénéfices attendus, quels compromis il implique et quelles en sont les conditions et les limites, il faut commencer par penser l'homme dans sa condition de retrait de la société. Dans une telle perspective, le politique ne peut apparaître que comme un instrument au service des fins de l'individu : cet individu est l'instance à la fois fondatrice et critique de la société. Cette situation a été bien décrite (pour la critiquer) par Hegel :

> Si l'État est confondu avec la société civile et si sa destination est située dans la sécurité et la protection de la propriété et de la liberté personnelle, l'intérêt des individus singuliers comme tels est alors la fin dernière en vue de laquelle ils sont réunis, et il s'ensuit que c'est quelque chose qui relève du bon plaisir que d'être membre de l'État[43].

---

et à un service politique » (*Montaigne and the Tolerance of Politics*, Oxford, Oxford University Press, 2018, p. 16).

42. Stanley Cavell, *Conditions nobles et ignobles. La constitution du perfectionnisme moral émersonien*, trad. C. Fournier et S. Laugier, Paris, L'Éclat, 1993, p. 123.

43. Georg Wilhelm Friedrich Hegel, *Principes de la philosophie du droit*, § 258, trad. et comm. J.-F. Kervegan, Paris, PUF, 1998, rééd. 2003, p. 333-334.

L'interprétation d'un Montaigne apolitique risque bien ici d'oublier l'essentiel, à savoir la signification de cet apolitisme : est-il un simple retrait de la société ou est-il destiné à poser les fondements d'un nouveau projet social que l'on pourrait qualifier de libéral ?

4. L'interprétation de Montaigne comme précurseur de la tradition libérale est relativement récente par rapport aux trois lectures que nous venons de citer. On ne la trouve que rarement dans les commentaires français de l'œuvre de Montaigne. L'ouvrage de Géralde Nakam de 1982 sur *Montaigne et son temps* constitue à cet égard une exception, même si le terme, fréquemment employé en raison de sa connotation positive, n'y est guère explicité (le libéral est implicitement opposé au monarchiste autoritaire ainsi qu'au catholique dévot et sectaire) et est aussi bien appliqué, en un sens très large, à la pensée d'Érasme, aux tentatives conciliatrices de Michel de L'Hospital, à la position monarchiste modérée de Jacques Auguste de Thou et même, étrangement, à la politique de Charles IX[44]. C'est surtout dans le monde académique britannique et nord-américain que les traits prélibéraux de la pensée des *Essais* ont suscité l'intérêt des commentateurs, à travers une série d'études sur des thématiques ponctuelles[45], quoique le terme même « libéral » n'y soit que rarement employé : quand il l'est, c'est moins au

44. Voir G. Nakam, *Montaigne et son temps, op. cit.*, p. 37 (sur le courant érasmien), p. 134 et 147 (sur L'Hospital et les partisans de la concorde), p. 326 (sur de Thou) et p. 174 (sur Charles IX). Une autre exception, dans une perspective plus proche de la nôtre, est l'ouvrage très récent de Christophe Litwin, *Politiques de l'amour de soi. La Boétie, Montaigne et Pascal au démêlé*, Paris, Classiques Garnier, 2021.

45. Un premier point sur ce débat nord-américain a été fait il y a une dizaine d'années, dans une perspective sociologique différente de la nôtre, avec l'article de Mark Cohen, « Our Liberal Philosopher: A Portrait of Montaigne politique in 2008 », *MS*, 20, 2008, p. 171-184. Pour une étude plus récente, voir John Christian Laursen, Kevin Pham, Kevin, « Montaigne in American Political Theory: Two Generations », *MS*, 31, 2019, p. 97-110.

sens continental d'une pensée qui fonde l'ordre social sur la confiance accordée dans les capacités de l'individu privé qu'au sens que la tradition nord-américaine confère au terme « *liberal* », qui renvoie à un engagement en faveur de réformes sociales qui n'excluent pas l'intervention d'un État providence (« *welfare state* »)[46].

L'émergence dans la première modernité d'un code éthique tournant le dos aux modèles hérités du féodalisme avait été diagnostiqué dès les années 1930 par Leo Strauss à propos de Hobbes[47]. Les commentateurs plus récents ont poursuivi cette réflexion en situant le pivot de cette révolution dans l'œuvre de Montaigne. Appliquant la méthode straussienne de décryptage de l'art de la dissimulation des auteurs politiques modernes, David Schaefer voit dans les *Essais* un dispositif de destruction de la religion et de réforme des institutions politiques, dissimulé sous des professions d'orthodoxie et de conservatisme. Montaigne est ainsi « l'un des architectes philosophiques, voire peut-être *le* premier architecte de ce que nous nommons la moralité bourgeoise[48] ». Appartenant à une autre tradition – celle initiée par Isaiah Berlin –, Judith Shklar a analysé chez Montaigne l'émergence d'un

46. Le *liberal* est opposé aux États-Unis au *conservative*. Le libéral européen est, tout du moins en sons sens actuel, plutôt opposé au socialiste, voir au social-démocrate, c'est-à-dire au tenant d'un idéal collectiviste radical ou modéré, auquel il est souvent associé en Amérique du Nord. Pour une mise au point sur l'ambivalence des termes « libéral » et « libéralisme » des deux côtés de l'Atlantique, on pourra se référer à Ronald Dworkin, « Le libéralisme », dans A. Berten, P. Da Silveira, H. Pourtois (dir.), *Libéraux et communautariens*, Paris, PUF, 1997, p. 51-86.

47. Leo Strauss, *La Philosophie politique de Hobbes*, trad. A. Enegrén et M. de Launay, Paris, Belin, 1991. Strauss s'oppose à ce libéralisme, dont il dénonce le déficit moral, pour prôner un retour aux Lumières classiques et médiévales.

48. D. Schaefer, *The Political Philosophy of Montaigne*, *op. cit.*, p. 340. Peter Burke critique l'anachronisme du terme « liberal » appliqué à Montaigne (« Review of D. Schaefer, *The Political Philosophy of Montaigne* », *Journal of Modern History*, 65, 1993, p. 407-408). Cet anachronisme se justifie selon nous dès lors que nous voulons étudier les *Essais* par rapport à la généalogie conceptuelle qu'ils initient.

nouvel ethos, fondé sur le rejet des « fautes ordinaires[49] », que sont, selon le chapitre « Des cannibales », « la trahison, la desloyauté, la tyrannie, la cruauté » (I, 31, p. 210) – mais, premièrement, insiste Shklar, sur le rejet de la cruauté. Dans une perspective plus critique à l'égard du libéralisme de Berlin et de Rawls, il convient de citer les travaux de Charles Taylor – moins d'ailleurs pour son chapitre des *Sources du moi* (1989) consacré à Montaigne[50] que pour la réflexion plus générale qu'il entreprend dans cet ouvrage sur l'expressivité du moi, réflexion poursuivie dans ses travaux sur l'éthique de l'authenticité, dans laquelle il voit une vertu découverte par la modernité[51]. Venant des études hégéliennes, Taylor souligne par ailleurs le caractère public attaché légitimement à cette revendication d'authenticité, qui exige en retour une forme de reconnaissance par la société – une revendication dont on pourrait, même si Taylor ne le fait pas ici,

---

49. Judith Shklar, *Ordinary Vices*, Cambridge (Mass.), Belknap Press of Harvard University, 1984. Le titre a malencontreusement été traduit en français de façon littérale – *Les Vices ordinaires* (trad. F. Chase, Paris, PUF, 1992) –, en occultant la référence littérale au texte de Montaigne.

50. Charles Taylor, *Les Sources du moi. La formation de l'identité moderne*, trad. Ch. Melançon, Paris, Seuil, 1998, p. 233-240. Ce chapitre est placé après deux chapitres sur Descartes et Locke, pour montrer (voir p. 241) que Montaigne a initié un projet différent (l'exploration de soi) de celui de ses deux successeurs (la maîtrise de soi). Une telle lecture conduit à occulter l'influence des *Essais* sur le rationalisme des Modernes. Il faut par ailleurs nuancer l'affirmation selon laquelle « il s'agit [*i.e.* chez Montaigne] d'une étude toute à la première personne, qui ne reçoit que peu de secours des enseignements de l'observation d'autrui » (p. 237). Voir sur ce point l'étude récente de Telma Birschal et Victor Sommavilla, « Montaigne and Narrative Identity. A Dialogue with Galen Strawson and Charles Taylor », *MS*, 31, 2019, p. 131-144.

51. Charles Taylor, *Le Malaise de la modernité* [titre original : *The Ethics of Authenticity*], trad. Ch. Melançon, Paris, Cerf, 1992, rééd. 1999. Taylor voit les origines de cette mutation éthique non chez Montaigne, mais chez les moralistes écossais du tournant des XVIIe et XVIIIe siècles (Shaftesbury, Hutchinson). Sur la question de l'expressivité du moi, voir aussi Id., *Les Sources du moi*, *op. cit.*, p. 471 et p. 63. Sur Taylor et Montaigne, voir Marie-Clarté Lagrée, « Montaigne on Self », dans Ph. Desan (dir.), *The Oxford Handbook of Montaigne*, Oxford, Oxford University Press, 2016, p. 453-470.

trouver les prémisses chez Montaigne (« je suis affamé de me faire connoistre », III, 5, p. 857).

Les travaux de Shklar[52], relayés par ceux de Rorty[53], ont connu une réception importante dans le monde anglophone. Quelques ouvrages récents sur Montaigne sont ici particulièrement significatifs. Citons tout d'abord celui de David Quint, pour qui « Montaigne répond à la crise des guerres civiles de son temps en proposant dans les *Essais* une nouvelle éthique allant à l'encontre du modèle de la vertu héroïque qui prévalait dans sa culture et dans la classe noble à laquelle il appartenait[54] ». Cette éthique est fondée sur la valeur de vertus telles que la clémence, la compassion, le pardon, la soumission et l'accommodement. Elle s'oppose tant aux valeurs héroïques de la noblesse d'épée de l'époque qu'à la morale stoïcienne de l'endurance. L'ouvrage de Max Gauna[55] reprend l'idée de Shklar et de Quint selon laquelle le rejet de la douleur constitue le « point pivot » de l'éthique de Montaigne[56], éthique qu'il confronte au pluralisme des valeurs du libéralisme contemporain de Bernard Williams et de Thomas Nagel. L'étude d'Alan Levine dévoile quant à elle dans les *Essais* les fondements théoriques et éthiques du libéralisme politique occidental[57], en montrant les implications

---

52. Il convient de noter aussi l'importance de son article un peu plus tardif sur le « libéralisme de la peur », même s'il part non de Montaigne, mais de Hobbes (J. Shklar, « The Liberalism of Fear », dans N. L. Rosenblum [dir.], *Liberalism and the Moral Life*, Cambridge [UK]/ Londres, Harvard Univesity Press, 1989, p. 21-39).

53. R. Rorty, *Contingence, ironie et solidarité*, *op. cit.*

54. David Quint, *Montaigne and the Quality of Mercy: Ethical and Political Themes in the* Essays, Princeton, Princeton University Press, 1998, p. IX.

55. Max Gauna, *Montaigne and the Ethics of Compassion*, Lewiston (NY), E. Mellen Press, 2000. Voir aussi l'ouvrage plus ancien, *The Dissident Montaigne*, New York, Peter Lang, 1989.

56. *Ibid.*, p. 59.

57. Alan Levine, *Sensual Philosophy: Toleration, Skepticism, and Montaigne's Politics of the Self*, Lanham/Boulder/New York/Oxford, Lexington Books, 2001, p. 1.

politiques du scepticisme montaignien, et notamment le rejet qu'il porte en lui de la vanité, de la puissance et de la gloire. L'ouvrage plus récent d'Ann Hartle[58] s'inspire de Shklar et de Rorty, mais aussi d'Oaekeshott et de Taylor, en infléchissant ces thématiques dans le sens d'un universalisme de Montaigne inspiré d'un catholicisme libéral[59] et en ébauchant une liste des nouvelles vertus des *Essais* qui met en valeur la portée sociale de l'écriture montaignienne : « le jugement de Montaigne s'exprime dans l'acte même d'amener le privé dans le public[60] ». Cette réflexion est aujourd'hui poursuivie avec les travaux de Valérie Dionne, qui voit en Montaigne le promoteur d'une éthique de la conciliation et de la « douceur[61] », ou, dans un registre plus politique, avec ceux de Douglas Thompson, qui en fait le défenseur, avant Bayle et Locke, d'une politique de tolérance civile[62].

Libéralisme éthique *vs* libéralisme politique

Ces dernières interprétations assument le caractère anachronique de leur lecture de Montaigne. Tout en restant attentives au contexte de l'écriture des *Essais*, elles participent d'un projet d'inscrire cet ouvrage au sein d'un débat contemporain. De ce point de vue, elles se situent dans un double contexte, social et intellectuel, celui du sentiment d'une crise, dans la société actuelle, des valeurs libérales

---

58. Anne Hartle, *Montaigne and the Origins of Modern Philosophy*, Evanston, Northwestern University Press, 2013.

59. Sur ce point, voir aussi l'ouvrage plus ancien, *Michel de Montaigne: Accidental Philosopher*, Cambridge (UK), Cambridge University Press, 2003, chap. 9 : « Christanity and the Limits of Politics », p. 217-239.

60. A. Hartle, *Montaigne and the Origins of Modern Philosophy*, *op. cit.*, p. 87.

61. Valérie Dionne, *Montaigne, écrivain de la conciliation*, Paris, Classiques Garnier, 2014.

62. Douglas I. Thompson, *Montaigne and the Tolerance of Politics*, *op. cit.*

au profit d'une montée de l'illibéralisme sous les formes très larges de l'autoritarisme, du régime d'expertise, du fondamentalisme et des particularismes nationalistes ou communautaires, et d'un besoin de revenir au sens originel de ce que ces interprètes de Montaigne considèrent comme un précieux héritage. La stratégie est en un sens la même que celle poursuivie par Hans Baron, John Pocock ou Quentin Skinner, en remontant un pas en amont de Hobbes et de Locke pour trouver une origine vertueuse (non égoïste) de la modernité politique. Souligner, comme nous voulons le faire, le rôle fondamental des *Essais* de Montaigne dans la constitution du libéralisme participe cependant d'un projet différent, voire opposé : montrer le sens anthropologico-moral d'une pensée qui fait plus confiance dans les capacités spontanées de l'individu privé que dans sa soumission volontaire à un idéal public. On pourrait décrire cette approche en citant ce qu'Alexis de Toqueville dit de la république américaine :

> Le principe des républiques anciennes était le sacrifice de l'intérêt particulier au bien général ; dans ce sens, on peut dire qu'elles étaient vertueuses. Le principe de celle-ci [*i.e.* la république américaine] me paraît être de faire rentrer l'intérêt particulier dans l'intérêt général. Une sorte d'égoïsme raffiné et intelligent semble le pivot sur lequel roule toute la machine[63].

C'est bien la définition de cet « égoïsme raffiné et intelligent » qui fera ici l'objet de notre propos.

Pour revenir à ces tentatives généalogiques, elles s'inscrivent plus généralement dans le contexte d'un renouvellement spéculatif de la problématique libérale dans la philosophie nord-américaine. On peut dater ce renouvellement de la parution de la *Théorie de la justice* de John Rawls en 1971[64] et de sa réception dans les décennies suivantes.

63. Alexis de Tocqueville, *Voyage en Amérique*, dans Id., *Œuvres*, Paris, Gallimard, 1991, t. I, p. 230.

64. John Rawls, *Théorie de la justice*, trad. C. Audard, Paris, Seuil, 1987, rééd. 1997, p. 169.

Rawls tentait dans cet ouvrage de repenser le libéralisme non comme une doctrine purement économique assortie d'une doctrine politique réduite au « laisser-faire », mais comme une doctrine authentiquement morale et politique, fondée non sur un calcul purement utilitaire ou pragmatique, mais sur une exigence déontologique. Il s'agissait pour Rawls de trouver, dans nos sociétés modernes marquées par le désaccord irréductible des individus sur les représentations du bien (religieuses, métaphysiques, etc.), une forme de consensus sur un ensemble de procédures auxquelles chaque individu, quel que soit son système de valeurs, devrait consentir en tant qu'être rationnel, et d'établir ainsi la « structure de base » d'une société juste. John Rawls ne cite pas Montaigne[65], mais il fait remonter cette problématique aux guerres de Religion qui ont secoué l'Europe du XVᵉ au XVIIᵉ siècle :

> Pendant les guerres de Religion, les gens n'avaient pas de doute quant à la nature du souverain bien ou quant au fondement de l'obligation morale dans la loi divine. Le problème était plutôt de savoir comment aurait pu exister une société composée de membres ayant des religions différentes. Comment imaginer une base pour la tolérance religieuse ? [...]. Ainsi, l'origine historique du libéralisme politique (et du libéralisme plus généralement) est bien la Réforme protestante et ses conséquences ainsi que les longues controverses sur la tolérance religieuse des XVIᵉ et XVIIᵉ siècles. C'est à cette époque qu'apparaît une ébauche de ce que les Modernes entendent par la liberté de conscience et la liberté de pensée [...]. Malgré l'importance des autres conflits et des principes destinés à les régler, le fait de la division religieuse est demeuré. C'est pourquoi le libéralisme politique comprend le fait du pluralisme raisonnable comme l'existence d'une pluralité de systèmes doctrinaux [*comprehensive doctrines*],

65. Rawls ne cite pas plus Montaigne, sinon très allusivement, dans ses cours publiés sur l'histoire de la philosophie morale (*Lectures on the History of Moral Philosophy*, éd. B. Herman, Cambridge [Mass.]/Londres, Harvard University Press, 2000) et sur l'histoire de la philosophie politique (*Lectures on the History of Political Philosophy*, éd. S. Freeman, Cambridge [Mass.]/Londres, The Belknap Press of Harvard University Press, 2007).

> religieux ou non religieux. Ce pluralisme n'est pas perçu comme un désastre, mais plutôt comme le résultat naturel de l'activité humaine quand elle se déroule dans un contexte d'institutions libres[66].

Cette généalogie conceptuelle se trouve confirmée par les analyses historiques d'Olivier Christin sur la transition entre une politique de « colloques » (Amboise en 1563, Longjumeau en 1568, Saint-Germain en 1570, etc.), par laquelle on cherche un consensus entre les religions pour aboutir à un compromis acceptable par les deux partis, et une politique d'« édits », par laquelle l'État s'impose comme « seul espace de confrontation et de négociation possible »[67] en édictant, au niveau politique (et non plus théologique), des règles permettant la coexistence des religions dont il reconnaît, au moins provisoirement, la pluralité irréductible. Mais quelle est la position de Montaigne dans ce débat ? Nous verrons que celui-ci ne cache pas sa réticence à l'idée d'une société multiconfessionnelle. Pas plus que La Boétie dans son *Mémoire sur l'Édit de janvier*, il ne pense, étant donné le fanatisme des temps, que ce pluralisme soit compatible avec la paix civile. Il est donc difficile de voir en lui un défenseur de la tolérance « comme politique » (Biancamaria Fontana[68]) ou « en politique » (*in politics*, selon le titre de l'ouvrage de Douglas Thompson). Le chapitre « De la liberté de conscience » ne plaide qu'ironiquement en faveur de la liberté de conscience, entendue comme un instrument de division et de destruction de l'ennemi – dans le cas présent, retourné contre soi-même et le lien civil. Il reste néanmoins significatif que cette position ne s'appuie

---

66. John Rawls, *Libéralisme politique*, trad. C. Audard modifiée par nous, *op. cit.*, p. 12-13.

67. Olivier Christin, *La Paix de religion. L'autonomisation de la raison politique au XVIe siècle*, Paris, Seuil, 1997, p. 103. Sur l'évolution d'une politique de conciliation religieuse à une politique de tolérance civile, voir aussi Joseph Lecler, *Histoire de la tolérance au siècle de la Réforme*, Paris, Albin Michel, 1994, p. 430-456.

68. B. Fontana, *Montaigne en politique*, *op. cit.*, p. 125.

nullement sur une argumentation tirée de la *vérité de la religion*, comme le font encore à cette époque les réformateurs et les monarchomaques[69], selon un mode d'argumentation que le libéral contemporain ne peut guère considérer que comme puéril : Montaigne n'invoque que des raisons de pragmatisme politique, valant dans un contexte particulier de fanatisme religieux.

Le plus important reste cependant qu'à de nombreux endroits, Montaigne fait entendre une autre voix. Celui-ci est particulièrement frappé par le déchaînement de violence et de cruautés, ainsi que par le chaos politique qui s'instaure progressivement en France. Contrairement à nombre de ses contemporains cependant[70], il ne voit pas là le signe d'une fin du monde imminente (« nous ne sommes pas pourtant, à l'avanture, à nostre dernier periode », III, 9, p. 959), mais plutôt l'amorce d'une recomposition du lien social. Celui-ci ne repose plus sur les vertus républicaines :

> En fin je vois par nostre exemple [*i.e.* des conflits civils] que la societé des hommes se tient et se coust, à quelque pris que ce soit. En quelque assiete qu'on les couche, ils s'appilent et se rengent en se remuant et s'entassant, comme des corps mal unis [...] souvant mieux que l'art ne les eust sçeu disposer. Le Roy Philippus fit un amas, des plus meschans hommes et incorrigibles qu'il peut trouver, et les logea tous en une ville qu'il leur fit bastir, qui en portoit le nom. J'estime qu'ils dressarent des vices mesme une contexture politique entre eux et une commode et juste societé [...]. La necessité compose les hommes et les assemble [III, 9, p. 956].

Ce constat en temps de crise sociale et politique sera élargi par les penseurs libéraux du XVIIe siècle en une position générale sur le rôle de la libre entreprise et les méfaits

---

69. Voir sur ce point l'ouvrage de Quentin Skinner, *Les Fondements de la pensée politique moderne*, trad. J. Grossman et J.-Y. Pouilloux, Paris, Albin Michel, 2009, en particulier les chap. 7 et 8.

70. Voir Denis Crouzet, *Les Guerriers de Dieu. La violence au temps des troubles de religion (vers 1525-vers 1610)*, Seyssel, Champ-Vallon, 1990, en particulier les chapitres 4 (t. 1, p. 236-317), 12 (t. II, p. 82-143) et 17 (t. II, p. 362-425).

du dirigisme étatique[71], comme si, au fond, les guerres civiles constituaient moins une exception au fonctionnement normal de la société qu'elles ne révélaient la nature, d'ordinaire cachée, du lien social : non le partage de valeurs communes, mais un égoïsme réfléchi.

A fortiori, chez Montaigne, et pour reprendre l'expression de Rawls, le pluralisme n'est pas « nécessairement perçu comme un désastre ». Il peut même, sous certaines conditions, se révéler productif. Mais quelles sont ces conditions ? Sont-elles d'ordre institutionnel, comme le suggère la fin du texte de Rawls (« quand elle se déroule dans un contexte d'institutions libres ») ? Montaigne ne pense pas quant à lui que la solution repose sur une réforme des institutions. Face à un monde « inepte à se guarir » (III, 9, p. 956), la question du « meilleur régime » lui apparaît un jeu intellectuel futile, un sujet à « altercations propres seulement à l'exercice de nostre esprit » et n'ayant « aucune vie hors de là » (III, 9, p. 957). La position politique de Montaigne reste ici défensive. C'est d'ailleurs qu'il attend le salut : non premièrement d'une réforme des institutions sociales et politiques, mais d'une réforme de l'ethos des individus. Il ne cesse d'insister sur la responsabilité morale de chacun – lui-même compris – dans la crise de son temps :

> La corruption du siecle se faict par la contribution particuliere de chacun de nous : les uns y conferent la trahison, les autres l'injustice, l'irreligion, la tyrannie, l'avarice, la cruauté, selon qu'ils sont plus puissans ; les plus foibles y apportent la sottise, la vanité, l'oisiveté, desquels je suis [III, 9, p. 946].

71. Il est ainsi possible de voir dans l'expression « mieux que l'art ne les eust sçeu disposer » une ébauche de la théorie smithéenne de la « main invisible ». Ainsi, selon Adam Smith, le marchand « est conduit par une main invisible à remplir une fin qui n'entre nullement dans ses intentions ». Smith précise : « en ne cherchant que son intérêt personnel, il travaille souvent d'une manière bien plus efficace pour l'intérêt de la société, que s'il avait réellement pour but d'y travailler » (Adam Smith, *Recherches sur la nature et les causes de la richesse des nations* (1776), IV, 2, Paris, Flammarion, 1991, t. II, p. 43).

Sans doute le second groupe de maux cités ironiquement (nous verrons que « la sottise, la vanité, l'oisiveté » œuvrent, en un sens, en faveur de la paix) n'est pas l'équivalent des premiers. La « méchanceté » des habitants de la ville de Philippes n'équivaut pas non plus à « la trahison [...], l'injustice, l'irreligion, la tyrannie, l'avarice, la cruauté » des fauteurs de troubles contemporains, au sens où elle n'entraîne pas nécessairement par elle-même la destruction du lien social. L'agenda moral des *Essais* tient en grande partie dans le projet de diagnostic et thérapie de ces vices destructeurs[72].

Approfondissons cette distinction entre un libéralisme « politique » et un libéralisme « éthique ». Le libéralisme de Rawls est « politique » non seulement au sens où il s'oppose à une vision strictement économique du libéralisme, mais aussi parce qu'il est en quelque sorte indifférent à l'ethos des contractants. L'artifice du « voile d'ignorance », garant de l'impartialité et de l'équité des principes fondamentaux, consiste à mettre entre parenthèses la connaissance qu'ont les agents de leur situation économique et sociale dans la société actuelle, mais aussi leurs traits de caractère et leurs valeurs morales : « chacun ignore sa propre conception du bien, les particularités de son projet rationnel de vie, ou même les traits particuliers de sa psychologie comme son aversion pour le risque ou sa propension à l'optimisme ou au pessimisme[73] ». Du fait de sa particularité, l'ethos des agents, en

72. De ce point de vue, l'analyse de Jerome Schneewind, qui pose le problème de la réponse morale aux guerres de Religion, nous paraît juste : « [Montaigne] fut le premier à explorer à fond les conséquences pour la vue quotidienne de la perte de toute autorité morale consacrée dans un monde profondément divisé. S'il dévoila les insuffisances de l'héritage européen en matière de sagesse pratique, il énonça aussi les questions que la nouvelle situation européenne rendait inévitables et se mit à explorer les réponses possibles » (*L'Invention de l'autonomie. Une histoire de la philosophie morale moderne*, trad. J.-P. Clero, P.-E. Dauzat et É. Meziani-Laval, Paris, Gallimard, 2001, p. 60).

73. J. Rawls, *Théorie de la justice*, *op. cit.*, p. 169.

son sens anthropologico-moral, représente un obstacle à la recherche d'institutions impartiales fondées sur la seule rationalité.

Il est cependant vrai que Rawls plaide pour le caractère moral (et non seulement pragmatique) des règles de justice[74]. Il ne s'agit pas pour autant de fonder la coopération sociale sur l'ethos des agents. C'est en d'autres sens qu'il faut comprendre la moralité des institutions politiques dans le libéralisme rawlsien :

1. Les règles de justice politique ne s'imposent pas en premier lieu pour Rawls pragmatiquement, parce qu'elles sont économiquement utiles à la société, mais elles obligent moralement. Du point de vue déontologique, elles s'imposent même plus que nos convictions morales ou religieuses : la « priorité du juste sur le bien » est avant tout une priorité morale, par laquelle les principes de justice, en conséquence de leur caractère rationnel, obligent antérieurement aux autres principes fondés empiriquement sur les conceptions subjectives du bien. Cette moralité des principes de justice n'implique donc nullement qu'ils soient fondés sur un plan anthropologico-éthique : bien au contraire, ces principes n'obligent de façon universelle que parce qu'ils font abstraction de l'ethos particulier des individus.

2. Une fois le voile d'ignorance levé, les règles de justice se trouvent rencontrer les conceptions du bien des individus, ou tout du moins elles peuvent les rencontrer. Plus encore, les règles de justice, si elles sont adoptées au niveau institutionnel, agissent sur les conceptions individuelles du bien, pour promouvoir un ethos moralement bénéfique pour la société. De tels principes ne s'imposent donc pas seulement d'un point de vue déontologique, mais ils sont aussi capables de motiver

74. Il est suivi sur ce point par plusieurs de ses défenseurs, comme Stephen Macedo (*Liberal virtues: Citizenship, Virtue, and Community in Liberal Constitutionalism*, Oxford, 1991), ou Alain Boyer (*Apologie de Rawls*, Paris, PUF, 2018).

les agents au-delà même de leurs désaccords irréductibles sur les fins de l'existence. Le consensus par recoupement n'est pas un « simple modus vivendi », écrit Rawls, mais « une fin morale soutenue pour des raisons morales », qui, de ce fait, est à même de « conquérir le dévouement des citoyens »[75]. Il reste que le libéralisme politique ne présuppose pas l'ethos de ces citoyens ni ne se fonde sur lui. La doctrine politique libérale repose sur l'ingénierie d'un système d'institution si parfait que, pour paraphraser T. S. Eliott, « personne n'aura besoin d'être bon[76] ». En ce sens tout du moins, Rawls est ici l'héritier de la tradition mandevillienne, pour laquelle la tâche des institutions est d'harmoniser les intérêts contradictoires. Montaigne, quant à lui, pense la crise comme essentiellement morale. Il critique les postures conflictogènes que sont l'orgueil, l'arrogance, la gloire ou la domination. Il attribue pour une large part les horreurs des conflits confessionnels à l'attitude dogmatiste de ces prétendus savants qui « troublent le monde » (I, 54, p. 313) : c'est à « ces gens [...] qui n'ignorent rien, qui gouvernent le monde, qui sçavent tout » (II, 12, p. 538) qu'il faut, selon l'« Apologie de Raimond Sebond », « faire sentir l'inanité, la vanité et deneantise de l'homme », « arracher des points les chetives armes de [la] raison », « faire baisser la teste et mordre la terre » (II, 12, p. 448). C'est donc bien à une juste appréciation de sa propre valeur et à un esprit de modestie que Montaigne fait premièrement appel, non à une réforme des institutions politiques – ce qui ne veut pas dire, bien entendu, que cette réforme intérieure fasse l'économie d'institutions politiques adéquates, ni qu'elle n'ait pas des prolongements politiques.

75. John Rawls, « Le domaine du politique et le consensus par recoupement » (1989), dans J. Rawls, *Justice et démocratie*, trad. C. Audard *et al.*, Paris, Seuil, 1993, p. 317 et 320.

76. « *They constantly try to escape / From the darkness outside and within / By dreaming of systems so perfect that no one will need to be good* » (T. S. Eliott, Choruses from *The Rock*, VI).

Il y a plus. L'ethos « pacifiant » auquel Montaigne se réfère est différent de celui dont Rawls pense qu'il pourrait être produit par des institutions libérales. Les valeurs mentionnées par Rawls sont des valeurs de confiance mutuelle, de dévouement à la cause commune, d'union sociale, de fraternité, de solidarité et de coopération. Le premier chapitre place la théorie de la justice dans le cadre d'une réflexion sur les conditions, dans nos sociétés pluralistes, de la renaissance d'une amitié politique : « entre des individus ayant des buts et des projets disparates, le fait de partager une conception de la justice établit les liens de l'amitié civique[77] ». Ces valeurs appartiennent à un registre républicaniste. Elles relèvent de la conception civique antique de la vertu, définie par Tocqueville comme « sacrifice de l'intérêt particulier au bien général ». Rawls en convient : « rien, dans le républicanisme classique [...], n'est incompatible avec le libéralisme politique que j'ai décrit ici[78] ». Ce point est approfondi dans la troisième partie de la *Théorie de la justice*, selon laquelle la « réalisation publique du principe de justice » est « une valeur de la communauté »[79]. Or nous avons dit que Montaigne se méfie de la propagande républicaine avec sa rhétorique moralisatrice du sens de la communauté et du dévouement au public. Dans les périodes troubles des guerres civiles, il y voit une simple couverture hypocrite destinée à masquer une *libido dominandi* inavouable : « cette tracasserie du monde » ne se recherche guère en vue de l'intérêt commun, mais seulement « pour tirer du publicq son profit particulier » (I, 39, p. 237)[80]. Montaigne ne cesse, dans les *Essais*,

77. J. Rawls, *Théorie de la justice*, § 1, *op. cit.*, p. 31.

78. Id., *Justice et Démocratie*, *op. cit.*, p. 316.

79. Id., *Théorie de la* justice, § 79, *op. cit.*, p. 571.

80. Alexis de Tocqueville soulignera lui aussi la duplicité de ces discours sur l'oubli de soi-même et du dévouement aux autres : « Lorsque le monde était conduit par un petit nombre d'individus puissants et riches, ceux-ci aimaient à se former une idée sublime des devoirs de l'homme ; ils se plaisaient à professer qu'il est glorieux de s'oublier soi-même et qu'il convient de faire le bien sans intérêt, comme Dieu

et plus particulièrement au troisième livre, d'affirmer que la solution de la crise ne réside pas dans un plus grand dévouement au public, mais, à l'inverse, dans une plus grande proximité à soi. Le chapitre « De mesnager sa volonté » pose la même question que le *Discours de la servitude volontaire* d'Étienne de La Boétie : qu'est-ce qui attache notre volonté à la servitude ? Comment la délivrer de sa propension à l'auto-aliénation ? Mais il ne s'agit plus ici de la servitude à une tyrannie comprise comme un régime politique spécifique dont, par ailleurs, La Boétie lui-même ne définit que très imprécisément les contours. Il s'agit plutôt de se libérer de la tyrannie des offices publics *en général*, indifféremment de la nature du régime politique, en apprenant à vivre pour soi-même et indépendamment du public (« La principale charge que nous ayons, c'est à chacun sa conduite ; et est ce pour quoy nous sommes icy », III, 10, p. 1006-1007). Il y va de l'essence de l'ordre politique d'aliéner notre liberté privée[81]. Les interprétations libertaires et libertariennes qui ont été faites du *Discours*[82], en retournant le propos de La Boétie

même. C'était la doctrine officielle de ce temps en matière de morale » (Alexis de Toqueville, *La Démocratie en Amérique*, II, II, 8, dans Id., *Œuvres*, Paris, Gallimard, vol. 2, 1992, p. 635).

81. Nous rejoignons ici l'analyse de Christophe Litwin : « Il semble bien que Montaigne ait fait de la "servitude volontaire" de La Boétie une propriété inhérente à toute multitude soumise aux lois d'une police, à tout peuple, et partant la donnée primitive avec laquelle le législateur doit composer » (*Politiques de l'amour de soi*, *op. cit.*, p. 152).

82. Ainsi, selon Claude Lefort dans le texte de La Boétie, « le discours politique cède devant un discours sur le politique » (voir « Le nom d'Un », dans Étienne de La Boétie, *Discours de la servitude volontaire*, texte établi par Pierre Léonard, et « La Boétie et la question du politique », textes de F. de Lammenais, P. Leroux, A. Vermorel, G. Landaueur, S. Weil, M. Abensour, M. Gauchet, P. Clastres et C. Lefort, Paris, Payot, 1976, rééd. 1983, p. 269-335) ; et, selon Nadia Gontabert, le *Discours* est un « texte politique dirigé contre l'idée même de pouvoir (pouvoir politique, pouvoir des lois, pouvoir des mots) et appelant les hommes à créer, parce qu'ils s'autoriseront enfin à penser, leur liberté » (« Pour une lecture politique de *La Servitude volontaire* d'Étienne de La Boétie », *BSAM*, 13-14, 1983, p. 93-104, ici p. 104). Pour une lecture libertarienne,

contre la tyrannie inhérente à toute société, quelle que soit la forme de son gouvernement, sont les héritières de la lecture de Montaigne. Il reste que le remède ne réside pas pour Montaigne en une désobéissance civile, mais en une conquête de solitude et une libération intérieure à l'égard des sollicitations et des prestiges du conformisme, de la gloire et du pouvoir. C'est non premièrement par une réforme des institutions, mais en se rapprochant de soi-même que l'on se délivre de ce que Maurice Merleau-Ponty appelait, en se référant à Montaigne, le « maléfice » du social[83].

Aussi préférons-nous parler non de « libéralisme » de Montaigne, au sens d'une doctrine économico-politique (sans qu'il s'agisse pour autant de faire le procès du libéralisme économique ou politique), mais d'« esprit libéral », c'est-à-dire d'un libéralisme compris dans son noyau éthique. L'ethos d'une personne est son caractère psychique qui le dispose à des actions qualifiables du point de vue moral et susceptibles d'un jugement normatif. L'ethos se situe donc à la frontière de l'anthropologie et de ce que nous nommons l'éthique : être orgueilleux, arrogant, sournois ou, à l'inverse, être modeste, doux et franc sont des exemples de qualités que l'on peut rapporter à l'ethos. Notre thèse est que Montaigne inaugure une véritable révolution intellectuelle en inventant l'ethos de la modernité, ethos dont la doctrine libérale, économique ou politique peut être considérée comme un prolongement. Plus que d'une théorie unifiée, cet esprit libéral est fait d'une constellation de traits caractéristiques de l'écriture des *Essais* : valorisation de l'amour de soi et des vertus

---

voir Murray Rothbard, « The Political Thought of Étienne de La Boétie », introduction à Étienne de La Boétie, *The Politics of Obedience. The Discourse of Voluntary Servitude*, Ludwig von Mies Institute, trad. H. Kurz, 1975, rééd. 2008, p. 7-36, qui situe aussi Lysander Spooner dans cette tradition de lecture du *Discours* de La Boétie.

83. Maurice Merleau-Ponty, « Lecture de Montaigne » (1947), rééd. dans Id., *Signes*, Paris, Gallimard, 1960, p. 256.

qui s'y attachent (authenticité, sincérité, etc.), affirmation du privé, antidogmatisme, relativisme, pluralisme des valeurs, promotion de la curiosité, méfiance vis-à-vis de l'autoritarisme, rejet de la cruauté, etc.

L'affirmation du moi se situe au cœur de ce nouveau code éthique fondé sur des valeurs cardinales ignorées des Anciens telles la sincérité, la fidélité à soi, la modestie, etc. –, ces vertus que Montaigne se vante de posséder et dont il revendique la dignité morale en tant même qu'expressions authentiques du moi. Or, que valent ces vertus spécifiquement libérales pour le libéralisme « politique » de Rawls ? Il est vrai que celui-ci, contre la doctrine utilitariste, affirme avec force la valeur de la personne : « Chaque personne possède une inviolabilité fondée sur la justice qui, même au nom du bien-être de l'ensemble de la société, ne peut être transgressée[84] » – une formule que l'on rapprochera de celle de Montaigne, selon qui « l'interest commun ne doibt pas tout requerir de tous contre l'interest privé » (III, 1, p. 802). Mais Rawls n'adhère pas pour autant à l'éthique de « l'authenticité ». Il en reconnaît tout au plus le caractère factuel en temps de crise morale et politique :

> Nous devrions noter qu'en période de doute envers la société et de perte de confiance dans les valeurs traditionnelles, il y a une tendance à revenir aux vertus de l'intégrité : la véracité et la sincérité, la lucidité et l'engagement ou, comme disent certains, l'authenticité. Si personne ne sait ce qui est vrai, au moins nos croyances nous appartiennent, nous n'avons pas à les recevoir des autres[85].

Il s'agit là sans doute d'une réaction naturelle, mais, selon Rawls, elle est par elle-même sans valeur normative. Ces attitudes psychologiques (et les attitudes psychologiques en général) ne peuvent donner naissance à des vertus au sens moral du terme que par leur subordination aux règles de justice :

---

84. J. Rawls, *Théorie de la justice*, § 1, *op. cit.*, p. 29-30.
85. *Ibid.*, §78, *op. cit.*, p. 563.

> Bien entendu, les vertus de l'intégrité sont des vertus qui font partie des personnes libres. Mais, si elles sont nécessaires, elles ne sont pas suffisantes ; car leur définition permet de leur donner pratiquement n'importe quel contenu [...]. Il est impossible, à partir de ces seules vertus, de construire une doctrine morale ; étant de vertus de forme, elles sont, en ce sens, secondaires. Mais, reliées à la conception de la justice qui convient [...], elles prennent sens[86].

Le « libéralisme » de Montaigne fait pour sa part appel à une réforme des mœurs, dans le sens d'un ethos spécifiquement libéral, en s'écartant non seulement de l'ethos aristocratique d'une société féodale qui met en valeur les vertus d'honneur, de courage et de magnanimité, mais aussi de l'ethos républicain, qui repose sur des valeurs de dévouement à la communauté et qui, mutatis mutandis, reste à l'horizon du libéralisme « politique » de Rawls. Waldo Emerson est peut-être le premier qui a eu l'intuition de cette forme particulière de libéralisme de Montaigne lorsqu'il nomme ce dernier « *a man of liberality*[87] ». « *A man of liberality* » ne signifie sans doute pas un tenant du libéralisme au sens d'une doctrine économico-politique. Au temps de Montaigne, les termes « liberal » et de « liberalité » signifient principalement une propension à donner au-delà de ce qui est strictement dû (par générosité ou par bienveillance)[88] comme ils renvoient à

86. *Ibid.*, p. 563-564.

87. Sur les proximités de ces auteurs, voir les chapitres sur Gibbon et sur Emerson de Charles Dédéyan, *Montaigne chez ses amis anglo-saxons*, Paris, Boivin, 1946, vol. 1, respectivement p. 59-76 et 263-282. Sur Montaigne et Emerson, voir aussi Dudley Marchi, *Montaigne Among the Moderns. Receptions of the Essais*, Providence/Oxford, Berghahn Books, 1995, p. 105-125.

88. C'est en ce sens qu'on le trouve par exemple dans le chapitre « Des coches » : « Le surplus s'appelle bienfaict, lequel ne se peut exiger, car le nom mesme de liberalité sonne liberté » (III, 6, p. 904). Sur le sens premier du terme « libéral », associé à la libéralité, voir Leo Strauss, *Le Libéralisme antique et moderne*, trad. O. Berrichon Sedeyn, Paris, PUF, 1990, p. 10-11 et 50-51, qui met l'accent sur le détachement de l'homme libéral par rapport aux biens du corps et son attachement aux biens de l'esprit.

la qualité d'un être moralement et politiquement libre et autonome[89]. En se référant au texte d'Edward Gibbon[90], Emerson fait implicitement de cette *liberality* l'antonyme de l'esprit fanatique, belliqueux et factieux, auquel il ajoute la bigoterie, c'est-à-dire le zèle religieux. Le parallèle avec Henri de Navarre va dans le même sens : l'homme libéral est ici l'homme libre de préjugés (et en particulier de préjugés religieux) et opposé à l'esprit de querelle. Dans le portrait qu'Emerson a tracé de Montaigne en sceptique, il décrit celui-ci comme « le plus franc et le plus honnête des écrivains » ; il loue son « invincible probité ». Surtout, Montaigne refuse la « vie factice » pour aspirer à une vie authentique ; il ne souhaite pas « sortir de lui-même », mais reste « solide et robuste » en lui-même[91]. Le scepticisme de Montaigne n'est pas une finalité en soi, mais une médication contre l'esprit de conformisme et la tyrannie du « sens commun [*common sense*] ». Il ne renvoie ni à un progressisme (qui serait nécessairement partisan) ni à un conservatisme[92]. Emerson trace ainsi un portrait de Montaigne en « libéral » à la fois au sens classique (prolixe, franc,

---

89. Outre les usages par Montaigne de ces deux termes, on pourra se référer au *Dictionnaire du Moyen Âge (1330-1500)* sur le site Atilf (Analyse et traitement informatique de la langue française : <http://www.atilf.fr/dmf/>), ainsi qu'au dictionnaire de Robert Estienne (*Dictionaire françois-latin, contenant les motz et manières de parler françois, tournez en latin*, Paris, 1539, p. 348). On notera que terme « liberal » peut aussi se référer à la prolixité et à l'abondance d'un texte (au-delà donc des normes littéraires), sa *cornucopia* au sens de Terence Cave, ainsi qu'à la franchise et à l'ouverture de cœur.

90. *Miscellaneous Works of Edward Gibbon*, *op. cit.* Voir *supra*, l'épigraphe de cette introduction.

91. Ralph Waldo Emerson, « Montaigne, ou le sceptique », dans Id., *La Confiance en soi et autres essais*, trad. M. Begot, Paris, Rivages poche, 2000, p. 171-175.

92. « L'esprit supérieur se trouvera également en conflit [*at odds*] avec les maux de la société et avec les projets qui sont avancés pour les soulager. Le sceptique sage est un mauvais citoyen ; non conservateur, il voit l'égoïsme [*selflishness*] de la propriété et la somnolence [*drowsiness*] des institutions. Mais il n'est pas non plus à même de travailler avec aucun parti démocratique qui fut jamais constitué ; car

généreux, libre de parole) et au sens moderne (opposé au fanatisme et à l'intolérance, refusant le conformisme, méfiant à l'égard de l'esprit « civique » et de l'engagement pour une « cause », prudent à l'égard des sollicitations de la société, etc.). C'est bien en ce sens que nous avons le projet, dans cet ouvrage, d'éclairer la généalogie montaignienne de notre modernité en prenant pour point de départ l'esprit libéral en sa dimension anthropologico-éthique, tel qu'il trouve une définition dans les *Essais*.

---

les partis souhaitent que chacun s'engage et il voit clair dans ce patriotisme populaire » (*ibid*., p. 178).

PREMIÈRE PARTIE

ÊTRE À SOI, ÊTRE AUX AUTRES

CHAPITRE 1

ÉGOTISME ET ÉGOÏSME

Le « prince des égotistes »

La référence récurrente de l'auteur à lui-même constitue l'un des traits les plus immédiatement repérables de l'écriture des *Essais*. Comme l'a souligné Malebranche, il y a peu de chapitres de son ouvrage où Montaigne « ne fasse quelque digression pour parler de lui[1] ». Cette présence de l'auteur dans son livre ne fait que s'accroître au fur et à mesure de l'écriture des *Essais*, jusqu'à devenir un objet

1. Nicolas Malebranche, *De la recherche de la vérité*, éd. G. Rodis-Lewis, dans Id., *Œuvres*, Paris, Gallimard, t. I, 1979, p. 278. Avant lui, François de la Croix du Maine avait écrit : « ce livre [*i.e.* les *Essais*] ne contient autre chose qu'une ample déclaration de la vie dudit sieur de Montaigne, et chaque chapitre contient une partie de celle-ci » (*Premier volume de la bibliothèque du sieur de La Croix du Maine…*, Paris, L'Angelier, 1584, p. 28). De fait, les chapitres dans lesquels la première personne du singulier n'apparaît pas du tout (pas même sous la forme d'un « dis-je ») sont peu nombreux – et de plus en plus rares au fur et à mesure de la progression de l'écriture des *Essais* : livre I, chapitres IV, XV, XVI, XXII, XXXIV, XLIII, XLV, LII et LIII ; livre II, chapitres XIV, XXI et XXVI ; aucun chapitre du livre III – soit 12 chapitres au total sur les 107 chapitres des *Essais*.

propre de la réflexion de Montaigne[2]. La première personne du singulier peut interrompre un propos général pour l'illustrer ou le mettre à l'épreuve, comme elle peut à l'inverse introduire un propos personnel qui sera ensuite confronté à des préceptes généraux ou à des exemples passés ou présents. Elle peut s'exprimer sous la forme de la simple formule « dis-je », venant ponctuer une sentence morale, comme elle peut constituer le thème central du chapitre. Tantôt Montaigne parle d'un événement qu'il a vécu ou qui lui a été rapporté, tantôt il décrit un trait de son caractère et de sa personnalité, tantôt enfin il donne son opinion personnelle. Cette première personne peut se rapporter à son être singulier et irréductible à toute généralisation ou à une couche d'humanité dont chacun peut faire l'expérience en soi. Le propos qu'elle introduit a tantôt une fonction descriptive, tantôt une fonction prescriptive, le plus fréquent étant que la description psychologique recèle une prescription morale implicite : même le propos le plus futile comme le fait de préférer le vin blanc au vin rouge[3] – la « grande fadaise » de Montaigne selon Joseph Scaliger[4] – invite le lecteur à reconnaître en lui-même la mutabilité de sa complexion, de ses passions et de ses pensées. Même lorsqu'il n'écrit pas à la première personne du singulier, Montaigne continue de se peindre lui-même à travers une écriture éminemment personnelle, d'apparence libre et improvisée, épousant les mouvements de sa pensée, ses digressions, ses hésitations et ses rectifications.

---

2. L'étude déjà ancienne de Frederick Rider, *The Dialectic of Selfhood in Montaigne* (Stanford, MW Books, 1973), montre cette évolution à partir de l'étude de six chapitres et de leur réécriture au fur et à mesure des rééditions des *Essais*.

3. « En plusieurs choses je sens mon estomac et mon appetit aller ainsi diversifiant : j'ay rechangé du blanc au clairet, et puis du clairet au blanc » (III, 13, p. 1103).

4. « La grande fadaise de Montaigne, qui a écrit qu'il aymoit mieux le vin blanc, que diable a t on à faire de sçavoir ce qu'il a aimé ? » (Joseph Juste Scaliger, *Scaligeriana sive excerpta ex ore Josephi Scaligeri*, Ex typographia Adriani Ulac, 1669, p. 221).

La fréquence des déplacements de ponctuation d'une édition à l'autre (André Tournon compte quelque neuf mille retouches autographes dans l'Exemplaire de Bordeaux[5]), et dont la plupart sont quasi insignifiants pour le sens même du propos, traduit une volonté de « coller » aussi exactement que possible à l'instant de la pensée de l'auteur qui réinvente son texte en le relisant, de suivre son mouvement heuristique avec ses scansions et ses respirations – son « staccato », pour prendre le terme de John Lyons[6]. Le discours sur soi est ainsi omniprésent dans les *Essais*, et c'est à juste titre que Waldo Emerson a introduit son portrait de Montaigne en le nommant le « prince des égotistes[7] ».

C'est en grande partie cette diversité des modalités de prises de parole du « moi »[8] qui fait l'originalité du récit

---

5. André Tournon, « "Ny de la punctuation" : sur quelques avatars de la segmentation autographe des *Essais* », *Nouvelle revue du seizième siècle*, 17/1, 1999, p. 147.

6. John Lyons, *The Invention of the Self. The Hinge of Consciousness in the Eightennth Century*, Carbondale/Edwardsville, Southern Illinois University Press, 1978, p. 60. Lyons compare Montaigne à Augustin. Sur le mouvement de l'écriture de l'essai, voir aussi Robert Melançon, « L'entretien avec soi », dans E. Kushner (dir.), *La Problématique du sujet chez Montaigne. Actes du colloque de Toronto (20-21 octobre 1992)*, Paris, Honoré Champion, 1995, p. 97-102.

7. W. Emerson, *La Confiance en soi*, *op. cit.*, p. 169. Ce terme, employé dans la langue anglaise à partir du XVIIIe siècle, et auquel les transcendentalistes confèreront une valeur positive, est popularisé en France avec Stendhal et ses *Souvenirs d'égotisme*. Vincent Carraud note que la première moitié du XVIIIe siècle multipliera « les néologismes égoïté, et égoïsme (au sens de solipsisme), puis égotisme et égonisme » (*L'Invention du moi*, Paris, PUF, 2010, p. 68). Le mémoire plus ancien de Jean-Robert Armogathe (que nous remercions pour son autorisation de consultation), *Une secte fantôme au XVIIIe siècle : les égoïstes*, Paris, Sorbonne, 1970, relève aussi les termes « égoïser », « égoïseur », « égoïstique », « égomets », « égoïté » (p. 6-12). Ce mémoire, qui documente avec une grande érudition la querelle de l'égoïsme telle qu'elle s'est développée XVIIIe siècle à partir du mythe d'une secte indienne fantôme (p. 296-303), est précieux pour comprendre comment ce terme « égoïste » a pu progressivement acquérir une connotation positive, dont hérite le transcendantalisme d'Emerson.

8. On sait que le substantif « le moi » est une création de Blaise Pascal (en particulier : « le moi est haïssable », *Pensées*, éd. L. Lafuma, Paris, Seuil, 1963, fragment 597) à partir de l'expression « *ego ille* » de Descartes

de Montaigne. On peut sans doute repérer des précédents : Augustin pour la démarche introspective[9], quelques auteurs anciens pour la pratique de l'écriture autobiographique[10]. Mais, comme l'écrit Craig Brush, « un autoportrait n'est pas

(*Méditations métaphysiques*, II, dans Id., *Œuvres*, publiées par C. Adam et P. Tannery [noté par la suite « AT »], 1897-1909, nouvelle présentation en coédition avec le CNRS, Paris, Jean Vrin, 1964-1974, rééd. 1996, t. V, p. 25. C'est à la traduction des *Essays on Human Undestanding* de Locke par Pierre Coste (par ailleurs éditeur des *Essais*) que l'on doit la traduction du substantif anglais « *self* » par « le moi ». Sur ces points, voir Vincent Carraud, *L'Invention du moi, op. cit.*, en particulier p. 15-41 et 134-136. Carraud critique la confusion du « soi » et du « moi » chez Paul Ricœur et chez la traductrice française du *Sources of the Self* de Charles Taylor (Charlotte Melançon), en faisant valoir que « le soi implique une réflexivité absente du moi » (p. 140). Cette double confusion (du pronom réflexif et du substantif, du *self* et du moi) est courante chez les commentateurs francophones et anglophones de Montaigne. Ainsi, Hugo Friedrich (*Montaigne*, Berne, Francke Verlag, 1949, rééd. revue et augmentée 1968, trad. R. Rovini, *Montaigne*, Paris, Gallimard, 1968) intitule l'un de ses chapitres « Das Ich » (p. 258), que le traducteur français rend naturellement par « Le moi ». Dans cet ouvrage, nous utilisons ces deux syntagmes à des fins de commodité, en nous appuyant sur le fait même que le substantif « le moi », s'il n'est pas employé par Montaigne lui-même (pas plus que le « soi »), renvoie chez Pascal, par-delà le dialogue avec Damien Miton, à l'égotisme et à l'égoïsme de Montaigne, critiqué à d'autres endroits (« Le sot projet qu'il a de se peindre », Laf. 780). On notera par ailleurs que la substantivation du pronom personnel existe déjà dans le vocabulaire philosophique grec (l'*hétéros autos* d'Aristote) et latin (l'*alter ego* ou *alter idem* de Cicéron) : voir Terence Cave, « Fragments d'un moi futur : Pascal, Montaigne, Rabelais », dans J.-R. Fanlo (dir.), *« D'une bigarrure fantastique ». Le texte composite à la Renaissance. Études offertes à André Tournon*, Paris, Honoré Champion, 2000, p. 105.

9. Il est difficile de savoir si Montaigne a effectivement lu les *Confessions* d'Augustin. Les arguments pour et contre sont présentés par Gisèle Mathieu-Castellani, *Montaigne ou la vérité du mensonge*, Genève, Droz, 2000, p. 107-126.

10. Voir Hugo Friedrich, *Montaigne*, *op. cit.*, p. 232-237, qui cite, en plus de Pétrarque, Benvenuto Cellini et Jérôme Cardan – tout en précisant que, quelle que soit la proximité de leur écriture à celle des *Essais*, Montaigne ne pouvait pas connaître leurs œuvres autobiographiques. La référence aux anciens vient de Montaigne lui-même (« nous n'avons nouvelles que de deux ou trois anciens qui ayent battu ce chemin », II, 6, p. 378), qui ne s'attarde pas sur ces proximités.

une autobiographie[11] », et nous ne qualifierions pas d'*égotistes*, au sens d'Emerson, les écrivains qui se proposent en modèle de vie[12] : Montaigne écrit d'ailleurs ne pas vouloir dresser « une statue à planter au carrefour d'une ville, ou dans une Eglise, ou place publique » (II, 18, p. 664). Nous ne qualifierions pas plus d'égotistes Sénèque, qui trouve en notre esprit la présence du *logos* universel, ou Augustin, dont l'introspection vise à découvrir Dieu dans l'intimité du moi. Pas plus les *Essais* ne sont-ils assimilables à l'autobiographie introspective qui connaîtra un grand succès dans les siècles suivants[13]. Montaigne cherche sans doute, au-delà des contradictions intérieures, une forme de stabilité immanente : mais contradiction ne signifie pas déchirure. L'introspection reste délibérément chez lui à un niveau d'immanence qui contraste avec celle de la littérature introspective d'Augustin à Pétrarque, animée d'une dynamique de contrition[14] : les « profondeurs opaques [des] replis internes » de l'esprit (II, 6, p. 378) ne renvoient l'individu

---

11. Craig B. Brush, *From the Perspective of the Self: Montaigne's Self-Portrait*, New York, Fordham University Press, 1994, p. 23-35.

12. « Les fragments d'un discours autobiographique insérés dans le livre [*i.e.* les *Essais*] sont détournés de leur projet strictement autobiographique pour devenir des exemples directs d'une anthropologie, d'une sociologie et d'une psychologie illustrées à partir de soi-même » (Claude-Gilbert Dubois, « Autobiographie-autoportrait », dans Ph. Desan [dir.], *Dictionnaire Michel de Montaigne, op. cit.*, p. 79).

13. Voir Nicholas Paige, *Being Interior: Autobiography and the Contradictions of Modernity in Seventeenth-Century France*, Philadelphie (PA), University of Philadelphia Press, 2001, et Michael Mascuch, *Origins of the Individualist Self: Autobiography and Self-Identity in England, 1591-1791*, Redwood City, Stanford University Press, 1996. Pierre Coste est l'un des premiers à suggérer cette lecture introspective des *Essais*, lorsqu'il oppose Montaigne à ceux qui « n'ont pas même le courage de fouiller dans les replis de leurs Cœurs pour se découvrir secrètement à eux-mêmes leurs faiblesses, leurs légèretés et les véritables motifs de leurs actions » (préface des *Essais*, *op. cit.*, p. III).

14. Voir Marcel Tetel, « De la subjectivité augustinienne dans le *Secretum* et les *Essais* », dans D. de Courcelles (dir.), *Augustinus in der Neuzeit. Colloque de la Herzog August Bibliothek de Wolfenbüttel, 14-17 octobre 1996*, Trunout, Brepols, 1998, p. 23-32.

qu'aux « menus airs de ses agitations », c'est-à-dire à son tempérament et à son naturel[15]. Comme l'écrit Frank Lestringant de la division de la volonté avec elle-même (dont la sexualité est l'un des témoins les plus manifestes), « Montaigne [...] ne s'alarme pas outre mesure. Nulle maladie à cela, mais la manifestation d'un organisme en bonne santé et débordant de vitalité[16] ». La contradiction est donc supportable, voire, dans certains cas, elle est objet de jouissance. Au pire, elle ouvre sur un programme moral : le « vaisseau qui se desprent, se descout, qui s'eschape et desrobe de soy » peut être réparé « à bons coups de mail » (III, 12, p. 1046). La déchirure de la volonté n'est donc jamais telle que la volonté elle-même ne puisse remédier à ses effets les plus néfastes. De ce point de vue, la tradition d'une lecture phénoménologique des *Essais* compris comme quête d'une vérité dans l'être par le moyen de l'exploration d'une vie intérieure (Erich Auerbach, Albert Thibaudet, Frederick Rider, Glyn Norton, Ian Winter, Jean Starobinski, etc.) manque en partie son but[17]. Ces lectures participent, comme l'a montré Nicholas Paige, d'un anachronisme, l'entreprise de retraite solitaire n'ayant « que peu à voir avec l'introspection en tant que telle », c'est-à-dire avec « la recherche d'une vérité située métaphoriquement au fond de chacun de nous »[18]. L'introspection est suffisamment poussée pour

15. « Tandis que saint Augustin oppose la volonté bonne du surmoi et la résistance du moi [...], Montaigne met à jour la dualité inhérente du sujet » (Giselle Mathieu-Castellani, *Montaigne ou la vérité du mensonge*, *op. cit.*, p. 113).

16. Frank Lestringant, « L'action génitale. À propos du plaidoyer pour le membre (*Essais*, I, 21) », *BSAM*, 19-20, 2000, p. 65-76.

17. Pour une critique des lectures autobiographistes et phénoménologiques des *Essais*, voir N. Paige, *Being Interior*, *op. cit.*, p. 21-64. Felicity Green, quant à elle, souligne « le fossé qui sépare la pratique spirituelle de la confession ou de l'examen de conscience des *Essais* » (*Montaigne and the Life of Freedom*, *op. cit.*, p. 51), en faisant valoir (p. 64) que le « moi » qui est visé par Montaigne est plus un sujet d'actions et de jugements en quête de liberté qu'un objet d'introspection.

18. N. Paige, *Being Interior*, *op. cit.*, p. 30. Selon John Lyons, Montaigne « ne nous donne que peu à voir de lui-même » : sa psychologie est une « psychologie sociale », car « ce qu'il recherche en lui est un modèle

distinguer ce qui est mien de ce qui m'est étranger tout en se maintenant à un niveau de superficialité suffisant pour que mon intériorité ne renvoie pas à un « *superior summo meo* » situé au-delà de la conscience de soi[19].

Nous ne qualifierions pas non plus d'égotiste, toujours au sens d'Emerson, la pratique de Descartes dans le *Discours de la méthode* ou de Locke dans les *Essays on Human Understanding* : le « je » que décrit Montaigne n'est pas un moi désingularisé, comme le seront l'*ego* cartésien ou le *self* lockéen[20]. C'est paradoxalement par son caractère personnel que ce « je » provoque le lecteur à reconnaître son propre moi. Comme l'écrivait Pierre Coste dans la préface de son édition des *Essais* (1725), « ce portrait est comme un miroir fidèle où tous les hommes pourront se reconnaître par quelque endroit[21] ». De fait,

---

universel » qui lui permette de se mesurer aux autres (*The Invention of the Self, op. cit.*, p. 69-70). Voir aussi Claude Blum, « Écrire le "Moi" : "J'ajouste mais je ne corrige pas" » (dans M. Tetel (dir.), *Actes du colloque international Montaigne (1580-1980)*, Paris, Nizet, 1983, p. 37), pour qui l'« histoire de ma vie » que sont les *Essais* « n'aura rien de Mémoires » dès lors que « son but n'est pas de revenir sur des événements généralement connus de ceux qui ont fréquenté l'auteur pour les éclairer », pas plus qu'elle est une confession, dès lors qu'« elle ne donne pas un supplément d'information aux proches sur des actions qu'elle viendrait situer dans une histoire du salut ».

19. « Même si la lumière que Montaigne projette sur lui-même ne pénètre pas jusqu'aux profondeurs de son être, elle lui permet de découvrir et d'éclairer l'actuel d'un moi intérieur, pleinement conscient de lui-même, imprévisible, vivant de sa propre vie, à l'opposé du moi extérieur, celui qui regarde vers le monde, qui s'efforce de se conformer aux normes religieuses, sociales et politiques » (Floyd Gray, *Montaigne et les livres*, Paris, Classiques Garnier, 2013, p. 74).

20. Cette opposition est bien soulignée par Charles Taylor, *Les Sources du moi, op. cit.*, p. 233-240. En ce sens, et tout en reconnaissance les difficultés de traduction de la pensée de Montaigne en langue anglaise, il nous paraît difficile de faire des *Essais* un livre du *self*, selon la formule de Richard Regosin (*The Matter of my Book: Montaigne's Essays as the Book of the Self*, Berkeley/Los Angeles/Londres, University of California Press, 1977), reprise par Graham Good (*The Observing Self. Rediscovering the Essay*, Londres, Routledge, 1988, rééd. 2014, p. 26-42).

21. *Essais de Michel, seigneur de Montaigne…*, éd. P. Coste, 4e éd., 1739, préface, p. II.

nombre de lecteurs de Montaigne, de Marie de Gournay à Emerson, Sainte-Beuve, Flaubert, Nietzsche, Gide et Zweig, verront dans les *Essais* un miroir d'eux-mêmes[22]. Le « je » est aussi un « nous », pour reprendre la formule d'Antoine Compagnon[23], mais ce pluriel est construit à partir d'une rencontre de personne à personne, et non d'une subsomption sous un modèle général d'humanité[24]. Ce que vise la présence du « je » dans les *Essais* est moins la découverte d'une vérité qui me transcende que l'affirmation de la vérité substantielle du moi et de sa capacité à se mesurer aux modèles du passé comme aux problèmes du présent.

L'un des caractères originaux des *Essais* est que l'auteur ne se contente pas de parler à la première personne, mais qu'il fait de cette écriture un programme délibéré et explicitement revendiqué : « J'ose non seulement parler de moy, mais parler seulement de moy » (I, 8, p. 942) ; « Je ne vise icy qu'à découvrir moy mesmes » (I, 26, p. 148)[25].

---

22. Sur quelques-unes de ces « identifications », voir Donald Frame, *Montaigne. Une vie, une œuvre*, trad. J.-C. Arnould, Paris, Honoré Champion, 1994, rééd. Classiques Garnier, 2006, p. 339-345.

23. Antoine Compagnon, *Nous, Michel de Montaigne*, Paris, Seuil, 1980.

24. Ce point est bien mis en valeur dans les travaux de Pierre Magnard sur Montaigne. Voir en particulier *Il se trouve plus de différence de tel homme à tel homme que de tel animal à tel homme*, Mayenne, Pleins Feux, 2002, ainsi que « Montaigne et l'invention de l'homme », *Cités*, 44/4, 2010, p. 123-136.

25. De nombreux autres textes vont dans le même sens : « Je suis moy-mesmes la matiere de mon livre » (I, p. 3) ; « Ce ne sont mes gestes que j'escris, c'est moy, c'est mon essence » (II, 6, p. 379) ; « Je me suis presenté moy-mesmes à moy, pour argument et pour subject » (II, 8, p. 385) ; « Je dois au publiq universellement mon pourtrait » (III, 5, p. 887), etc. Montaigne fait souvent une comparaison de son portrait littéraire avec celui d'un peintre : « C'est moi que je peins » (II, 8, p. 385) ; « Quelles que soyent ces inepties, je n'ay pas deliberé de les cacher, non plus qu'un mien pourtraict chauve et grisonnant, où le peintre auroit mis, non un visage parfaict, mais le mien » (I, 26, p. 148) ; « Je peins mes cogitations » (II, 6, 739) ; « Je vis un jour, à Barleduc, qu'on presentoit au Roy François second, pour la recommandation de la memoire de René, Roy de Sicile, un pourtraict qu'il avoit luy-mesmes fait de

Cette revendication donne à la pratique d'écriture de soi une dimension non seulement littéraire, mais morale. C'est associée à cette revendication que l'écriture de soi révèle sa tonalité provocatrice et subversive, traduisant « un dessein farouche et extravagant » (II, 8, p. 385). Les lecteurs de Montaigne ne s'y sont pas trompés. Dès sa préface à l'édition de 1595, Marie de Gournay note que « la plus generalle censure qu'on face de nostre livre [*i.e.* les *Essais*], c'est que, d'une entreprise particuliere à luy, son autheur s'y dépeint[26] ». Nous avons déjà cité la critique de Joseph Juste Scaliger envers celui qu'il traite de fils d'un « vendeur de harenc » (entendons de roturier qui prend des postures de noblesse). Le début du XVIIe siècle verra s'accumuler les critiques à l'égard de l'écriture des *Essais*. Dans une lettre de 1605, Étienne Pasquier, par ailleurs admirateur de Montaigne en qui il voit un « autre Sénèque en notre langue[27] », dénonce l'écriture de soi et l'autodépréciation feinte des *Essais*, sur un plan à la fois esthétique et moral : « Pendant qu'il fait contenance de se desdaigner, je ne leu jamais Autheur qui s'estimast autant que luy. Car

---

soy. Pourquoy n'est-il loisible de mesme à un chacun de se peindre de la plume, comme il se peignoit d'un creon ? » (II, 17, p. 653), etc.

26. Marie de Gournay, préface aux *Essais* (éd. 1595), dans O. Millet, *La Première Réception des* Essais *de Montaigne (1580-1640)*, Paris, Honoré Champion, 1995, p. 107-108. Autre éditeur des *Essais*, plus d'un siècle plus tard, Pierre Coste fait la même remarque : « On a fort blâmé Montaigne de ce qu'il s'est fait lui-même le sujet de son Livre. Cette objection a été rebattue mille fois » (*Essais de Michel, seigneur de Montaigne*, *op. cit.*, p. I). Sur la première réception des *Essais*, voir aussi Alan M. Boase, *The Fortunes of Montaigne: a History of the* Essays *in France, 1580-1669*, Londres, Methuen, 1935 ainsi que les travaux de Ian J. Winter, *Montaigne's Self Portrait and its Influence in France, 1580-1630* (Lexington [KY], French Forum, 1976, p. 75-104) et « Montaigne's Self-Portraiture: Contemporary and Societal Reaction » (*Kentucky Romance Quaterly*, 23/1, 1976, p. 77-92), ainsi que Marie-Clarté Lagrée, « *C'est moy que je peins* ». *Figures de soi à l'automne de la Renaissance*, Paris, Presses de l'université Paris-Sorbonne, 1985, p. 288-298 et D. Marchi, *Montaigne Among the Moderns*, *op. cit.*, p. 19-102.

27. E. Pasquier, *Lettre à M. de Pelgé*, cité par O. Millet, *La Première Réception des* Essais, *op. cit.*, p. 144.

qui auroit rayé tous les passages qu'il a employez à parler de soy, et de sa famille, son œuvre seroit r'accourcie d'un quart[28]... » Huit ans plus tard, Jean-Pierre Camus se fait le défenseur de l'écriture de Montaigne, mais il ne recommande pas son exemple à tout le monde : « En ce poinct, je le loüe, mais je ne conseillerois pas à tous de l'imiter [...] ; c'est grande ineptie de parler de soy, sinon pertinemment comme luy[29]. » C'est alors l'époque du succès de *La Sagesse* de Charron. L'écriture de Charron, tissée d'emprunts aux *Essais*, évite l'accusation d'idiosyncratisme et de complaisance attachée à la pratique de l'écriture de soi, et son ouvrage sera pour cela pendant un temps plus prisé que celui de Montaigne. Quant aux « Essais » (ou « *Essays* ») écrits après Montaigne, ceux de Bacon en premier lieu, ils prolongeront le projet montaignien d'une description de l'esprit humain, tout en le maintenant sur un mode dépersonnalisé et non suspect d'égotisme. En ce sens, on peut dire que c'est avec Charron que l'écriture de Montaigne se voit amputée de sa dimension égotiste. C'est ainsi sous la forme de recueils de maximes que les *Essais* survivront en France après la mise à l'index de 1676[30].

À partir de Pascal, cette critique du mauvais goût de l'écriture de soi s'articule à une condamnation morale de l'*amor sui* héritée d'Augustin :

> Le sot projet qu'il a de se peindre et cela non pas en passant et contre ses maximes, comme il arrive à tout le monde de faillir, mais par ses propres maximes et par un dessein premier et principal. Car de dire des sottises par hasard et par faiblesse c'est un mal ordinaire, mais d'en dire par dessein c'est ce qui n'est pas supportable et d'en dire de telles que celles-ci[31].

28. *Ibid.*, p. 146.

29. J.-P. Camus, *Les Diversitez* (1613), cité par O. Millet, *La Première Réception des Essais*, *op. cit.*, p. 190.

30. Voir l'étude de Philippe Desan, « Montaigne en cinq cent pensées (1667) », dans Id., *Dix études sur Montaigne*, *op. cit.*, p. 121-130.

31. Pascal, *Pensées*, dans *Œuvres complètes*, éd. L. Lafuma, *op. cit.*, fragment 780, p. 598. On sait que Voltaire retournera la critique contre

La vanterie reste une faute commune que chacun tend à commettre, souvent par distraction, et qui est corrigée par les normes de bon goût imposées par la société. Mais revendiquer ce défaut comme un programme d'écriture au lieu de tenter de s'en corriger relève d'une révolte contre l'ordre. Au-delà de la critique de Damien Miton auquel Pascal s'adresse[32], c'est au « moi » objet d'attention de Montaigne que s'oppose le « moi » haïssable de Pascal[33]. Montaigne se complaît à ses propres défauts au lieu d'aspirer à une réforme intérieure : c'est cet orgueil qui fait l'objet de la critique récurrente que les auteurs du XVIIe siècle adressent aux *Essais*. On la trouve chez Pascal, qui écrit que Montaigne aurait pu corriger « en un moment » ce qu'il avait de mauvais, « si on l'eût averti qu'il faisait trop d'histoires et parlait trop de soi »[34]. Arnauld et Nicole développent cette condamnation[35] et accusent la pratique

---

Pascal : « Le charmant projet qu'il [*i.e.* Montaigne] a eu de se peindre naïvement comme il l'a fait ! Car il a peint la nature humaine ; et le pauvre projet de Nicole, de Malebranche, de Pascal, de décrier Montaigne ! » (Voltaire, *Lettres philosophiques*, XL, éd. O. Ferret, A. McKenna, Paris, Classiques Garnier, 2006, p. 183).

32. Laurent Thirouin (« Le moi haïssable. Une formule équivoque », dans H. von Rudolf Behrens, A. Gipper, V. Mellinghoff-Bourgerie [dir.], *Croisements d'anthropologies. Pascals Pensées im Geflecht der Anthropologien*, Heidelberg, Universitätsverlag Winter, 2005, p. 217-247) souligne l'importance du contexte de la formule de Pascal : « Le moi est haïssable. Vous, Miton, le couvrez, vous ne l'ôtez point pour cela : vous êtes donc toujours haïssable ». Le « moi » de Miton, et plus généralement celui des « honnêtes gens », est socialement acceptable parce qu'il est (hypocritement) « couvert » : il n'en est pas moins « haïssable » du point de vue de la morale chrétienne. Quant au « moi » qui se donne comme « découvert » de Montaigne, il est permis de penser que, du point de vue de Pascal, il est doublement haïssable, du point de vue des normes sociales de bon goût et du point de vue moral du chrétien.

33. Pascal, *Œuvres complètes*, *op. cit.*, fragment 597, p. 584. Sur Montaigne comme antitype de Pascal, voir V. Carraud, *L'Invention du moi*, *op. cit.*, p. 21.

34. Pascal, *Œuvres complètes*, *op. cit.*, fragment 649, p. 588.

35. « Feu Monsieur Pascal, qui savoit autant de véritable Rhetorique que personne en ait jamais su, portoit cette règle jusques à prétendre, qu'un honnête homme devoit éviter de se nommer, & même de se servir

de l'écriture de soi de Montaigne de ne naître « que d'un defaut de jugement aussi bien que d'un violent amour de soi-mesme[36] », tout en condamnant « cette mauvaise coutume de parler de soi, de s'occuper de soi, et de vouloir que les autres s'en occupent[37] ». C'est pour désigner ces défauts à la fois esthétiques et moraux que les Messieurs de Port-Royal inventeront le terme « égotisme »[38].

La critique la plus développée est sans doute ici celle de Malebranche[39], dans un développement, paradoxalement emprunté au chapitre I, 21 des *Essais*, sur la contagion des imaginations et le pouvoir de fascination des esprits forts. On retrouve chez Malebranche les différents niveaux de critique déjà abordés. Malebranche dénonce tout d'abord l'exhibitionnisme des *Essais* :

> Le livre de Montaigne contient des preuves si évidentes de la vanité et de la fierté de son auteur, qu'il paraît peut-être assez inutile de s'arrêter à les faire remarquer : car il faut être plein de soi-même, pour s'imaginer comme lui, que le monde veuille bien lire un gros livre, pour avoir connaissance de nos humeurs. Il fallait nécessairement qu'il se séparât du

des mots de *je*, et de *moy*, & il avait accoûtumé de dire sur ce sujet, que la piété chrétienne aneantit le *moy* humain, & que la civilité humaine le cache et le supprime » (Antoine Arnauld, Pierre Nicole, *La Logique ou l'art de penser*, éd. P. Clair et F. Girbal, Paris, PUF, 1965, p. 267).

36. *Ibid.*

37. *Ibid.*, p. 269.

38. « Les Messieurs de Port-Royal, plus éminents que personne d'autre en France par leur savoir et leur humilité, bannissaient entièrement de leurs œuvres l'emploi de la première personne, qu'ils jugeaient être un effet de la vanité et de la trop grande opinion de soi-même. Pour montrer leur particulière aversion de ce défaut, ils stigmatisaient cette manière d'écrire sous le nom d'égotisme, figure de rhétorique que l'on ne trouve pas dans les traités des anciens » (Joseph Addison, cité par Vincent Descombes, *Parler de soi*, Paris, Gallimard, 2014, p. 33).

39. Sur la critique générale de Montaigne par Malebranche, voir Aloyse R. Ndiaye, « Malebranche lecteur de Montaigne. La place des *Essais* dans la recherche de la vérité », dans C. Blum (dir.), *Montaigne penseur et philosophe*, Paris, Honoré Champion, 1990, p. 157-173 (sur l'écriture de soi, p. 161-168), ainsi que Syliane Charles, « Le procès de Montaigne par Malebranche : la véracité à l'aune de la vérité moderne », *Renaissance et Réforme*, 21/3, 1997, p. 25-41 (sur l'écriture de soi, p. 27-29).

> commun, et qu'il se regardât comme un homme tout à fait extraordinaire[40].

Comme Pascal, Malebranche critique moins la pratique de l'emploi de la première personne que le caractère programmatique de l'écriture de soi :

> Si c'est un défaut de parler souvent de soi, c'est une étourderie, ou plutôt une espèce de folie que de se louer à tous moments, comme fait Montaigne : car ce n'est pas seulement pécher contre l'humilité chrétienne, mais c'est encore choquer la raison[41].

Enfin, les formules dont use Montaigne pour s'autodéprécier ne doivent pas tromper. La dépréciation est en réalité une louange déguisée, qui ne traduit nul désir de contrition, de repentance et de réformation des mœurs :

> C'est donc une vanité, et une vanité indiscrète et ridicule à Montaigne, de parler avantageusement de lui-même à tous moments. Mais c'est une vanité encore plus extravagante à cet auteur de décrire ses défauts [...]. Montaigne me paraît encore plus fier et plus vain quand il se blâme que lorsqu'il se loue, parce que c'est un orgueil insupportable que de tirer vanité de ses défauts, au lieu de s'en humilier. J'aime mieux un homme, qui cache ses crimes avec honte, qu'un autre qui les publie avec effronterie ; et il me semble qu'on doit avoir horreur de la manière cavalière et peu chrétienne, dont Montaigne présente ses défauts[42].

Lecteur de Malebranche, Jean-Jacques Rousseau, qui se revendique le véritable inventeur de l'écriture de soi[43],

---

40. N. Malebranche, *De la recherche de la vérité*, II-III, chap. 5, *op. cit.*, t. I, p. 277-278.

41. *Ibid.*, p. 279.

42. *Ibid.* p. 279-280. La Rochefoucauld fait écho à ce texte en écrivant qu'« on aime mieux dire du mal de soi-même que de n'en point parler » (*Maximes*, 138).

43. « Voici le seul portrait d'homme, peint exactement d'après nature et dans toute sa vérité, qui existe, et qui probablement existera jamais [...]. Je forme une entreprise qui n'eut jamais d'exemple et dont l'exécution n'aura point d'imitateur » (Jean-Jacques Rousseau, *Confessions*, dans *Œuvres complètes*, éd. sous la dir. de M. Raymond, Paris, Gallimard, 1959, t. I, p. 3-5). Sur les ambiguïtés de la critique rousseauiste de l'écriture de

reprend à son compte la critique de la complaisance montaignienne :

> Je mets Montaigne au rang des faux sincères qui veulent tromper en disant vrai. Il se montre avec des défauts, mais il n'en donne que d'aimables ; il n'y a point d'hommes qui n'en ait d'odieux. Montaigne se peint ressemblant, mais de profil[44].

Se peindre de profil (ce dont Rousseau s'accuse ailleurs lui-même[45]), c'est se peindre d'un seul profil, en cachant « le côté difforme » du visage – au contraire, par ailleurs, de ce que Montaigne affirme lui-même : « Je me presente debout et couché, le devant et le derriere, à droite et à gauche, et en tous mes naturels plis » (III, 8, p. 943). De même, une morale comme celle de Hume qui identifie la vertu à l'utilité sociale, ne peut, elle aussi, que condamner l'égotisme de Montaigne :

> S'il était admis qu'on fasse l'éloge de soi-même et si l'on observait la maxime de Montaigne, de sorte que l'on puisse dire *je suis intelligent, je suis instruit, je suis courageux, beau,*

---

soi des *Essais*, voir Colette Fleuret, *Rousseau et Montaigne*, Paris, Nizet, 1980, p. 127 *sq*.

44. Ébauche des *Confessions* (*ibid.*, p. 1148). Voir aussi *Confessions*, X, *ibid.*, p. 516-517 : « J'avais toujours ri de la fausse naïveté de Montaigne qui faisant semblant d'avouer ses défauts a grand soin de n'en donner que d'aimables : tandis que je sentois, moi qui me suis cru toujours et qui me crois encore à tout prendre le meilleur des hommes, qu'il n'y a point d'intérieur humain si pur qu'il puisse être, qui ne recèle quelque vice odieux. »

45. Quatrième promenade, dans *Œuvres complètes*, *op. cit.*, t. I, p. 1036. La Première promenade souligne par ailleurs elle aussi le manque d'authenticité de l'introspection montaigniste : « Je fais la même entreprise que Montaigne, mais avec un but tout contraire au sien : car il n'écrivait ses *Essais* que pour les autres, et je n'écris mes rêveries que pour moi » (*ibid.*, p. 1001). Voir Michel Guggenheim, « Des *Essais* aux *Confessions* : deux écrivains devant leur moi », *The French Review*, 34, 1960-1961, p. 517-524, qui montre que la sincérité affichée de Rousseau ne revêt pas moins un caractère tactique que celle de Montaigne. Sur la sincérité comme « cœur de la vertu » chez Rousseau, voir aussi l'ouvrage classique de Bernard Williams, *Vérité et Véracité. Essai de généalogie*, trad. J. Lelaidier, Paris, Gallimard, 2007, p. 207-221 (ici p. 214).

> *spirituel*, aussi franchement que certainement on le pense souvent, si tel était le cas, dis-je, chacun peut penser qu'un tel flot d'impertinence nous submergerait, au point de rendre la société tout à fait intolérable. Pour cette raison, la coutume, dans les sociétés ordinaires, a érigé en règle que les hommes ne s'adonnent pas à l'éloge de soi, ni même ne parlent trop d'eux-mêmes[46].

On pourrait poursuivre l'histoire de ces critiques jusqu'à la stigmatisation contemporaine du narcissisme[47], qui trouve étrangement des échos chez certains commentateurs contemporains de Montaigne[48]. Montaigne était lui-même bien conscient de ces condamnations du « parler de soi » : aussi sa revendication de légitimité de cette pratique d'écriture prend-elle souvent la forme d'une apologie. L'une des plus développées se trouve dans l'« allongeail » du chapitre « De l'exercitation ». Le sujet premier du chapitre est la possibilité de s'essayer à la mort à travers des expériences indirectes de perte de conscience (sommeil, maladie, évanouissement) : dans la première version, Montaigne relate l'épisode personnel

---

46. David Hume, *Enquête sur les principes de la morale*, trad. Ph. Baranger et Ph. Saltel, présentation Ph. Saltel, Paris, GF-Flammarion, 1991, p. 178-179.

47. Voir Richard Sennet, *The Fall of the Public Man*, New York, Alfred Knock Inc, 1977, ainsi que Christopher Lasch, *La Culture du narcissisme. La vie américaine à un âge de déclin des espérances*, trad. M. Landa, Paris, Flammarion, 2006, rééd. 2018.

48. Même Sarah Bakewell tend à défendre Montaigne *malgré* cette référence constante à son « je » : « Les hommes du XXIe siècle, dans le monde développé, sont déjà excessivement individualistes [...]. Son sentiment du "Je" en toutes choses peut donner l'impression de prêcher les convertis, voire de fourguer de la drogue aux toxicomanes. Mais Montaigne offre plus qu'une incitation à la complaisance » (*Comment vivre ?*, *op. cit.*, p. 540). Cet éloge-critique ressemble fort à celui fait quatre siècles plus tôt par Jean-Pierre Camus qui, tout en louant l'écriture de Montaigne, ne la recommande pas à tout un chacun. Notons que Flaubert, au contraire, voyait dans les *Essais* un antidote à l'autolâtrie de ses contemporains (*Correspondance*, éd. J. Bruneau, Paris, 1972-1973, t. II, p. 334, cité par Florence Vatan, « Flaubert, Gustave », dans Ph. Desan, *Dictionnaire Michel de Montaigne*, *op. cit.*, p. 400).

d'une chute de cheval qu'il a faite, de son évanouissement prolongé et de son réveil[49]. Dans les éditions de 1580 et de 1588, il conclut ce récit à la première personne du singulier par une courte apologie de l'étude de soi : « Comme dict Pline, chacun est à soy-mesmes une très-bonne discipline, pourveu qu'il ait la suffisance de s'espier de près. Ce n'est pas ici ma doctrine, c'est mon estude ; et n'est pas la leçon d'autruy, c'est la mienne » (II, 6, p. 377). C'est cette revendication qui sert d'amorce à l'ajout postérieur à l'édition de 1588. Montaigne rebondit sur sa conclusion en faisant une longue apologie (un tiers du chapitre dans sa version finale) de l'écriture de soi. Il répond à « la coustume », qui « a faict le parler de soy vicieux, et le prohibe obstineement en hayne de la ventance qui semble tousjours estre attachée aux propres tesmoignage » (II, 6, p. 378 [C]). Voici un extrait de cette réponse :

> Je tien qu'il faut estre prudent à estimer de soi, et pareillement conscienciеux à en tesmoigner, soit bas, soit haut, indifféremment. Si je me sembloy bon et sage ou près de là, je l'entonneroy à pleine teste. De dire moins de soy qu'il y en a, c'est sottise, non modestie. Se payer de moins qu'on ne vaut, c'est lascheté et pusillanimité, selon Aristote. Nulle vertu ne s'ayde de sa fausseté ; et la verité n'est jamais matiere d'erreur. De dire de soy plus qu'il y en a, ce n'est pas tousjours presomption, c'est encore souvent sottise. Se complaire outre mesure de ce qu'on est, en tomber en amour de soy indiscrete, est, à mon avis, la substance de ce vice [II, 6, p. 379].

La matière de ce texte provient principalement d'Aristote, dont on sait que Montaigne lit l'*Éthique à Nicomaque* après 1588[50]. Si Aristote peut passer pour l'un des chefs de file

49. Pour un résumé de ce chapitre, voir Lane M. Heller, « Montaigne conteur : "Je dans l'exercitation" (II, 6) », dans E. Kushner (dir.), *La Problématique du sujet chez Montaigne. Actes du colloque de Toronto (20-21 octobre 1992)*, Paris, Honoré Champion, 1995, p. 11-22.

50. Sur les emprunts de Montaigne à l'*Éthique à Nicomaque* dans la couche [C] des *Essais*, voir les études de François Rigolot, « Quand Montaigne emprunte à l'*Éthique à Nicomaque*. Étude des "allongeails"

de ceux qui ont « faict le parler de soy vicieux », il a aussi fourni des éléments de réponse à cette accusation en posant les règles d'un « parler de soi » vertueux. Montaigne s'appuie ici sur les textes du livre IV de l'*Éthique à Nicomaque* consacrés à la magnanimité et à la sincérité, renvoyant l'une et l'autre à la juste appréciation de soi-même et de sa propre valeur. Montaigne fait en particulier son profit des thèmes aristotéliciens suivants :

1. se sous-estimer, c'est pusillanimité ou petitesse d'esprit : « Celui qui se juge moins qu'il ne vaut est un pusillanime [*mikropsukhos*] » (1123 b 10) ;

2. il ne peut y avoir de vice à dire la vérité sur soi-même : « En elle-même, la fausseté [*pseudos*] est une chose basse et répréhensible, et la vérité [*aléthès*] une chose noble et digne d'éloge » (1127 a 29-30) ;

3. se vanter n'est pas toujours présomption : « Celui qui s'estime au-dessus de son mérite n'est pas toujours un vaniteux [*kaunos*] » (1123 b 6) – pas plus que Montaigne, Aristote n'explique pourquoi ;

4. se vanter est en revanche toujours sottise : « celui qui, sans en être digne [se juge digne des grandes choses], est un homme sans jugement, et au nombre des gens vertueux ne figurent ni l'homme sans jugement [*èlithios*], ni le sot [*anoètos*] » (1123 b 2-3)[51].

La position d'Aristote est ainsi plus nuancée que celle des penseurs qui condamneront Montaigne au

---

sur l'Exemplaire de Bordeaux », *MS*, 14, 2002, p. 19-35 et « Montaigne et Aristote : la conversion à l'*Éthique à Nicomaque* », dans U. Langer (dir.), *Au-delà de la Poétique. Artistote et la littérature de la Renaissance*, Genève, Droz, 2002, p. 48-63, ainsi que l'étude plus ancienne d'Edilia Traverso, *Montaigne e Aristotele*, Florence, Felice le Monnier, 1974, p. 97-121 et 156.

51. Notons qu'il arrive à Montaigne d'assumer cette accusation de sottise, voire de se la faire à lui-même, comme c'est le cas dans l'essai III, 13 « De l'expérience » : « Combien souvent et sottement à l'avanture ay-je estandu mon livre à parler de soy ? » (*Essais*, III, 13, p. 1069 [B]). Sur le rapport ambivalent de Montaigne à la sottise, voir Yves Delègue, « "De l'art de conférer" (III, 8) ou de la sottise », *BSAM*, 29-30/1, 2003, p. 29-42.

XVIIe siècle. Selon le livre IV de l'*Éthique à Nicomaque*, l'homme véridique (*authékastos*) se situe au juste milieu entre le vantard (*alazôn*) et le trop modeste, qui tend à se dévaluer (l'*éirôn*). Il n'en reste pas moins que les deux excès ne sont pas placés sur un pied d'égalité, et qu'Aristote recommande une certaine réserve dans la façon de se présenter soi-même. L'homme véridique (*alèthos*), écrit-il, « aura tendance à rester en dessous de la vérité, et c'est là une attitude qui, de toute évidence, est de meilleur ton », et ceux qui usent de cette réserve, parce qu'ils « fuient l'ostentation », écrit-il, « apparaissent comme étant de mœurs plus aimables » (1127 b 24-30).

Ces emprunts ont quelque chose de paradoxal. Car les critiques que Montaigne reprend à Aristote semblent se retourner contre sa propre pratique d'écriture. Ainsi, la dépréciation du « moi », condamnée par Aristote comme pusillanime, constitue le motif central du chapitre « De la présomption » : « Il est bien difficile, ce me semble, que aucun autre s'estime moins, voire que aucun autre m'estime moins, que ce que je m'estime » (II, 17, p. 635). À l'opposé, la sublimation complaisante et narcissique marque la tonalité du chapitre « Sur des vers de Virgile », où Montaigne se dit « affamé de [s]e faire connoistre » ; (III, 5, p. 847) et où il évoque sur un mode exhibitionniste certains détails de sa sexualité – se montrant ainsi fidèle à son vœu de se peindre, pour autant qu'il lui est permis, « tout entier, et tout nud » (« Au lecteur », I, p. 3). Que dire donc de cette « prudence » qui devrait accompagner l'estime de soi et son expression (« Je tien qu'il faut estre prudent à estimer de soi, et pareillement consciencieux à en tesmoigner, soit bas, soit haut, indifféremment ») ? Car Montaigne ajoute immédiatement : « Si je me sembloy bon et sage ou près de là, je l'entonneroy à pleine teste » (II, 6, p. 379). Celui-ci refuse donc cette modestie qui doit, selon Aristote, accompagner les jugements que nous portons sur nous-mêmes : de ce point de vue, Montaigne aurait sans doute dû dire « je ne l'entonneroy *pas* à pleine teste ». Aristote ajoutait aussi que cette modestie ne devait pas paraître exagérée, condamnant, sans doute en faisant allusion à Socrate, la fausse autodépréciation de ceux qu'il nomme les « finassiers » (*baukopanourgoi*), « qui nient posséder des qualités sans importance ou des qualités qu'ils possèdent manifestement » (1127 b 26-32). Or ce sont là précisément les critiques que Malebranche et Rousseau adresseront à Montaigne, en dénonçant ce que Richard Regosin nomme sa « rhétorique de l'humilité[52] », voyant, non sans motif, en cette modestie affectée une forme indirecte de vantardise. En réalité, le paradigme moral d'Aristote n'est plus celui de Montaigne. Ce dernier refuse l'éthique sociale du conformisme ou du bon goût telle qu'on la trouvait chez Aristote, pour qui la *polis* est la principale source de l'éducation du citoyen aux vertus éthiques, et telle qu'on la retrouvera chez les détracteurs des *Essais* au XVIIe siècle : « Il faut passer par-dessus ces règles populaires de la civilité en faveur de la vérité et de la liberté » (III, 8, p. 942).

Esthétique et éthique de l'authenticité

Quels sont les arguments invoqués par Montaigne en faveur du caractère « prudent » d'une écriture de soi qui se manifeste d'emblée aux lecteurs comme manifestement excessive ? Deux d'entre eux retiendront successivement notre attention, car ils font basculer la question esthético-littéraire dans une problématique morale. Le premier est que Montaigne parle de lui-même à défaut d'expertise sur tout autre sujet. Le second, que nous étudions plus loin, tient dans l'association de l'écriture de soi à l'amour de soi.

---

52. Richard L. Regosin, *The Matter of my Book: Montaigne's* Essays *as the Book of the Self*, Berkeley/Los Angeles/Londres, University of California Press, 1977. Sur la fausse modestie de Montaigne, voir aussi Margaret McGowan, *Montaigne's Deceits: The Art of Persuasion in the* Essais, Philadelphie, Temple University Press, 1974, p. 1-19.

Montaigne se sert à plusieurs endroits du thème sceptique de la nescience pour justifier l'écriture de soi. Ainsi, dans le chapitre « De l'affection des pères aux enfans » : « Me trovant entierement despourveu et vuide de toute autre matiere, je me suis presenté moy-mesmes à moy, pour argument et pour subject » (II, 8, p. 395). Ou dans le chapitre « De l'art de conferer » : « J'ose non seulement parler de moy, mais parler seulement de moy ; je fourvoye quand j'escry d'autre chose et me desrobe à mon subject » (III, 8, p. 942). Cette certitude de soi est aussi opposée à l'ignorance de tout le reste : « Jamais homme ne traicta subject qu'il entendit ne cogneust mieux que je fay celuy que j'ay entrepris, et qu'en celuy-là je suis le plus sçavant homme qui vive » (III, 2, p. 805). Parler de soi à défaut de pouvoir parler d'autre chose : ce thème prend toute sa dimension morale dans le chapitre « De l'expérience », lorsque Montaigne associe le retrait sceptique à un recentrement de l'expérience (et donc du savoir dans son ensemble) sur soi :

> Quel que soit donq le fruict que nous pouvons avoir de l'experience, à peine servira beaucoup à nostre institution celle que nous tirons des exemples estrangers, si nous faisons si mal de nostre proffict de celle que nous avons de nous mesme, qui nous est plus familiere, et certes suffisante à nous instruire de ce qu'il nous faut. Je m'estudie plus qu'autre subject. C'est ma metaphisique, c'est ma phisique [III, 13, p. 1072].

Le scepticisme montaignien est ainsi indissociable d'un geste d'immanence. L'association socratique entre la nescience et la connaissance de soi est transformée par Montaigne en une apologie de l'expression de soi. Il s'agit d'écarter de notre champ de connaissance et d'action tout ce qui n'est pas nous, et qui, par conséquent, n'est pas non plus à notre portée. Ce qui n'est pas à notre portée, c'est l'être, avec lequel, écrit Montaigne en se réappropriant une formule de Plutarque, nous n'avons « aucune communication » (II, 12, p. 601) : l'être, c'est-à-dire le monde, l'univers et son ordre, Dieu, mais aussi nous-mêmes, pour autant que nous nous comprenons comme des hommes, animaux raisonnables dotés d'une nature physiologique et psychologique. Car la confession d'ignorance de l'« Apologie de Raimond Sebond » s'étend aussi bien à Dieu et au monde qu'à la nature humaine, et Montaigne réfute la prétention à la certitude tant des psychologies rationnelles (II, 12, p. 541-556) que des sciences du corps humain (p. 556-557) : le « subject » sur lequel Montaigne se proclame « le plus sçavant homme qui vive » est ainsi une intériorité personnelle située hors de portée de la ratiocination scientifique.

La notion de certitude n'a pas non plus le même sens lorsqu'elle est appliquée à la connaissance de Dieu, du monde ou de la nature humaine que lorsqu'elle est appliquée à la connaissance de soi : la vérité ne désigne plus ici l'adéquation de la pensée à une réalité donnée indépendamment de nous, mais l'expression authentique de soi. Les lecteurs straussiens et foucaldiens de Montaigne ont beaucoup discuté pour savoir si celui-ci était ou non toujours sincère, c'est-à-dire s'il écrivait toujours ce qu'il pensait sans dissimulation, ou si sa revendication même de sincérité était empreinte d'affectation. La première position est réfutée par les procédés constants d'ironie, d'autodépréciation, d'amplification, de détournement d'attention ou de contournement par des métaphores dans les *Essais*, sans qu'il convienne pour autant de ne voir dans la franchise déclarée de Montaigne, dans sa *parrhèsia*, que le fruit d'un art ou d'une stratégie : ce serait là, dirait Montaigne, faire sa « finesse trop fine » (III, 1, p. 795). Ce n'est pas en ce sens que Montaigne qualifie les *Essais* de « livre de bonne foy[53] ». On peut être sincère sans être authentique, comme on peut être authentique sans être sincère, dès lors qu'être authentique n'est pas dire ce qu'on pense, mais plutôt exprimer ce qu'on est. Pour reprendre la distinction de Lionel Trilling :

> Le terme « authenticité » [...] suggère [...] une expérience morale plus ardue que la sincérité, une conception plus

53. « Au lecteur », p. 3.

> exigeante du moi et de ce que signifie être fidèle à soi-même, une référence plus large à l'univers et à la place qu'y occupe l'homme, une vision plus difficile à accepter, parce que moins agréable, des circonstances sociales de la vie[54].

Le gage de cette adéquation à soi-même est pour Montaigne la consubstantialité du livre et de son auteur, se façonnant mutuellement l'un l'autre :

> Me peignant pour autruy, je me suis peint en moy de couleurs plus nettes que n'estoyent les miennes premieres. Je n'ai pas plus faict mon livre que mon livre ne m'a faict, livre consubstantiel à son autheur, d'une occupation propre, membre de ma vie ; non d'une occupation et fin tierce et estrangere comme tous les autres livres [II, 18, p. 665][55].
> […] nous allons conformément et tout d'un trein, mon livre et moy. Ailleurs, on peut recommander et accuser l'ouvrage à part de l'ouvrier ; icy, non : qui touche l'un, touche l'autre [III, 2, p. 806].

Cette fusion de l'auteur et de son texte permet de contourner la question de la sincérité. Comme l'écrivait Emerson, « en Montaigne, l'homme et le penseur sont inséparables : vous

---

54. Lionel Trilling, *Sincérité et authenticité*, Paris, Bernard Grasset, 1994, p. 26. Sur l'évaluation contemporaine de la « sincérité » du récit de soi-même de Montaigne, voir aussi Charles Larmore, *Les Pratiques du moi*, Paris, PUF, 2004, p. 217-221.

55. Cette consubstantialité de l'auteur et du livre est plusieurs fois affirmée comme un gage de franchise. Ainsi, par exemple : « Icy [*i.e.* dans les *Essais*], nous allons conformément et tout d'un trein, mon livre et moy. Ailleurs, on peut recommander et accuser l'ouvrage à part de l'ouvrier ; icy, non : qui touche l'un, touche l'autre » (III, 2, p. 806) ; « Sa fin principale et perfection [*i.e.* de cet ouvrage], c'est d'estre exactement mien […]. Tout le monde me reconnoit en mon livre, et mon livre en moy » (III, 5, p. 875). Dans le même sens, on citera l'histoire, contée par François de La Croix du Maine, de Montaigne recevant un commentaire élogieux de la part d'Henri III pour sa première édition des *Essais* et lui répondant : « Sire, il faut donq' nécessairement que je plaise à vostre Majesté, puisque mon livre luy est aggreable, car il ne contient qu'un discours de ma vie et de mes actions » (*Premier volume de la bibliothèque du sieur de La Croix du Maine*, *op. cit.*, 1584, t. I, p. 328). Sur ce texte, voir le commentaire de Ph. Desan, *Montaigne. Une biographie politique*, *op. cit.*, p. 307-308.

ne pouvez pas insérer la lame d'un couteau de poche entre l'homme et son livre[56] ».

La norme de « prudence » se résout en quelque façon dans cette référence à la probité du discours. L'impudeur revendiquée du chapitre « De l'exercitation » (« si je me sembloy bon et sage ou près de là, je l'entonneroy à pleine teste ») ou l'indécence de l'exhibitionnisme du chapitre « Sur des vers de Virgile » trouvent une forme de justification dans le fait que ce qui est ainsi dévoilé est bien le vrai « moi » : « Je suis affamé de me faire connoistre ; et ne me chaut à combien, pourveu que ce soit veritablement ; ou, pour mieux dire les choses, je n'ai faim de rien, mais je crains mortellement d'estre pris en eschange [*i.e.* pour un autre] par ceux à qui il arrive de connoistre mon nom » (III, 5, p. 847). Le livre est ainsi une expression publique du moi privé. Montaigne fait à cet endroit (paradoxalement non pour confesser ses fautes, mais pour légitimer une forme d'exhibitionnisme) une apologie des confessions publiques pratiquées par les huguenots[57]. L'égotiste n'est plus seulement ici celui qui parle de lui-même : il est celui qui ne parle *que* de lui-même, affirmant par là la priorité épistémologique et morale de soi sur toute vérité externe. Il est celui qui se connaît et veut être reconnu publiquement pour ce qu'il est. Le chapitre « De la vanité » prolonge ici la revendication du chapitre « Sur des vers de Virgile » : « Je ne laisse rien à desirer et deviner de moy. Si on doibt s'en entretenir, je veus que ce soit veritablement et justement. Je reviendrois volontiers de l'autre monde pour démentir celuy qui me formeroit autre que je n'estois, fut ce pour m'honorer » (III, 9, p. 983).

56. Waldo Emerson, *Emerson and His Journal*, éd. J. Poste, Cambridge (Mass.)/Londres, The Belknap Press of Harvard University Press, 1982, p. 317.

57. « En faveur des Huguenots, qui accusent nostre confession privée et auriculaire, je me confesse en publicq, religieusement et purement » (III, 5, p. 846).

Peu importe que ce moi soit ou non vertueux selon la norme commune, car Montaigne entonne « à pleine teste » aussi bien ses défauts que ses qualités : « Je me suis ordonné d'oser dire tout ce que j'ose faire, et me desplais des pensées mesmes impubliable » (III, 5, p. 845). Malebranche n'avait pas tort de voir dans les confessions de défauts de Montaigne des auto-éloges indirects. En tout état de cause, il ne s'agit pas ici de fautes dont Montaigne voudrait s'amender[58]. La déclaration « je me repens rarement » du début du chapitre « Du repentir » (III, 2, p. 806) ne fait pas seulement référence au faible nombre de repentirs textuels d'une couche à l'autre de l'écriture des *Essais* (Montaigne préfère ajouter plutôt que biffer ce qu'il a écrit, au risque quelquefois d'incohérences dans la logique du texte). La question littéraire doit ici aussi être rapportée à une question morale. La formule de Montaigne ouvre un long développement sur l'hypocrisie des soi-disant repentirs, corrections ou amendements. Pour se justifier, celui-ci invoque d'abord les circonstances atténuantes. Il refuse d'appeler « repentir » la conscience d'avoir commis des actions dictées par un excès de tempérament, car il faut juger les âmes « par leur estat rassis » (p. 810) : or, écrit-il, « mes desbauches ne m'emportent pas fort loing » (p. 811), hors celles de la jeunesse que la vieillesse n'a pas de légitimité à juger (« je hay cet accidental repentir que l'aage apporte », p. 815). L'accalmie des passions qu'apporte l'âge biaise en effet le jugement moral : « Lors que je consulte des deportemens de ma jeunesse avec ma vieillesse, je trouve que je les ay communement conduits

58. Sur les autodépréciations de Montaigne, voir Hope Christiansen, « The Rheroric of Self-Depreciation in Montaigne's *Essais* », *Chimères*, 17/2, 1984, p. 15-38, ainsi que Jules Brody, « Montaigne "se débine" : lecture philologique de l'essai "Du dementir" (II, 18) », *BSAM*, 1988/1989, VIIe série, 13-16, p. 141-159 (repris dans Id., *Nouvelles lectures de Montaigne*, Paris, Honoré Champion, 1994, p. 15-36), et Giselle Mathieu-Castellani, *Montaigne ou la vérité du mensonge*, *op. cit.*, p. 63-79.

avec ordre, selon moy » (p. 813). Il faut aussi faire la part de la puissance de la fortune, qui impose des limites à la prudence humaine (« à circonstances pareilles, je serais toujours tel », p. 813 ; « l'evenement me bast », p. 814). Mais, plus que les circonstances atténuantes, Montaigne plaide non coupable. Toutes ces faiblesses ne sont condamnables que du point de vue de l'opinion publique : car, pour celui qui ne prend que lui-même comme patron (« je me sers rarement des advis d'autruy... », p. 814), elles se retournent en qualités positives, dans la mesure où elles sont l'expression fidèle de ce que Montaigne désigne dans ce chapitre par les termes « ma forme maîtresse » (p. 805, p. 811), ma « conscience » (p. 807), le « patron au-dedans » ou « ma forme universelle » (p. 813). D'où la conclusion : « Si j'avois à revivre, je revivrois comme j'ay vescu ; ny je ne pleins le passé, ny je ne crains l'advenir » (p. 816). Arnauld et Nicole verront là des « paroles horribles, & qui marquent une extinction de tout sentiment de Religion[59] », et Malebranche un « orgueil insupportable ». Mais Montaigne retourne cette accusation d'orgueil contre le repentant lui-même, et son phantasme schizophrénique d'un prétendu « moi » caché pur et saint, à l'aune duquel il serait possible de juger la déficience de ses propres actes en les tenant à distance : « Le repentir n'est qu'une desditte de nostre volonté et opposition de nos fantasies, qui nous pourmene à tous sens » (III, 2, p. 808). C'est donc le repentant qui est orgueilleux, en ce qu'il ignore les limites de notre nature : on peut ainsi, écrit Montaigne, « estre humble de gloire » (II, 17, p. 633), comme on peut être glorieux dans l'humilité.

Cela ne veut pas dire que Montaigne ne s'amende jamais ni ne progresse à travers ses erreurs[60]. Le mouvement même de l'écriture des *Essais* est celui d'un processus d'auto-apprentissage. Ainsi, pour prendre quelques exemples,

59. A. Arnauld, P. Nicole, *La Logique ou l'art de penser*, *op. cit.*, p. 268.

60. Sur les multiples façons qu'a Montaigne de corriger son texte, voir Floyd Gray, *Montaigne et les livres*, *op. cit.*, p. 116-124.

Montaigne se « gratifie singulierement » (I, 14, p. 66) de s'être corrigé de la tendance à l'avarice qui était la sienne dans sa période pécunieuse. S'il nous dit avoir été, contrairement à Socrate, doté par chance d'un bon naturel, il ne dit pas que ce naturel n'a pas besoin d'être perfectionné : « les inclinations naturelles s'aident et fortifient par institution » (III, 2, p. 810). Montaigne reconnaît qu'il possède « quelque occulte propension » à une vaine présomption et à la gloire (II, 17, p. 633), même si cette gloire « est infuse en [lui] superficiellement par la trahison de [s]a complexion » (p. 635). Celui-ci avoue même avoir eu besoin de « coups de fouet » (III, 3, p. 825) pour guérir d'une passion amoureuse excessive[61] et de « bastonnade » pour discipliner son esprit indocile et le ramener à lui-même (III, 12, p. 1046).

Cette dynamique de la correction donne en un sens à l'écriture des *Essais* son mouvement spécifique. Il n'est pas rare qu'un chapitre commence par énoncer l'opinion *prima facie* de son auteur, opinion qu'il amende, voire réfute, dans la suite du texte. Un chapitre en apparence mineur, comme « De l'yvrongnerie », part de la répulsion commune envers les alcooliques que Montaigne dit partager (« l'yvrongnerie [...] me semble un vice grossier et brutal », II, 2, p. 340) pour aboutir, après examen des arguments, à la quasi-réhabilitation des buveurs : « Mon goust et ma complexion est plus ennemie de ce vice que mon discours » (p. 342). Les exemples en faveur et à l'encontre de l'opinion énoncée initialement jouent ici le rôle qui sera celui des tables de présence et d'absence

61. On sait par ailleurs que La Boétie lui reprochait son penchant excessif pour la volupté (Étienne de La Boétie, *Poemata*, 20, « Ad Michaelem Montanum », dans Id., *Œuvres complètes*, notice biographique, variantes, notes et index P. Bonnefon, Bordeaux/Paris, 1892, p. 225-235, ainsi que, sur l'hédonisme du jeune Montaigne, Donald Frame, *Montaigne's Discovery of Man*, New York, Columbia University Press, 1955, p. 21-29) : si lui-même avoue être de « ceux en qui le corps peut beaucoup » (III, 3, p. 824), il n'en recommande pas moins de modérer l'excès des passions amoureuses.

dans la méthode d'induction de Bacon. Le mouvement de l'écriture peut aussi venir rectifier une question mal posée au départ. Ainsi, David Quint a montré l'évolution de Montaigne dans le premier chapitre du premier livre, « Par divers moyens, on arrive à pareilles fins » : le jeu du *sic et non* sur le fait de savoir s'il est plus efficace de montrer un visage d'arrogance ou de soumission face à un vainqueur qui vous tient à sa merci tend, au fur et à mesure des ajouts à la rédaction initiale du chapitre, à s'effacer pour laisser place à un thème qui n'est plus d'ordre pragmatique, mais déontologique – la dénonciation du double jeu de la cruauté et de l'arrogance[62]. Ce qui compte ici est que le progrès de la pensée n'efface pas les étapes antérieures : la vérité tient moins dans une thèse finale que dans le déploiement des moments du mouvement heuristique de la pensée, dans ce que Starobinski nommait l'« effort de dépouillement qui soustrait le factice pour découvrir l'authentique[63] ».

C'est plus dans le sens de cet auto-apprentissage à travers l'acte d'écrire que dans celui de la construction d'une identité sociale narrative qu'il faut interpréter cette formation de l'auteur par son écrit. Ce schéma de l'identité narrative sert chez Alasdair MacIntyre ou Charles Taylor à restaurer le lien, selon eux perdu dans la pensée libérale, de l'individu à la communauté, en rendant au moi son épaisseur sociale : selon eux, ma vie ne peut être vécue et racontée que selon des récits qui s'enchevêtrent avec les récits d'autres vies, chacun de nous se trouvant mêlé « à une action que nous n'avons pas conçue » et jouant « des rôles secondaires dans les pièces des autres »[64], de sorte que je suis moins l'auteur d'une

62. D. Quint, *Montaigne and the Quality of Mercy*, *op. cit.*, p. 5-41.

63. Jean Starobinski, *Montaigne en mouvement*, Paris, Gallimard, 1982, p. 88.

64. Alasdair MacIntyre, *Après la vertu*, trad. L. Bury, Paris PUF, 1997, rééd. 2006, p. 208. Voir aussi Paul Ricœur, *Soi-même comme un autre*, Paris, Seuil, 1990, qui prend modèle sur les récits de Thomas Mann et Jules

histoire que je n'en fais partie[65]. Le principal est pour eux que la narration elle-même suppose des règles générales de langage faisant l'objet d'un consensus au sein d'une communauté sociale particulière : ainsi, selon MacIntyre, « l'histoire de ma vie est toujours enchâssée dans l'histoire de ces communautés dont je tire mon identité [...]. La possession d'une identité historique et la possession d'une identité sociale coïncident. La rébellion contre mon identité est toujours une façon de s'exprimer[66] ». Cette narrativité détermine les règles morales à partir desquelles je construis ma vie : si la communauté ne fournit pas les fins de mes actions morales particulières, elle en fournit tout au moins le cadre sémantique à partir desquelles je puis me les représenter comme des fins[67].

Romain, dans lesquels « les histoires vécues des uns sont enchevêtrées dans les histoires des autres » (p. 190).

65. A. MacIntyre, *Après la vertu*, *op. cit.*, p. 210. Cet aspect est aussi souligné par Paul Ricœur : « En faisant le récit d'une vie dont je ne suis pas l'auteur quant à l'existence, je m'en fais le coauteur quant au sens » (*Soi-même comme un autre*, *op. cit.*, p. 191).

66. A. MacIntyre, *Après la vertu*, *op. cit.*, p. 214. De même, pour Charles Taylor, « être un moi ne se sépare pas du fait d'exister dans un espace de questions morales, qui ont rapport à l'identité et à la façon dont on doit être. C'est être capable de déterminer sa situation dans cet espace, être capable de l'habiter, d'*être* une perspective en lui » (*Les Sources du moi*, *op. cit.*, p. 152).

67. « Je trouve la justification de ma fidélité aux règles morales au sein de ma communauté particulière : coupé de la vie de cette communauté, je n'aurais aucune raison d'être moral. [...] J'ai besoin de ceux qui m'entourent pour me redonner des forces morales et pour m'assister en cas de défaillance [...]. Si, en premier lieu, il est exact que je ne peux appréhender les règles morales que par le biais de communautés situées qui en incarnent une version, si, ensuite, il est exact que la justification de la règle morale doive faire référence à des biens attachés à la vie de communautés déterminées, si, enfin, il est exact que je nais à la vie morale et m'y maintiens uniquement par l'effet des divers soutiens moraux prodigués par ma communauté, alors il est clair que, sans cette communauté, je suis peu susceptible de m'épanouir en tant qu'être moral » (Alasdair MacIntyre, « Le patriotisme est-il une vertu ? », dans A. Berten, P. Da Silveira, H. Pourtois (dir.), *Libéraux et communautariens*, Paris, PUF, 1997, rééd. 2002, p. 296-297).

La narration de ma vie ne m'appartient donc que dans la mesure où je n'en suis pas le seul auteur.

Mais cette vision est condamnée à rester extérieure dès lors que ce n'est pas ainsi que Montaigne comprend lui-même le projet de son ouvrage. S'il n'est pas insensible, loin de là, à l'image sociale qu'il donne de lui, Montaigne tente surtout de se présenter hors d'un cadre contextuel communautaire : « Les autheurs se communiquent au peuple par quelque marque particuliere et estrangere ; moy le premier par mon estre universel, comme Michel de Montaigne, non comme grammairien ou poete ou jurisconsulte » (III, 2, p. 805). On peut sans doute objecter très généralement, comme MacIntyre, que la rébellion contre mon identité communautaire reste toujours « une façon de s'exprimer », et qu'elle ne peut s'exprimer que dans une syntaxe que je n'ai pas créée moi-même. Il reste que ce n'est pas là le dessein des *Essais*, qui assument, par l'originalité de leur écriture, une rupture avec les conventions narratives, en se revendiquant « seul livre au monde de son espece, d'un dessein farouche et extravagant » (II, 8, p. 385). En ce sens, comme l'écrit Stephen Greenblatt, « Montaigne [...] invente un mode *non narratif* de constitution de soi [*self-fashioning*][68] ». L'article récent de Telma Birschal et Victor Sommavilla, à partir d'une opposition entre l'écriture de Montaigne aux schèmes respectifs de l'identité narrative de Taylor et de l'identité épisodique de Strawson, définit clairement la position de Montaigne à l'intérieur de ce débat postmoderne : plutôt qu'un récit discontinu du moi, l'écriture-peinture des *Essais* propose un récit flexible du moi[69]. Ce récit n'est pas totalement

68. Stephen Greenblatt, *Renaissance Self Fashioning, from More to Shakespeare*, Chicago, Chicago University Press, 1980, rééd. 2005, p. 252.

69. Telma Birschal, Victor Sommavilla, « Montaigne and Narrative Identity. A Dialogue with Galen Strawson and Charles Taylor », *MS*, 31, 2019, p. 131-144. Pour une synthèse sur ce débat postmoderne autour du « *self* » et ses enjeux, voir Hassan Mehely, *Writing Cogito: Montaigne, Descartes and the Institution of the Modern Subject*, Albany, State University of New York Press, 1997 et Jerrold Seigel, « Problematizing the Self »,

morcelé (« Nous sommes tous des lopins, et d'une contexture si informe et diverse, que chaque piece, chaque momant, faict son jeu. Et se trouve autant de difference de nous à nous mesmes, que de nous à autruy » : II, 1, p. 337). Il n'est pas non plus épisodique au sens de Strawson : « même si Montaigne n'entre pas dans le modèle narratif courant, pour lequel une histoire claire se déploie dans le temps, son œuvre montre indubitablement un effort d'autoconstitution, compris comme construction d'une unité morale déterminée ». Mais il n'est pas pour autant narratif au sens de MacIntyre et Taylor : « même si nous voulions être épisodiques, au sens simple de fragmentés et discontinus, nous en serions incapables, car notre être n'est qu'imparfaitement discontinu. Il intègre l'expérience d'un présent, d'un passé et d'un futur[70] ». Cohérence ne veut pas dire conformité à une logique socialement déterminée : nous verrons que la cohérence que recherche Montaigne signifie plutôt une forme de consensus de l'esprit, du corps et du monde. On se construit aussi par ses fautes et ses erreurs (ne pas « "laisser tomber" une action que j'ai commise[71] », écrira Nietzsche) : la cohérence de l'homme doit d'une certaine façon épouser la vicissitude pour être, ne serait-ce que faiblement, en prise sur le monde.

Le chapitre qui sans doute associe de la façon la plus programmatique l'autodépréciation et le refus de repentance est « De la praesumption ». Sous prétexte de se défendre de l'accusation de concevoir une trop bonne opinion de sa propre valeur (II, 17, p. 631) – une accusation que Montaigne explique par un certain « port de corps et des gestes tesmoignants quelque vaine et sotte

---

dans L. Hunt, V. Bonnell (dir.), *Beyond the Cultural Turn. New Directions in the Study of Society and Culture*, Berkeley, University of California Press, 1999, p. 281-314.

70. Telma Birschal, Victor Sommavilla, « Montaigne and Narrative Identity », art. cité, p. 141-142.

71. F. Nietzsche, *Ecce Homo*, « Pourquoi je suis si avisé », dans Id., *Œuvres philosophiques complètes*, *op. cit.*, t. VIII, p. 258.

fierté » (p. 632) –, celui-ci passe en revue ce que Sarah Bakewell nomme « son catéchisme négatif des manquements[72] ». À première vue, le chapitre semble participer d'une entreprise d'avilissement du moi : « Il est bien difficile, ce me semble, que aucun autre s'estime moins, voire que aucun autre m'estime moins, que ce que je m'estime » (p. 635). Mais il apparaît vite que Montaigne est relativement satisfait des défauts qu'il confesse, qu'il en minore la gravité, en trouvant en contrepartie des avantages plus grands. Comme l'écrit Jules Brody, « cet auto-débinage, si soutenu qu'il puisse paraître, ne laisse pas de révéler une composante positive et à certains égards nettement flatteuse[73] ». Distinguons quatre grandes rubriques dans la liste de Montaigne[74].

1. Les défauts littéraires : je suis, dit Montaigne en substance, incapable d'écrire de la poésie ; c'est en vain que je tente d'égaler la beauté du style des Anciens ; mon langage, tant français que latin, est sans élégance[75]. Mais il ponctue ces propos de déclarations d'autosatisfaction. S'il ne sait pas écrire de bons vers, il s'excuse lui-même de ce défaut au regard, écrit-il, « d'autres choses pires, ausquelles je voy qu'on donne credit » (p. 636). Montaigne

72. S. Bakewell, *Comment vivre ?*, *op. cit.*, p. 281.

73. J. Brody « Montaigne se "débine" », art. cité, p. 146.

74. Marcel Conche propose une division en dix rubriques (*Essais*, éd. Villey-Saulnier, Paris, PUF, 2004, p. 1350). Si on suit ce plan, Montaigne s'accuserait de neuf défauts et trouverait *in fine* une compensation dans une qualité positive, la possession du bon sens. Nous proposons une lecture assez différente du chapitre, dans laquelle les défauts sont à chaque fois compensés par des qualités.

75. « Je fay, à la verité, l'enfant quand j'y veux mettre la main ; je ne me puis souffrir. On peut faire le sot par tout ailleurs, mais non en la Poesie... » (II, 17, p. 634) ; « Je juge leur beauté ; je la voy [...] si avant qu'il m'est impossible d'y aspirer [...]. Tout est grossier chez moi... » (II, 17, p. 637). « Mon langage n'a rien de facile et poly : il est aspre et desdaigneux [...]. Mon langage françois est alteré, et en la prononciation et ailleurs, par la barbarie de mon creu [...]. Quant au Latin [...], j'ay perdu par des-accoustumance la promptitude de m'en pouvoir servir à parler... » (II, 17, p. 638-638).

trouve son langage « aspre et desdaigneux » (*i.e.* indifférent aux conventions du beau style), mais, écrit-il, ce langage « me plaist ainsi, sinon par mon jugement, par mon inclination » (p. 638)[76]. C'est non l'adéquation à une norme extérieure de « jugement » de goût ou de valeur, mais la correspondance à une « inclination » personnelle qui fournit la mesure de la beauté du langage. La rudesse, par opposition à l'élégance ou au raffinement, vaut comme gage de spontanéité et d'authenticité.

2. Les défauts du corps : je suis petit, nous dit Montaigne, alors même que « la beauté de la taille est la seule beauté des hommes ». Ce défaut de beauté n'est plus compensé par une santé robuste, depuis que « je suis engagé dans les avenues de la vieillesse » (p. 641). Montaigne poursuit en confessant sa maladresse aux exercices corporels (« d'adresse et de disposition, je n'en ay point eu », p. 642). Mais la beauté est purement affaire de culture et de coutume : « nous en fantasmons les formes à nostre poste » (II, 12, p. 482). Dans le même passage de l'« Apologie de Raimond Sebond », la santé et la robustesse apparaissent en retour comme des qualités incontestables. Dans le chapitre « De la praesumption », Montaigne se décrit lui-même comme possédant « la taille forte et ramassée : le visage, non pas gras, mais plein ; la complexion, entre le jovial et le melancholique, moiennement sanguine et chaude », et ayant possédé « la santé forte et allegre, jusques bien avant en mon aage rarement troublée par les maladies » (p. 641). La vieillesse change certes la donne, mais nous savons par ailleurs que la santé déficiente du vieillard est adaptée à sa condition : « Voyez un vieillart, qui demande à Dieu qu'il lui maintienne sa santé entiere et vigoreuse, c'est-à-dire qu'il le remette en jeunesse […]. N'est-ce pas folie ? Sa condition ne le supporte pas » (III, 13, p. 1089). Montaigne ajoute une condition essentielle : « Je dure

76. Il en va de même de son mauvais usage du patois périgourdin, que Montaigne commente : « et ne m'en chaut guere » (*ibid.*, p. 637).

bien à la peine ; mais j'y dure, si me porte moy-mesme, et autant que mon desir m'y conduit » (II, 17, p. 642). Le couple beauté-robustesse a ainsi la même fonction que le couple élégance-rudesse : la beauté est un assujettissement à des codes sociaux, alors que la robustesse renvoie à la liberté d'un esprit qui n'obéit qu'à la spontanéité de ses impulsions.

3. Les défauts moraux : j'ai, écrit Montaigne, un « naturel poisant, paresseux et fay neant », et une « complexion délicate et incapable de sollicitude » (p. 643). Celui-ci dit manquer des vertus reconnues telles en ce siècle : « Les qualitez mesmes qui sont en moy non reprochables, je les trouvois inutiles en ce siecle » (p. 646). Ces défauts moraux sont les mieux compensés de tous. Pour ce qui est de sa nonchalance et de sa paresse, Montaigne reprend ce qu'il avait dit à propos de sa maladresse, à savoir qu'il ne fait mal que ce qu'il fait contre son gré : « J'ay une ame toute sienne, accoustumée à se conduire à sa mode. N'ayant eu jusques à cett'heure ny commandant ny maistre forcé, j'ay marché aussi avant et le pas qu'il m'a pleu. Cela m'a amolli et rendu inutile au service d'autruy, et ne m'a faict bon qu'à moy » (p. 643). La confession de sa paresse est donc aussi un éloge par Montaigne de sa liberté d'esprit et de son refus de s'asservir à autrui. À cet éloge de la liberté, il faut ajouter la revendication d'une économie dans l'agir. Incapable de se concentrer suffisamment pour prévoir l'issue de ses actions, Montaigne dit renoncer à changer l'ordre des choses :

> Ne pouvant reigler les evenemens, je me reigle moy-mesme, et m'applique à eux, s'ils ne s'appliquent à moy. Je n'ay guiere d'art pour sçavoir gauchir la fortune et luy eschapper ou la forcer, et pour dresser et conduire par prudence les choses à mon poinct. J'ay encore moins de tolerance pour supporter le soing aspre et penible qu'il faut à cela [II, 17, p. 644].

Montaigne renonce à l'ambition d'améliorer « la condition en laquelle on est nay et dressé » : « c'est folie, précise-t-il, d'en lacher la prise sur l'incertitude de l'augmenter » (p. 644). Le plus souvent, mieux vaut ne rien faire que s'escrimer à combattre une fortune contraire : « le jeu ne vaut pas la chandelle » (p. 645). La nonchalance, vers laquelle il dit « penche[r] évidemment de [s]a complexion » (II, 4, p. 364), n'est donc pas la façon la moins prudente de se confronter au monde – nous y reviendrons. Enfin, pour ces qualités que Montaigne possède, mais qui se révèlent « inutiles en ce siècle », il ne doute pas que la faute en soit non à lui, mais bien à ce « siecle fort dépravé » (p. 646). En réalité, à travers la critique d'un siècle qui érige en règle la dissimulation, la déloyauté et la perfidie (« cette nouvelle vertu de faintise et de dissimulation qui est à cet heure si fort en credit, je la hay capitallement ; et, de tous les vices, je n'en trouve aucun qui tesmoigne tant de lacheté et bassesse de cœur », p. 647), Montaigne fait bien l'éloge d'une qualité sous-estimée selon lui par ses contemporains : la franchise. Si le mensonge ne peut sans doute pas être entièrement éradiqué de la politique, il peut néanmoins être fortement réduit sans nécessairement nuire à l'efficacité de l'action[77]. Les vertus machiavéliennes en usage exigent une contention d'esprit, une faculté de prévision et de planification dont l'expression spontanée permet de faire l'économie. La paresse et la mollesse se révèlent dans ce contexte des gages d'authenticité, le jeu de Montaigne consistant ici à travestir sous un discours utilitariste (l'évaluation des coûts et des bénéfices) un discours en réalité prescriptif et déontologique.

4. L'intelligence et la volonté : la mémoire « me manque du tout », écrit Montaigne (p. 649), qui va jusqu'à se vanter d'être « excellent en l'oubliance » (p. 651) ; j'ai, écrit-il,

---

77. Sur ce point, nous tenons une position moyenne entre Pierre Villey, tenant d'un anti-machiavélisme de Montaigne, et Alexandre Nicolaï, qui souligne au contraire le réalisme politique de Montaigne et sa dette vis-à-vis du secrétaire florentin (voir Alexandre Nicolaï, « Le machiavélisme de Montaigne », *BSAM*, 4, octobre-décembre 1957, p. 11-21 et 5-6, 1958, p. 25-47).

l'esprit « tardif et mousse » (p. 651), l'appréhension « lente et embrouillée » (p. 652), et aucune intelligence sur « ce qui regarde de plus près l'usage de la vie » (p. 652). Montaigne continue en confessant son irrésolution (« Je ne sçay pas prendre party és entreprinses doubteuses », p. 654) qui l'oblige à se « laisser emporter à la foule » (*ibid.*) et se laisser « mener à l'ordre public du monde » (p. 656). Ces défauts d'intelligence sont associés aux mêmes qualités que les défauts moraux que sont la nonchalance et la paresse. Montaigne rejette comme une contrainte faite à la liberté de l'esprit la contention exigée par l'imagination et la remémoration. La revendication d'amnésie est récurrente dans les *Essais*[78]. Avec le défaut de prévision, elle est associée à une incapacité de mentir de façon cohérente et crédible : les menteurs « se desferrent eux-mesme si souvent : car quelle mémoire leur pourroit suffire à se souvenir de tant de diverses formes, qu'ils ont forgées à un mesme subject ? » (I, 9, p. 36). Dans les chapitres « Du pedantisme », « De l'institution des enfans » et « Des livres », être incapable d'apprendre par cœur (« pour aprandre trois vers, il me faut trois heures », II, 17, p. 649) ou de s'imprégner de ses lectures (« Je feuillette les livres, je ne les estudie pas », p. 651) est présenté comme une protection contre l'aliénation du jugement à des autorités extérieures : « Je fuis le commandement, l'obligation et la contrainte. Ce que je fais ayséement et naturellement, si je m'ordonne de le faire par une expresse et prescrite ordonnance, je ne le sçay plus faire » (p. 650). Et Montaigne compare l'indocilité de sa mémoire avec celle des membres génitaux – un thème déjà abordé au chapitre « De la force de l'imagination » (I, 21, p. 102) – qui, explique-t-il, « refusent par fois leur obeyssance, quand je les destine et attache à certain point et heure

78. Voir Andrea Frisch, « Montaigne on Memory », dans Ph. Desan (dir.), *The Oxford Handbook of Montaigne*, *op. cit.*, p. 648-662. Pour des développements contemporains, voir aussi l'étude récente d'Ann Hartle, *Montaigne and the Origins of Modern Philosophy*, *op. cit.*, p. 59 et 126.

de service necessaire. Cette preordonnance contrainte et tyrannique les rebute » (II, 17, p. 650). L'oubli apparaît ainsi comme une forme de libération de la contrainte et la tyrannie des normes sociales.

Nous le voyons, les défauts dénoncés par Montaigne se retournent en qualités positives dès lors qu'on les juge en mettant à l'écart les normes imposées socialement, l'opinion des autres et en particulier de ce siècle, pour les comprendre comme des expressions de ma nature, de ma volonté et de ma fantaisie. On pourrait craindre que cette exigence d'être à soi se révèle verbeuse et vide. Michel Foucault dénonçait ainsi « l'absence quasi totale de signification, qu'on donne à des expressions, pourtant très familières et qui ne cessent de parcourir notre discours, comme : revenir à soi, se libérer, être soi-même, être authentique, etc.[79] ». Mais, pour Montaigne, « vivre selon soy » signifie avant tout vivre « non selon autruy » (III, 9, p. 991) : l'authenticité est ainsi au fondement d'un nouveau code éthique, centré sur la conquête d'autonomie et la haine de toute obligation et contrainte[80]. Charles Taylor a bien décrit cette nouvelle éthique (dont il situe étrangement l'origine un siècle et demi après Montaigne, chez les moralistes écossais). L'idée selon laquelle « chaque personne possède sa propre mesure », écrit-il, « s'est gravée profondément dans la conscience moderne » :

> [Cette idée] est nouvelle [...]. Il existe une certaine façon d'être humain qui est la *mienne*. Je dois vivre ma vie de cette façon, non pas imiter celle des autres. Cela confère une importance toute particulière à la sincérité que je dois avoir envers moi-même. Si je ne suis pas sincère, je rate ma

79. M. Foucault, *L'Herméneutique du sujet. Cours au Collège de France. 1981-1982*, Paris, EHESS/Gallimard/Seuil, 2001, p. 241. Sur ces condamnations de ce que Theodor Adorno nomme le « jargon de l'authenticité », voir Claude Romano, *Être à soi-même. Une autre histoire de la philosophie*, Paris, Gallimard, 2019, p. 20-21.

80. C'est là un thème majeur de l'ouvrage de Felicity Green, *Montaigne and the Life of Freedom*, *op. cit.*

> vie, je rate ce que représente pour *moi* le fait d'être humain […]. Non seulement je ne dois pas modeler ma vie sur les exigences du conformisme extérieur, mais je ne peux même pas trouver de modèle de vie à l'extérieur. Je ne peux le trouver qu'en moi[81].

Au terme de cette liste de « défauts » compensés, Montaigne se trouve une qualité qui n'est pas cette fois associée à un défaut, qu'il nomme le « sens ». Il est vrai que la formulation de Montaigne ne manque pas d'ironie, chacun pensant posséder naturellement ce sens, de sorte qu'il serait vain de croire que l'on en possède plus que les autres :

> On dit communément que le plus juste partage que nature nous aye fait de ses graces, c'est celui du sens : car il n'est aucun qui ne se contente de ce qu'elle luy en a distribué. N'est-ce pas raison ? Qui verroit au delà, il verroit au delà de sa veue. Je pense avoir les opinions bonnes et saines ; mais qui n'en croit autant des siennes ? [II, 17, p. 657].

L'argument sera repris par Descartes puis par Hobbes. Le premier montrera que le bon sens n'a de valeur épistémologique que gouverné par une méthode : « Ce n'est pas assez d'avoir l'esprit bon, mais le principal est de l'appliquer bien[82]. » Le second que les hommes étant égaux dans la conception glorieuse qu'ils ont d'eux-mêmes, une raison bien conduite doit leur montrer qu'ils ne seront pas gagnants dans une compétition vaine à reconnaissance de puissance, et qu'il est nécessaire de conclure un pacte[83].

---

81. Ch. Taylor, *Le Malaise de la modernité*, *op. cit.*, p. 37.

82. René Descartes, *Discours de la méthode*, I, AT, t. VI, p. 1-2.

83. « Telle est la nature des hommes, que, quelque supériorité qu'ils puissent reconnaître à beaucoup d'autres dans le domaine de l'esprit, de l'éloquence ou des connaissances, néanmoins, ils auront du mal à croire qu'il existe beaucoup de gens aussi sages [*wise*] qu'eux-mêmes. Car ils voient leur propre esprit de tout près et celui des autres de loin. Mais cela prouve l'égalité des hommes sur ce point, plutôt que leur inégalité. Car d'ordinaire, il n'y a pas de meilleur signe d'une distribution égale de quoi que ce soit, que le fait que chacun soit satisfait de sa part » (*Léviathan*, I, 13, trad. F. Tricaud, Paris, Sirey, 1990, p. 122). Sur

La critique de l'orgueil est ce qui est commun aux trois auteurs. Pour Montaigne, comme pour Descartes et pour Hobbes, il n'est guère important de savoir si chacun possède effectivement le bon sens ou si chacun croit seulement le posséder. Car le bon sens n'est pas par lui-même un outil épistémologique efficace : il ne l'est que lorsqu'il est bien dirigé. Dirigé vers une vérité universelle en étant gouverné par une méthode rationnelle pour Descartes et pour Hobbes. Délivré des certitudes prétendues absolues sur « l'estre originel » des choses (I, 14, p. 51) et réorienté dans le sens d'un retour sur soi pour Montaigne, comme l'indique la fin du chapitre : « Chacun regarde devant soy ; moy, je regarde dedans moy : je n'ay affaire qu'à moy, je me considere sans cesse, je me contrerolle, je me gouste. Les autres vont tousjours ailleurs, s'ils y pensent bien ; ils vont tousjours avant, [...] moy je me roulle en moy mesme » (II, 17, p. 657).

Le scepticisme de Montaigne trouve ici sa fonction morale, celle d'une kénose ou d'un dénuement[84], associé à la libération vis-à-vis de toute autorité externe. Le scepticisme est ainsi assigné, dans l'« Apologie de Raimond Sebond », à une fonction d'humiliation et de thérapie contre l'orgueil dogmatiste :

> Le moyen que je prens pour rabatre cette frenaisie et qui me semble le plus propre, c'est de froisser et fouler aux pieds l'orgueil et humaine fierté ; leur faire sentir l'inanité, la vanité et deneantise de l'homme ; leur arracher des points les chetives armes de leur raison [II, 12, p. 448].

Le début du chapitre « De la preasumption » associe de la même façon le scepticisme et l'humiliation :

---

la proximité des textes de Montaigne et de Hobbes, voir Luc Foisneau, « La passion de la gloire chez Montaigne et Hobbes », dans E. Ferrari, Th. Gontier (dir.), *L'Axe Montaigne-Hobbes. Anthropologie et politique*, Paris, Classiques Garnier, 2016, p. 80-86.

84. « Si j'eusse esté entre ces nations qu'on dict vivre encore sous la douce liberté des premieres loix de nature, je t'asseure que je m'y fusse tres-volontiers peint tout entier, et tout nud » (« Au lecteur », I, p. 3).

> De toutes les opinions que l'ancienneté a eües de l'homme en gros, celles que j'embrasse le plus volontiers et auxquelles je m'attache le plus, ce sont celles qui nous méprisent, avilissent et anéantissent le plus. La philosophie ne me semble jamais avoir si beau jeu que quand elle combat nostre presomption et vanité, quand elle reconnoit de bonne foy son irresolution, sa foiblesse et son ignorance [...]. Il est bien difficile, ce me semble, que aucun autre s'estime moins, voire que aucun autre m'estime moins, que ce que je m'estime [II, 17, p. 634-635].

Mais cette humiliation n'est jamais un but en soi. Elle n'a pas non plus pour fin de nous faire reconnaître une autorité au-delà de nous-mêmes. Le scepticisme montaignien part avant toute chose d'un geste d'immanence. Il s'agit d'écarter de notre champ de connaissance et d'action tout ce qui n'est pas nous et qui, par conséquent, n'est pas non plus à notre portée. Priver l'homme de tout rapport à l'être n'est pas le priver de toute relation à la vérité, mais lui permettre d'accéder à une autre forme de vérité dans un rapport à soi non médié par le conformisme social. Cette éthique montaignienne culmine dans la redéfinition de la preud'homie, par opposition à la « preud'homie scholastique, serve des preceptes, contraincte soubs l'esperance et la crainte », comme une vertu « qui se sente de quoy se soustenir sans aide, née en nous de ses propres racines par la semence de la raison universelle empreinte en tout homme non desnaturé » (III, 12, p. 1059) – donc comme une vertu (voire *la* vertu) dont la valeur normative tient entièrement dans l'authenticité de l'expression de soi-même.

« L'amitié que chacun se doibt »

Venons-en au second argument, amorcé par la dernière phrase de notre citation du chapitre « De l'exercitation » (« Se complaire outre mesure de ce qu'on est, en tomber en amour de soy indiscrete, est, à mon avis, la substance de ce vice ») : Montaigne légitime le « parler de soi » dès lors qu'il se fonde sur un amour de soi bien réglé. Cette articulation entre égotisme et égoïsme – le premier étant l'effet du second – sera reprise contre Montaigne par ses critiques du XVIIe siècle. Arnauld et Nicole dénoncent ainsi « cette mauvaise coutume de parler de soi, de s'occuper de soi, et de vouloir que les autres s'en occupent », en associant les condamnations au nom de la « civilité humaine » et de la « piété chrétienne »[85]. Pour Pascal, nous l'avons vu, s'il existe une expression de amour de soi raffinée et polie par les normes sociales (ce que n'est certes pas son affirmation rude et franche chez Montaigne), cet amour de soi n'en est pas moins condamnable du point de vue de la morale chrétienne.

La dépréciation de l'amour de soi relève d'une tradition philosophique plus riche que celle de la condamnation du parler de soi ou de la vanterie. Selon le cinquième livre des *Lois* de Platon, que Montaigne a lu dans la traduction latine de Marsile Ficin, on ne peut que difficilement s'aimer soi-même sans s'aimer excessivement :

> Le plus grand de tous les maux est inné dans l'âme de la plupart des hommes et chacun se le pardonne sans chercher aucun moyen d'y échapper ; c'est ce qu'on entend quand on dit que tout homme est naturellement ami de soi-même [*sibimet amicus*] et qu'il est dans l'ordre que l'on doive être ainsi. C'est en réalité pour chacun, en chaque circonstance, la cause de toutes les fautes, du fait de l'amour excessif de soi-même[86].

---

85. A. Arnauld, P. Nicole, *La Logique ou l'art de penser*, *op. cit.*, p. III, 20, 6, p. 329. L'association sera aussi faite en un sens positif par Emerson, qui non seulement qualifie Montaigne de « prince des égotistes » pour le style de son écriture, mais loue aussi, dans son *Journal*, le « charme de l'égotisme de Montaigne » pour le style de vie qu'il nous présente dans ses *Essais* : « Le talent n'est rien sans caractère. Le charme de l'égotisme (*egotism*) de Montaigne et de ses anecdotes c'est que nous avons là un vigoureux cavalier, un *seigneur* de France, chez lui dans son *château*, responsable de tout ce bavardage » (Ralph Waldo Emerson, *Autobiographie d'après son Journal intime*, trad. R. Michaud, Paris, Armand Colin, 1914, t. II, p. 218).

86. Platon, *Les Lois*, V, 731 e.

Dans la *philautia*, on ne saurait selon Platon conserver la mesure. S'aimer soi-même, c'est toujours se préférer aux autres. Et puisque la justice est la vertu qui nous fait rechercher l'égalité, l'amour de soi est la source de l'injustice : il rend l'homme rebelle à l'ordre et est à la racine de la corruption du lien communautaire[87]. Le seul amour de soi mesuré serait l'amour de la justice en soi-même, mais Platon, tout du moins dans ce texte, pense que les deux sont incompatibles. De la condamnation de la théologie en usage, qui promeut les valeurs individualistes, à la définition du mode de vie communautaire des gardiens de la cité, l'éducation platonicienne décrite dans *La République* vise à éradiquer cet amour de soi.

Cette condamnation platonicienne sera développée dans l'histoire ultérieure sur deux plans, théologique et politique. Pour le premier, on citera Augustin, dont Montaigne connaît la *Cité de Dieu*. Augustin oppose les deux cités à partir de l'amour commun qui unit leurs citoyens – l'amour de soi pour la cité terrestre, l'amour de Dieu pour la cité céleste. Pour Augustin, l'amour de soi n'est pas un vice parmi d'autres, mais, comme pour Platon, la racine de tous les maux. Augustin va même plus loin que Platon, la source du mal n'étant pas pour lui le désordre engendré par les passions concupiscentes (l'*épithumia* platonicienne), qui nous soumettent à la recherche des plaisirs corporels : les passions charnelles ne sont que des conséquences d'une concupiscence plus fondamentale, celle de l'esprit animé par l'orgueil et révolté contre l'ordre[88]. Cette stigmatisation théologique de l'amour de

87. *Ibid.*, 732 a.

88. « Quel a pu être le commencement de la volonté mauvaise sinon l'orgueil ? Le commencement, en effet, de tout péché, est l'orgueil [*Initium enim omnis peccati superbia est*]. Mais qu'est-ce que l'orgueil, sinon le désir d'une grandeur perverse ? perversion de la grandeur en effet, que d'abandonner le principe auquel l'âme doit s'attacher pour se faire en quelque manière son principe à elle-même. Cela se produit par un excès de complaisance à l'égard d'elle-même ; et elle se complait ainsi en elle-même, quand elle se détache du bien immuable en qui

soi est abondamment développée par Raimond Sebond[89], dont Montaigne a traduit le *Liber creaturarum*. Comme Augustin, Sebond fait de l'amour de Dieu « la racine de tout bien » et de « l'amour de nous-mesme la racine de tout mal » et « produict tous les vices du monde »[90] :

> L'homme qui s'ayme soy-mesme, hait Dieu capitalement : il est son ennemi mortel, il le prive par tous ses efforts des privileges & préeminences qui luy appartiennent, & se les attribue continuellement en-tant qu'il est en luy. L'amour de nous mesmes en ce qu'il nous soubmect entierement & souverainement à nostre volonté, est la seule & unique cause de la hayne de Dieu envers nous [...]. La volonté qu'on ayme premierement [...] est ennemye mortelle de nostre createur, d'autant qu'elle se faict premiere volonté, à son grand prejudice, & se faict par consequent Dieu un Dieu mensonger[91].

Cette critique augustinienne de l'amour de soi trouve aussi des échos à la Renaissance dans l'*Éloge de la folie* d'Érasme, qui associe la philautie à la déraison, à l'aveuglement et à la tromperie, ainsi que dans le commentaire de la *Cité de Dieu* de Juan Luis Vives et dans le *Tiers Livre* de Rabelais[92].

L'autre versant de cette critique est sa version civique, développée, dans le prolongement de Platon, par Cicéron.

---

elle devrait se complaire plus qu'en elle-même » (*Cité de Dieu*, XIV, 13, trad. G. Combès, revue et corr. par G. Madec, Paris, Institut d'études augustiniennes, t. 4-1, p. 200). Sur la reprise de la condamnation augustinienne de l'orgueil chez Montaigne, voir l'ouvrage récent de Takeshi Kubota, *Montaigne lecteur de* La Cité de Dieu *d'Augustin*, Paris, Honoré Champion, 2019, p. 203-209, ainsi que l'ouvrage récent de Christophe Litwin, *Politiques de l'amour de soi, op. cit.*, p. 79-94.

89. *La theologie naturelle de Raymond Sebon traduite nouvellement en françois par messire Michel de Montaigne...*, Paris, Guillaume Chaudière, 1581 (édition électronique sur le site de MONLOE), § 133-145, p. 139 r°-154 v°).

90. Titre des chapitres 141 et 143 de la *Theologie naturelle* (*ibid.*, p. 149 r° et p. 152 r°).

91. *Ibid.*, §140 – p. 147 v°-148 r° et p. 149 v°.

92. Voir Jean Mesnard, « Sur le terme et la notion de philautie », *Mélanges sur la littérature de la Renaissance à la mémoire de V. L. Saulnier*, Genève, Droz, 1984, p. 197-214.

Les injonctions du *De officiis* à servir le public (« Comme l'a admirablement écrit Platon, nous ne sommes pas nés seulement pour nous : la patrie revendique une part de notre existence[93]... ») font partie des préceptes communs de ce qu'Olivier Christin nomme le « discours de la dette » ou la « rhétorique du dévouement » dans le républicanisme italien du XVIe siècle[94]. Elles sont reprises par nombre de contemporains et proches de Montaigne, comme l'a montré Constance Jordan en citant les *Discours politiques* de Pierre de la Place (1578), le *Miroir politique* de Guillaume de La Perrière (1567), les *Exercices et discours de l'homme vertueux* d'un anonyme (1581), la *République* de Jean Bodin (1576) et *L'Académie française* de Pierre de La Primaudaye (1577)[95]. Tocqueville se réfèrera à cet oubli de soi en parlant de la « doctrine officielle en matière de morale », professée « par un petit nombre d'individus puissants et riches »[96]. Ce sont ces contempteurs de l'amour de soi – ceux qui disent « que nous ne sommes pas nez pour nostre particulier, ains pour le publicq » (I, 39, p. 237) –, que Montaigne accuse de vouloir « enaser » l'enfant (II, 6, p. 378), c'est-à-dire l'amputer du nez, pour le guérir de son rhume, et c'est à eux que s'adresse l'argument développé dans le chapitre « De mesnager sa volonté » selon laquelle

93. Cicéron, *Des devoirs*, I, 22, texte établi par M. Testard, introduction, trad. et notes S. Mercier, Paris, Les Belles Lettres, 2014, p. 114-115. Sur les devoirs civiques, voir aussi *ibid.*, I, 53-54, I, 72, I, 84 et I, 153-158, ainsi que II, 72-74.

94. Olivier Christin en donne en particulier des exemples dans la littérature républicaine vénitienne de la seconde moitié du XVIe siècle, dont la ressemblance avec le discours condamné par Montaigne est frappante (*La Cause des autres. Une histoire du dévouement politique*, Paris, PUF, 2021, voir par exemple p. 99). Il montre aussi combien ces discours relèvent de ce que Bernard Hours nomme l'« identité nobiliaire du sang bleu », par opposition à la morale utilitaire naissante (p. 159).

95. Voir Constance Jordan, « Montaigne on Property, Public Service, and Political Servitude », *Renaissance Quarterly*, 56/2, 2003, p. 420-422. À cette liste, il faudrait bien entendu ajouter le *Discours de la servitude volontaire* de La Boétie.

96. Voir note *supra*.

l'amitié pour soi-même n'est pas la racine de tous les vices, mais, au contraire celle de toutes les vertus.

Pour réhabiliter l'amour de soi contre cette coalition platonicienne-augustinienne-cicéronienne, Montaigne s'appuie sur deux traditions classiques. La première est introduite par Aristote, dont nous avons dit que Montaigne fréquentait l'*Éthique à Nicomaque* après 1588. Nous avons vu qu'Aristote tendait à condamner la tendance à la vantardise de ceux qui parlent trop d'eux-mêmes. Mais cette critique n'est pas associée chez lui à une stigmatisation de l'amour de soi. Le sincère (ou le vérace) est tenu à une certaine réserve lorsqu'il parle de lui-même : tel n'est pas le cas du magnanime, qui se reconnaît comme vertueux et se communique comme tel aux autres. C'est encore moins le cas du *philautès* (celui qui est ami de lui-même), réhabilité contre Platon au livre IX de l'*Éthique à Nicomaque*. Aristote ne pense pas que la *philautia* soit incompatible avec l'amour du bien et de la justice. Aussi donne-t-il raison au *philautès* à condition que son attachement à soi-même ne soit pas de l'ordre de la complaisance narcissique, mais soit un attachement de l'homme vertueux à l'intelligence et à la vertu qu'il trouve en lui-même : « L'homme vertueux [*agathos*] a le devoir de s'aimer soi-même [...], alors que l'homme vicieux ne le doit pas[97]. » Seul l'homme moralement accompli est pour Aristote légitimé à s'aimer lui-même, dans la mesure où ce « moi » qu'il aime ne renvoie pas à sa propre singularité, mais à la vertu – au fond, Aristote ne fait ici que prolonger (paradoxalement contre Platon) l'injonction de l'*Alcibiade* à prendre soin de son âme.

L'autre tradition provient du stoïcisme. Ce sont d'ailleurs les stoïciens, et avant tout Sénèque, qui sont les plus cités lorsque Montaigne tente de réhabiliter l'amour de soi dans les chapitres « De la solitude » et « De mesnager sa volonté ». Mais pour les stoïciens plus encore peut-être

97. Aristote, *Éthique à Nicomaque*, IX, 1169 a 12-14.

que pour Aristote, l'amour de soi est un attachement non au soi singulier, mais à une réalité qui dépasse l'individu, à savoir le *logos* universel. Précisons ce qui rapproche et distingue ici Montaigne de Sénèque, à partir d'un texte emblématique du chapitre « De mesnager sa volonté ». Nous avons déjà dit que ce chapitre faisait écho au *Discours de la servitude volontaire* de La Boétie. Mais les temps ont changé : l'oppression ne vient plus de l'excès d'autorité des princes, mais plutôt de la démission du pouvoir politique, laissant libre jeu aux clans et factions ennemies. Les monarques sont moins critiqués dans les *Essais* pour leur autoritarisme que pour leur incurie. La libération prend aussi un sens différent, dans la mesure où il ne s'agit plus pour Montaigne de se libérer, ou de libérer son pays, de l'emprise de tel ou tel tyran, mais plutôt de se libérer soi-même de toute forme d'asservissement à une autorité extérieure. Dans ce chapitre, il est avant tout question de savoir si le public peut « tout requérir » de nous, et dans quelle mesure il convient de s'économiser et de prendre soin de soi – ce sont là les deux sens du verbe « mesnager »[98]. La réponse de Montaigne emprunte une voie comparable à celle de La Boétie : ce sont nos ambitions et nos lâchetés qui sont premièrement responsables de cette tyrannie, et la libération exige avant tout une reconquête de soi.

Venons-en au texte central de ce chapitre, où Montaigne développe sa défense de l'amour de soi. Celui-ci fait une comparaison entre la pédagogie de l'amour de soi et la pédagogie des religions mystériques pour opposer le discours « exotérique » destiné au commun des pratiquants et le discours « ésotérique » destiné aux seuls initiés :

> J'estime qu'au temple de Pallas, comme nous en voyons en toutes autres religions, il y avoit des mysteres apparens pour estre montrez au peuple, et d'autres mysteres plus secrets

---

98. Sur le rapport de ce terme à l'économie domestique, voir Louis Van Delft, « Réflexion morale et économie du moi dans les *Essais* », *BSAM*, 19-20, 1990, p. 35-50.

> et plus hauts, pour estre montrés seulement à ceux qui en estoyent profez [*i.e.* initiés]. Il est vray-semblable que en ceux icy se trouve le vray point de l'amitié que chacun se doibt [III, 10, p. 1006].

Les « mystères apparents » désignent ici métaphoriquement les discours moralisateurs qui, afin de combattre l'amour immodéré de soi-même, prescrivent de se déprendre de soi pour se consacrer au service des autres. Ils font ici référence aux « reigles et preceptes du monde » cités quelques lignes auparavant :

> La plus part des reigles et preceptes du monde prennent ce train de nous pousser hors de nous et chasser en la place, à l'usage de la societé publique. Ils ont pensé faire un bel effect de nous destourner et distraire de nous, presupposans que nous n'y tinsions que trop et d'une attache trop naturelle ; et n'ont espargné rien à dire pour cette fin [III, 10, p. 1006].

De même que le « noble mensonge » platonicien ou les *leges* averroïstes, ces « reigles et preceptes » visent non la vérité mais l'utilité sociale et politique. Montaigne lui-même reconnaît cette nécessité : « La verité a ses empeschemens, incommoditez et incompatibilitez avec nous. Il nous faut souvent tromper afin que nous ne nous trompons, et siller nostre veue, estourdir nostre entendement pour les dresser et amender ». Aussi, « pour dresser un bois courbe on le recourbe au rebours » (*ibid.*). Mais ce qui est pragmatiquement nécessaire n'est pas pour autant moralement satisfaisant. Cela revient, selon le chapitre « De l'exercitation », à amputer du nez l'enfant enrhumé au lieu de le moucher, ou encore à condamner l'usage du vin parce que certains s'enivrent, alors même, précise Montaigne, qu'« on ne peut abuser que des choses qui sont bonnes » (II, 6, p. 378). Pour être un expédient utile, la pédagogie de « l'altruisme » (selon le terme inventé postérieurement par Auguste Comte) n'est pas une pédagogie de la vérité.

Les sages (comparés ici aux « profez » des religions mystériques), eux, n'ont pas besoin de ces exhortations adressées au commun des hommes : ils savent que la solution à l'amour immodéré de soi ne se trouve pas dans la déprise de soi, mais dans « l'amitié que chacun se doibt ». Montaigne poursuit sa comparaison : « Qui en sçait les devoirs et les exerce, il est vrayement du cabinet des muses ; il a attaint le sommet de la sagesse humaine et de nostre bon heur » (III, 10, p. 1006). Il y a bien en ce sens une *sagesse* de Montaigne, et celle-ci réside, comme pour la tradition antique, dans un savoir (« qui en *sçait* les devoirs... ») : celui des devoirs que nous impose l'amitié envers soi-même. On peut rapprocher ce savoir du « sçavoir estre à soy » que Montaigne nous dit ailleurs être la « plus grande chose du monde » (I, 39, p. 242). Il nous dit aussi que cette connaissance des devoirs envers nous-mêmes fournit la règle de ce que nous devons aux autres :

> Cettuy-ci [*i.e.* celui qui en sçait les devoirs et les exerce], sçachant exactement ce qu'il se doibt, trouve dans son rolle qu'il doibt appliquer à soy l'usage des autres hommes et du monde, et, pour ce faire, contribuer à la société publique des devoirs et offices qui le touchent [III, 10, p. 1006].

La connaissance des devoirs que nous impose l'amitié pour soi-même est aussi celle de la limite de nos *officia* envers les autres et la société. Montaigne s'oppose par avance à toute doctrine morale sacrificielle qui prônerait l'illimitation de notre dévouement aux autres. Nous ne pouvons juger de ce que nous devons aux autres que relativement à ce que nous nous devons à nous-mêmes : l'amitié pour soi ne supprime peut-être pas tous nos devoirs envers le public, mais elle en fixe tout du moins la mesure.

Comment dès lors interpréter l'ajout postérieur à 1588 : « Qui ne vit aucunement à autruy, ne vit guere à soy. *Qui sibi amicus est, scito hunc amicum omnibus esse* [celui qui est l'ami de lui-même, sache qu'il est l'ami de tous (citation de Sénèque)] » (*ibid.*) ? La structure en double chiasme de ces formules (être à autrui / être à soi, être à autrui pour être à soi / être à soi pour être à autrui) est trompeuse dans la mesure où elle suggère une symétrie parfaite : il faudrait être aux autres pour être à soi de la même façon qu'il faudrait être à soi pour être aux autres. À cette belle harmonie, il nous faut cependant faire plusieurs objections. Tout d'abord, la première formule (« Qui ne vit aucunement à autruy, ne vit guere à soy ») est problématique, dès lors qu'à aucun moment, dans ce chapitre, Montaigne n'a montré qu'être aux autres était une condition nécessaire pour être à soi, un propos qui pourrait bien en revanche être celui de son adversaire moralisateur. Montaigne donne bien plutôt l'impression de voir là deux membres inconciliables d'une alternative, en insistant sur le fait qu'on ne peut être à soi qu'en se détachant des autres. Ainsi, quelques lignes auparavant, il a opposé « une amitié molle et indiscrete, en laquelle il advient ce qui se voit au lierre, qu'il corrompt et ruyne la paroy qu'il accole » et « une amitié salutaire et reiglée, également utile et plaisante » (III, 10, p. 1006 [B]). C'est là la version de l'édition de 1588, et l'on pourrait être tenté de croire que l'amitié indiscrète correspond à ce que nous nommerions « égocentrisme » ou « narcissisme », à l'inverse de l'amitié « reiglée » qui se réglerait sur la société. L'ajout postérieur à 1588 vient cependant corriger une telle lecture : cette amitié indiscrète est ici une amitié « faulce, qui nous faict embrasser la gloire, la science, la richesse et telles choses d'une affection principale et immoderée, comme membres de nostre estre » (*ibid.* [C]). Vivre « à autruy » ne veut donc certainement pas dire vivre *comme* ni même *pour* autrui, ou s'aimer dans une projection sociale de soi. Paradoxalement, il se trouve que cette forme d'altruisme est plus nuisible qu'utile à la société humaine : c'est elle que Montaigne compare au lierre qui « corrompt et ruyne la paroy qu'il accole ». La suite du texte va dans le même sens :

> La principale charge que nous ayons, c'est à chacun sa conduite ; et est ce pour quoy nous sommes icy. Comme

> qui oublieroit de bien et saintement vivre, et penseroit estre quite de son devoir en y acheminant et dressant les autres, ce seroit un sot ; tout de mesme, qui abandonne en son propre le sainement et gayement vivre pour en servir autruy, prent à mon gré un mauvais et desnaturé parti [III, 10, p. 1006-1007].

Ce texte fait écho à celui du chapitre « De la solitude » : « C'est assez vescu pour autruy, vivons pour nous au moins ce bout de vie » (I, 39, p. 242). Montaigne fait l'expérience du rapport entre lui-même et autrui sur le mode non de la synthèse, mais de la disjonction : moi *ou* les autres, et non moi *et* les autres[99]. Comme l'écrit Constance Jordan, citant Montaigne, « toute participation aux "devoirs communs" de la "vie civile" entraîne inévitablement une perte de ce qui est dû au moi ; en

99. Jean Starobinski tente, vainement à notre avis, de trouver des synthèses entre ces deux pôles : « Le premier temps était celui de la dépendance ; le second est marqué par la volonté de réappropriation et par l'écart libérateur ; en un troisième temps, une pleine légitimité est restituée à la liaison, tissée d'obligations et de devoirs concrets, qui nous unit à ce qui nous entoure. C'est le particulier retrouvé, tel qu'il s'inscrit désormais dans l'universel » (J. Starobinski, *Montaigne en mouvement*, *op. cit.*, p. 132). Cette structure ternaire est réaffirmée p. 313-314, pour répondre aux objections contre la nonchalance de Montaigne faites par Horkheimer au nom d'une dialectique de l'histoire. C'est cette conciliation que nous contestons : les deux pôles du privé et du public sont l'un et l'autre fondateurs de normes, mais de normes contradictoires. Il y a moins synthèse qu'équilibre et marchandage entre ces normes. Antoine Compagnon a ici raison de parler d'un « Montaigne lecteur de Pascal » (« Le tragique pascalien du Dieu caché est [selon Starobinski] résolu par le Montaigne heureux du livre ouvert », « Montaigne chez les postmodernes », *Critique*, 433-434, juin-juillet 1983, p.530-531). L'ordre ternaire de Starobinski ne correspond pas, par ailleurs, à la biographie de Montaigne. Loin d'arriver progressivement à une conciliation, celui-ci a été contraint par l'accroissement du chaos politique à se retirer presque totalement après 1588 (voir Ph. Desan, *Montaigne. Une biographie politique*, *op. cit.*, p. 520 *sq.*), et à mettre, sans doute malgré lui, en pratique le programme qu'il s'était fixé en 1571. D'autres formules de Starobinski sur la nécessité de l'autre à la formation de l'identité sont à notre sens plus éclairantes : « la "relation à autrui" [...] est le lieu de passage obligé hors duquel l'identité ne saurait s'assurer elle-même » (p. 44) ; « La subjectivité solitaire ne se garde vivante que par la société extérieure qu'elle transporte en elle, qu'elle protège ou qu'elle fomente » (p. 69).

conséquence, s'en évader représente "une belle espargne" (II, 33, p. 734)[100] ».

Faut-il penser que Montaigne ne fait ici que rejeter un discours commun, que la formule de Sénèque viendrait ensuite préciser, sinon rectifier ? Ou, ce qui nous paraît plus probable, que les formules « être à soi » et « être aux autres » reposent sur une certaine équivocité du sens d'*être à* quelqu'un ? Cette dernière lecture rendrait compatible la formule citée avec celle du même chapitre selon laquelle « il faut se *prester* à autrui et ne se *donner* qu'à soy-mesme » (p. 1003)[101], ou encore avec la liste des couples d'oppositions qui suivent : « Si quelquefois on m'a poussé au maniement d'affaires estrangieres, j'ay promis de les prendre en *main*, non pas au *poulmon et au foye* ; de m'en *charger*, non de les *incorporer* ; de m'en *soigner* ouy [*i.e.*, d'en prendre soin], de m'en *passionner* nullement : j'y *regarde*, mais je ne les *couve* point [*i.e.* je n'y consacre pas toute mon énergie] » (p. 1004)[102]. Il n'y a pas simple différence de degré, mais bien une rupture entre la signification des premiers termes (prendre en main, se charger, prendre soin, regarder) et celle des seconds (prendre au poumon et au foie, s'incorporer, se passionner, couver). Le modèle proposé par Montaigne semble ici bien éloigné tant du modèle hégélien que du modèle lévinassien-derridien. Plus qu'une dialectique du moi – dialectique hégélienne de la totalité ou dialectique lévinasienne de l'infini –, il vise une pensée de la négociation et du partage. Montaigne, nous l'avons vu, n'est pas un asocial : s'il prône la valeur de la vie retirée, il prône aussi la valeur de la vie publique, qui est « autant selon [s]a complexion » que la vie privée. Il n'y a pas pour autant d'équivalence entre l'amitié que chacun se doit et le rapport aux autres, qui reste un rapport d'usage et non de jouissance. Dès lors, la prescription d'« être aux autres » ne contredit pas

100. Constance Jordan, « Montaigne on Property », art. cité, p. 418.
101. Nous soulignons.
102. Nous soulignons.

l'affirmation du chapitre « Des trois commerces » : « je ne vis que pour moy » (III, 3, p. 829).

Un autre problème est que Montaigne est loin d'approuver sans réserve la formule de Sénèque qu'il cite, selon laquelle l'amitié pour les autres est une extension naturelle de l'amitié pour soi-même. C'est bien autre chose que Montaigne veut nous dire : non qu'être à soi, c'est être aux autres, mais que *savoir* ce qu'on se doit à soi-même est la condition qui permet de *savoir* ce que l'on doit aux autres. Plus qu'une équivalence, c'est un ordre de priorité qu'il veut ici souligner. De fait, ce n'est qu'en apparence que Montaigne, à certains endroits, semble reprendre à son compte le schéma de l'*oikéiôsis* des stoïciens. Il y a pour les stoïciens une continuité naturelle entre l'amour de soi et l'amour des autres, qui se traduit chez les bêtes par un attachement instinctif de l'animal à son congénère et qui se prolonge chez l'homme par un attachement naturel de l'individu à la communauté des êtres raisonnables. Simple fait de nature chez les animaux, cet attachement prend chez l'homme, capable de raison, une valeur morale[103]. Mais si Montaigne se réfère bien à l'occasion à ce thème stoïcien de l'*oikéiôsis*, sous la forme de la *conciliatio* ou de la *commendatio* cicéronienne (livres I, II et IV du *De finibus*) et sénéquienne (lettre 121

103. Cet attachement à tous les êtres de raison, hommes (indifféremment de leur pays ou de leur culture) et dieux est modulée chez Cicéron dans le sens d'un sentiment civique. Voir *Des devoirs*, I, 11, qui souligne la continuité entre l'attachement à soi et à sa conservation, et l'attachement au semblable, qui « "approprie" [*conciliat*] l'homme à l'homme en vue de constituer une communauté à la fois de langage et de vie [...], le pousse à vouloir et l'existence de et la participation à des réunions ainsi qu'à des rassemblements d'hommes, etc. » (*Des devoirs*, *op. cit.*, p. 15-17). Voir aussi *ibid.*, I, 53 sur les degrés de la société humaine, débutant par la famille, et dont l'extension et l'accroissement « constituent le point de départ des États » (*ibid.*, p. 65), idée reprise en I, 160 sur la hiérarchie des devoirs : « les premiers devoirs sont dus aux dieux immortels ; les seconds à la patrie ; les troisièmes aux parents ; et, après eux, à tous les autres degrés » (*ibid.*, p. 183).

à Lucilius), il vide la notion de sa substance. La morale stoïcienne se fonde sur une double continuité : celle de l'instinct naturel et du devoir rationnel (du fait et de la norme) d'une part, celle de l'attachement à soi-même et de l'attachement à ses semblables d'autre part. Montaigne conteste l'une et l'autre. Tenons-nous-en ici au second point (le premier sera abordé dans un chapitre ultérieur). Là où le « moi » de Sénèque est d'emblée un moi public, Montaigne fait la découverte d'un moi *privé*. De cette *privatisation* du moi[104] résulte un conflit entre une éthique du dévouement aux autres et une éthique de la fidélité à soi. Tous les emprunts de Montaigne aux formules égoïstes stoïciennes doivent être relus à la lumière de cette différence.

La première connaissance acquise grâce à cette sagesse suprême acquise par l'amitié envers soi est que les vrais offices, ceux qui nous obligent réellement, sont moins nombreux qu'on le croit ordinairement. Il nous faut donc apprendre à les discriminer. Montaigne insiste particulièrement sur la distinction entre l'homme privé et l'homme revêtu d'une responsabilité publique : le second a une charge dont Montaigne souligne souvent le caractère dramatiquement coûteux. L'homme privé (c'est-à-dire lui-même comme ceux auxquels s'adressent les *Essais*), quant à lui, doit s'occuper principalement de lui-même : toute sollicitude non nécessaire à l'égard du public relèverait de ce que Platon nommait la *polypragmosynè*, la propension à se mêler de ce qui ne relève pas de notre compétence. Comme l'écrira Nietzche, lecteur de Montaigne et d'Emerson, « le règne de l'altruisme *me* semble provoquer la perte de l'humanité [...]. Je veux réhabiliter l'égoïsme et cette sagesse profonde qui n'intervient *pas volontiers* dans les affaires et la personnalité

104. De même que l'on a parlé pour la période renaissante d'une « privatisation de la religion » (par exemple S. Holmes, *Passions and Contraint*, *op. cit.*, p. 10), ou, pour Montaigne même, d'une « privatisation du citoyen » (P. Manent, *Le Regard politique*, *op. cit.*, p. 175).

d'individus étrangers[105] ». Tocqueville faisait déjà de cet égoïsme la caractéristique de l'homme démocratique américain, dans cette formule aux résonances montaigniennes : « L'individualisme est un sentiment réfléchi et paisible qui dispose chaque citoyen à s'isoler de la masse de ses semblables et à se retirer à l'écart avec sa famille et ses amis ; de telle sorte que, après s'être ainsi créé une petite société à son usage, il abandonne volontiers la grande société à elle-même[106]. »

Nous apprenons aussi par cette sagesse que l'usage de ces offices est subordonné à l'usage que nous faisons de nous-mêmes et qu'il y a, pour reprendre l'expression rawlsienne, une « priorité lexicale » du second sur le premier, au sens où je ne me dois aux autres que dans la mesure où mon intégrité et ma liberté ne s'en trouvent pas diminuées[107]. S'aimer soi-même est ainsi la condition *sine qua non* de la sollicitude dépassionnée qui doit être la règle de notre comportement dans les *officia* que nous imposent la vie sociale. Montaigne estime avoir lui-même satisfait à cette règle suprême dans son mandat à la mairie de Bordeaux : « J'ay peu me mesler des charges publiques

105. Friedrich Nietzsche, *Fragment Posthume*, automne 1880, 6 [74]), dans *Œuvres philosophiques complètes*, éd. Colli-Montinari, trad. J. Hervier, Paris, Gallimard, 1970, rééd. 1980, t. IV, p. 478.

106. Alexis de Tocqueville, *La Démocratie en Amérique*, II, 2, 2, dans Id., *Œuvres*, *op. cit.*, t. II, p. 612.

107. Sur la définition par Rawls de la priorité lexicale, voir *Théorie de la justice*, § 32, *op. cit.*, p. 74-75 : « Cette priorité signifie [...] que le second principe [...] doit toujours être appliqué dans le cadre d'un contexte institutionnel qui satisfait aux exigences du premier principe [...], comme ce sera par définition le cas dans une société bien ordonnée ». Paul Ricœur résume : « Dans un dictionnaire, la première lettre est lexicalement première, en ce sens qu'aucune compensation au niveau des lettres ultérieures ne pourra effacer l'effet négatif qui résulterait de la substitution de toute autre lettre à cette première lettre ; cette impossible substitution donne à la première lettre un poids infini. Néanmoins l'ordre suivant n'est pas dénué de poids, puisque les lettres ultérieures font la différence entre deux mots ayant même commencement. L'ordre lexical donne à tous les constituants un poids spécifique sans les rendre mutuellement substituable » (*Le Juste*, Paris, Esprit, 1995, p. 85).

sans me despartir de moy de la largeur d'une ongle, et me donner à autrui sans m'oster à moy » (III, 10, p. 1007). L'expérience personnelle prend le statut d'une prescription générale dans ce chapitre, qui accumule les formules provocatrices :

> Il faut se prester à autrui et ne se donner qu'à soy-mesme [...]. Il faut mesnager la liberté de nostre ame et ne l'hypothéquer qu'aux occasions justes ; lesquelles sont en bien petit nombre, si nous jugeons sainement [...]. Je ne veux pas qu'on refuse aux charges qu'on prend l'attention, les pas, les parolles, et la sueur et le sang au besoin [...]. Mais c'est par emprunt et accidentalement [III, 10, p. 1003-1007].

Le terme « aucunement » (« Qui ne vit aucunement à autruy... ») semble bien devoir être pris en un sens minimal. Cette revendication d'égoïsme doit bien entendu être comprise en son contexte. Tout d'abord parce que, comme nous l'avons déjà souligné, Montaigne ne croit pas à l'efficacité de l'activisme en ce monde moribond auquel nous ne « pouvons rien apporter » (I, 39, p. 242), qui est condamné à une ruine inéluctable à laquelle il nous faut assister sans plaisir certes, mais aussi sans « s'en ulcerer ou maigrir » (III, 10, p. 1016). Par ailleurs, parce que Montaigne trouve paradoxalement plus dangereux au public le zèle de ceux qui proclament vouloir faire le bien des autres que l'indifférence de ceux qui prônent un détachement des affaires publiques. L'amour de soi dans sa forme la plus destructrice se cache à son époque sous le masque du discours moralisateur républicaniste et altruiste de la même façon que, dans le domaine de la foi, il se cache sous les apparences du zèle religieux et l'amour du prochain. Ces zélés du sens civique ne sont pas seulement suspects de vouloir maquiller des intérêts purement privés : Montaigne, par exemple, loue l'engagement de son propre père – un engagement sincère – dans les affaires domestiques et publiques. Mais il y voit au fond aussi une sorte de couverture pour se cacher à soi-même sinon des intérêts matériels privés, tout du moins une agitation vaine de l'esprit, qui ne cherche dans les charges publiques qu'à échapper à soi-même : « *In negotiis sunt negotii causa*. Ils ne cherchent la besogne que pour l'embesongnement » (III, 10, p. 1004). Comme plus tard pour Albert Hirschman, l'engagement dans la vie publique part d'une réaction à une expérience personnelle d'ennui et de dépression[108]. Ce sont là les expressions fondamentales du scepticisme politique de Montaigne.

Un lecteur de Montaigne sera ici Waldo Emerson, dont nous avons déjà relevé la sympathie qu'il éprouvait pour celui qu'il considère comme son *alter ego*[109]. Comme Montaigne, Emerson recommande une forme mesurée d'engagement dans le monde : ce n'est pas du monde que nous devons tirer la règle de notre rapport à nous-mêmes,

---

108. Albert O. Hirschman, *Bonheur privé, action publique*, trad. M. Leiris et J.-B. Grasset, Paris, Fayard, 1982, rééd. 2013, en particulier les chapitres 1 à 3. On notera aussi les proximités des deux auteurs sur les motifs du retour à la vie privée : « Quand l'homme public chancelle sous le reproche d'hypocrisie – quand on accuse son action publique de servir essentiellement des fins personnelles –, le retour à la vie privée peut être tenu pour un pas vers le réalisme, la sincérité et même l'humilité. De même que la vie publique offre un remède à l'ennui de la vie privée, celle-ci offre un refuge face à l'agitation et à la futilité propres aux activités publiques » (*ibid.*, p. 219).

109. « Il me semblait avoir écrit le livre [*i.e.* les *Essais*] moi-même, dans quelque vie antérieure, tant il parlait avec sincérité à ma pensée et à mon expérience » (R. W. Emerson, *La Confiance en soi*, *op. cit.*, p. 169). Emerson se reconnaît dans la langue conversationnelle et fragmentaire des *Essais* (« *it is the language of conversation transferred to a book* »), sa qualité de robustesse et de franchise, qu'il compare à celle des forgerons et des charretiers lorsqu'ils parlent de leur travail, comme il se reconnaît dans son scepticisme vis-à-vis des systèmes savants et sa concentration sur l'expérience personnelle ordinaire. Ainsi Montaigne, écrit Emerson, a-t-il dessiné au-dessus de son nom, une balance emblématique et noté en dessous : « Que sçais-je ? » Dans une forme de prosopopée, Emerson fait répondre à cette question l'effigie de Montaigne, placée en frontispice de son édition des *Essais* : « Je suis ici pour la vérité, et ne je dis rien hors du fait brut tel que je le vois ; je préfère beaucoup marmonner et discourir sur ce que je sais certainement – mes maisons et mes dépendances, ma femme, mes fermiers ; ma vieille caboche chauve et maigre, mes couteaux et mes fourchettes ; les plats que je mange, les boissons que je préfère, et une centaine d'autres sujets tout aussi ridicules » (*ibid.*, p. 173, trad. modifiée par nous).

mais inversement de la connaissance de nous-mêmes que nous devons tirer la règle de notre conduite extérieure[110]. Le discours altruiste en usage vise moins l'amélioration de la condition de l'humanité que la condamnation de l'amour de soi : « Leurs vertus sont des façons de faire pénitence [*penances*]. Je ne souhaite pas expier, mais vivre[111]. » C'est contre cette morale pénitentielle qu'il faut, écrit Emerson, prêcher la « doctrine de la haine ». Comme Montaigne, Emerson a le goût des formules provocatrices (même si cette « doctrine de la haine » est prônée par les Évangiles[112]) : en réalité, la provocation relève de la littérature parénétique de l'amour de soi depuis les cyniques et les stoïciens jusqu'aux libertariens contemporains, en passant par la *self reliance* d'Emerson et le premier chapitre du *Walden* de Thoreau. Citons Emerson :

> Il faut que la doctrine de la haine soit prêchée en contrepoids de la doctrine de l'amour lorsqu'elle ne fait que piauler et geindre. Je fuis père et mère lorsque mon génie m'appelle. J'écrirais volontiers sur les linteaux de la porte d'entrée : « Caprice » [*whim*] [...]. Ne vous attendez pas à ce que je donne les raisons pour lesquelles je recherche ou rejette la compagnie[113].

Ce qui est propre au caprice est qu'il n'a pas besoin d'être justifié, et donc en quelque façon asservi aux maximes sociales convenues, dès lors qu'il ne se donne que comme l'expression d'une fantaisie personnelle et non comme

110. Ainsi, écrit Emerson, « une âme saine tirera toujours ses principes de l'intuition, dans une ascension toujours plus pure vers le bien suffisant et absolu, et acceptera la société comme le milieu naturel de leur application » (*Société et Solitude*, trad. Th. Gillybœuf, Paris, Payot & Rivages, 2010, p. 26).

111. R. W. Emerson, *La Confiance en soi*, *op. cit.*, p. 93.

112. Voir Luc 14, 26 (un texte que Kierkegaard commente, contre toute tentative d'euphémisation, dans *Crainte et Tremblements*, trad. P.-H. Tisseau et M.-H. Jacquet-Tisseau, dans *Œuvres complètes*, Paris, Orante, 1972, p. 162 *sq.*). Voir aussi le commentaire de Stanley Cavell, *Conditions nobles et ignobles*, *op. cit.*, p. 117 *sq.* (qui cite aussi le texte de Matthieu 8, 22).

113. *Ibid.*

une règle d'action pour les autres. C'est pour une raison similaire que Montaigne revendique suivre les « fantaisies humaines et [s]iennes [...] comme les enfans proposent leurs essais » (I, 56, p. 323), et faire de ses impulsions spontanées des règles d'actions. Mais surtout, le caprice, comme la « fantaisie » montaignienne, n'a pas à se justifier au moyen d'une règle acceptée socialement : il tire sa légitimité du simple fait qu'il est une expression de ma personnalité (c'est *mon* opinion, *mon* désir, etc.). La provocation est encore intensifiée dans la suite du texte d'Emerson : « Ne me parlez pas comme le fit aujourd'hui un brave homme, de l'obligation que j'ai d'améliorer le sort de tous les pauvres. Sont-ils mes pauvres[114] ? » Pas plus que Montaigne, Emerson ne se dégage de toute obligation envers le public. Il nie ici que *tous* les pauvres soient également *ses* pauvres : c'est son caractère holistique et impersonnel qui rend le discours moralisateur inacceptable. Épouser toutes les causes représente une perte de soi dans une agitation vaine. Ce n'est donc pas l'amour de soi, comme le pensait Platon, mais bien l'attention à autrui qui est vulnérable aux excès. Mais cette relativisation de l'éthique altruiste en est aussi sa condition de possibilité : comme le dit Emerson à propos de ceux qui prennent parti pour la cause des esclaves qui « se trouvent à des milliers de kilomètres d'ici » : « ton amour pour ce qui est lointain n'est que le mépris de ce qui est proche »[115]. On ne peut épouser une cause que dans la mesure où on la reconnaît pour sienne, quels que soient par ailleurs les critères immanents de proximité qui font qu'on la reconnaît telle : et l'on sait que, *in fine*, Emerson fera *sienne* la cause de l'anti-esclavagisme, en la reconnaissant pour proche, et non pour lointaine.

L'égotisme parénétique d'Emerson, hérité des stoïciens, n'est pas celui de Montaigne. Son égoïsme est lui aussi

114. *Ibid.*
115. *Ibid.*, p. 91.

différent. Pour Emerson, l'âme individuelle est liée à une *oversoul*, une sur-âme qui régit le monde selon la loi de la compensation. Chez Montaigne aussi, l'âme est réglée par un principe de compensation : mais celui-ci lui vient de son lien à un corps, sujet à l'alternance de la santé et de la maladie, de la douleur et de l'apaisement. Quelle que soit la différence entre les deux penseurs, ils s'accordent néanmoins sur le fait que le « moi » possède une sorte d'accès à une forme de vérité auquel font obstacle le conformisme et les institutions sociales.

CHAPITRE 2

FIGURES DE L'ALTÉRITÉ : ANIMAL ET ANIMALITÉ

L'autre, le tout-autre, l'animal

Les figures de l'altérité sont très diverses dans les *Essais* : le Cannibale du Brésil, l'Aztèque du Mexique et l'Incas du Pérou, la femme, ou encore l'animal constituent à ce titre des exemples privilégiés. Mais il faudrait aussi citer le paysan du chapitre « De la phisionomie », l'enfant « monstrueux » du chapitre éponyme ou encore l'Ottoman dans les chapitres « Contre la faineantise » et « La grandeur romaine », etc.[1]. Il serait par trop simplificateur de traiter indistinctement ces différentes figures, comme s'il existait chez Montaigne une catégorie homogène de « L'Autre » :

1. Voir aussi sur ce point Evelyne Méron, « L'animal est-il une personne ? (*Essais*, II, 11 et II, 12) », *BSAM*, 39-40, 1995-1, p. 43 : « Entre les pôles du Même et de l'Autre, la pensée de Montaigne oscille sans fin. [...] il observe, inlassablement, les êtres les plus différents de lui qu'il rencontre ; les pauvres et les domestiques, les femmes, les étrangers, les hérétiques, les Sauvages, les Juifs, toutes ces créatures mal connues l'intriguent, l'intéressent, lui offrent matière à comparaisons, et lui permettent de se situer par rapport à eux et de mieux se comprendre. »

Montaigne montre de l'intérêt pour chacune prise en particulier, et il en analyse avec minutie la spécificité.

Il en va cependant un peu différemment si on s'intéresse à la *fonction* de l'altérité dans le programme moral des *Essais*. On trouve des structures récurrentes dans le mode de discours par lequel l'autre s'adresse à « nous » – nous, lecteurs potentiels des *Essais*, hommes prétendument rationnels, chrétiens, cultivés, civilisés et vertueux. L'invocation de la figure de l'autre a ici pour but de nous renvoyer une image de ce que nous sommes vraiment par rapport à ce que nous croyons être. Cette description recèle, explicitement ou implicitement, une forme de prescription : l'autre nous fait une leçon de morale. Chacune des figures citées de l'altérité vaut ainsi en grande partie par le point de vue qu'elle offre sur moi-même, par sa remise en question d'une identité factice et par sa provocation à une forme d'authenticité. De ce point de vue, le discours sur l'autre – l'hétérologie, pour reprendre le terme de Michel de Certeau[2] – est essentiellement un discours sur soi-même : « je ne dis les autres, sinon pour d'autant plus me dire » (I, 26, p. 148). Les autres, comme l'écrit Marcel Conche, « nous servent de miroir, nous renvoient à nous-mêmes »[3]. Pour prendre un exemple, les Cannibales représentent, selon Guy Mermier, « la transgression par rapport aux normes de la civilisation » et Montaigne se propose, dans le chapitre

2. Michel de Certeau, « Le lieu de l'autre. Montaigne : "Des Cannibales" », *Pour Léon Poliakov. Le racisme, mythes et sciences*, Paris, Complexe, 1981, p. 187-200. Sur l'altérité du cannibale, voir aussi Gérard Defaux, *Marot, Rabelais, Montaigne. L'écriture comme présence*, Paris, 1987, p. 145-177. Sur les paradoxes du lexique de l'autre chez Montaigne, voir Jack Abecassis : « Lorsque Montaigne doit traduire l'autre dans son langage et à l'attention de ses lecteurs, il ne peut que ramener l'autre au même par une analyse basée sur une ratio universelle » (« "Des Cannibales" et la logique de la représentation de l'altérité chez Montaigne », *BSAM*, 29-32, 1992-2/1993-1, p. 204). Voir aussi l'étude plus récente de Tom Conlay, « Montaigne on Alterity », dans Ph. Desan (dir.), *The Oxford Handbook of Montaigne*, *op. cit.*, p. 699-714.

3. M. Conche, *Montaigne ou la conscience heureuse*, *op. cit.*, p. 30.

éponyme, « d'examiner pour lui-même et pour nous notre système d'exclusion »[4]. Aussi discutable que soit son entreprise de porter des jugements moraux sur les hommes de la Renaissance à partir d'une perspective postmoderne, Tzvetan Todorov parvient au même résultat :

> Tout l'essai de Montaigne est en fait un éloge des « cannibales » et une condamnation de notre société : s'il y a des sauvages quelque part, laisse-t-il entendre, ce n'est peut-être pas là où on le croit [...]. Le jugement de valeur positif est fondé sur le malentendu, la projection sur l'autre d'une image de soi – ou, plus exactement, d'un idéal du moi, incarné pour Montaigne par la civilisation classique. L'autre n'est en fait jamais perçu ni connu. Ce dont Montaigne fait l'éloge, ce ne sont pas des « cannibales », mais de ses propres valeurs [...]. [C'est] une indifférence aux valeurs, un refus d'entrer dans leur monde : les autres ne me gênent pas parce qu'ils ne comptent pas[5].

Bruno Pinchard, lisant les mêmes textes, fait un diagnostic similaire, sans toutefois (et fort heureusement) l'accompagner d'un propos moralisateur extrinsèque, en comprenant l'altérité montaignienne au sens hégélien d'une médiation de soi à soi-même, d'un soi factice à un soi authentique :

> Qu'on cesse donc de nous affoler avec l'altérité montaniste. Montaigne présente le premier déploiement intégral du sujet occidental avec la sophistication complète de ses moyens qui, précisément, s'augmentent de leurs négations et dénis. L'autre n'y est pas exclu en un sens simple, il est le point limite du retournement de la conscience qui apprend à revenir d'autant plus à soi qu'elle s'est exposée à la différence infinie [...]. Montaigne n'est pas l'exception française à

4. Guy Mermier, « L'essai "Des Cannibales" de Montaigne », *BSAM*, 7-8/2, 1973, p. 27-38.

5. Tzvetan Todorov, *Nous et les autres. La réflexion française sur la diversité humaine*, Paris, Seuil, 1989, p. 59-62. Un rapprochement entre la condition de l'Amérindien et la femme (en réalité la femme amérindienne) est esquissé par Cathleen M. Bauschatz, « Montaigne, les femmes et les mondes de l'autre », *BSAM*, 29-32, juillet-décembre 1992-janvier-juin 1993, p. 169-177.

> laquelle on nous fait rêver, il est le terrain d'expérience d'une dialectique moderne ouverte jusqu'à l'aléatoire[6].

Ce qui vaut pour le cannibale vaut aussi bien pour les autres figures que nous avons citées, au sens où elles servent à révéler notre être authentique. Elles sont par là des instruments en vue d'une exhortation à une réforme morale. L'autre ici détient, pour reprendre la formule de Frank Lestringant, la « clé universelle » de notre civilisation[7] : il démystifie ses fondements moraux prétendus, en dévoile les tares et les vices cachés.

Du point de vue fonctionnel, on peut donc parler d'une structure récurrente de l'altérité dans les *Essais* de Montaigne. Selon les diverses figures, certains aspects de l'argumentation sont plus ou moins appuyés, certains sont seulement ébauchés, voire absents. Nous n'en trouvons pas moins plusieurs traits communs caractéristiques, que l'on peut organiser autour de deux couples principaux[8] :

---

6. Bruno Pinchard, « Montaigne : essai de lecture dialectique », *MS*, 2000, p. 73. Pour un commentaire critique de cette interprétation, voir André Tournon, *« Route par ailleurs ». Le « nouveau langage » des* Essais, Paris, Honoré Champion, 2006, p. 170 *sq*.

7. « Le Cannibale, sous sa plume [de Montaigne], devient une sorte de clé universelle, un symbole qui permet de rendre compte, par-deçà comme par-delà, des tares morales et sociales les plus manifestes, voire des développements les plus monstrueux de l'histoire récente » (Frank Lestrigant, *Le Cannibale, grandeur et décadence*, Paris, Perrin, 1994, rééd. Genève Droz, 2016, p. 128). Sur la fonction moralisatrice du Cannibale, voir aussi François Rigolot, « Montaigne lecteur européen de l'Amérique », *Diogène*, 164, 1993, p. 3-15.

8. Nous nous inspirons des divisions du chapitre « Des cannibales » proposées par d'Edwin Duval à partir de l'analyse des variations sémantiques du terme de « sauvage » ("Lessons of the New World: Design and Meaning in Montaigne's "Des cannibales" (I, 31) and "Des coches" (III, 6) », *Yale French Studies*, 64, 1983, p. 95-112), ainsi que de l'analyse des niveaux de discours sur le Cannibale (discours moral, relativisme, analogies culturelles) proposée par Jack Abecassis (« "Des cannibales" et la logique de la représentation de l'altérité chez Montaigne », art. cité, en particulier p. 203-204). Nous nous concentrons ici particulièrement sur les figures du « sauvage » et de la femme, en laissant momentanément

Le premier est le couple altérité-identité. Par son altérité même, l'autre résiste à nos tentatives de domination herméneutique, nous obligeant à le considérer indépendamment de nos « conditions et principes [...], simplement en luy-mesme, sans relation, l'estoffant sur son propre modelle » (I, 37, p. 229). Cette domination se traduit le plus souvent aussi par une sujétion effective : Montaigne ne cesse de dénoncer la cruauté des Européens dans la conquête du Nouveau Monde, comme il critique l'assujettissement despotique des femmes par les hommes, qui leur imposent unilatéralement des règles contradictoires et impraticables[9]. Ces sujétions sont aux yeux de Montaigne l'effet d'une domination symbolique plus fondamentale, par laquelle nous prétendons détenir la parole juste sur l'autre et être habilités à comprendre mieux que lui-même la signification de son comportement.

En même temps, l'autre n'est jamais entièrement « autre ». L'altérité est souvent considérée par Montaigne comme superficielle, cachant une authentique communauté de nature. Ainsi, écrit Montaigne des Cannibales, « il n'y a rien de barbare et de sauvage en cette nation [...], sinon que chacun appelle barbarie ce qui n'est pas de son usage » (I, 31, p. 205). On trouve le même propos pour l'enfant monstrueux : « ce que nous appellons monstres, ne le sont pas à Dieu, qui voit en l'immensité de son ouvrage l'infinité des formes qu'il y a comprinses » (II, 30, p. 713)[10]. On le retrouve encore, dans un contexte différent,

---

de côté celle de l'animal, que nous étudions plus en profondeur dans la suite de ce chapitre.

9. Voir le commentaire au chapitre III, 5 par Jean Terrel (Montaigne, *Sur des vers de Virgile*, éd., préface et comm. J. Terrel, Paris, Classiques Garnier, 2019), ainsi que ceux plus anciens de Kazimierz Kupisz (*Elles et lui. Problématique féminine des* Essais, Lodz, Acta Universitatis Lodziensis, 1985, p. 18-20) et de Madeleine Lazard, dans son introduction à l'édition du chapitre III, 5 (*Montaigne et la femme. « Sur des vers de Virgile » [chapitre III, 5 des* Essais*]*, Paris, Arlea, 2010, p. 7-31).

10. Sur ce texte et l'emprunt à saint Augustin, voir J. Céard, *La Nature et les prodiges. L'insolite au* XVI*e* *siècle en France*, Genève, Droz,

pour les femmes : « je dis que les masles et femelles sont jettez en mesme moule : sauf l'institution et l'usage, la difference n'y est pas grande » (III, 5, p. 897). L'altérité masque une identité plus profonde des conditions, qui ne nous est cachée que parce que, par orgueil, nous refusons d'y prêter attention. Les défauts que nous attribuons à l'autre sont aussi les nôtres : ainsi pour la « barbarie » des cannibales (« nous [...] les surpassons en toute sorte de barbarie », I, 31, p. 206), ou pour la propension des femmes à l'infidélité, qui n'est que le fruit de l'éducation et des règles que les hommes « ont faictes sans elles » (III, 5, p. 854). Inversement, les qualités que nous revendiquons pour nous-mêmes ne nous sont en rien exclusives : notre haute culture ne nous distingue pas du cannibale, comme le montre la valeur émotive de la poésie de ce dernier ; les plus grands exemples de courage et de constance des « plus excellents hommes » sont égalés, quoique sur un plan différent, par ceux des « trois bonnes femmes », et les goûts littéraires que Montaigne revendique posséder sont précisément ceux qu'il attribue aux femmes (la poésie, l'histoire, la philosophie morale plutôt que la philosophie académique et savante)[11], etc.

1977, p. 432-434. Pour une lecture lévinassienne et derridienne du chapitre II, 30, voir Zahi Zalloua, « Montaigne and the Levinassian Other », *L'Esprit créateur*, 46/1, 2006, p. 86-95. Richard Regosin met pour sa part l'accent sur le rapport entre la difformité du monstre et celle de l'écriture montaigniste (*Montaigne Unruly Brood. Testual Engendering and the Challenge to Paternal Authority*, Berkeley, University of California Press, 1996, en particulier p. 152-182). Voir aussi l'étude plus récente de Kathleen Long, « Montaigne on Monsters and Monstruosity », dans Ph. Desan (dir.), *The Oxford Handbook of Montaigne*, *op. cit.*, p. 715-731.

11. Voir C. Bauschatz, « The Gender of Genre: A Study in the Reception of Montaigne's *Essais* », *MS*, 2, 1990, p. 26-47, ainsi que Isabelle Krier, *Montaigne et le genre instable*, Paris, Classiques Garnier, 2015, p. 89-91. Floyd Gray (*Montaigne et les livres*, *op. cit.*, p. 149-156) montre que l'héroïsme de ces trois femmes est d'ordre privé et domestique, alors que l'« excellence » des « plus excellents hommes » renvoie à une vertu publique et politique – ce qui pourrait, dans le contexte de la pensée morale de Montaigne, faire pencher la balance en faveur de la vertu féminine. Voir aussi la troisième partie (« Poppée voilée »)

Le second couple est celui de l'égalité et de la supériorité. Si nous avons une parole sur les autres, eux aussi ont une parole sur nous : ils nous exposent leur point de vue sur ce que nous sommes. Cette parole peut être effective, comme le sont, ou sont supposées l'être, la réponse des cannibales aux questions qui leur sont posées par Montaigne sur notre civilisation (I, 31, p. 213-214) ou celle des Incas péruviens aux colons espagnols (III, 6, p. 911). Elle peut être aussi présentée par Montaigne comme imaginée ou fictive, comme c'est le cas pour la prosopopée de l'oison dans l'« Apologie de Raimond Sebond » (II, 12, p. 532-533). Elle n'en traduit pas moins une inversion de la perspective initiale dans laquelle nous interprétons unilatéralement le comportement de l'autre. L'autre se trouve ainsi placé sur un plan de réciprocité avec nous, au sens où sa parole sur nous est aussi légitime que la nôtre sur lui.

Mais l'autre ne revendique pas seulement son statut d'*égal* : il revendique un droit *supérieur* à juger de notre société, de sa culture et de son ethos. Ainsi l'animal ou le sauvage du Nouveau Monde représentent-ils des modèles d'une proximité à la nature que nous avons pour notre part perdue : « Ces nations me semblent donq ainsi barbares, pour avoir receu fort peu de façon de l'esprit humain, et estre encore fort voisines de leur naifveté originelle. Les loix naturelles leur commandent encores, fort peu abastardies par les nostres » (I, 31, p. 206)[12]. Il en va de même pour la « tourbe rustique d'hommes impolis » (III, 12, p. 1049), prisme à travers lequel les citadins cultivés comprennent la condition des paysans : ces derniers,

---

de l'ouvrage de Marc Blanchard, *Trois portraits de Montaigne. Un essai sur la représentation à la Renaissance*, Paris, Nizet, 1990, qui parle du portrait de Montaigne dans les *Essais* comme d'un « autoportrait en femme » (p. 206).

12. Frank Lestringant compare le statut du Cannibale en tant que donneur de leçons aux prétendus civilisés à celui du fou, tant celui de l'*Éloge de la folie* d'Érasme que le fou du roi qui a le droit de tout dire sans craindre la censure. Voir *Le Brésil de Montaigne. Le Nouveau Monde des Essais*, Paris, Chandeigne, 2005, p. 24-32.

cependant, montrent une constance plus ferme face à la mort et possèdent plus immédiatement cette sagesse que nous tentons en vain d'acquérir par notre science. Et, si les femmes sont aussi « civilisées » que les hommes, il reste que, pour ce qui regarde le désir amoureux, elles sont plus proches de la norme naturelle : « il n'est ny parole, ny exemple, ny démarche qu'elles ne sçachent mieux que nos livres : c'est une discipline qui naist dans leurs veines [...] que ces bons maistres d'escole, nature, jeunesse et santé, leur soufflent continuellement dans l'ame ; elles n'ont que faire de l'apprendre, elles l'engendrent » (III, 5, p. 857). La lasciveté que les hommes leur prêtent fait d'ailleurs partie des vices forgés « non selon nature, mais selon nostre interest [*i.e.* des hommes] » (p. 861). Enfin, comme le montre Isabelle Krier, les femmes symbolisent culturellement (qu'il s'agisse ou non d'un cliché) un ethos opposé à celui que Montaigne critique : elles possèdent, en tout cas dans l'image que la société renvoie d'elles, les qualités qu'il revendique pour lui-même, de mollesse, de lâcheté et d'irrésolution, par opposition à la morale artificieuse et rigide – masculiniste, pourrait-on dire – du stoïcisme[13]. En ce sens, il paraît inutile de rechercher dans l'« autre » de Montaigne quelque chose qui relèverait de la catégorie postmoderne de l'altérité, pour l'opposer à la tradition du sujet moderne telle qu'elle aurait été élaborée de Descartes à la philosophie transcendantale de Kant, Fichte et Hegel.

Une des figures de l'altérité a pris une valeur symbolique croissante ces dernières années : il s'agit de celle de

13. Isabelle Krier note la tendance, dès le premier chapitre des *Essais*, « à valoriser ce qui était dévalorisé, parce que culturellement assimilé au féminin [...]. Aux clivages constance/inconstance, fermeté/mollesse, résolution/irrésolution renvoyant à la polarité masculin/féminin, l'anthropologie sceptique substitue la reconnaissance au sens universel d'un homme vain, instable et irrésolu [...]. Les valeurs de fermeté et de bravoure sont fréquemment regardées comme appartenant à une période passée de l'histoire désormais révolue » (*Montaigne et le genre instable*, *op. cit.*, p. 58). Voir aussi l'étude récente de Todd Reeser, « Montaigne on Gender », dans Ph. Desan (dir.), *The Oxford Handbook of Montaigne*, *op. cit.*, p. 562-580.

l'animal, désigné par Jacques Derrida[14] comme le « tout autre » ou « l'absolument autre ». Derrida fait sienne l'entreprise de déconstruction de la subjectivité moderne entreprise par Martin Heidegger et Emmanuel Levinas[15], en réemployant les concepts qu'ils ont mis en place, tout en se donnant pour but de dépasser ce qui chez eux peut paraître encore par trop redevable d'une tradition de la pensée occidentale qualifiée d'« anthropocentriste ». Pour ce faire, Derrida confronte le sujet humain à la figure de l'animal prise comme figure radicale de l'« altérité ». Montaigne est ainsi opposé par lui à toute une tradition métaphysique et éthique ultérieure de la philosophie du sujet, allant Descartes à Kant pour trouver des prolongements chez Heidegger, Levinas ou Lacan. L'« Apologie de Raimond Sebond » devient ainsi sous sa plume « l'un des plus grands textes précartésiens et anticartésiens qui soient sur l'animal ». En situant le moment de basculement de la philosophie moderne du sujet dans « une certaine mutation de Montaigne à Descartes »[16], Derrida fait comme

14. Jacques Derrida, *L'Animal donc que je suis*, éd. Marie-Louise Mallet, Paris, Galilée, 2006. Sur Derrida et la question de l'animal, voir en particulier Leonard Lawlor, *This is not Sufficient. An Essay on Animality and Human Nature in Derrida*, New York Columbia University Press, 2007 ; Jodey Castricano (dir.), *Animal Subjects. An Ethical Reader in a Posthuman World*, Waterloo (Ontario), Wilfrid Laurier University Press, 2008, en particulier l'introduction de Castricano (p. 1-32), ainsi que les articles de Dawn MacDance (« Anatomy as a Speech Act: Vesalius, Descartes, Rembrandt or The Question of Animal in the Early Modern Anatomy Lesson », p. 63-96), Paola Cavalieri (« A Missed Opportunity: Humanism, Anti-humanism and L'animal Question », p. 97-124) et Cary Wolfe (« Thinking Other-Wise: Cognitive Science, Deconstruction and the [Non] Speaking [Non]Human Animal Subject », p. 125-144) ; en français, on pourra se référer à l'ouvrage de Patrick Llored, *Jacques Derrida. Politique et éthique de l'animalité*, Mons (Belgique), Sils Maria, 2012.

15. Pour Martin Heidegger, voir *Les Concepts fondamentaux de la métaphysique. Monde-finitude-solitude*, trad. D. Panis, Paris, Gallimard, 1992. Pour Emmanuel Levinas, voir en particulier « Le paradoxe de la moralité : un entretien avec Emmanuel Levinas », trad. A. Benjamin et T. Wright, *Philosophie*, 112/1, 2012, Paris, Minuit, p. 12-22.

16. J. Derrida, *L'Animal donc que je suis*, *op. cit.*, p. 21.

si Montaigne déconstruisait par avance une modernité dont il aurait anticipé les apories et dont il aurait lucidement entrevu, près de quatre siècles avant Horkheimer et Adorno, le projet destructeur et nihiliste.

La référence à Montaigne reste assez allusive dans l'ouvrage de Derrida[17]. Elle n'en est pas moins programmatique, comme l'indique une note selon laquelle « l'Apologie devra être interrogée, de fort près, là où Montaigne ne se contente pas de réveiller, dans sa richesse foisonnante, une tradition qui accorde beaucoup à l'animal, à commencer par un certain langage[18] ». La « question de l'animal » porte moins pour Montaigne sur l'animal lui-même que sur « la naïve assurance de l'homme », dont il s'agit de rabattre la présomption. C'est bien là la perspective de Derrida lui-même qui, en réhabilitant la figure de l'animal, veut déconstruire l'anthropocentrisme de la métaphysique post-cartésienne, ou, pour reprendre son syntagme, son « carnophallogocentrisme ».

L'anthropocentrisme critiqué par Montaigne présente, selon la perspective derridienne, une double face. D'une part, l'homme se prétend supérieur aux animaux et en droit de les dominer jusqu'à les détruire, dans ce que Derrida analyse comme un génocide comparable à celui des Juifs ou des Tziganes[19]. Il s'agit donc là d'une domination effective, fondée sur la violence physique. D'autre part, l'homme, en se faisant juge et partie, se croit capable de rendre raison des actions animales et de mettre au jour le principe intérieur qui les régit. Il s'agit donc là d'une domination herméneutique et d'une violence symbolique. C'est en particulier cette seconde forme d'anthropocentrisme qui fait l'objet des railleries de Montaigne :

17. Il est significatif que Derrida cite les *Essais* dans l'édition désuète de Maurice Rat.

18. *Ibid.*, p. 21. Derrida fait allusion aux textes de l'Antiquité, et en particulier à ceux de Porphyre, sans préciser ce qui est neuf chez Montaigne par rapport à cette tradition antique.

19. *Ibid.*, p. 47.

> Montaigne se moque de l'« impudence humaine sur le fait des bestes », de la « présomption » et de l'« imagination » de l'homme quand il prétend, par exemple, savoir ce qui se passe dans la tête des animaux. Surtout quand il prétend leur assigner ou refuser des facultés. Au contraire, il faudrait reconnaître aux animaux une « facilité » de vocaliser lettres et syllabes. Pouvoir qui, Montaigne en donne l'assurance avec assurance, « témoigne qu'ils ont un discours au-dedans qui les rend ainsi disciplinables et volontaires à apprendre ». S'en prenant à l'homme, qui « taille les parts aux animaux se confrères et compaignons, et leur distribue telle portion de facultez et de forces que bon lui semble », il s'interroge – et la question, dès lors, ce n'est pas tant l'animal, c'est la naïve assurance de l'homme : « Comment cognoit-il, par l'effort de son intelligence, les branles internes et secrets des animaux ? Par quelle comparaison d'eux à nous conclud il la bestise qu'il leur attribue ? Quand je me joue à ma chatte, qui sçait si elle passe son temps de moy plus que je ne fais d'elle ? » (L'édition de 1595 ajoutait : « Nous nous entretenons de singeries réciproques. Si j'ay mon heure de commencer ou de refuser, aussi a elle la sienne »)[20].

Contre ces « présomptueux » qui prétendent « savoir ce qui se passe dans la tête des animaux », Derrida trouve chez Montaigne des ressources argumentatives de deux types.

Le premier est fondé sur une forme de réciprocité entre l'homme et l'animal. L'animal n'est pas pour Derrida un simple objet de connaissance. Il possède la dignité d'un être capable de se poser face à l'homme et de s'adresser à lui, à un niveau pour ainsi dire existentiel, en le provoquant dans son statut de sujet connaissant et interprétant. C'est pour éviter cette provocation que la tradition philosophique moderne, de Descartes à Lacan, s'est repliée sur une position de dénégation, en réduisant les comportements des animaux, et en particulier leur langage, à de simples réactions mécaniques. Montaigne, pour sa part, reconnaît au langage animal une forme de spontanéité de liberté :

20. *Ibid.*, p. 21-22.

> Le lieu le plus pertinent à cet égard [*i.e.* relativement à l'apport de Montaigne à la tradition littéraire antique de défense des animaux], celui qui marque d'avance une différence avec la forme moderne (cartésienne et post-cartésienne) d'une tradition hégémonique [...], nous le situerions là où Montaigne reconnaît à l'animal plus qu'un droit à la communication, au signe, au langage comme signe (cela, Descartes ne le niera pas) : *un pouvoir de répondre*[21].

Les animaux possèdent ainsi « une facilité de vocaliser lettres et syllabes », capacité qui « témoigne qu'ils ont un discours au-dedans qui les rend ainsi disciplinables et volontaires à apprendre ». Derrida cite ici un texte du chapitre II, 12, en soulignant deux passages : « En combien de sorte parlons-nous à nos chiens ? *et ils nous répondent*. D'autre langage, d'autres appellations divisons nous avec eux qu'avec les oyseaux, avec les pourceaux, les beufs, les chevaux, *et changeons d'idiome* selon l'espèce[22]. » Par cette puissance de répondre, l'animal à la fois se dresse face à moi comme un égal et s'adresse à moi comme un *alter ego*.

Car, et c'est là le second point, l'animal est un *alter ego* non seulement parce qu'il possède la dignité d'un sujet de dignité égale à la mienne, mais aussi parce que, par sa provocation, il révèle la dimension d'altérité qui se trouve au cœur de l'ipséité de l'*ego* humain. L'animal me désapproprie de cette ipséité factice parce qu'il s'adresse à moi en tant qu'*autre*. L'expérience analysée par Derrida du chat qui me regarde dans ma nudité, c'est-à-dire au cœur de ma condition, répond à celle de la chatte chez Montaigne qui inverse les rôles du l'observateur et de l'observé, de l'herméneute et de son objet, en « passant son temps de moi » (alors que je crois être celui qui « passe son temps » d'elle). Être exposé à la vue de l'animal,

---

21. *Ibid.*, p. 21, n. 2.

22. C'est Derrida qui souligne. À un autre endroit (*ibid.*, p. 120), celui-ci cite l'histoire de la murène de Crassus, répondant à l'appel de son maître, en rapportant l'histoire à Porphyre, sans mentionner qu'elle est reprise par Montaigne à Plutarque (II, 12, p. 467).

c'est faire l'expérience d'un *moi* traversé par l'altérité, à l'inverse de la *res cogitans* de la tradition métaphysique post-cartésienne :

> Comme tout regard sans fond, comme les yeux de l'autre, ce regard dit « animal » me donne à voir la limite abyssale de l'humain : l'inhumain ou l'anhumain, les fins de l'homme, à savoir le passage des frontières depuis lequel l'homme ose s'annoncer à lui-même[23] [...].

Il ne suffit d'ailleurs pas pour Derrida de dire que l'animal se présente à nous comme un autre : il est « un tout autre », et même « l'autre absolu ». Derrida insiste sur ce qui constitue le point central, et le plus original, de son argument, à savoir qu'entre l'animal et l'homme, il n'y a pas de parenté ni de proximité de nature, mais une véritable rupture : « Je n'ai [...] jamais cru à quelque continuité homogène entre ce qui *s*'appelle homme et ce qu'*il* appelle l'animal [...]. Imaginer un oubli aussi stupide ou incriminer une méconnaissance aussi naïve de cette rupture abyssale, ce serait [...] s'aventurer à dire à peu près n'importe quoi pour la cause [...]. » La « cause » est ici la défense de l'animal. Aussi juste que soit cette cause, elle ne saurait être défendue par des arguments fallacieux, comme le serait ici celui de la proximité ou de la ressemblance de l'homme et de l'animal, de leur appartenance à une nature commune et par là de leur fraternité. La stratégie argumentative de Derrida est inverse et porte exclusivement (au moins dans ce texte) sur l'altérité de l'animal. L'animal qui me regarde, « a son point de vue sur moi », à savoir « le point de vue de l'autre absolu[24] ». C'est cette altérité, plus que la réciprocité, qui est révélée par l'expérience du regard du chat : « rien ne m'aura jamais tant donné à penser que cette altérité absolue du voisin ou du prochain que dans les moments où je me vois nu sous le regard d'un chat ». Derrida enchérit, en parlant du « *tout*

23. *Ibid.*, p. 30.
24. *Ibid.*, p. 28.

autre, qu'ils appellent animal, et, par exemple, chat », ou du « tout autre, plus autre que tout autre et qu'*ils* appellent un animal, par exemple un chat… » – la captation herméneutique de l'autre commençant ici par le simple fait de le nommer.

Or il ne va certainement pas de soi que l'altérité de l'animal soit « absolue » : l'ambiguïté de la figure animale tient plutôt dans le mixte de proximité et d'altérité, de parenté et d'étrangeté, d'égalité et d'inégalité, de continuité et de rupture qu'elle présente à l'homme. Mettre l'accent sur l'altérité au détriment de la continuité représente un choix conscient de Derrida. L'approche continuiste de la relation animal-homme, qui fait de l'animal un être qui nous ressemble et nous est apparenté, est pour lui fondée sur un anthropomorphisme qui témoigne d'une esquive du sujet humain au regard provocateur de l'autre, en le réduisant au regard inoffensif du même. L'approche discontinuiste derridienne, à l'inverse, participe d'un projet de déconstruction de l'ipséité humaine et de désappropriation métaphysique et éthique du sujet par son exposition à l'altérité.

Le défi herméneutique de l'animal

Jusqu'où ce projet postmoderne (et postlibéral, si tant est que le libéralisme repose sur une conception « égoïste » de l'individu propriétaire de sa propre personne) de dépropriation du sujet humain par la figure de l'animal peut-il rencontrer celui de Montaigne ? Commençons par mentionner les points de convergence, en partant de l'utilisation sceptique de la plaidoirie de Montaigne pour les animaux dans l'« Apologie de Raimond Sebond ». Ce texte fait une trentaine de pages dans l'édition de Pierre Villey, soit la taille d'un beau chapitre des *Essais*. Il est placé au début de la réfutation du second groupe des « reprenhensions » faites à Raimond Sebond par des adversaires qui disent « que ses argumens sont foibles et ineptes à verifier ce qu'il veut, et entreprennent de les choquer aysément » (II, 12, p. 440). La suite du texte montre que la cible première de Montaigne n'est pas un groupe identifiable de détracteurs de Sebond. L'un des traits remarquables de cette apologie est qu'elle n'entre presque à aucun moment dans les contenus : nous ne saurons pas ce que les adversaires objectaient à Sebond et quels étaient les points de litige. En réalité, dans cette apologie atypique, Montaigne n'entend nullement prendre la défense de la doctrine de Sebond, et il ne nous dit d'ailleurs à peu près rien sur celle-ci. Montaigne s'engage dans une voie plus générale et radicale : il critique les adversaires de Sebond non parce que leurs arguments sont fallacieux ou que leur lecture est biaisée, mais plus simplement parce qu'ils prétendent implicitement s'y connaître mieux que lui en matière de théologie. Plus généralement encore, il discrédite à travers eux tous ceux qui croient s'y connaître d'une façon ou d'une autre en théologie et pensent être légitimés à s'opposer par leurs discours et arguments aux autorités religieuses. Il faut bien ici garder à l'esprit les enjeux théologico-politiques, car ces théologiens amateurs font courir un risque à la paix publique. Ces savants prétendus, écrit ailleurs Montaigne, « sont dangereux, ineptes, importuns : ceux icy troublent le monde » (I, 54, p. 313) : c'est à ce niveau, et non sur le contenu de leur théologie (qui n'intéresse que rarement Montaigne), que les protestants peuvent apparaître particulièrement visés dans le chapitre.

Mais Montaigne ne s'arrête pas là : il critique toute prétention à la certitude non seulement en matière de théologie, mais aussi bien dans n'importe quel domaine. Il conteste généralement que la raison humaine détienne un accès à l'être. Montaigne attaque ainsi de façon très globale une attitude que l'on peut qualifier de rationaliste et dogmatiste, qui est celle de toute la tradition, ou presque, de la philosophie. La formule qui ouvre la longue réfutation de Montaigne montre bien ce glissement vers une généralisation du propos : « Voyons donq si l'homme a en sa puissance *d'autres raisons plus fortes* que celles de Sebond, voire s'il est en luy d'arriver *à aucune certitude* par argument et par discours[25] » (p. 449). Plus loin, Montaigne parle de ses adversaires en ces termes : « Ces gens icy, qui trouvent les raisons de Sebond trop foibles, qui n'ignorent rien, qui gouvernent le monde, qui sçavent tout » (p. 538). Les adversaires de Sebond ne sont ici que les représentants de tous ceux qui croient, d'une façon ou d'une autre, que la raison humaine est capable d'un accès à la vérité.

Il ne s'agit plus ici de faire l'apologie de Sebond, mais de plaider en faveur de l'impuissance de la raison humaine. L'argumentation sceptique prend la forme d'une diatribe morale visant à humilier la raison, les objecteurs rationalistes de Sebond ayant moins besoin d'être réfutés par des arguments que d'être corrigés de leur orgueil dogmatiste. Montaigne leur fait une leçon de modestie : « Le moyen que je prens pour rabatre cette frenaisie et qui me semble le plus propre, c'est de froisser et fouler aux pieds l'orgueil et humaine fierté ; leur faire sentir l'inanité, la vanité et deneantise de l'homme ; leur arracher des points les chetives armes de leur raison » (p. 448). Il les met au défi de rendre raison de tout ce qui est : « Qu'il [l'homme] me face entendre par l'effort de son discours, sur quels fondemens il a basty ces grands avantages qu'il pense avoir sur les autres créatures » (p. 449). Ce ton de diatribe explique que tout le chapitre soit placé sous le signe de l'hyperbole. Ces moyens sont trop généraux pour une défense efficace de Sebond. Pire, ils se retournent contre Sebond, en faisant ainsi éclater le propos apologétique initial, dès lors que Sebond propose lui aussi une forme de théologie rationnelle. Pire, ils se retournent contre Montaigne lui-même, pour autant que celui-ci prétend lui aussi argumenter, même si c'est en faveur de l'ignorance, et raisonner ses adversaires : pour faire tomber leurs armes, Montaigne s'avoue lui-même contraint

25. Nous soulignons.

de lâcher aussi les siennes (II, 12, p. 558). La plaidoirie pour les animaux est marquée par cette tonalité du défi herméneutique. Citons l'un des textes exploités par Derrida, construit par accumulation de questions rhétoriques caractéristiques du style provocateur de la diatribe : « Comment cognoit-il, par l'effort de son intelligence, les branles internes et secrets des animaux ? Par quelle comparaison d'eux à nous conclud il la bestise qu'il leur attribue ? » (II, 12, p. 452). L'homme est ici mis au défi – un défi qu'il est bien entendu impuissant à relever – de rendre raison des actions animales et d'interpréter, pour reprendre la formule de Derrida, « ce qui se passe dans [leur] tête ».

Les nombreux exemples de comportement animal cités par Montaigne ont ainsi pour but de mettre en échec les prétentions herméneutiques de l'homme, en soulignant cette étrangeté de l'animal dont les actions sont indéchiffrables à la raison humaine. Puisant dans le vaste répertoire de la littérature zoologique antique, Montaigne donne sa préférence aux anecdotes curieuses et aux fables littéraires sur les faits d'observation commune : il parle moins du chien, du renard, du mulet et du lion que du chien *de Chrysippe*, du renard *de Thrace*, du mulet *de Thalès* et du lion *d'Androdus*, animaux singuliers, assignés à un personnage, à un conteur ou à un lieu déterminés, et dont la particularité même interdit toute vérification empirique, révélant ainsi la fragilité des frontières entre le normal et l'étrange, le réel et le fictif. Montaigne reprend la plupart de ses anecdotes à une littérature antique qui va d'Aristote à Pline, Élien, Lucien, Aulu Gelle et Sextus Empiricus. Sa principale source est cependant constituée par la traduction de Jacques Amyot des traités de Plutarque, *Quels animaux sont les plus advisez, ceulx de la terre ou ceulx de l'eau ?* et *Que les bestes brutes usent de la raison*[26]. L'attitude de Montaigne envers les anecdotes

26. Nous renvoyons le lecteur à la concordance d'Isabelle Konstantinovic, *Montaigne et Plutarque*, *op. cit.*, p. 297-337. Bénédicte Boudou (*Montaigne et les animaux*, Paris, Leo Scheer, 2016, p. 50) compte

de Plutarque est révélatrice de la différence de stratégie entre les deux auteurs. Le traité *Quels animaux sont les plus advisez* a la forme d'un dialogue entre un chasseur et un pêcheur, engagés dans un concours de vantardise, ne louant l'intelligence et l'habileté des animaux que pour mieux louer leur propre adresse à les traquer et les tuer. Ce dialogue est arbitré par Autobulus, qui représente le point de vue de Plutarque. Ce dernier marque bien sa distance entre lui-même et les rapporteurs de ces anecdotes sur un double plan. Sur un plan moral tout d'abord, Autobulus-Plutarque se place en retrait de cette joute verbale pour conclure que puisque les animaux participent comme nous à la raison, il n'est pas juste de les chasser et de les tuer. Sur un plan épistémique ensuite, car le texte de Plutarque comprend de nombreuses formules ironiques quant à la véracité des contes rapportés par le chasseur et le pêcheur[27]. Plutarque n'est donc pas dupe de ces histoires et il le fait savoir à plusieurs endroits de son texte : or ces formules de prudence disparaissent complètement dans le texte de Montaigne, qui fait comme s'il prenait pour argent comptant toutes ces anecdotes.

---

54 exemples d'animaux dans les traités de Plutarque, Montaigne reprenant 39 d'entre elles dans l'« Apologie de Raimond Sebond ».

27. « [Je] ne vous allegueray ny les opinions des Philosophes, ny les fables des Ægyptiens, ny les contes des Indiens, ou des Libyens, sans aucune preuve de tesmoings, ains vous reciteray et produiray choses toutes notoires, qui se peuvent veoir à l'œil et par tout » (Plutarque, *Quels animaux sont les plus advisez...*, Id., *Les Œuvres morales et philosophiques de Plutarque*, [trad. Jacques Amyot], Paris, Chez Jean Macé, 1618, t. II, f° 517 C). « Quant à l'histoire que tu as alleguee des Elephans, mon bel amy, qu'ils jettent dedans la fosse tout ce qu'ils peuvent foüiller et arracher, pour faire comme une levee à leur compagnon qui est tombé dedans, à fins de l'aider à sortir, elle est merveilleusement estrange et de fort loingtain pays : aussi nous commande elle, comme par edict royal, venant des livres du roi Juba, de la croire » (f° 518 E). « Mais pour autant que je vous avois protesté au commencement que je ne vous allegueroi aucune fable, et neantmoins je ne sçay comment sur le propos de ces Daulphins je suis allé donner jusques à Ulysse et à Cœranus, un peu trop loing de verisimilitude, je me condamne moy-mesme à l'amende » (f° 523 C).

Cette « crédulité » de Montaigne a quelquefois fait l'objet des réserves des commentateurs qui auraient voulu voir en lui l'un des pères du rationalisme positiviste. Ainsi, pour Fortunat Strowski, « ce critique si aigu des idées, ce juge si pénétrant des hommes, est d'une crédulité inconcevable en matière d'histoire ; il ne discute jamais un fait : il le prend tel qu'on le lui donne[28] ». Cette crédulité participe en réalité d'une stratégie tout à fait assumée : « Aussi en l'estude que je traitte de noz mœurs et mouvemens, les tesmoignages fabuleux, pourveu qu'ils soient possibles, y servent comme les vrais. Advenu ou non advenu, à Paris ou à Rome, à Jean ou à Pierre, c'est tousjours un tour de l'humaine capacité » (I, 21, p. 105). Et à Jean Bodin qui reproche à Plutarque d'écrire « souvent des choses incroyables et entierement fabuleuses » (II, 32, p. 722), Montaigne répond que c'est là « accuser de faute de jugement le plus judicieux autheur du monde » (p. 723) et qu'« il ne faut pas juger ce qui est possible et ce qui ne l'est pas, selon ce qui est croyable et incroyable à nos sens » (p. 725)[29]. La curiosité de ces histoires d'animaux

28. Fortunat Strowski, *Montaigne*, Paris, Alcan, 1906, rééd. 1931, p.175. Jean Chateau, optant pour une perspective quasi baconienne (au sens où Bacon exige que les faits douteux soient recueillis sur des listes séparées), parle plus justement d'un « extrême souci du fait réel », alors que la prévention de notre jugement pourrait nous empêcher de reconnaître la réalité de ce fait (*Montaigne, psychologue et pédagogue*, Paris, Jean Vrin, 1964, p. 185-186).

29. Montaigne pense ici aux exploits héroïques de la *Vie des hommes illustres*, mais ce qu'il dit vaut aussi bien pour les histoires d'animaux des *Œuvres morales*. Sur le rapport de Montaigne à la réalité historique, voir André Tournon, « "Advenu" ou "non advenu" ... », dans C.G. Dubois (dir.), *Montaigne et l'histoire*, Paris, Klincksieck, 1991, p. 31-38. Tournon conclut aussi sur l'équivalence de la « réalité » et de la « fiction » : « Montaigne [...] s'interroge sur "ce qui *peut* advenir", marquant ainsi la contingence radicale de l'Histoire que vivent, disent ou inventent les hommes. » L'événement devient ainsi, en concurrence avec la fiction, « un tour de l'humaine capacité » (p. 38). Sur l'utilisation de la fiction, voir aussi Olivier Guerrier, « *Quand les poètes feignent* ». « *Fantasie* » *et fiction dans les* Essais *de Montaigne*, Paris, Honoré Champion, 2002, p. 425-486.

ne fait d'ailleurs que révéler celle des comportements « ordinaires » dont nous faisons l'expérience au quotidien : « Qui contrerollera de pres ce que nous voyons ordinairement des animaux qui vivent parmy nous, il y a dequoy y trouver des effects autant admirables que ceux qu'on va recueillant és pays et siecles estrangers » (II, 12, p. 467). Il en va de même pour les récits étranges accumulés par Montaigne dans le chapitre « De la force de l'imagination » : « Les discours sont à moy, et se tienent par la preuve de la raison, non de l'expérience : chacun y peut joindre ses exemples : et qui n'en a point, qu'il ne laisse pas de croire qu'il en est, veu le nombre et varieté des accidens » (I, 21, p. 105). Peu importe donc le critère de vraisemblance, dès lors que la vraisemblance n'est pas la mesure de la possibilité, mais seulement de notre rapport à la coutume (I, 27, p. 179). En abolissant les frontières entre le normal et le merveilleux, Montaigne fait de la nature animale tout entière un défi pour l'homme. Au défi fait au lecteur d'expliquer des phénomènes curieux se superpose le défi de poser un critère discriminant du vrai et du fictif. De ce point de vue donc, l'animal représente bien, comme le fait valoir Derrida, une figure de l'étrangeté de l'être relativement à notre entendement.

Mais il importe de noter que ce n'est là que l'un des aspects de la plaidoirie montaignienne. Car si les animaux semblent à certains endroits du texte de l'« Apologie » cacher à l'homme les ressorts secrets qui les animent, à d'autres endroits, leur comportement apparaît au contraire tout à fait lisible à qui veut bien se donner la peine de l'observer. Toute la plaidoirie pour les animaux de l'« Apologie de Raimond Sebond » vise à montrer que ceux-ci possèdent un langage, une faculté de raisonnement, des vertus morales, etc. Ainsi, à propos de l'industrie des abeilles, Montaigne écrit-il : « Cette disposition d'actions et de vacations si ordonnée, la pouvons-nous imaginer se conduire sans discours et sans providence ? » (II, 12, p. 455). Même chose pour l'art architectural des hirondelles et des araignées, à propos duquel Montaigne accumule les questions rhétoriques :

> En cette belle et admirable contexture de leurs bastimens, les oiseaux peuvent ils se servir plustost d'une figure quarrée que de la ronde, d'un angle obtus que d'un angle droit, sans en sçavoir les conditions et les effects ? Prennent-ils tantost de l'eau, tantost de l'argile, sans juger que la dureté s'amollit en l'humectant ? Planchent-ils de mousse leur palais, ou de duvet, sans prevoir que les membres tendres de leurs petits y seront plus mollement et plus à l'aise ? Se couvrent-ils du vent pluvieux, et plantent leur loge à l'Orient, sans connoistre les conditions differentes de ces vents et considerer que l'un leur est plus salutaire que l'autre ? Pourquoy espessit l'araignée sa toile en un endroit et relasche en un autre ? se sert à cette heure de cette sorte de neud, tantost de celle-là, si elle n'a et deliberation, et pensement, et conclusion ? [II, 12, p. 455.]

Tout ce passage est construit sur le schéma argumentatif suivant : tel comportement ne révèle-t-il pas de façon obvie une faculté de raisonnement ? De nombreux exemples d'actions des animaux manifestent aussi bien leur vertu morale. Ainsi, « les animaux sont beaucoup plus reglez que nous ne sommes, et se contiennent avec plus de moderation soubs les limites que nature nous a prescripts ; mais non pas si exactement qu'ils n'ayent encore quelque convenance à nostre desbauche » (II, 12, p. 472). Et Montaigne va s'attacher à montrer qu'ils possèdent une capacité à l'amour conjugal, à l'économie domestique, à la prudence guerrière, à la gratitude, à la sociabilité, à l'entraide, à la magnanimité, au repentir, à la clémence et à la familiarité et convenance (II, 12, p. 470-481). Montaigne va jusqu'à affirmer que les animaux peuvent avoir des dispositions à la religion, comme le montrent les signes que les éléphants nous renvoient :

> Nous pouvons [...] dire que les elephans ont quelque participation de religion, d'autant qu'apres plusieurs ablutions et purifications on les void, haussant leur trompe comme des bras et tenant les yeux fichez vers le Soleil levant, se

> planter long temps en meditation et contemplation à certaines heures du jour, de leur propre inclination, sans instruction et sans precepte [II, 12, p. 469].

Dans tous ces exemples, Montaigne semble lui-même bien connaître, pour reprendre la formule derridienne, « ce qui se passe dans la tête des animaux ».

C'est que « la naïve assurance de l'homme », selon l'expression de Derrida, comprend deux faces indissociables, mais distinctes, à savoir une face dogmatiste et une face anthropocentriste. Si, contre le dogmatisme, Montaigne met en valeur l'étrangeté de la nature animale, hors de portée de la compréhension humaine, contre la prétention anthropocentriste, il fait à l'inverse ressortir certaines lignes de lisibilité, en mettant l'accent sur les similitudes manifestes des comportements animaux et humains, et il met en valeur le fait, pour lui incontestable, qu'ils possèdent un langage, une intelligence industrieuse et des vertus. Le défi s'est ici déplacé : il ne s'agit plus de placer l'homme face à des phénomènes qu'il ne peut comprendre et dont il ne saurait pour autant légitimement nier l'existence, mais de le mettre face à des phénomènes qu'il ne comprend que trop bien et dont il ne saurait de bonne foi falsifier la signification manifeste. Ce qui est critiqué à ce niveau d'argumentation est non la tentative humaine de déchiffrer une « nature », mais celle de la déchiffrer de façon partiale, en la comprenant au prisme d'une « échelle » hiérarchisée au sein de laquelle l'homme se trouverait placé au niveau le plus élevé. Une autre compréhension de la nature se fait ainsi jour dans la plaidoirie montaignienne pour les animaux, celle d'une nature structurée non par l'idée de hiérarchie mais par celle de parenté. L'animal pris en ce sens n'est pas seulement celui me provoque et ébranle mon ipséité en la traversant d'une dimension d'altérité : il m'invite à considérer la nature commune qui est la nôtre, et par là – contrairement à ce que voulait Derrida –, à prendre au sérieux les continuités au-delà des ruptures apparentes.

La leçon de l'animalité : l'appropriation à soi

Une autre tension traverse la plaidoirie pour les animaux de l'« Apologie de Raimond Sebond » : Montaigne, en effet, ne se contente pas de souligner les similitudes de l'animal vis-à-vis de l'homme, mais il met aussi l'accent sur la supériorité de l'animal par rapport à l'homme. Distinguons bien ces deux lignes d'argumentation en apparence contradictoires.

1. La ligne d'argumentation principale (1) qui gouverne la défense des animaux est la suivante : là où nous constatons des effets similaires, nous devons inférer des causes similaires. On peut nommer cette règle, *règle de parité,* si on la considère sous son aspect épistémologique (Montaigne lui-même parle de « la parité qui est entre nous », ou de « cette equalité et correspondance de nous aux bestes », p. 453 et 481) ou *règle d'équité,* si on la considère sous son aspect moral. Voici la première formulation explicite qu'en donne Montaigne :

> Nous reconnoissons assez, en la pluspart de leurs ouvrages [*i.e.* des animaux], combien les animaux ont d'excellence au dessus de nous et combien nostre art est foible à les imiter. Nous voyons toutesfois aux nostres, plus grossiers, les facultez que nous y employons, et que nostre ame s'y sert de toutes ses forces ; pourquoy n'en estimons nous autant d'eux ? pourquoy attribuons nous à je ne sçay quelle inclination naturelle et servile les ouvrages qui surpassent tout ce que nous pouvons par nature et par art ? [II, 12, p. 455.]

La similitude des effets (l'excellence des ouvrages) étant reconnue, ainsi que la cause qui, chez l'homme, gouverne ces effets, à savoir la puissance de l'âme, nous devons logiquement et moralement conclure à une cause similaire chez les animaux, au lieu d'attribuer leurs ouvrages « à je ne sçay quelle inclination naturelle et servile », c'est-à-dire à une nature extérieure et contrainte.

2. Mais Montaigne ajoute immédiatement un second argument (2). Si nous ne respectons pas cette règle de

parité, et posons (de façon partiale et inéquitable) que les hommes produisent ces actions spontanément, en usant de leur capacité à raisonner, alors que les bêtes les produisent passivement, en étant déterminées par la nature qui agit en eux, il doit logiquement en résulter que nous donnons un avantage non à l'homme, mais à l'animal : car la nature est elle-même une raison qui atteint sûrement son but, contrairement à la faculté rationnelle de l'homme, qui est hésitante et faillible. Cet argument de la *supériorité animale* suit immédiatement le texte que nous venons de citer :

> En quoy, sans y penser, nous leur donnons un tres-grand avantage sur nous, de faire que nature, par une douceur maternelle, les accompaigne et guide, comme par la main, à toutes les actions et commoditez de leur vie ; et qu'à nous elle nous abandonne au hazard et à la fortune, et à quester, par art, les choses nécessaires à nostre conservation ; et nous refuse quant et quant les moyens de pouvoir arriver, par aucune institution et contention d'esprit, à l'industrie naturelle des bestes : de maniere que leur stupidité brutale surpasse en toutes commoditez tout ce que peut nostre divine intelligence [II, 12, p. 455].

S'agit-il d'un simple argument *ad hominem*, formulé en vue d'une *reductio ad absurdum* de la thèse de l'adversaire ? La formule « sans y penser » peut le laisser croire : ne pouvant sans incohérence déclarer l'animal soumis à l'inclination naturelle tout en le déclarant inférieur à l'homme, le dogmatiste anthropocentriste est pris au piège des contradictions qui résultent de ses propres prémisses. Si nous suivons cette lecture, cette supériorité de l'animal manifesterait l'inconséquence de celui qui croit rabaisser les animaux en niant leur aptitude à la raison : mais elle serait, pour Montaigne lui-même, fausse, car résultant de prémisses qu'il n'admet pas, dès lors qu'il pense que les animaux sont comme les hommes mus par une faculté interne de raisonnement. L'emploi de cet argument (2) aurait dès lors une fonction tactique, comme si Montaigne voulait avoir un argument supplémentaire de réserve au cas où l'argument principal (1) ne suffirait pas à convaincre son lecteur[30].

C'est bien ce vers quoi semble au premier abord se diriger la suite du texte. Montaigne réfute, dans une digression de près de quatre pages (p. 456-460), l'idée lucrécienne et plinienne d'un homme que la nature aurait placé dans une position d'infériorité par rapport à l'animal. Ces plaintes, écrit-il, « sont fauces » (p. 456). Nous reviendrons sur le sens de cette fausseté : mais remarquons dès maintenant que la réfutation de la thèse de l'infériorité de l'homme invalide la prémisse de l'argument secondaire (2), à savoir que les animaux agissent en obéissant à une raison naturelle là où l'homme agit en consultant sa propre raison. À la fin de cette longue réfutation, Montaigne revient donc logiquement à la règle de parité (1) précédemment exposée :

> Je dy donc, pour revenir à mon propos, qu'il n'y a point d'apparence d'estimer que les bestes facent par inclination naturelle et forcée les mesmes choses que nous faisons par nostre choix et industrie. Nous devons conclurre de pareils effects pareilles facultez, et confesser par consequent que ce mesme discours, cette mesme voye, que nous tenons à ouvrer, c'est aussi celle des animaux. Pourquoy imaginons nous en eux cette contrainte naturelle, nous qui n'en esprouvons aucun pareil effect ? [II, 12, p. 460.]

30. C'est à ce niveau que s'arrête la lecture toute derridienne de James Wallen : « En effet, ce n'est qu'après avoir concédé la valeur éventuelle de la raison dans sa discussion sur le raisonnement animal que Montaigne commence à passer à une rhétorique du bien et du mal, arguant que *même si* "il est ainsi que [l'homme] seul, de tous les animaux, ait cette liberté de l'imagination et ce deresglement de pensées, luy representant ce qui est, ce qui n'est pas, et ce qu'il veut, le faux et le veritable, c'est un advantage qui luy est bien cher vendu et du quel il a bien peu à se glorifier, car de là naist la source principale des maux qui le present : peché, maladie, irresolution, trouble, desespoir" » (voir « "Our Natural and Original Illness" : Tracking the Human/Animal Distinction in Montaigne and Nietzsche », *Comparative Literature Studies*, 52/3, 2015, p. 463).

Montaigne refait cependant immédiatement suivre cet argument de l'argument secondaire (2) de la supériorité animale, alors même que sa prémisse (l'animal mû par la nature et non par une faculté interne de raisonnement) semble avoir déjà été réfutée par ce qui précède :

> [...] joinct qu'il est plus honorable d'estre acheminé et obligé à regléement agir par naturelle et inévitable condition, et plus approchant de la divinité, que d'agir reglément par liberté temeraire et fortuite ; et plus seur de laisser à nature qu'à nous les resnes de nostre conduicte [p. 460].

Il n'est pas aussi clair à cet endroit qu'il ne s'agisse *que* d'une réfutation *ad hominem* : qu'il soit « plus seur de laisser à nature qu'à nous les resnes de nostre conduicte » est en effet une affirmation que Montaigne reprend bien souvent à son propre compte.

Les deux arguments font retour à plusieurs endroits de la plaidoirie pour des animaux, donnant au lecteur l'impression d'un revirement permanent de l'argumentation. Ce va-et-vient a été bien repéré par Pierre Manent :

> Ainsi, c'est très délibérément, très systématiquement même, que Montaigne soutient tantôt que les animaux possèdent et emploient des facultés analogues, et parfois supérieures aux nôtres, tantôt qu'ils ont sur nous cette supériorité de faire par mouvement naturel ce que nous faisons par choix et en recourant à toute sorte d'artifices. Il est clair qu'il n'est pas très soucieux de l'exactitude. Il ne s'agit pas d'être bon « naturaliste », mais de gagner le procès, fût-ce en parlant « des deux côtés de la bouche ». Les deux arguments sont deux manières physiquement opposées d'obtenir le même résultat moral, à savoir l'élévation des animaux et l'abaissement de l'homme[31].

Il n'y a cependant pas un simple jeu d'aller et retour entre les deux arguments. Leur juxtaposition obéit à une logique argumentative. Ils sont chaque fois présentés ensemble et dans le même ordre, comme s'ils étaient indissociables l'un de l'autre. On retrouve ainsi cette articulation

31. P. Manent, *Montaigne. La vie sans loi*, *op. cit.*, p. 322-323.

dans le développement sur l'art médical des animaux. Montaigne expose en premier lieu son argument principal (1), celui de la parité :

> Pourquoy disons nous que c'est à l'homme science et connoissance bastie par art et par discours, de discerner les choses utiles à son vivre et au secours de ses maladies, de celles qui ne le sont pas. [...] pourquoy ne disons nous de mesmes [pour les animaux] que c'est science et prudence ? [II, 12, p. 462.]

Cet argument est immédiatement suivi de l'argument « secondaire » (2) de la supériorité :

> Car d'alleguer, pour les deprimer [i.e. les dévaloriser], que c'est par la seule instruction et maistrise de nature qu'elles le sçavent, ce n'est pas leur oster le tiltre de science et de prudence : c'est la leur attribuer à plus forte raison que à nous, pour l'honneur d'une si certaine maistresse d'escolle [p. 462].

Cette juxtaposition de deux lignes d'argumentation en apparence contradictoires fait encore retour lorsque Montaigne traite des vertus morales et sociales des animaux, soutenant à la fois que les animaux ne sont pas vertueux par contrainte naturelle (1) et que le fait qu'ils soient soumis à la nature leur donne l'avantage d'un guide sûr, qui les rend supérieurs à nous en vertu (2). Ainsi, les animaux ne nous sont en rien inférieurs en tempérance, cette tempérance n'étant pas chez eux l'effet d'une contrainte naturelle qui les priverait de leur liberté : « Les animaux ont choix comme nous en leurs amours et font quelque triage de leurs femelles » (II, 12, p. 471). Les animaux nous sont donc égaux, étant vertueux non par contrainte mais par délibération et par choix. On retrouve ici la ligne principale d'argumentation (1). Mais Montaigne fait aussi valoir l'autre ligne d'argumentation (2), en faisant l'éloge des désirs naturels contre les désirs artificiels et superflus, auxquels l'animal n'est pas soumis. Il conclut : « C'est merveille combien peu il faut à nature pour se contenter, combien peu elle nous a laissé à desirer » (*ibid.*), laissant entendre que les animaux, parce qu'ils sont soumis à la nature, ont pour eux l'avantage d'un guide sûr de vie, alors que les hommes, par leur raison, se forgent des désirs qu'ils ne sauraient assouvir.

Toute la conclusion du texte sur les animaux fait fonds sur cette différence de rapport à la nature entre l'homme et l'animal. Après avoir montré que l'animal ne nous est nullement inférieur quant aux qualités de l'esprit, Montaigne fait porter la comparaison sur les qualités qui touchent le corps. Il commence par réfuter, en suivant la ligne d'argumentation principale (1), l'idée d'une prétendue supériorité de l'homme en beauté, en montrant le caractère relatif et arbitraire de l'appréciation de la beauté. Puis il passe à un autre critère, dont la valeur est cette fois incontestable, à savoir la santé. Nous retrouvons là l'argument secondaire de la supériorité animale (2) :

> Au demeurant, la part mesme que nous faisons aux animaux des faveurs de nature, par nostre confession, elle leur est bien avantageuse. Nous nous attribuons des biens imaginaires et fantastiques, des biens futurs et absens, desquels l'humaine capacité ne se peut d'elle mesme respondre, ou des biens que nous nous attribuons faucement par la licence de nostre opinion, comme la raison, la science et l'honneur ; et à eux nous laissons en partage des biens essentiels, maniables et palpables : la paix, le repos, la securité, l'innocence et la santé ; la santé, dis-je, le plus beau et le plus riche present que nature nous sache faire [II, 12, p. 485].

Quoique l'argument soit annoncé comme un argument *ad hominem* (« Au demeurant... », c'est-à-dire même si nous concédons ce point à notre adversaire), il est cette fois clair que Montaigne parle aussi en son nom propre : les animaux nous sont effectivement supérieurs en robustesse et santé, car ils s'écartent moins de la nature que l'homme, sujet à une agitation d'esprit permanente qui le pousse à une vaine quête de biens forgés par l'imagination. Dans la partie qui va suivre, Montaigne condamnera la science au motif qu'elle n'apporte à l'homme aucun bien concret : « De quel fruit pouvons nous estimer avoir esté à Varro et Aristote cette intelligence de tant de choses ? Les a elle exemptez des incommoditez humaines ? [...] A l'on trouvé que la volupté et la santé soient plus savoureuses à celuy qui sçait l'Astrologie et la Grammaire ? » (II, 12, p. 487). Plus donc on avance dans l'« Apologie de Raimond Sebond » et plus l'argument « secondaire » (2), au départ présenté comme un simple argument *ad hominem*, est pris au sérieux par Montaigne, voire tend à prendre la place de l'argument principal[32].

Mais y a-t-il vraiment contradiction entre ces deux lignes d'argumentation ? Montaigne déclare-t-il, en faisant flèche de tout bois – en disant « n'importe quoi pour la cause », pour reprendre l'expression de Derrida, ou en parlant « des deux côtés de la bouche », pour citer Pierre Manent –, l'animal à la fois pourvu et privé des qualités qui, pour la tradition philosophique, sont propres à l'homme ? En réalité, la « nature » a ici deux faces différentes. Elle est comprise tantôt comme une contrainte, qui prive de liberté celui qui y est assujetti, tantôt comme une rationalité supérieure : c'est relativement au premier aspect que Montaigne nie que les animaux soient soumis à la nature, tout en soulignant, relativement au second aspect, que les animaux sont bien, sinon soumis, tout du moins guidés

32. On remarquera une fois de plus la proximité du discours sur les animaux et sur les « sauvages » du Nouveau Monde. Ainsi, pour le « sauvage » cannibale, Montaigne aligne les deux arguments dans le même ordre. Tout d'abord, Montaigne argumente, comme nous l'avons vu, qu'« il n'y a rien de barbare et de sauvage en cette nation » (I, 31, p. 205), et que « chacun appelle barbarie ce qui n'est pas de son usage », pour ensuite glisser vers un autre sens, cette fois laudatif, du terme de « sauvage », selon lequel être sauvage en signifie pas être en quelque façon inférieur, mais être plus proche de la nature. De ce point de vue, « ces nations me semblent donq ainsi barbares, pour avoir receu fort peu de façon de l'esprit humain, et estre encore fort voisines de leur naifveté originelle. Les loix naturelles leur commandent encores, fort peu abastardies par les nostres » (p. 206). Si ces nations sont « sauvages », c'est donc à leur avantage.

avec fermeté par cette nature[33]. Mais la vérité est que ni pour l'homme ni pour l'animal, la nature ne se présente comme une pure contrainte[34]. Si nous relisons les textes précédemment cités, nous remarquerons que les qualificatifs péjoratifs « inclination servile » ou « contrainte » sont en réalité ceux qui sont employés par le rationaliste anthropocentriste afin de dévaloriser l'animal : Montaigne, quant à lui, parle de la nature comme d'une « maîtresse d'école » ou d'un « guide », conduisant les êtres avec une « douceur maternelle ». Le chapitre « De l'experience » nommera cette nature un « doux guide, mais non pas plus doux que prudent et juste » (III, 13, p. 1113). De ce point de vue, il y a moins une rupture entre l'homme et l'animal qu'une différence de degré dans la pression exercée par la nature. Cette pression n'est jamais totalement absente ni en l'homme ni en l'animal, et ce même si, lorsqu'il parle avec indignation de ses contemporains, il arrive à Montaigne de dire que la loi de nature est entièrement occultée chez l'homme prétendument civilisé. À l'opposé, en l'homme comme en l'animal, elle ne se présente jamais non plus comme une pure contrainte.

---

33. Il est vrai que, dans d'autres contextes, Montaigne n'est pas toujours aussi nuancé. Voir par exemple, dans le chapitre « De l'affection des pères aux enfans », où Montaigne insiste sur la différence qu'il y a entre une affection (naturelle) pour sa progéniture et l'attachement volontaire qui nous lie à nos amis : « Puisqu'il a pleu à Dieu nous douer de quelque capacité de discours, affin que, comme les bestes, nous ne fussions pas servilement assujectis aux loix communes, ains que nous nous y appliquassions par jugement et liberté volontaire, nous devons bien prester un peu à la simple authorité de nature, mais non pas nous laisser tyranniquement emporter à elle ; la seule raison doit avoir la conduite de nos inclinations » (II, 8, p. 387).

34. Ni d'ailleurs pour le « sauvage » : « Et, afin qu'on ne pense point que tout cecy se face par une simple et servile obligation à leur usance et par l'impression de l'authorité de leur ancienne coustume, sans discours et sans jugement, et pour avoir l'ame si stupide que de ne pouvoir prendre autre party, il faut alleguer quelques traits de leur suffisance » (I, 31, p. 213). Parmi ces traits, on trouvera les paroles du chant de la couleuvre, dont la beauté n'est en rien inférieure à poésie de ce siècle.

Loin de souligner les traits qui feraient de l'animal une figure de l'altérité radicale, Montaigne met ici l'accent sur les parentés qui l'unissent à l'homme : « C'est une mesme nature qui roule son cours » (II, 12, p. 467). Une autre voix se fait entendre dans cette plaidoirie que celle du défi herméneutique et de l'humiliation de la raison humaine : celle de l'ancienne prescription qui nous enjoint de « suivre la nature ». Pris en ce sens, l'animal n'est pas seulement l'égal de l'homme : il représente une figure de modèle pour l'homme. En cela, il rejoint les autres figures citées, du cannibale (« les loix naturelles leur commandent encores, fort peu abastardies par les nostres », I, 31, p. 206) ou du paysan. Montaigne compare d'ailleurs ce paysan aux bêtes, qui « ne vont pas tousjours exactement dans la route de nature, mais ce qu'elles en desvoyent c'est si peu que vous en appercevez tousjours l'orniere » (III, 12, p. 1050). Les animaux, dans ce dernier texte, suivent la nature : mais ils sont libres, ne serait-ce que marginalement, de s'en écarter, et cette marge suffit à distinguer leur obéissance d'une pure contrainte mécanique.

Quelle est la leçon que la nature – et indirectement l'animal, qui se soumet plus docilement que l'homme à la nature – donne à l'homme ? Dans le chapitre « De la phisionomie », Montaigne résume cette leçon :

> Il faict beau voir [...] que nostre sapience apreigne des bestes mesmes les plus utiles enseignemens aux plus grandes et necessaires parties de nostre vie : comme il nous faut vivre et mourir, mesnager nos biens, aymer et eslever nos enfans, entretenir justice, singulier tesmoignage de l'humaine maladie ; et que cette raison qui se manie à nostre poste, trouvant tousjours quelque diversité et nouvelleté, ne laisse chez nous aucune trace apparente de la nature [III, 12, p. 1049].

Revenons à la digression précédemment évoquée dans laquelle Montaigne réfute les discours sur la « misère de l'homme ». Selon Lucrèce et Pline, dont les textes sont constamment repris à la Renaissance, l'homme serait né abandonné par une nature « tres-injuste maratre » (II, 12,

p. 456) et exposé à tous les aléas de la nature. Montaigne critique ces « fausses plaintes ». Elles sont fausses à deux titres. Tout d'abord parce qu'elles ne sont pas sincères, et qu'elles ne visent qu'à appeler en retour leur propre palinodie sous la forme d'un éloge prométhéen de l'art humain. Les discours sur la *miseria hominis* participent de l'éloge de la *dignitas hominis*, comme les discours sur la faiblesse naturelle de l'homme participent de l'exaltation de la seigneurie de l'homme au moyen de sa maîtrise des techniques. Mais elles sont aussi fausses parce qu'elles conduisent à faire de l'homme une exception à la nature. Or, écrit Montaigne, « nostre police n'est pas si difforme et desreglée. Nature a embrassé universellement toutes ses creatures ; et n'en est aucune qu'elle n'ait bien plainement fourny de tous moyens necessaires à la conservation de son estre » (II, 12, p. 456). Il répond alors point par point à Lucrèce et à Pline, en montrant que la nature a pourvu l'homme de ce qui lui est nécessaire, à savoir une peau protectrice, une nourriture abondante, des organes de défense efficaces et un langage suffisant à la communication (p. 456-460). Exceptionnellement, à cet endroit, la plaidoirie en faveur de l'animal se mue en une plaidoirie en faveur de l'homme. Mais il faut préciser : non d'un homme qui ferait exception à la nature commune des vivants, mais de l'homme compris dans sa condition animale, en tant qu'être pourvu par la nature de ce qui lui est nécessaire. La conclusion de ce passage prend un ton prescriptif : « Il faut contraindre l'homme et le renger dans les barrieres de cette police. Le miserable n'a garde d'enjamber par effect au delà ; il est entravé et engagé, il est assubjecty de pareille obligation que les autres creatures de son ordre, et d'une condition fort moyenne, sans aucune prerogative, praeexcellence vraye et essentielle » (II, 12, p. 459). La nature, nous dit Montaigne, a « bien plainement fourny » toutes les créatures « de tous moyens necessaires à la conservation ». L'homme qui aurait la sagesse de la suivre, « il prenderoit le vray pris de chasque chose selon qu'elle seroit la plus utile et propre à sa vie » (p. 487).

L'animal a ainsi cette supériorité sur l'homme qu'il sait sans avoir à l'apprendre ce qui est bon pour lui et est approprié à sa constitution. Cette appropriation à soi, qui est donnée quasi immédiatement à l'animal, constitue pour l'homme un projet moral. Montaigne croise encore une fois ici la philosophie morale des stoïciens, centrée sur l'idée d'*oikéôsis* (en grec), de *commandatio* ou de *conciliatio* (en latin). En ce sens, la leçon que nous font les animaux est bien une leçon d'égoïsme. L'attachement à soi est un thème récurrent des *Essais*. Les formules réflexives y abondent, traduisant l'affirmation d'ipséité fondatrice du projet moral de Montaigne. Dans le chapitre « De la solitude », elles sont énoncées sur un mode prescriptif, dans des formules universelles et impersonnelles : « Il se faut sequestrer et r'avoir de soy » (I, 39, p. 239) ; « il faut ramener [son ame] et retirer en soy » (p. 230) ; « Il faut [...] n'espouser rien que soy » (p. 241) ; « La plus grande chose du monde, c'est de sçavoir estre à soy » (p. 242). Dans la conclusion du chapitre « De la vanité », Montaigne adresse les mêmes prescriptions directement à ses lecteurs sur le ton personnel de la diatribe : « Regardez dans vous, reconnoissez vous, tenez vous à vous ; vostre esprit et vostre volonté, qui se consomme ailleurs, ramenez la en soy ; vous vous escoulez, vous vous respandez ; appilez vous, soutenez vous ; on vous trahit, on vous dissipe, on vous desrobe à vous » (III, 9, p. 1001). Dans le chapitre « De mesnager sa volonté », enfin, les formules prescriptives (« Il se faut [...] ne se donner qu'à soy-mesme », III, 10, p. 1003) sont mêlées à des formules descriptives à la première personne : « je m'employe tout à moy » (p. 1003) ; « J'ay peu [...] me donner à autruy sans m'oster à moy » (p. 1007).

Nous avons dit au chapitre précédent que Montaigne *privatisait* le « moi » universel des stoïciens. Les animaux eux-mêmes, dans le chapitre « De la solitude », nous en donnent l'exemple : « Il faut faire comme les animaux qui effacent la trace, à la porte de leur taniere » (p. 247).

Effacer la trace à la porte de sa tanière, c'est faire l'inverse de Cicéron ou de Pline le Jeune, qui ne publient leur éloge de la solitude que pour se rendre plus glorieux vis-à-vis de leurs lecteurs, en laissant bien visibles les traces de leur retraite. Montaigne s'indigne particulièrement qu'ils aient rendu publiques leurs lettres prétendument « privées », estompant la frontière entre les deux domaines. Sans doute Montaigne est-il lui aussi tenté de rechercher la gloire dans sa retraite : le chapitre « De la solitude » doit être compris de ce point de vue comme une tentative d'autocorrection et d'auto-exhortation. Au niveau des projets moraux cependant, l'animalité telle que comprise par Montaigne est bien différente de l'animalité telle que comprise par Jacques Derrida. « L'amitié que chacun se doibt » est, dans le chapitre « De mesnager sa volonté », au fondement de la connaissance de la mesure des devoirs envers soi-même et autrui : cette revendication d'un égoïsme vertueux, participe, au-delà même de la différence des contextes, d'une visée diamétralement opposée à celle poursuivie par les discours éthiques postmodernes de la déconstruction de la subjectivité, de la déprise de soi, de la vulnérabilité du sujet humain et de son exposition à l'altérité. Le sujet humain est certes remis en cause par Montaigne dans sa version anthropocentriste : mais il n'est déconstruit que pour être reconstruit sur la base d'un nouveau rapport à la nature. L'adresse de l'animal, en ce sens, ne traverse pas le sujet humain d'une dimension d'altérité, mais l'assigne au contraire au devoir de préservation d'un quant-à-soi contre les sollicitations extérieures.

Cette prescription d'être à soi n'est pas pour Montaigne une simple formule tautologique vide de signification, selon la formule de Foucault. Elle est indissociable d'une autre leçon de l'animal, à savoir la prescription d'un attachement à son corps. Montaigne condamne de façon récurrente la cruauté symbolique que les conceptions dualistes, métaphysique ou morales, font subir à l'homme lui-même, en l'inclinant à un ressentiment contre son propre corps : « Quel monstrueux animal qui se fait horreur à soy mesme, à qui ses plaisirs poisent ; qui se tient à mal-heur » (III, 5, p. 879). L'appropriation à soi passe ainsi chez l'homme par une appropriation à son corps animal. Malgré ses fluctuations, le corps n'est pas, comme l'ont cru certains rationalistes, une source d'*hybris*, mais au contraire un fondement de stabilité face aux divagations de l'esprit laissé à lui-même. La sexualité reflète tout particulièrement l'irréductibilité du corps à la logique de notre entendement : elle est « la plus trouble de nos actions » qui apparie « les fols et les sages, et nous et les bestes » (III, 5, p. 877). Mais, comme l'écrit Jean Starobinski, « ce qui nous apparie aux bêtes ne nous dégrade [...] pas[35] ». L'action génitale, « aux hommes, si naturelle, si necessaire et si juste » (III, 5, p. 847), semble régie, dans tout le chapitre « Sur des vers de Virgile », par une forme de rationalité interne[36], et Montaigne peut même déclarer à propos de son membre viril que « nulle autre [partie] ne me faict plus proprement homme que celle-ci » (III, 5, p. 887). Nulle autre partie : donc pas la partie rationnelle. Ce texte répond à celui du chapitre « De la cruauté » : « je trouve ma concupiscence moins desbauchée que ma raison » (II, 11, p. 428). Non seulement donc l'altérité animale ne soumet pas l'homme à un processus de désubjectivation, mais l'animalité de l'homme permet de penser un niveau d'unité et d'identité par-delà la dissociation du sujet en une pluralité d'états (« Moy à cette heure et moy tantost sommes bien deux », III, 8, p. 964).

Cette critique de la cruauté envers soi se prolonge par une critique plus générale de la cruauté envers les autres, dont l'importance a été relevée par Phillip Hallie, Judith Shklar et David Quint[37]. Elle se prolonge

---

35. J. Starobinski, *Montaigne en mouvement*, *op. cit.*, p. 234. Sur l'éloge (ambigu) de la sexualité dans les *Essais*, voir Constance Jordan, « Sexuality and Volition in "Sur des vers de Virgile" », *MS*, 8, 1996, p. 77-98.

36. Voir Frank Lestringant, « L'action génitale », art. cité.

37. Voir Phillip Hallie, « The Ethics of Montaigne's "De la cruauté" », dans R. de La Charité (dir.), *O un amy ! Essays on Montaigne in Honor of Donald Frame*, Lexington (Kentucky), French Forum Publishers, 1977,

aussi par une critique des mauvais traitements infligés aux animaux, thème central du chapitre « De la cruauté »[38]. Dans ce chapitre, Montaigne commence par invoquer la ressemblance de l'homme et de l'animal, pour conclure à une critique de « nostre presomption » et de notre « royauté imaginaire » sur eux. Il examine ensuite si, à supposer que les animaux nous soient inférieurs, nous avons quand même des devoirs envers eux[39]. C'est à cet endroit que Montaigne pose la question de nos devoirs envers les êtres qui nous sont réputés « inférieurs » :

> Quand tout cela en seroit à dire, si y a-il un certain respect qui nous attache, et un general devoir d'humanité, non aux bestes seulement qui ont vie et sentiment, mais aux arbres mesmes et aux plantes. Nous devons la justice aux hommes, et la grace et la benignité aux autres creatures qui en peuvent estre capables. Il y a quelque commerce entre elles et nous, et quelque obligation mutuelle [II, 11, p. 435].

Jusqu'où peut-on invoquer ce texte pour faire de Montaigne un militant de la cause animaliste à l'encontre d'un Descartes, qui, par malveillance ou par préjugé spéciste, les réduira au statut de machine ? Cette lecture manichéenne, qui est celle de Derrida[40], se heurte au

---

p. 156-171 ; Judith Shklar, *Ordinary Vices*, *op. cit.* ; David Quint, *Montaigne and the Quality of Mercy*, *op. cit.*

38. Notons que la cruauté n'est pas le propre de l'homme, et qu'elle est partagée, quoiqu'à un degré moindre (I, 23, p. 110), par les bêtes : « Nostre estre est simenté de qualitez maladives ; l'ambition, la jalousie, l'envie, la vengeance, la superstition, le desespoir, logent en nous d'une si naturelle possession que l'image s'en reconnoist aussi aux bestes ; voire et la cruauté, vice si desnaturé : car, au milieu de la compassion, nous sentons au dedans je ne sçay quelle aigre-douce poincte de volupté maligne à voir souffrir autruy ; et les enfans le sentent ; [...] Desquelles qualitez qui osteroit les semences en l'homme, destruiroit les fondamentalles conditions de nostre vie » (III, 1, p. 790-791).

39. Beatrice Boudou met en valeur le conditionnel du début de la citation (« Quand tout cela en *seroit* à dire... ») qui, écrit-elle, « suggère que Montaigne n'adhère pas tout à fait à l'idée énoncée » (*Montaigne et les animaux*, *op. cit.*, p. 121).

40. Sans être présentée de façon aussi tranchée, cette lecture tend aussi à être celle d'Élisabeth de Fontenay (*Le Silence des bêtes. La philosophie*

caractère assez peu articulé de la prescription de Montaigne. Ainsi, si l'on prend ce texte au sérieux, le respect envers l'animal devrait être étendu aux plantes. Il est dès lors permis de se demander si le critère exclusif de notre conduite envers les animaux devrait être la seule réponse à la question benthamienne : *Can they suffer ?* Il faudrait alors reconnaître aussi aux plantes la capacité de l'animal à souffrir et à être intéressé aux bienfaits. Ce ne serait d'ailleurs pas le seul passage des *Essais* où Montaigne évoque cette possibilité, puisqu'elle est suggérée dans le chapitre « Que le goust des biens et des maux depend en bonne partie de l'opinion que nous en avons » : « Forcerons nous la generale habitude de nature, qui se voit en tout ce qui est vivant sous ciel, de trembler sous la douleur ? Les arbres mesmes semblent gemir aux offences qu'on leur faict » (I, 14, p. 56). La question reste de savoir jusqu'où, au-delà de la métaphore, Montaigne assumerait le caractère anthropomorphique de cette hypothèse d'une nature dont, au fond, toutes les parties ou presques seraient sensibles. Quoi qu'il en soit, nous sommes ici loin du discours animaliste-végétarianiste contemporain. Une autre difficulté tient à ce que Montaigne oppose la justice, qui ne serait due qu'aux hommes, à « la grace et la begninité » qui sont dues aux autres créatures. Ce qui va à l'encontre des théories contemporaines de la justice étendues à l'animal : qu'elles soient d'inspiration utilitariste (Peter Singer), déontologiques (Tom Regan), communautariennes

---

à l'épreuve de l'animalité, Paris, Fayard, 1998, rééd. 2013, p. 475-487), ou encore – à notre encontre – de Bernard Sève (*Montaigne. Des règles pour l'esprit*, Paris, PUF, 2008, p. 280). Précisions, en ce qui concerne la lecture de Hassan Melehy, selon qui « Gontier veut lire l'"Apologie" comme le fondement d'une éthique animale » (« The Case of Animals », *L'Esprit créateur*, 46/1, 2006, p. 98), que ce n'est pas là notre propos. Il n'y a pas à notre sens chez Montaigne une éthique de l'animal en tant que tel (et encore moins de l'animal en tant qu'*autre*), mais il y a une éthique plus générale (et qui, a fortiori, s'applique à certains comportements envers les animaux) de l'animalité fondée sur la double prescription d'être à soi-même et d'être à son corps.

(J. Baird Callicot) ou libertariennes (Robert Nozick), elles ont en commun de vouloir penser les prescriptions de la justice envers les animaux à un niveau déontique, et non seulement sentimental[41]. Il paraît à ce compte difficile d'enrôler Montaigne dans le camp des animalistes contemporains. Plus qu'à un discours rationnel déontologique sur la justice envers les animaux, il faut voir dans la critique montaignienne de la cruauté *en général* l'expression d'une répulsion viscérale, ou, pour reprendre l'expression de Leonard Woolf, d'une « horreur intense et personnelle[42] », une horreur d'autant plus exacerbée que Montaigne est le spectateur des atrocités commises pendant les guerres de Religion, et le lecteur de celles commises par les Européens en Amérique[43]. L'interdiction de la cruauté est dès lors indissociable de la leçon de l'animalité sous la forme de la prescription d'un attachement de l'esprit à son corps.

Montaigne est-il en ce sens « le premier homme complètement moderne », selon l'expression de Leonard Woolf ? Ou est-il celui qui a déconstruit par avance l'entreprise de la modernité et démystifié son projet d'une domination nihiliste du monde par une rationalité réifiée et déshumanisée ? Un des aspects majeurs de la plaidoirie de Montaigne en faveur des animaux

---

41. Sur ces auteurs, voir la mise au point Jean-Yves Goffi, *Le Philosophe et ses animaux. Du statut éthique de l'animal*, Nîmes, Jacqueline Chambon, 1994.

42. Montaigne fut « la première personne au monde à exprimer cette horreur intense, personnelle, de la cruauté. » (Leonard Woolf, *The Journey Not the Arrival Matters. An Autobiography of the Years 1939-1969*, Londres, The Hogarth Press, 1969, p. 18, cité par Sarah Bakewell, *Comment vivre ?*, *op. cit.*, p. 304) et « le premier homme complètement moderne de par sa conscience intense et son intérêt passionné pour l'individualité de lui-même et de tous les autres êtres humains » (*The Journey*, *op. cit.*, p. 18-19).

43. Cette lecture de la critique de l'anthropocentrisme dans l'« Apologie de Raimond Sebond » est mise en avant dans l'étude de Pierre Magnard, *Il se trouve plus de différence de tel homme à tel homme que de tel animal à tel homme*, *op. cit*.

est la critique de la rationalité anthropocentriste : mais s'agit-il pour autant d'une critique par anticipation de la rationalité *moderne*, comme le pense Derrida ? À cet égard, on ne peut manquer d'être frappé par les proximités de la pensée des *Essais* avec certaines des grandes pensées rationalistes « modernes », telles celles de Bacon, Descartes ou Hobbes. C'est bien premièrement en tant que tendance permanente de l'esprit humain que Montaigne attaque l'anthropocentrisme et le dogmatisme rationaliste. Lorsque Montaigne songe à des représentants de ce dogmatisme, il pense naturellement aux stoïciens antiques. Rien n'interdit, bien entendu, de voir *aussi* dans l'éloge des animaux de Montaigne une réfutation prémonitoire de certaines expressions du rationalisme moderne : mais on pourrait aussi bien montrer combien le scepticisme montaignien a eu une fonction séminale vis-à-vis des philosophies du XVIIe et du XVIIIe siècle, et combien le rationalisme des Modernes, tout en étendant considérablement la puissance de l'homme, se fonde paradoxalement non sur une orgueilleuse revendication d'un titre légitime de gloire, mais au contraire sur une forme de modestie et de soumission à une méthode et à une règle.

Sans doute, sur la question même de la nature des animaux, les avis divergent. Les « animaux-machines » de Descartes semblent bien s'opposer à la figure de l'animal de l'« Apologie de Raimond Sebond »[44]. Mais les divergences ne sauraient occulter les parentés. Descartes reprend à Montaigne plusieurs de ses thématiques, telle la critique de l'anthropocentrisme et de la « dignité » supérieure de l'homme. Le rejet hors de la science de la recherche des causes finales interdit de fait que l'on confère à ces questions une portée épistémologique. Comme l'écrit Descartes à Christine de Suède :

44. Sur la réponse cartésienne à Montaigne, outre nos travaux, voir Hassan Melehy, « Silencing the Animals: Montaigne, Descartes, and the Hyperbole of Reason », *Symplokē*, 13/1-2, 2005, p. 263-282.

> Bien que nous puissions dire que toutes les choses créées sont faites pour nous, en tant que nous pouvons en tirer quelque usage, je ne sache point néanmoins que nous soyons obligés de croire que l'homme soit la fin de la création. Mais il est dit que *omnia propter ipsum facta sunt*, que c'est Dieu seul qui est la cause finale, aussi bien que la cause efficiente de l'univers ; et, pour les créatures, d'autant qu'elles servent réciproquement les unes aux autres, chacune se peut attribuer cet avantage, que toutes celles qui lui servent sont faites pour elles[45].

Ce texte ne fait que prolonger la prosopopée de l'oison de l'« Apologie de Raimond Sebond ». Cet oison n'a pas moins de titres légitimes que l'homme à revendiquer sa primauté dans l'échelle des êtres :

> Car pourquoy ne dira un oison ainsi : Toutes les pieces de l'univers me regardent ; la terre me sert à marcher, le Soleil à m'esclairer, les estoilles à m'inspirer leurs influances ; j'ay telle commodité des vents, telle des eaux ; il n'est rien que cette voute regarde si favorablement que moy ; je suis le mignon de nature ; est-ce pas l'homme qui me traite, qui me loge, qui me sert ? c'est pour moy qu'il faict et semer et mouldre ; s'il me mange, aussi faict il bien l'homme son compaignon, et si fay-je moy les vers qui le tuent et qui le mangent [II, 12, p. 532].

Descartes reprend donc à son compte la critique montaignienne de l'anthropocentrisme, tout du moins dans sa dimension théorique. Chaque être dans la nature a autant de droit (ou aussi peu de droit) de croire que les autres ont été créés à son usage. Sur le plan du droit, il n'y a pas

---

45. René Descartes, *Lettre à Chanut du 6 juin 1647*, *Principes de la philosophie*, dans Id., *Œuvres*, *op. cit.*, t. V, p. 53-54. Voir aussi les *Principes de la philosophie*, dans Id., *Œuvres*, *op. cit.*, t. IX-2, p. 104 : « Il n'est toutefois aucunement vraisemblable que toutes choses aient été faites pour nous, en telle façon que Dieu n'ait eu aucune autre fin en les créant. Et ce serait, ce me semble, être impertinent de se vouloir servir de cette opinion pour appuyer des raisonnements de physique ; car nous ne saurions douter qu'il n'y ait une infinité de choses qui sont maintenant dans le monde, ou bien qui y ont été autrefois et ont entièrement cessé d'être, sans qu'aucun homme ne les ait jamais vues ou connues, et sans qu'elles lui aient jamais servi à aucun usage. »

de monarque légitime du monde, sinon Dieu lui-même qui l'a créé. Sur le plan du fait ou de l'usage, on peut dire que toutes les créatures « se servent réciproquement les unes aux autres ». Ce n'est que sur un troisième plan, purement phantasmagorique, que cet usage factuel se voit transformé en une royauté de droit. Chaque être pourra alors se dire, comme l'oison de Montaigne, que tout a été fait pour lui, que tous les êtres le servent et qu'il est le « mignon de la nature ». Ce phantasme a pour principale cause le « vice si déraisonnable et si absurde » qu'est pour Descartes l'orgueil[46], vice contre-performant tant du point de vue moral, causant une « infinité de vaines inquietudes et fascheries[47] », que du point de vue épistémologique, la question de la finalité du monde conduisant à paralyser l'avancée des sciences et par là l'emprise de l'homme sur la nature.

Par ailleurs, la résolution du problème par Descartes reste dans les limites de ce que nous avons nommé la « règle de parité » énoncée par Montaigne, selon laquelle « nous devons conclurre de pareils effects pareilles facultez ». C'est là le principe sous-jacent qui préside à la discrimination de ce qui est *rationnel*, c'est-à-dire conforme à la raison, et de ce qui est *raisonnable*, en étant produit par une volonté propre à partir d'un raisonnement délibératif sur les moyens adaptés à une fin représentée : le fait, par exemple, qu'une montre indique l'heure avec précision ne suffit nullement à montrer qu'elle connaît l'heure qu'il est, ni qu'elle ait quelque conscience du temps qui s'écoule. De ce point de vue, la mise en place du problème n'est donc pas si différente de Montaigne à Descartes. Mais, du point de vue de Descartes, Montaigne n'a pas été assez loin dans l'analyse des effets ; il ne suffit pas de dresser la liste d'actions ponctuelles remarquables

46. René Descartes, *Les Passions de l'âme*, III, 157, dans Id., *Œuvres*, *op. cit.*, t. XI, p. 449.
47. Id., lettre à la princesse Élisabeth du 15 septembre 1645, dans Id., *Œuvres*, *op. cit.*, t. IV, p. 292.

des animaux : il faut examiner la logique qui les relie, leur cohérence d'ensemble. Ainsi, dans la cinquième partie du *Discours de la méthode* : « C'est une chose fort remarquable que, bien qu'il y ait plusieurs animaux qui témoignent plus d'industrie que nous en quelques-unes de leurs actions, on voit toutefois que les mêmes n'en témoignent point du tout en beaucoup d'autres[48]. » C'est ce décalage entre des actions gouvernées par une rationalité parfaite et d'autres actions dans laquelle la raison semble totalement absente, ce fossé entre le tout et le rien, qui fait que Descartes conclut que la raison qui gouverne les comportements des animaux n'est pas une faculté propre de raisonner – « instrument universel, qui peut servir en toutes sortes de rencontres[49] » –, mais la raison de l'ouvrier-programmateur à laquelle les animaux, comme tous les êtres de la nature, sont soumis.

La divergence sur la question des animaux ne doit donc pas nous faire conclure trop vite à une divergence de fond sur les projets philosophiques. La modestie est une condition essentielle du succès pour Descartes, comme elle l'était pour Bacon et comme elle le sera pour Hobbes. Pour Bacon, cette modestie s'exprime dans l'injonction à se soumettre à la nature pour la gouverner ; pour Descartes, dans l'abandon du phantasme anthropocentriste au profit d'une maîtrise réelle du monde ; pour Hobbes, dans la soumission des passions glorieuses à la reconnaissance par la raison de l'égalité des hommes. Il ne faut pas confondre ambition intellectuelle et dogmatisme : si nous adoptons cette perspective, la philosophie moderne nous apparaîtra, au-delà des clichés d'une certaine littérature postmoderne héritée d'Heidegger, Adorno et Horkheimer ou encore Derrida, traversée par une inquiétude sceptique venant équilibrer l'enthousiasme de son affirmation d'immanence[50].

48. Id., *Discours de la méthode*, V, dans Id., *Œuvres*, *op. cit.*, t. VI, p. 57.
49. *Ibid.*
50. Voir l'ouvrage récent de Sylvia Giocanti, *Scepticisme et Inquiétude*, Paris, Hermann, 2019.

CHAPITRE 3

APPRENDRE DES AUTRES : LE LIBÉRALISME ÉDUCATIF

La redéfinition du « pedantisme »

Les animaux, le cannibale ou le paysan ne sont pas les seuls à nous faire des leçons. Nous apprenons au sens large par l'expérience du monde ou de la vie. Mais nous apprenons aussi au sens plus conventionnel de l'instruction, au sein des institutions de transmission des savoirs, par la formation scolaire, l'écoute des savants ou la lecture des livres. Dans tous ces cas de figure, nous nous trouvons face à un savoir déjà constitué, qui se présente à nous comme destiné à être acquis. C'est ce savoir prêt à être enseigné (*docere*) et appris que Montaigne nomme du terme « doctrine »[1]. Celui-ci s'est attaqué à de multiples

1. Sur le sens de ce terme à l'époque de Montaigne, voir l'article « Doctrine » dans *Le Dictionnaire universel d'A. Furetière*, préfacé par Pierre Bayle [...], Paris, Le Robert, 1978. La « doctrine », signifie au départ le savoir des écoles (on envoie ainsi son enfant à la « doctrine »), mais elle tend à la Renaissance à prendre le sens plus général de « sçavoir, érudition, ce que l'on a appris en lisant, ou voyant le monde ». Furetière ajoute qu'« on le dit aussi de ce qui est contenu dans les livres ». Voir

endroits des *Essais*, et en particulier dans les deux chapitres successifs « Du pedantisme » et « De l'institution des enfans » (I, 25 et 26), aux modalités d'enseignement en usage de son temps. Il partage les critiques faites par les humanistes de la brutalité des professeurs de collèges et de la rigidité des disciplines. Il s'oppose à l'autoritarisme de ces « tyranneaux scolaires » que sont les maîtres d'école[2]. Ces critiques ne sauraient cependant être limitées à la situation spécifique des institutions d'enseignement de l'époque. En réalité, Montaigne n'est qu'indirectement intéressé par la question de l'éducation proprement dite et Jean Chateau a souligné qu'il lui manquait une « véritable psychologie de l'enfant[3] ». Nous pouvons certes relire avec profit les *Essais* dans le contexte des débats contemporains sur l'éducation. Émile Durkheim intégrait ainsi Montaigne dans son histoire de la pédagogie en France, pour qualifier son scepticisme à l'égard de l'utilité de l'enseignement des sciences de « nihilisme pédagogique[4] ». C'est là une accusation que l'on trouverait souvent portée, d'une façon ou d'une autre, contre les théories modernistes, dites

---

aussi Frédéric Godefroy, *Dictionnaire de l'ancienne langue française [...] du IXe au XVe siècle*, Paris, 1883, t. II, p. 733.

2. Voir Paul Porteau, *Montaigne et la vie pédagogique de son temps*, Paris, Droz, 1935, p. 99.

3. Jean Chateau, *Montaigne, psychologue et pédagogue*, Paris, Jean Vrin, 1964, p 192. Chateau montre aussi que Montaigne ne s'intéresse pas à l'éducation dans une perspective pastorale militante, comme c'est le cas pour les Protestants ou les Jésuites.

4. « En somme, Montaigne n'est pas loin d'aboutir à une sorte de nihilisme pédagogique plus ou moins consistant. De fait, sa pensée, c'est que l'éducation ne peut rien sur ce qui constitue le fond de notre nature [...]. Cette doctrine [...] met en pleine lumière le vice inhérent à la pensée pédagogique du XVIe siècle. Nous venons de voir qu'elle aboutit à un nihilisme pédagogique » (Émile Durkheim, *L'Évolution pédagogique en France*, préface F. Dubet, rééd. Paris, PUF, 2014, p. 258-259). Cette critique du libéralisme éducatif de Montaigne pourrait bien remonter, *mutatis mutandis*, aux critiques des censeurs romains qui, en 1581 (un an après la parution de la première édition des *Essais*), critiquaient Montaigne d'avoir soutenu qu'« il fallait nourrir un enfant à tout faire » (*Journal de voyage de Michel de Montaigne*, éd. F. Rigolot, Paris, PUF, 1992, p. 119).

« libérales », de l'éducation au xxe siècle[5]. La thèse récente de Stéphanie Pédaud a ainsi mis en lumière les proximités qui peuvent lier les réflexions de Montaigne à celles sur le « maître ignorant » de Jacques Rancière[6], qui partage avec l'auteur des *Essais* la haine pour « toute sorte de tyrannie, et la parliere, et l'effectuelle » (III, 8, p. 931) et dont le projet éducatif relève aussi d'un projet moral et social plus vaste. Malgré ces croisements avec des questions de pédagogie contemporaines, Montaigne n'est qu'un pédagogue pour ainsi dire « impremedité et fortuite » qui, plus qu'à l'éducation de l'enfant proprement dite, s'intéresse de façon générale aux conditions de l'autonomie de l'homme face à l'autorité des savoirs constitués. Montaigne croise une problématique philosophique héritée de l'Antiquité, dont le *Ménon* de Platon a défini les données : si nous ne connaissons pas par avance ce que nous voulons apprendre, comment reconnaîtrons-nous que c'est bien cela que nous cherchons à connaître ? Et, si nous le connaissons, que signifie apprendre ce que l'on connaît déjà ? Augustin et Thomas d'Aquin ont écrit

5. On pensera par exemple aux critiques adressées par Allan Bloom à l'encontre des théories relativistes d'une éducation adressée à la « personnalité démocratique », dont il rend en particulier responsables la pédagogie de John Dewey. Voir *L'Âme désarmée*, trad. P. Alexandre, Paris, Julliard, 1987, p. 25. Nous ne voulons cependant pas dire que Montaigne puisse être rangé du côté de Dewey, pour qui l'éducation vise, au moyen d'une direction active, l'adaptation de l'élève à son environnement social, et donc à la formation d'un individu pour le public, et non, comme l'ont pensé Fröbel et Hegel, à une « actualisation de l'intérieur » (John Dewey, *Démocratie et Éducation*, dans Id., *Démocratie et Éducation*, suivi de *Expérience et éducation*, trad. G. Deledalle, Paris, Armand Colin, 1975, rééd. 2018, p. 149). Il est probable que Montaigne se rangerait ici du côté de Fröbel et Hegel. Sur les projets éducatifs de Montaigne et de Dewey, voir Neil Kenny, « "Have been thinking I'd better take a course in Montaigne" : John Dewey, Progressive Education, and Social Class », *MS*, 31, 2019, p. 69-81.

6. Stéphanie Pédaud, *Gestes, Figures et Écritures de maîtres ignorants. Une étude du rapport du philosophe au savoir chez Platon, Montaigne et Rancière*, thèse de philosophie soutenue à Paris-Nanterre sous la dir. de M. de Gaudemar, le 30 novembre 2018.

des traités sur le « maître » : celui-ci infuse-t-il le savoir dans l'esprit de l'élève ? Comment les mots qu'il prononce peuvent-ils avoir le pouvoir de transmettre avec eux des idées, si nous ne les détenons pas déjà d'une façon ou d'une autre – auquel cas ils ne les infusent pas mais plutôt les évoquent en dirigeant notre attention sur eux ?

Cette tension entre l'*intus* et le *foris* est centrale dans les *Essais*. Si l'ouvrage se présente comme un livre « consubstantiel » à leur auteur, qui n'a eu d'autre but que de se peindre lui-même, il reste que ce livre est parsemé de citations d'autres auteurs[7]. La grande majorité de ces citations sont en latin[8], le plus souvent présentées en italiques et en paragraphes séparés, sans mention de la référence. D'autres sont traduites en français et sont intégrées au texte des *Essais*. Montaigne paraphrase aussi certains textes ou emprunte des exemples et des récits qu'il traduit ou réécrit lui-même, de sorte qu'il arrive que la citation devienne indiscernable de son texte. Quoiqu'expression de son auteur, l'écriture des *Essais* est ainsi constamment nourrie par celle d'autres auteurs : ils sont à la fois un livre au plus haut point personnel et, comme l'écrit Jules Brody, une « entreprise et œuvre collectives[9] ». Ce rapport entre l'écriture et la lecture pose sur un nouveau plan la question de l'articulation entre l'être à soi et l'être aux autres.

Le terme « doctrine » a presque toujours chez Montaigne une connotation négative. Il est associé, au chapitre « Du pedantisme », à la figure symbolique du pédant, c'est-à-dire à celui qui fait profession d'enseigner

---

7. Les commentateurs repèrent autour de 1 300 citations explicites (voir par exemple Floyd Gray, *Montaigne et les livres*, *op. cit.*, p. 93).

8. Floyd Gray en repère 1 264 (*ibid.*).

9. « Qui parle dans les *Essais* ? Le dénommé Michel de Montaigne bien sûr. Mais nous ne cessons jamais d'entendre aussi, mêlant leur voix à la sienne, que ce soit en l'appuyant ou en le contredisant, les principaux animateurs de la culture classique... » (Jules Brody, préface à Michael Metschies, *La Citation et l'Art de citer dans les* Essais *de Montaigne*, Paris, 1997, p. 9-11).

le savoir. Au début de ce chapitre, Montaigne s'étonne que ce personnage savant soit l'objet de la risée publique[10] et il se demande dans quelle mesure les motifs de cette moquerie populaire sont légitimes. Est-ce la science elle-même qui est critiquable, selon une hypothèse qui serait plutôt avantageuse pour le pédant lui-même, dont la responsabilité personnelle ne serait pas engagée ? Mais on ne trouve nulle part une critique de la science comparable à celle de la doctrine. Même le chapitre le plus radicalement sceptique et critique à l'égard de la connaissance, l'« Apologie de Raimond Sebond », est introduit par un éloge de la science : « C'est, à la vérité, une tres-utile et grande partie que la science, ceux qui la mesprisent, tesmoignent assez de leur bestise » (II, 12, p. 438). Le chapitre « De l'art de conferer » fait écho à

10. Cette moquerie populaire du pédant est retracée par Jocelyn Royé, *La Figure du pédant de Montaigne à Molière*, Genève, Droz, 2008. Le pédant désigne au départ de façon péjorative le maître de collège. Ainsi, selon Étienne Pasquier (*Les Recherches de la France*, VIII, 3, éd. M.-M. Fragonnard et F. Roudault, Paris, Honoré Champion, 1996, t. III, p. 1523-1524) : « Nous avons depuis trente ou quarante ans emprunté plusieurs mots d'Italie, comme [...] le Pedant, pour un Maistre es arts mal appris, et façon pedantesque en conséquence de ce mot » (cité dans J. Royé, *La Figure du pédant*, *op. cit.*, p. 16). Le sens n'est pas toujours défavorable : « il peut désigner celui qui enseigne, qui a la fonction de pédagogue. La littérature a grandement contribué à l'évolution sémantique du mot qui acquiert cette connotation péjorative. Montaigne souligne, non sans ironie, le risque d'associer, de comparer tout pédagogue puis de tout intellectuel à un pédant de comédie » (*ibid.*, p. 17). De fait, les moqueries sur le pédant sont courantes dans la littérature du XVIe siècle : « Il est mal habillé, sale, voire répugnant, le plus souvent plongé dans des situations scabreuses, notamment amoureuses, où viennent se mêler parfois impuissance et homosexualité, contrastant avec le maniérisme et la haute image qu'il donne par son discours et son érudition. Souvent rossés, dépouillés, lapidés, enfermés dans un sac, ils sont sujets à des sévices parfois extrêmes, comme la torture ou la castration. La brutalité de ces punitions est cependant à l'image des vices dont la comédie italienne affuble le personnage. Lui aussi est un fourbe parfois cruel envers ses élèves » (*ibid.*, p. 38). Sur la critique par Montaigne du pédant, voir Jean Chateau, *Montaigne, psychologue et pédagogue*, *op. cit.*, p. 119-132.

ce texte : « J'ayme et honore le sçavoir autant que ceux qui l'ont ; et, en son vrai usage, c'est le plus noble et puissant acquest des hommes » (III, 8, p. 927). Cet éloge de la science se retrouve dans les deux chapitres « pédagogiques » du premier livre des *Essais* : « c'est une bonne drogue, que la science » (I, 25, p. 141) ; « c'est un grand ornement que la science, et un util de merveilleux service » (I, 26, p. 149). Le scepticisme a moins ici pour fonction d'éradiquer la science que de la rétablir dans son « vrai usage » ou son « droit fil ». Dans ce contexte, la doctrine est critiquée au nom même de la science dont elle est une perversion. C'est précisément parce que le savoir est en soi une bonne chose que ce mépris du pédant par l'opinion publique pose un véritable problème : « D'où il puisse advenir qu'une ame riche de la connoissance de tant de choses n'en devienne pas plus vive et plus esveillée, et qu'un esprit grossier et vulgaire puisse loger en soy, sans s'amender, les discours et les jugemens des plus excellens esprits que le monde ait porté, j'en suis encore en doute » (I, 25, p. 134). Montaigne rejette donc entièrement cette « première raison » (I, 25, p. 136), à savoir que la moquerie du pédant soit due à un défaut intrinsèque de la science. Il continue en proposant deux variantes à cette hypothèse rejetée.

Selon la première, le vice du pédant proviendrait d'un excès quantitatif de savoir : le mauvais usage de la science consisterait non à être savant, mais à acquérir *trop* de science. De fait, il arrive à Montaigne de revendiquer un usage minimal des sciences. Il prétend n'en avoir « gousté [...] que la crouste première », et de ne savoir rien de plus sinon « qu'il y a une Medecine, une Jurisprudence, quatre parties en la Mathematique, et grossierement ce à quoy elles visent » (I, 26, p. 146). Ce n'est cependant pas dans cette direction que s'engage le chapitre « Du pedantisme ». Montaigne y rejette l'idée selon laquelle l'esprit s'étoufferait de trop d'étude « comme les plantes s'estouffent de trop d'humeur, et les lampes de trop d'huile » (I, 25, p. 134) : ce qui est vrai pour les plantes, qui sont détruites par excès de leur propre aliment, ne l'est pas pour la science, « car nostre ame s'eslargit d'autant plus qu'elle se remplit » (*ibid.*). S'il y a une limite à fixer dans l'acquisition des connaissances, elle n'est donc pas d'ordre quantitatif.

Selon la seconde variante, la science pourrait être bonne en soi, mais elle serait inadaptée à la vie concrète. C'est ce divorce entre savoir théorique et compétence pratique qui serait la cause de la risée du pédant, incapable d'interagir avec les événements. Cet argument a pour lui une longue tradition. On pensera à Thalès moqué par la servante thrace pour être tombé dans un puits en contemplant les étoiles, une anecdote dont Hans Blumenberg a étudié les différentes versions d'Ésope à Nietzsche et au-delà[11]. L'argument a aussi pour lui la paternité d'Aristote, dont Montaigne lit l'*Éthique à Nicomaque* après 1588[12], et la distinction qu'il fait entre la *sophia* et la *phronèsis* – la sagesse et la prudence. Montaigne, réagit à cette distinction entre une excellence pratique et une excellence purement spéculative. La plus haute philosophie est un accomplissement sur le plan tant théorique que pratique : les vrais philosophes ont été non seulement « grands en science », mais aussi « encore plus grands en tout'action » (I, 25, p. 135). Après 1588, Montaigne, ayant lu l'*Éthique à Nicomaque*, précise :

> Ce qu'Aristote recite d'aucuns qui appelloyent et celuy-là [Thalès] et Anaxagoras et leurs semblables, sages et non prudents, pour n'avoir assez de soin des choses plus utiles, outre ce que je ne digere pas bien cette difference de mots, cela ne sert point d'excuse à mes gens [*i.e.* les pédants] : et, à voir la basse et necessiteuse fortune dequoy ils se payent, nous aurions plustost occasion de prononcer tous les deux, qu'ils sont et non sages et non prudents [I, 25, p. 136 (C)].

La complicité de la sagesse et de la prudence, du savoir théorique et du savoir pratique, constitue l'un des thèmes

11. Voir Hans Blumenberg, *Le Rire de la servante thrace. Une histoire des origines de la théorie*, trad. L. Cassagnau, Paris, L'Arche, 2000.

12. Voir François Rigolot, « Quand Montaigne emprunte à l'*Éthique à Nicomaque* », art. cité, p. 19-33.

majeurs de la suite de ce chapitre : « les sciences, lors mesmes qu'on les prent de droit fil, ne peuvent que nous enseigner la prudence, la prud'hommie et la resolution » (I, 25, p. 142). Nous devrons revenir sur la façon dont Montaigne pose le problème de l'articulation de la prudence et du savoir dans ces textes. Retenons pour l'heure que le défaut de la doctrine n'est pas imputable à un défaut inhérent au savoir, dans lequel le pédant pourrait chercher quelque excuse.

La doctrine désigne bien plutôt un certain rapport au savoir. Le pédant se caractérise par la possession d'un pur savoir d'érudition, inutile à ce qui doit être « le guain de nostre estude », qui est de devenir meilleurs et plus sages (I, 26, p. 152). Montaigne s'appuie ici sur une tradition bien établie. La critique d'un savoir coupé des nécessités de la vie, purement extérieur et objet d'orgueil pour qui le possède, constitue un véritable *topos* de la littérature depuis l'Antiquité, repris et amplifié à la Renaissance. Montaigne partage avec la tradition humaniste l'idée selon laquelle le savoir n'est pas la fin dernière de l'homme, dont l'obtention lui procurerait la béatitude. Citons un peu plus longuement, l'incipit de l'« Apologie de Raimond Sebond » :

> C'est, à la vérité, une tres-utile et grande partie que la science, ceux qui la mesprisent, tesmoignent assez de leur bestise ; mais je n'estime pas pourtant sa valeur jusques à cette mesure extrême qu'aucuns lui attribuent, comme Herillus le philosophe, qui logeoit en elle le souverain bien, et tenait qu'il fut en elle de nous rendre sage et contens [II, 12, p. 438].

La science est sans doute un bien, mais elle est un bien d'usage, non de jouissance. La doctrine tend à l'inverse à constituer le savoir comme une finalité en soi. Cette critique semble à bien des égards proche de celle que Pétrarque faisait aux péripatéticiens savants, qui se vantaient de connaître combien le lion a de crins sur la tête, l'épervier de plumes à la queue, de quel nombre de spires le polype enlace le naufragé, ou encore de savoir que les éléphants s'accouplent dos à dos, etc.[13]. De fait, Aristote plaidait en faveur de la dignité des sciences qui portent sur les êtres périssables que sont les êtres vivants : aussi ignobles que certains de ces êtres puissent paraître, leur étude offre, écrivait-il, « de merveilleuses jouissances[14] ». Pétrarque répondait aux péripatéticiens que toutes ces connaissances, quand bien même elles seraient vraies, seraient parfaitement inutiles à la vie heureuse (« *nichil penitus ad beatam vitam*[15] »). Ce qui est utile à cette vie heureuse, c'est la connaissance « non de la nature des bêtes sauvages, des oiseaux, des poissons », mais celle de « la nature de l'homme, la fin pour laquelle nous sommes nés, d'où nous venons et où nous allons »[16]. Même dans ses œuvres morales, Aristote, selon Pétrarque, s'attache à nous rendre plus savant, non à devenir meilleur[17]. Cette dernière critique n'est pas non plus sans objet. Car s'il est vrai qu'Aristote écrit dans l'*Éthique à Nicomaque* que le but de son enquête n'est pas la « spéculation pure » et qu'il ne s'agit pas de « savoir ce qu'est la vertu en son essence », mais bien « de devenir vertueux »[18], cette déclaration n'introduit chez lui que des considérations épistémologiques sur la précision (il est vain de rechercher dans un ouvrage de morale la même acribie que dans un ouvrage spéculatif) et l'ordre (en morale, il faut commencer par exercer la vertu, avant même d'en connaître la règle). Il manque au discours d'Aristote la dimension parénétique du *movere* ou du *flectere*, du « feu des mots »

---

13. Pétrarque, *Mon ignorance et celle de tant d'autres*, trad. J. Bertrand revue par Ch. Carraud, Grenoble, Jérôme Million, 2000, p. 67.

14. Aristote, *Parties des animaux*, 645 a 9, trad. P. Louis, Paris, Les Belles Lettres, 1957, rééd. 1990, p. 18.

15. Pétrarque, *Mon ignorance et celle de tant d'autres*, *op. cit.* p. 67.

16. *Ibid.*, p. 67-69.

17. Pétrarque, *Lettres familières*, t. I, livres I-III, introduction et notes U. Dotti, trad. Longpré, Paris, Les Belles Lettres, 2002, p. 210-212, cité par Francisco Rico, *Le Rêve de l'humanisme. De Pétrarque à Érasme*, Paris, Les Belles Lettres, 2002, p. 154-155.

18. Aristote, *Éthique à Nicomaque*, II, 1103 b 26-28.

dont parle Pétrarque, comme il manque celle du *delectare*, essentielle, selon les humanistes, pour un discours qui doit s'adresser à l'homme dans son intégralité – non seulement donc à la faculté du *logos*, mais aussi au *thumos* et à l'*épithumia*. Comme Pétrarque, Montaigne, « ne demande qu'à devenir plus sage, non plus savant » (II, 10, p. 414). Ses sources sont aussi, jusqu'à un certain point, les mêmes que celles de Pétrarque : on pensera par exemple à l'opposition sénéquéenne, que l'on trouvait déjà chez Cicéron, du *litteratus* (ou du *doctus*) et du *bonus vir*[19], ou, pour la littérature chrétienne, à la dénonciation paulinienne de la science qui enfle sans édifier[20] et à l'opposition augustinienne de la *scientia* et de la *sapientia*[21]. Ces références sont souvent exploitées à la Renaissance comme des armes à l'encontre de la culture scolastique. Ainsi, écrit Érasme, « je laisserais plutôt périr tout Scot avec plusieurs de ses pareils que les livres du seul Cicéron ou de Plutarque. Non que je condamne en bloc les premiers ; mais ils me rendent, je ne sais trop comment, plus froid à l'égard de la véritable vertu et davantage enclin à la polémique, tandis qu'à la lecture des seconds je me sens devenir meilleur[22] ».

Ces proximités entre Montaigne et la culture humaniste sont cependant trompeuses. Car Montaigne retourne une critique qui était au départ adressée à la culture scolastique à l'encontre même de ce que les humanistes voulaient précisément sauver, à savoir la culture des humanités, du

---

19. Voir en particulier Sénèque, *Lettres à Lucilius*, livre IV, lettre 88, 38. Outre la critique de la pure érudition dans cette lettre 88, on pourra se référer à celle de la dialectique dans la lettre 45. Montaigne cite lui-même la lettre 95 : « *Postquam docti prodierunt, boni desunt* » (I, 25, p. 141). Voir aussi sur ces points le *De brevitate vitae*, XIII, 1-9.

20. « La connaissance enfle, mais la charité édifie. Si quelqu'un croit qu'il connaît quelque chose, il ne connaît pas encore comme il faudrait connaître. Mais si quelqu'un aime Dieu, il est connu de lui » (1 Corinthiens 8, 1-3, trad. TOB).

21. En particulier dans les livres XII à XIV de la *Cité de Dieu*.

22. Érasme, *Convivium religiosum*, dans *Colloquia*, p. 251-252, trad. E. Wolff, Paris, 1992, 2 vol., t. I, p. 169, cité par Francisco Rico, *Le Rêve de l'humanisme*, *op. cit.*, p. 151.

livre et du savoir antique. Savoir scolastique (des collèges) et savoir humaniste (des ouvrages des auteurs antiques) sont considérés par Montaigne comme également inutiles. Sa critique du savoir pédantesque touche aussi bien le savoir physico-naturaliste des péripatéticiens que le savoir philologico-historique des humanistes. Citons par exemple le chapitre « De la præsumption » :

> Les sçavans à qui touche la jurisdiction livresque, ne connoissent autre prix que de la doctrine, et n'advouent autre proceder en noz esprits que celuy de l'erudition et de l'art : si vous avez pris l'un des Scipions pour l'autre, que vous reste il à dire qui vaille ? Qui ignore Aristote, selon eux s'ignore quand et quand soymesme [II, 17, p. 657].

Un humaniste pourrait revendiquer son mépris des disciplines scolaires et de la philosophie d'Aristote : confondre Scipion l'Africain et son petit-fils adoptif serait un défaut bien plus grave. C'est que, comme l'a bien montré Eugenio Garin, pour les humanistes, l'érudition était toujours plus que la simple érudition : elle était indissociable du rêve d'une régénération de la civilisation grâce à une renaissance de l'esprit de la Rome républicaine et de ses idéaux de vertu civique[23]. Le savoir philologico-littéraire possédait ainsi pour les humanistes une dimension libératrice : le « formalisme linguistico-historico-littéraire de l'éducation humaniste » avait pour but d'« amener l'homme [...] à se sentir maître de lui-même »[24]. Francisco Rico va dans le même sens : « l'humanisme était en fin de compte une culture complète, un système entier de références, avec un style de vie, en même temps qu'il était un "humanisme", un savoir accompagnant l'homme dans les circonstances les plus variées[25] », au contraire du

23. Voir Eugenio Garin, *L'Éducation de l'homme moderne (1400-1600)*, trad. J. Humbert, Paris, Fayard, 1968, ainsi que Francisco Rico, *Le Rêve de l'humanisme, op. cit.* et Stéphane Toussaint, *Humanismes/Antihumanismes de Ficin à Heidegger*, t. I : Humanitas *et Rentabilité*, Paris, Les Belles Lettres, 2008.

24. E. Garin, *L'Éducation de l'homme moderne, op. cit.*, p. 218.

25. F. Rico, *Le Rêve de l'humanisme, op. cit.*, p. 51.

savoir de spécialistes qu'était la science scolastique, qui relevait d'« un paradigme scientifique qui n'admettait pas d'amateurs et n'était pas fait pour s'inscrire dans la vie quotidienne[26] ».

Si Montaigne revendique lui aussi une forme d'amateurisme scientifique, il ne fait en revanche plus de distinction entre le savoir philologico-historique des humanistes et le savoir naturaliste des péripatéticiens. L'« Apologie de Raimond Sebond » s'ouvre par une critique du culte humaniste des belles lettres, pour ensuite développer une critique générale des savoirs d'école (théologie naturelle, physique, psychologie, etc.) envers lesquels les humanistes affichaient souvent leur mépris, et conclure sur une critique des sciences morales qui avaient leur faveur. Dans ce nivellement indifférencié des différents champs du savoir, aucune discipline – qu'elle relève du *trivium* ou du *quadrivium* – ne vaut mieux qu'une autre. Les sciences pratiques sont aussi atteintes que les sciences théoriques. La même *dissensio* règne en matière de philosophie morale qu'en matière de théologie, de psychologie ou de physique. Ce sera l'un des thèmes majeurs de la fin de l'« Apologie de Raimond Sebond » : « Il n'est point de combat si violent entre les philosophes, et si aspre, que celuy qui se dresse sur la question du souverain bien de l'homme, duquel, par le calcul de Varro, nasquirent 288 sectes » (II, 12, p. 577). Si certains auteurs sont exceptés de la condamnation générale de Montaigne, ce n'est pas pour des questions de doctrine ni même pour l'orientation explicitement morale de leur philosophie : ce qui compte, c'est bien plus leur façon d'user du savoir que le contenu même de ce savoir. Pas plus les Anciens ne sont-ils préférés aux modernes. Pour ce qui est du contenu doctrinal, Aristote ne vaut ni plus ni moins que les autres philosophes, en physique comme en morale :

> [Que] les principes d'Aristote ne luy [i.e. à l'élève] soyent principes, non plus que ceux des Stoiciens ou Epicuriens

26. *Ibid.*, p. 52.

> [...]. S'il embrasse les opinions de Xenophon et de Platon par son propre discours, ce ne seront plus les leurs, ce seront les siennes [I, 26, p. 151].
> Le Dieu de la science scholastique, c'est Aristote ; c'est religion de debatre de ses ordonnances, comme de celles de Lycurgus à Sparte. Sa doctrine nous sert de loy magistrale, qui est à l'avanture autant fauce qu'une autre. Je ne sçay pas pourquoy je n'acceptasse autant volontiers ou les idées de Platon, ou les atomes d'Epicurus, ou le plain et le vuide de Leucippus et Democritus [...] [II, 12, p. 539].

Ce dernier texte introduit une longue liste des doctrines physiques des philosophes. Ce procédé d'accumulation, emprunté à Cicéron, conduit à égaliser toutes les opinions : Platon vaut Aristote ; les modernes valent les anciens ; la doctrine de Copernic n'est ni plus ni moins fausse que toute autre et, si elle a renversé celle d'Aristote ou de Ptolémée, elle est elle aussi destinée à être contredite par une nouvelle doctrine (II, 12, p. 570). La dénonciation montaignienne de l'inutilité de la doctrine n'épouse donc pas deux grands *topoi* des humanistes : l'opposition d'un savoir académique à la lecture des Anciens d'une part, l'opposition, d'autre part, d'un savoir spéculatif inutile à une philosophie morale concrète.

Peut-on dire, comme l'a fait Eugenio Garin, que Montaigne réagit non contre le rêve même de l'humanisme, mais contre sa fossilisation en une nouvelle scolastique du livre ? Les humanistes, explique Garin, voyaient dans l'étude du latin un outil de délivrance intellectuelle de la culture scolastique « conçue comme une méthode et comme une forme désormais surannée du savoir et comme un type de raisonnement inutilement compliqué et ridiculement abstrait[27] ». Les études « libérales » visaient une libération des cadres politiques féodaux, « des abus des princes et des lourds tributs qu'ils exigent[28] » : l'humanisme n'était pas « la simple affirmation de certains

27. E. Garin, *L'Éducation de l'homme moderne*, *op. cit.*, p. 36.
28. *Ibid.*, p. 31.

enseignements littéraires, mais bien une orientation différente pour toute la culture, à travers un renouvellement des méthodes et un renouvellement de la vie et du savoir[29] ». L'époque de Montaigne est marquée par la Réforme et plus encore par la Contre-Réforme. Pour Garin, l'école jésuite, « en fixant les positions humanistes sur un plan de pure extériorité, en falsifia entièrement l'exigence vitale[30] ». C'est contre cette extériorisation des valeurs humanistes et son glissement « vers la pure érudition et vers la pédanterie[31] » que la génération de Montaigne réagirait : « Sur le plan de l'éducation, on réagit contre l'esclavage, contre l'enseignement mnémotechnique, contre la tyrannie grammaticale, contre les catéchismes : en un mot, contre le pédantisme[32]. » Montaigne lui-même s'opposerait « à l'école humaniste qui, au nom même des principes de l'humanisme, a dégénéré en une aride formulation de règles de grammaire[33] », afin de ramener un humanisme dévoyé et sclérosé, devenu lui-même une culture de spécialistes et de professionnels, à son projet originaire.

Aussi stimulante soit-elle, une telle lecture occulte la différence non seulement sur les moyens à mettre en œuvre, mais sur les projets eux-mêmes. Elle ne prend pas la mesure du bouleversement intellectuel opéré par les guerres confessionnelles du XVIe siècle. Entre Pierre Eyquem et son fils, entre la Renaissance initiée par le jeune

---

29. *Ibid.*, p. 111.
30. *Ibid.*, p. 33.
31. *Ibid.*, p. 171.
32. *Ibid.*, p. 196. Montaigne se trouve ainsi, selon Garin, dans une position inverse de ses prédécesseurs. Il ne voit pas dans le latin le symbole d'une civilisation perdue, mais il a appris le latin comme une langue maternelle, et a dû apprendre le français comme une langue étrangère : « En transformant le latin en langue parlée, et en renversant le rapport entre latin et langue nationale, on en venait à annuler ce qui avait été justement le sens du "retour" et de l'"imitation" : une volonté de donner un fond historique et une plus grande conscience critique, à notre culture, à notre vie, à notre temps » (*ibid.*, p. 180-181).
33. *Ibid.*, p. 191.

François Ier et les guerres de Religion, il y a un saut de génération, marqué par la crise de ce « rêve de l'humanisme ». Montaigne lui-même prend acte de cette rupture entre la génération de son père et la sienne :

> Ma maison a esté de long temps ouverte aux gens de sçavoir, et en est fort conneue : car mon pere, qui l'a commandée cinquante ans et plus, eschauffé de cette ardeur nouvelle dequoy le Roy François premier embrassa les lettres et les mit en credit, rechercha avec grand soing et despence l'accointance des hommes doctes, les recevant chez luy comme personnes sainctes et ayans quelque particuliere inspiration de sagesse divine, recueillant leurs sentences et leurs discours comme des oracles, et avec d'autant plus de reverence et de religion qu'il avoit moins de loy d'en juger, car il n'avoit aucune connoissance des lettres, non plus que ses predecesseurs. Moy, je les ayme bien, mais je ne les adore pas [II, 12, p. 438].

On retrouve bien ici la distinction entre un bien de jouissance (que l'on « adore ») et un bien d'usage (que l'on « aime bien »), mais elle est dirigée cette fois contre la culture scientifique même en laquelle les humanistes avaient placé leurs espoirs. Sarah Bakewell écrit justement qu'« au cours des guerres civiles, presque tout le monde perdit foi dans l'avenir : dans la jeunesse de Pierre [Eyquem], en revanche, cette désillusion était encore loin[34] ». Il ne s'agit donc pas d'une restauration de valeurs perdues, mais d'une véritable transformation de ces valeurs. La libération que vise Montaigne n'est pas la même que celle de Pétrarque et Érasme, et encore moins celle de l'humanisme civique florentin. Montaigne inaugure un nouveau type d'humanisme : ce sera l'un des enjeux de la nouvelle définition qu'il donne du terme d'« humaniste » dans le chapitre « Des prières ». De la même façon, l'idée d'études « libérales » se transforme avec lui : il s'agit moins de libérer l'homme-citoyen des contraintes matérielles et professionnelles afin qu'il se

34. S. Bakewell, *Comment vivre ?, op. cit.*, p. 77-78.

consacre à la vie contemplative et civile, seule digne d'un homme « libre », que de rendre l'homme autonome vis-à-vis de toute forme de domination autoritaire exercée au nom des savoirs. Comme l'écrit Marc Foglia, « Montaigne s'approprie [...] la notion d'éducation libérale à partir du recentrement de l'éducation sur une activité intellectuelle et morale autonome[35] ». Cette autonomie vis-à-vis des autres constitue l'enjeu principal des chapitres I, 25 et I, 26, qui contribuent ainsi à la définition, selon l'expression de Graham Good, d'une « nouvelle éthique du discours non autoritaire[36] ».

Les paradoxes de l'emprunt

Selon cette perspective de l'autonomie, doctrine et savoir authentique se distinguent par la relation qu'ils entretiennent à moi-même. La doctrine désigne un savoir acquis de l'extérieur, par l'enseignement oral dans les collèges et les universités ou par la lecture des livres. La doctrine, c'est premièrement l'opinion des autres. Cette extériorité la rend inassimilable : elle reste un savoir de mémoire, non intégré à l'« entendement ». Le vrai savoir jaillit d'un processus intérieur de découverte, non d'une leçon extérieure. *Intus docet, foris admonet* : le maître extérieur n'a d'autre fonction que de solliciter son auditeur et le stimuler à une recherche intérieure – c'était là la leçon d'Augustin, et c'était déjà celle de Socrate dans le *Ménon*. On la retrouve implicitement dans les critiques que les humanistes renaissants opposaient à l'apprentissage des écoles. Montaigne emprunte à ces sources, mais il retourne une nouvelle fois ces critiques contre les pratiques mêmes des humanistes. Il raille ainsi cette

35. Marc Foglia, *Montaigne, pédagogue du jugement*, Paris, Classiques Garnier, 2011, p. 63.

36. Graham Good, *The Observing Self. Rediscovering the Essay*, Londres, Routledge, 1988, rééd. 2014, p. 367.

mode d'écriture d'habiller ostensiblement son propos sous un monceau de citations d'auteurs antiques. Le pédant se caractérise ici par sa référence à un savoir acquis de l'extérieur et régurgité sans avoir eu le temps d'être assimilé :

> Nous ne travaillons qu'à remplir la memoire, et laissons l'entendement et la conscience vuide. Tout ainsi que les oyseaux vont quelquefois à la queste du grein, et le portent au bec sans le taster, pour en faire bechée à leurs petits, ainsi nos pedantes vont pillotant la science dans les livres, et ne la logent qu'au bout de leurs lévres, pour la dégorger seulement et mettre au vent [I, 25, p. 136].

Mais que dire dès lors du rapport que Montaigne lui-même entretient aux textes anciens ? Pour ce qui est du commerce des livres, celui-ci pourrait bien nous sembler partager avec les « humanistes » la pratique de l'emprunt, au risque même de la dissolution de sa propre écriture[37]. Dans un ajout d'après 1588, Montaigne semble lui-même prendre comme après coup conscience de l'inconséquence de sa critique :

> C'est merveille combien proprement la sottise se loge sur mon exemple. Est-ce pas faire de mesme, ce que je fay en la plus part de cette composition [*i.e.* les *Essais*] ? Je m'en vay, escorniflant par cy par là des livres les sentences qui me plaisent, non pour les garder, car je n'ay point de gardoires, mais pour les transporter en cettuy-cy, où, à vray dire, elles ne sont non plus miennes qu'en leur premiere place [I, 25, p. 136 (C)].

Recueillir les pensées des autres et les régurgiter sans avoir eu le loisir de les assimiler, c'est bien là en effet une caractéristique de la pratique de l'écriture des *Essais*. Au fil de ses lectures, Montaigne prélève une citation qu'il intègre le plus souvent immédiatement à son livre. À ce compte,

37. Sur les citations de Montaigne, voir M. Metschies, *La Citation et l'Art de citer dans les* Essais, *op. cit.* L'ouvrage de Christine Brousseau-Beuermann (*La Copie de Montaigne. Études sur les citations dans les* Essais, Paris/Genève, Honoré Champion/Slatkine, 1989) s'intéresse aussi à la réception de ces citations chez les lecteurs de Montaigne.

il pourrait être nommé le premier des pédants. Ce sera là le jugement de Malebranche qui définit comme pédants

> [...] ceux, qui pour faire parade de leur fausse science, citent à tort et à travers toutes sortes d'auteurs, qui parlent simplement pour parler et pour se faire admirer des sots, qui amassent sans jugement et sans discernement des apophtegmes et des traits d'histoire pour prouver, ou pour faire semblant de prouver des choses, qui ne se peuvent prouver que par des raisons[38].

Montaigne, selon Malebranche, attaque le pédant « à robe longue », c'est-à-dire le maître revêtu de la robe professorale, en se donnant lui-même « l'air cavalier », c'est-à-dire du noble exerçant dans les armes et ne pratiquant les sciences qu'en amateur : il reste cependant un « pédant », quoique d'un nouveau genre, « un pédant à la cavalière »[39]. Si on suit Malebranche, on serait tenté de classer Montaigne du côté des Anciens, critiqués par les Modernes. Ainsi, pour Bacon, « l'invention des choses doit être cherchée dans la lumière de la Nature, et non point aller être empruntée aux ténèbres de l'Antiquité[40] ». Il en va de même pour Descartes, qui écrit que « nous ne deviendrons jamais philosophes, si nous avons lu tous les raisonnements de Platon et d'Aristote, et que nous sommes incapables de porter un jugement assuré sur les sujets qu'on nous propose ; dans ce cas, en effet, ce ne sont point des sciences que nous aurions apprises, mais de l'histoire[41] ». Dans sa *Préface sur le Traité du vide,*

---

38. N. Malebranche, *De la recherche de la vérité*, I, III, V, *op. cit.*, p. 277.

39. *Ibid.* Voir Marie-Frédérique Pellegrin (« "Un pédant à la cavaliere" : le procès de l'imagination montaignienne chez Malebranche », dans Ph. Desan (dir.), *Les Usages philosophiques de Montaigne*, Paris, Hermann, 2017, p. 83-101), qui montre en particulier le rôle de Jean-Pierre Camus dans cette critique (p. 87-88).

40. Francis Bacon, *Temporis partus masculus*, dans J. Spedding *et al.*, *The Works of Francis Bacon*, Londres, 1858-1874, t. III, p. 535. Voir aussi les *Cogitata et visa de interpretatione naturæ sive de scientia operativa*, dans *ibid.*, p. 605.

41. René Descartes, *Règles pour la direction de l'esprit*, Règle III, Id., *Œuvres*, *op. cit.*, t. X, p. 367, trad. Jacques Brunschwig, dans Descartes, *Œuvres philosophiques*, éd. F. Alquié, Paris, Garnier, 1963, t. I, p. 86.

Pascal, lecteur de Montaigne, de Bacon et de Descartes, critique lui aussi la révérence accordée aux Anciens : « On fait un crime de les contredire et un attentat d'y ajouter, comme s'ils n'avaient plus laissé de vérités à connaître[42]. »

Où situer ici Montaigne ? La réponse à ce problème ne tient pas dans le simple fait de la référence aux Anciens : elle doit plutôt être recherchée dans l'usage qui en est fait dans les *Essais*. Le chapitre « Du pedantisme » évoque la question pour l'esquiver, dans un de ces gestes d'autodépréciation, dont Montaigne est coutumier (« C'est merveille combien proprement la sottise se loge sur mon exemple »). Le chapitre suivant, « De l'institution des enfans », nous donne plus d'explications. Dans l'ajout d'après 1588, Montaigne réitère la confession qu'il a faite au chapitre précédent : « Je n'ay dressé commerce avec aucun livre solide, sinon Plutarque et Seneque, où je puyse comme les Danaïdes, remplissant et versant sans cesse. J'en attache quelque chose à ce papier ; à moy, si peu que rien » (I, 26, p. 146). On retrouve bien ici la caractéristique essentielle du savoir du pédant : rester un savoir extérieur à l'esprit, incapable de s'incorporer à lui. Mais Montaigne tente cette fois de justifier ce rapport aux Anciens en définissant ce que pourrait être une bonne pratique de l'emprunt. La ligne de défense de Montaigne est déroutante : loin de se défendre du caractère superficiel de ses propres emprunts aux Anciens, il les revendique. Il insiste sur le fait que ses lectures ne le détournent pas de son propre chemin, qu'il ne rencontre les « bons autheurs » que « de fortune » – un peu comme, dans l'« Apologie de Raimond Sebond », il dit être « un philosophe impremedité et fortuite » (II, 12, p. 546) parce que, dans le cheminement erratique de sa propre pensée, il croise accidentellement les opinions des philosophes[43].

---

42. Blaise Pascal, *Préface sur le traité du vide*, dans *Œuvres complètes*, *op. cit.*, p. 231.

43. Cette formule a souvent été mal comprise, comme si Montaigne revendiquait inventer ici une nouvelle écriture de la philosophie. Son

Mais n'est-ce pas cette même superficialité de l'emprunt que Montaigne reprochait aux « pédants » ?

La réponse est que la superficialité de l'emprunt n'a pas le même sens pour les humanistes-pédants et pour Montaigne. Les « escrivains indiscrets de nostre siecle », écrit Montaigne, n'ont que des « ouvrages de neant » et « vont semant des lieux entiers des anciens autheurs pour se faire honneur » (I, 26, p. 147), c'est-à-dire pour maquiller la vacuité de leur propre jugement. Pour Montaigne, la superficialité est à l'inverse garante de l'absence de contrainte exercée par la doctrine étrangère sur le jugement : elle vaut comme protection contre la force d'aliénation de l'opinion d'autrui, grâce à laquelle l'initiative du jugement reste intégralement mienne. Comme la nonchalance, la superficialité est un gage d'autonomie. De la même façon, Descartes condamnera « une lecture trop assidue [*nimis attenta lectio*] » des Anciens, de peur que leurs erreurs « adhèrent à nous [*nobis adhæreant*] »[44]. Si le pédant se caractérise par l'hypertrophie de la mémoire et de l'érudition au détriment de l'entendement, on peut dire que la relation que Montaigne entretient vis-à-vis de l'emprunt se situe ici en deçà même de la mémoire – d'une mémoire qu'il revendique par ailleurs lui faire

idée principale, dans ce texte précis, n'a rien de programmatique : quelque opinion que l'on soutienne, aussi fantaisiste soit-elle, il se trouvera toujours un philosophe reconnu tel qui l'aura énoncée sérieusement, tant ces philosophes ont dit à peu près tout et n'importe quoi, explorant ainsi tout le champ possible de l'opinion : « [la philosophie] a tant de visages et de varieté, et a tant dict, que tous nos songes et resveries s'y trouvent. L'humaine phantasie ne peut rien concevoir en bien et en mal qui n'y soit. *Nihil tam absurde dici potest quod non dicatur ab aliquo philosophorum* » (II, 12, p. 546). Montaigne ajoute une comparaison aussi drôle qu'éclairante : sans connaître quoi que ce soit à la langue italienne, un étranger pourrait ajouter à son gré une terminaison italianisante à n'importe quel terme latin, français, espagnol ou gascon : il y a tant d'idiomes italiens (« ou Thoscan, ou Romain, ou Venitien, ou Piemonţois, ou Napolitain ») qu'il s'en trouvera à coup sûr un qui comprendra ce terme dans son lexique.

44. R. Descartes, *Règles pour la direction de l'esprit*, *op. cit.*, p. 366.

défaut (« je n'ay point de gardoires »). Cette amnésie prévient la doctrine des Anciens d'adhérer à notre esprit (au sens de Descartes) et d'aliéner notre jugement en se substituant à lui. Il y a donc superficialité et superficialité. La nonchalance du « cavaliere » est ici présentée comme une qualité, traduisant le refus d'asservissement de mon propre jugement à celui d'un autre, quelle que soit son autorité réelle ou prétendue. Citons le chapitre « De la praesumption » :

> Je feuillette les livres, je ne les étudie pas : ce qui m'en demeure, c'est chose que je ne reconnois plus estre d'autruy ; c'est cela seulement dequoy mon jugement a faict son profict, les discours et les imaginations dequoy il s'est imbu ; l'autheur, le lieu, les mots et autres circonstances, je les oublie incontinent [II, 17, p. 651].

Pourquoi lit-on ? Montaigne considère à plusieurs endroits les livres comme un remède contre l'ennui (II, 10, p. 408), ou comme une sorte « de jouet et de passetemps » (III, 3, p. 829). Le plaisir qu'ils procurent ne compense pas toujours l'effort qu'il faut à les lire, qui fait que leur fréquentation est « aussi penible que toute autre [occupation], et autant ennemie de la santé » (I, 39, p. 245). Quoi qu'il en soit, on ne lit pas à proprement parler pour acquérir du savoir :

> Je n'ay aucunement estudié pour faire un livre ; mais j'ay aucunement estudié pour ce que je l'avoy faict, si c'est aucunement estudier que effleurer et pincer par la teste ou par les pieds tantost un autheur, tantost un autre ; nullement pour former mes opinions ; ouy pour les assister pieç'a formées, seconder et servir [II, 18, p. 666].

Il faut pour Montaigne, comme plus tard pour Descartes, éviter l'imprégnation et l'adhérence des opinions d'autrui sur notre jugement. C'est dans cette mise à distance que la pratique de l'emprunt revendiquée par Montaigne se distingue de celle des humanistes. Terence Cave a bien résumé cette opposition en commentant le texte du chapitre « De l'institution des enfans » :

> Le discours étranger ne peut s'« attacher » au moi, il lui reste extérieur. [...] La seule chose à quoi rattacher les fragments d'un autre texte est « ce papier », domaine intermédiaire qui concerne indéniablement le moi (les phrases commencent souvent par « je ») mais en diffère tout aussi indéniablement[45].

Le « moi » demeure ainsi indemne dans cette exposition aux opinions d'autrui que sont la lecture et l'emprunt. Montaigne insiste tout particulièrement sur l'antériorité de son jugement, et sur le fait que cette lecture ne vient pas interrompre le mouvement de sa rédaction : « Quand j'escris, je me passe bien de la compaignie et souvenance des livres, de peur qu'ils n'interrompent ma forme » (III, 5, p. 874). C'est donc un jugement déjà formé que vient rencontrer la lecture : la connaissance livresque doit servir « d'ornement, non de fondement » (I, 26, p. 153)[46]. Comme l'écrit Antoine Compagnon, la citation de Montaigne obéit à un mouvement centripète, allant du texte déjà rédigé vers sa mise à l'épreuve : « au lieu d'aller du texte vers son dehors, elle appelle, fait venir ce dehors et elle l'incorpore[47] ». Montaigne se compare à l'occasion à « la tourbe des escrivailleurs » (II, 32, p. 722) de son temps qui empruntent aux autres parce qu'ils n'ont rien à dire par eux-mêmes : il s'en distingue toutefois dès lors que les emprunts ne lui servent qu'à se dire (« je ne dis les autres, sinon pour d'autant plus me dire », I, 26, p. 148). Poser cette différence, qui ne va nullement de soi, entre ne *rien* dire et *se* dire, constitue l'un des enjeux fondamentaux de l'écriture de soi des *Essais*.

L'ordre n'est plus celui de l'apprentissage augustinien, dans lequel la vérité, révélée en nous-même par le maître intérieur, ne parvient à la conscience qu'avec l'aide des paroles extérieures qui l'évoquent en nous. Si

45. Terence Cave, *Cornucopia, figures de l'abondance au XVIe siècle. Érasme, Rabelais, Ronsard, Montaigne*, trad. G. Morel, Paris, Macula, 1997, p. 278.

46. Voir le commentaire de J. Starobinski, *Montaigne en mouvement*, *op. cit.*, p. 142.

47. A. Compagnon, *La Seconde Main ou le travail de la citation*, Paris, Seuil, 1979, rééd. 2016, p. 347.

Montaigne écrit que « la lecture [lui] sert specialement à esveiller par divers objects [s]on discours, à embesongner [s]on jugement » (III, 3, p. 819), ce n'est que pour opposer le jugement et la mémoire, alors même que, pour Augustin, la connaissance consiste en forme de remémoration d'une vérité déjà possédée. Le modèle de Montaigne est ici différent : son esprit, écrit-il, « a dequoy esveiller ses facultez *par luy mesme* ; nature luy a donné, comme à tous, assez de matiere sienne pour son utilité, et de subjects *siens assez* où inventer et juger » (III, 5, p. 819)[48] : les livres, à l'inverse, sont pour cet esprit « du genre des occupations qui le desbauchent de son estude ». La dialectique de l'intériorité et de l'extériorité en est transformée : l'autre ne m'éveille pas à moi-même – paradoxalement, je ne suis en mesure de le rencontrer qu'après m'être déjà trouvé.

Il est cependant vrai que Montaigne écrit à l'occasion qu'il faut assimiler les opinions des autres, se les approprier, les transformer « pour en faire un ouvrage tout sien : à sçavoir son jugement » (I, 26, p. 152). Au chapitre « Du pedantisme », il compare ce processus d'assimilation à celui de la digestion : « Nous prenons en garde les opinions et le sçavoir d'autruy, et puis c'est tout. Il les faut faire nostres [...]. Que nous sert-il d'avoir la panse pleine de viande, si elle ne se digere ? si elle ne se trans-forme en nous ? si elle ne nous augmente et fortifie ? » (I, 25, p. 137). Le chapitre suivant, « De l'institution des enfans », fait une comparaison avec les abeilles qui « pillotent deçà delà les fleurs, mais elles en font apres le miel, qui est tout leur ; ce n'est plus thin ny marjolaine : ainsi les pieces empruntées d'autruy » (I, 26, p. 152). Faire siennes les opinions des autres, les digérer, les transformer en nous, tout cela semble impliquer un rapport approfondi, et en rien superficiel, aux écrits des Anciens.

Ces textes empruntent encore une fois à des lieux communs de l'humanisme. Ceux-ci trouvent leur source

48. Nous soulignons.

dans la lettre 84 de Sénèque, sur l'importance de cet « aliment de l'esprit » qu'est la lecture. Sénèque nous demande d'imiter les abeilles en collectant ce que nous avons appris de nos lectures, pour confondre ces sucs variés « en une seule saveur », de sorte que « même si la source de tel emprunt apparaît nettement, il apparaisse tout aussi nettement que l'emprunt n'est point une reproduction du modèle ». Et Sénèque conclut : « Adhérons avec force [*adsentimur fideliter*] à ces pensées d'autrui et sachons les faire nôtres, afin d'unifier cent éléments divers [...]. Voici comment doit travailler notre esprit : qu'il cèle [*absondat*] tout ce de quoi il a été secouru et ne produise [*ostendat*] que ce qu'il en a fait[49]. » Ce refus de suivre les Anciens comme des modèles auxquels il faudrait s'identifier se retrouve par exemple chez Pétrarque[50], même s'il ne rejette pas complètement la citation et l'imitation : « je suis de ceux qui aiment mieux ne pas prendre de guide du tout que d'avoir à le suivre en tout[51] ». Celui-ci reprend à son compte la métaphore sénéquéenne de l'abeille : « Nous devons enfin écouter Sénèque qui nous conseille d'écrire tout comme les abeilles font leur miel[52]. » On retrouve

---

49. Sénèque, *Lettres à Lucilius*, lettre 84, 5, *op. cit.*, p. 855-856. Cette métaphore se trouve aussi chez Plutarque : « A ceste cause fault il [...] s'arrester à chercher le fruict mesme, et suyvre en cela l'exemple non des bouquettieres qui font les bouquets et les chapeaux de fleurs, mais des abeilles : car ces femmes là choisissans à l'œil les belles et odorantes fleurs et herbes, en tissent et composent un ouvrage qui est bien souëf à sentir, mais qui, au demourant ne porte point de fruict, et ne dure qu'un seul jour : mais abeilles bien souvent volans à travers et par dessus des prairies pleines de roses, de violettes et de hiacynthes, se poseront sur du tres-fort et du tres-agu thym, et s'arresteront dessus preparans dequoy faire le roux miel, et y ayant cueilli quelque chose qui puisse servir, s'en renvolent à leur propre besongne » (*Comment il faut ouir*, dans Id. *Les Œuvres morales et meslées de Plutarque*, *op. cit.*, t. I, f° 27 A-B).

50. Voir sur ce point M. Metschies, *La Citation et l'Art de citer dans les* Essais *de Montaigne*, *op. cit.*, p. 56-65.

51. Pétrarque, *Lettre familières*, 22, 2, 20-21, cité par M. Metschies, *La Citation et l'Art de citer dans les* Essais *de Montaigne*, *op. cit.*, p. 59.

52. *Ibid.*, 23, 19, 13, cité par M. Metschies, *La Citation et l'Art de citer dans les* Essais *de Montaigne*, *op. cit.*, p. 64. Pétrarque est cependant plus

encore cette métaphore digestive dans le *Ciceronianus* d'Érasme, qui oppose à la pratique d'imitation servile de ceux qu'il nomme les « ombres » ou les « singes » de Cicéron[53], une imitation inventive et créatrice, réadaptée au contexte présent (en particulier au contexte chrétien), en voyant en Cicéron non un modèle à suivre, mais un rival à égaler : « J'approuve l'imitation [...] qui n'utilise pas sur le champ tout ce qu'elle a pu recueillir d'élégant mais le conserve longtemps dans l'âme comme la nourriture est conservée dans l'estomac pour être assimilée dans les veines, au point d'apparaître comme le fruit spontané de ton esprit dont elle exprime la vigueur et le naturel[54]. »

Les proximités du texte de Montaigne à ces sources ont été soulignées par Marc Fumaroli[55]. Nous en voyons cependant les limites. Alors que Sénèque nous demande d'adhérer avec force aux pensées d'autrui, et Érasme de les conserver longtemps dans l'âme, Montaigne insiste sur le fait qu'il les régurgite immédiatement, sans leur laisser le temps d'imprégner notre jugement, en court-circuitant le processus de digestion. Le but n'est pas de

---

proche que les autres auteurs de Montaigne lorsqu'il compare la digestion à celle, encore supérieure du vers à soie : « Il vaut mieux encore, au lieu de glaner çà et là comme les abeilles, imiter l'exemple de ces vers, un peu plus grands que les abeilles, qui extraient la soie de leurs propres viscères, et *tirer de notre for intérieur* la forme et le fond de notre discours » (*ibid.*, 1, 8, 4-5, p. 58, nous soulignons).

53. Érasme, *Le Cicéronien*, dans *La Philosophie chrétienne : l'*Éloge de la folie, *l'*Essai sur le libre arbitre, Le Cicéronien, *la* Réfutation de Clichtove, introduction, trad. et notes P. Mesnard, Paris, Jean Vrin, 1970, p. 292 et 314.

54. *Ibid.*, p. 352.

55. Marc Fumaroli, *L'Âge de l'éloquence. Rhétorique et* res literaria *de la Renaissance au seuil de l'époque classique*, Paris, Albin Michel, 1980, rééd. 1994, p. 98. Pour une vision plus nuancée du rapport de Montaigne au cicéronisme de la Renaissance, voir Michel Magnien, « Un écho de la querelle cicéronienne au XVIe siècle : éloquence et imitation dans les *Essais* », dans F. Lestringant (dir.), *Rhétorique de Montaigne. Actes du colloque de la Société des amis de Montaigne (Paris, 14-15 décembre 1984)*, Paris, 1985, p. 85-99.

transformer le jugement, mais de le mettre à l'épreuve pour manifester à l'esprit ses propres ressources :

> Cette capacité de trier le vray, quelle qu'elle soit en moy, et cett'humeur libre de n'assubjectir aisément ma creance, je la dois principalement à moy : car les plus fermes imaginations que j'aye, et generalles, sont celles qui, par maniere de dire, nasquirent avec moy. Elles sont naturelles et toutes miennes. Je les produisis crues et simples, d'une production hardie et forte, mais un peu trouble et imparfaicte ; depuis je les ay establies et fortifiées par l'authorité d'autruy, et par les sains discours des anciens, ausquels je me suis rencontré conforme en jugement : ceux-là m'en ont assuré la prinse, et m'en ont donné la jouyssance et possession plus entiere [II, 17, p. 658].

Les emprunts me servent ainsi à prendre la mesure de mon propre jugement, non à le former, ni même à le rectifier. L'argument de la supériorité *incomparable* des Anciens permet paradoxalement à Montaigne, selon un procédé tactique que l'on retrouvera dans d'autres contextes (p. ex. l'autorité du discours du théologien *vs* le discours simplement humain), de mettre leur autorité à distance pour mieux revendiquer l'autonomie de son propre discours :

> À me reconnoistre, au prix de ces gens là, si foible et si chetif, si poisant et si endormy, je me fay pitié ou desdain à moy mesmes. Si me gratifie-je de cecy, que mes opinions ont cet honneur de rencontrer souvent aux leurs ; et que je vais au moins de loing apres, disant que voire. Aussi que j'ay cela, qu'un chacun n'a pas, de connoistre l'extreme difference d'entre eux et moy. Et laisse ce neantmoins courir mes inventions ainsi foibles et basses, comme je les ay produites, sans en replastrer et recoudre les defaux que cette comparaison m'y a descouvert [I, 26, p. 146].

Pas plus qu'ailleurs, l'autodévaluation ne renvoie ici à une dynamique de contrition. La prétention limitée de Montaigne lui donne en quelque façon le droit à juger par lui-même. L'absence de proportion entre les Anciens et nous rend vaine toute tentative de prendre exemple sur eux ou d'être leurs émules : elle renvoie l'esprit humain à son propre acte de jugement. Il ne s'agit même pas de découvrir sa propre originalité dans un rapport aux Anciens en intériorisant, déformant et personnalisant leur pensée, comme c'était le cas chez les humanistes, et comme ce sera encore le cas chez Emerson[56] : tout cela suppose une forme d'assimilation, dont Montaigne confesse être incapable. Le dilettantisme revendiqué de la pratique montaignienne de lecture renvoie à sa pédagogie de « l'absence d'effort », que Marc Foglia oppose pertinemment à la pédagogie érasmienne de l'habituation[57]. Écrire, comme le fait Hugo Friedrich, que « Montaigne n'emprunte rien à la réserve d'idées de la tradition sans l'avoir d'abord transformé en conviction et opinion personnelles » convient bien plus à la méthode humaniste de l'emprunt qu'à celle de l'auteur des *Essais*[58]. Si Montaigne refuse de « pilloter » la science dans les livres comme le font les tenants d'un

---

56. Ralph Waldo Emerson, « Quotation and Originality », *Letters and Social Aims*, dans *The Complete Writings of Ralph Waldo Emerson*, *op. cit.*, p. 781-789.

57. M. Foglia, *Montaigne, pédagogue du jugement*, *op. cit.*, p. 186 et 237. Il faut cependant noter que le programme éducatif de Montaigne exige une forme d'endurcissement de l'élève, dont il faut à la fois « roidir l'âme » et « roidir les muscles » (I, 26, p. 153 ; voir aussi p. 165-166). Mais il faut replacer tout ce passage dans son contexte – à savoir une pédagogie du voyage, par laquelle l'élève s'accoutume à supporter de dialoguer avec ceux qui professent les opinions en apparence les plus excentriques (faculté dont sont privés, selon Montaigne, les hommes de son temps, incapable de négocier une paix durable avec le parti opposé).

58. Une comparaison entre les pratiques de lecture de Montaigne et de Rabelais confirmerait encore cette distance entre Montaigne et les humanistes. Cette opposition a été notée par Floyd Gray, qui l'occulte quelque peu en donnant un même sens augustinisant aux pratiques des deux auteurs : « Rabelais et Montaigne, par exemple, lisent à peu près mes mêmes livres, mais pas du tout de la même manière. Rabelais en les déformant, Montaigne en les personnalisant. Tous deux contribuent pour leur part à la renaissance du livre, car ils l'abordent moins pour ce qu'il dit que pour ce qu'il leur dit, ou mieux encore, pour ce qu'ils peuvent leur faire dire. Ce n'est pas dans Platon, Plutarque ou Cicéron qu'il trouvent ce qu'ils trouvent, mais en eux-mêmes ou par rapport à eux-mêmes. Dans la mesure où la lecture réveille des pensées latentes qui seraient restées inopérantes sans ce contact avec l'autre, elle sert de prétexte à une sorte de "conférence" ou de dialogue entre auteur et lecteur [...]. C'est ainsi qu'on autre mode de lecture se crée, moins textuel que littéraire, davantage une relecture,

humanisme sclérosé, il revendique « esconifler » les livres, sans les retenir ni les digérer, en refusant les prescriptions de la tradition humaniste afin de garantir la distance nécessaire entre l'autorité du passé et son propre jugement[59]. On voit bien ici ce qui distingue le projet de Montaigne de l'éducation libérale décrite par Leo Strauss comme « une espèce d'éducation à la chose écrite » et une formation à la vie de l'esprit par la médiation des « grands livres [*great books*] »[60]. S'incorporer la doctrine ne veut donc pas dire en faire sa propre doctrine, mais se mesurer à elle, se saisir soi-même dans la confrontation. L'*agôn* est chez Montaigne une condition essentielle de l'exercice de ses propres facultés, la condition donc de l'être à soi-même : « [Je] reçoy plus facilement la difference que la ressemblance en nous » (I, 37, p. 229) ; « Il en peut estre aucuns de ma complexion, qui m'instruis mieux par contrarieté que par exemple, et par fuite que par suite » (III, 8, p. 922)[61]. Le problème majeur que pose la condition des puissants est que, selon le chapitre « De l'incommodité de la grandeur », ayant des courtisans au lieu d'interlocuteurs, ils ne peuvent se mesurer eux-mêmes en se mesurant aux autres.

La doctrine acquise par les livres ne transforme pas les âmes au sens où elle les ferait changer de forme.

---

voire une réécriture, qu'un simple déchiffrage de texte » (F. Gray, *Montaigne et les livres*, *op. cit.*, p. 18-19).

59. Voir sur ce point J. Chateau, *Montaigne, psychologue et pédagogue*, *op. cit.*, p. 234.

60. Voir L. Strauss, *Le Libéralisme antique et moderne*, *op. cit.*, p. 15 et 44.

61. Timothy Hampton montre comment, à la traditionnelle opposition entre les armes et les lettres, Montaigne substitue l'idée d'une écriture agonistique qui se construit dans une forme de bataille avec les Anciens : « Le jeune homme élevé pour "conduire une guerre" et "commander aux gens" est reflété en Montaigne, le guerrier du texte [*the textual warrior*]. Au fur et à mesure que nous passons d'un niveau de lecture du texte de Montaigne à un autre, les armes cèdent aux lettres, qui sont à leur tour figurées par les armes » (*Writing from History. The Rhetoric of Exemplarity in Renaissance Litterature*, Ithaca/Londres, Cornell University Press, 1990, p. 150).

La doctrine ne fait que les confirmer dans ce qu'elles sont naturellement, en éveillant le jugement à lui-même et en lui révélant ses propres possibilités :

> Je me sers rarement des advis d'autruy, si ce n'est par honneur de ceremonie, sauf où j'ay besoing d'instruction de science ou de la connoissance du faict. Mais, és choses où je n'ay à employer que le jugement, les raisons estrangeres peuvent servir à m'appuyer, mais peu à me destourner [III, 2, p. 814].

Les chapitres I, 25 et I, 26 tendaient à dévaloriser la doctrine. Sans aller jusqu'à la réhabiliter, le chapitre « De l'art de conférer » en fait un bien neutre :

> En mon pays, et de mon temps, la doctrine amande assez les bourses, rarement les ames. Si elle les rencontre mousses, elle les aggrave et suffoque, masse crue et indigeste ; si desliées, elle les purifie volontiers, clarifie et subtilise jusques à l'exinanition. C'est chose de qualité à peu pres indifferente ; tres-utile accessoire à une ame bien née, pernicieux à une autre ame et dommageable [III, 8, p. 927].

Par la confrontation à la doctrine des autres, l'âme obtuse devient plus obtuse, l'âme déliée plus déliée, et l'âme bien née trouvera là de quoi exercer ses facultés naturelles – bref, la fréquentation d'autrui ne sert proprement à rien, sinon à l'épreuve de son propre jugement et de matière à son exercice. C'est en ce sens que Montaigne peut écrire : « Les livres m'ont servi non tant d'instruction que d'exercitation » (III, 12, p. 1039). Paradoxalement donc, quoiqu'il se réfère constamment aux Anciens, Montaigne se trouve plus proche des « modernes », tels Bacon, Descartes et Pascal que des humanistes tels Pétrarque, Valla et Érasme.

Doctrine sacrée et humaines fantaisies

À travers sa réflexion sur la transmission des savoirs, Montaigne vise les questions plus générales de l'autorité et de l'autoritarisme. La rigidité des disciplines ou la férule du maître ne sont que des expressions visibles d'un caractère intrinsèque de la doctrine : celle-ci se présente sous une forme autoritaire, comme l'expression d'une vérité déjà trouvée, qui ne laisse plus de place à l'enquête ou à la discussion, mais qui n'a plus qu'à être enseignée et apprise. L'autoritarisme désigne ainsi une modalité inhérente d'énonciation de la doctrine, par laquelle elle tend à se communiquer sous la forme d'un savoir achevé et définitif qui s'impose à l'esprit et le bride dans son mouvement naturel d'inquisition. Selon l'aristotélicien que Montaigne a rencontré à Pise, « la touche et regle de toutes imaginations solides et de toute verité c'est la conformité à la doctrine d'Aristote ; que hors de là ce ne sont que chimeres et inanité ; qu'il a tout veu et tout dict » (I, 26, p. 151). C'est moins la doctrine d'Aristote en tant que telle qui est critiquée ici que la figure emblématique de l'autoritarisme scientifique, le « Dieu de la science scolastique », le « monarque de la doctrine moderne », dont la « doctrine nous sert de loy magistrale », dont « c'est religion de debatre [des] ordonnances » (II, 12, p. 539). Si la vérité a déjà été découverte et énoncée, il ne reste plus rien à chercher. La science ne sera plus qu'une activité de remémoration et de commémoration de ce qui a été trouvé une fois pour toutes : « qui suit un autre, il ne suit rien. Il ne trouve rien, voire il ne cerche rien » (I, 26, p. 151). Le savoir achevé n'a plus qu'à s'exhiber : aussi l'ostentation est-elle une dimension constitutive de la doctrine, comme la quête est une dimension constitutive de la science authentique.

Il y a cependant au moins un domaine dans lesquels l'autorité de la doctrine se trouve légitimée pour Montaigne, à savoir la théologie. Le chapitre « Des prieres » est le seul où le terme de « doctrine », au sens d'un savoir résolutif et « instruisant », se trouve par deux fois employé positivement pour désigner la « doctrine divine » ou la « doctrine céleste »[62]. Le théologien – entendons

62. Sur ce chapitre, on se référera principalement à l'introduction de l'ouvrage d'Alain Legros (Montaigne, *Essais, I, 56, « Des prières »*, Genève, Droz, 2003, p. 19-119).

le théologien professionnel et *autorisé* – a pour mission de fixer la doctrine de façon *autoritaire*. Le motif théologique est aussi un motif politique : en ces temps où la dogmatomachie dégénère en un conflit civil armé, il est nécessaire qu'une autorité unique gouverne les opinions au-dessus des partis et des ligues. Dans certains textes, l'autorité religieuse semble avoir la même fonction que les *leges* des aristotéliciens averroïsants du XVe et du XVIe siècle : « On a raison de donner à l'esprit humain les barrieres les plus contraintes qu'on peut [...]. On le bride et garrote de religions, de loix, de coustumes, de science, de preceptes, de peines et recompenses mortelles et immortelles » (II, 12, p. 559)[63]. Le théologien est en cela comparable au législateur ou au juge, qui ont pour fonction d'arbitrer dans des affaires sujettes à contestation. Le juriste produit la vérité normative plus qu'il ne la découvre, et ce parce qu'il est précisément lui aussi *autorisé* à le faire. Il *fait* autorité par le caractère performatif de ses énoncés, de sorte que la vérité de son discours tient moins dans son adéquation à quelque modèle préexistant de vérité qu'au fait qu'il soit autorisé à promulguer la régle. « *Auctoritas non veritas facit legem* », écrira Hobbes dans un esprit proche[64]. Aussi est-il légitime que les arrêts juridiques s'énoncent comme « le point extreme du parler dogmatiste et resolutif » (II, 12, p. 509-510). Avant Bacon

63. Voir aussi le chapitre « De la gloire », où Montaigne parle des superstitions des religions païennes (sans dire explicitement ce qui peut les distinguer du christianisme) : « Puis que les hommes, par leur insuffisance, ne se peuvent assez payer d'une bonne monnoye, qu'on y employe encore la fauce. Ce moyen a esté practiqué par tous les Legislateurs, et n'est police où il n'y ait quelque meslange ou de vanité ceremonieuse ou d'opinion mensongere, qui serve de bride à tenir le peuple en office. C'est pour cela que la pluspart ont leurs origines et commencemens fabuleux et enrichis de mysteres supernaturels. C'est cela qui a donné credit aux religions bastardes et les a faites favorir aux gens d'entendement » (II, 16, p. 629).

64. Thomas Hobbes, *Léviathan* [édition latine], II, 26, trad. et notes F. Tricaud et M. Pécharmant, introduction M. Pécharmant, Paris, Jean Vrin, 2004, p. 210.

et Leibniz[65], Montaigne voit la parenté qui unit droit et théologie du fait du mode d'invention de leur savoir. Il reste que la légitimité du jugement en matière de droit est toujours pour Montaigne problématique. L'arrêt juridique relève d'une logique spécifique, qui peut aller à l'encontre de notre jugement naturel, ainsi que le montre l'exemple de l'innocent sacrifié au respect des procédures :

> Cecy est advenu de mon temps : certains sont condamnez à la mort pour un homicide, l'arrest, sinon prononcé, au moins conclud et arresté. Sur ce poinct, les juges sont advertis par les officiers d'une court subalterne voisine, qu'ils tiennent quelques prisonniers, lesquels advouent disertement cet homicide, et apportent à tout ce faict une lumiere indubitable. On delibere si pourtant on doit interrompre et differer l'execution de l'arrest donné contre les premiers. On considere la nouvelleté de l'exemple, et sa consequence pour accrocher les jugemens ; que la condemnation est juridiquement passée, les juges privez de repentance. Somme, ces pauvres diables sont consacrez aux formules de la justice [III, 13, p. 1070-1071].

Nous assistons bien ici au conflit entre deux régimes de vérité. L'opposition entre la justice selon la loi positive et la justice selon la conscience rend souvent

65. « Ce que je décris pour la religion ne vaut pas que pour elle, mais aussi pour de nombreuses connaissances [...] qui contiennent non seulement des *posita* mais des *placita* [...]. De même, dans les lois humaines, il existe de nombreux principes fondamentaux et de nombreuses maximes qui sont des *placita juris* : en d'autres termes, ils sont institués par l'autorité et non par la raison ; par conséquent, ils ne sont pas à discuter » (Francis Bacon, *Du progrès et de l'avancement des savoirs*, trad. M. Le Dœuff, Paris, Gallimard, 1991, p. 279) ; « Il y a entre [la théologie] et la jurisprudence une merveilleuse similitude. L'une et l'autre ont en effet pour origine : 1° la *raison*, d'où dérivent la théologie naturelle [...], et le droit naturel [...], 2° *l'écriture* ou le livre authentique, contenant les lois positives, réglant d'ici les rapports des hommes avec la divinité, de là les rapports des hommes entre eux [...]. La théologie est une espèce de jurisprudence prise d'une manière universelle [...]. La théologie a une liaison si intime avec la jurisprudence qu'il n'est pas jusqu'à des milliers de faits que nous ne puissions citer pour le démontrer (Gottfried Wilhelm Leibniz, *Nouvelle méthode pour apprendre et enseigner la jurisprudence*, trad. G.-L. Maurin, Paris, A. Mesnier, 1830, p. 3-6).

les condamnations « plus crimineuses que le crime ? » (*ibid.*), faisant de la justice une institution aussi nécessaire qu'absurde. La législation revêt elle aussi un caractère ambivalent :

> Les loix se maintiennent en credit, non par ce qu'elles sont justes, mais par ce qu'elles sont loix. C'est le fondement mystique de leur authorité ; elles n'en ont poinct d'autre ! Qui bien leur sert. Elles sont souvent faictes par des sots, plus souvent par des gens qui, en haine d'equalité, ont faute d'equité, mais tousjours par des hommes, autheurs vains et irresolus. Il n'est rien si lourdement et largement fautier que les loix, ny si ordinairement. Quiconque leur obeyt parce qu'elles sont justes, ne leur obeyt pas justement par où il doibt. Les nostres françoises prestent aucunement la main, par leur desreiglement et deformité, au desordre et corruption qui se voit en leur dispensation et execution [III, 13, p. 1072][66].

Montaigne montre donc à la fois le défaut des lois civiles, écrites par des gens qui ont « haine d'equalité » et « faute d'equité », et dont la pratique est « souvent tres inepte et tres inique » (II, 37, p. 766), et leur nécessité pragmatique, en vue de l'ordre public. La contrainte des lois est toujours perçue dans les *Essais* comme une violence faite à notre aspiration, aussi confuse soit-elle, à la justice : « La justice en soy, naturelle et universelle, est autrement reiglée, et plus noblement, que n'est cette autre justice speciale, nationale, contrainte au besoing de nos polices » (III, 1, p. 796)[67].

---

66. On pourra se référer à réflexion initiée par la lecture de ce texte par Jacques Derrida, *Force de loi. Le « Fondement mystique de l'autorité »*, Paris, Galilée, 1994, en particulier dans la première partie, « Du droit à la justice », p. 13-63

67. Sur le caractère ambivalent de l'obligation des lois, voir André Tournon, « Justice oblige », *BSAM*, 21-22, 2001, p. 71-79 ainsi que Ulrich Langer, « Montaigne's Ethics in Context : Fortitude (I, 12) and Justice (I, 23) », *MS*, 14, 2002, p. 7-18. Thomas Berns (*Violence de la loi à la Renaissance. L'originaire du politique chez Machiavel et Montaigne*, Paris, Kimé, 2000, p. 317-320) souligne plus encore l'engagement de Montaigne, dans ses fonctions publiques, en faveur de la justice et sa critique de institutions.

Il n'en va pas de même pour la théologie, dès lors que les vérités divines se situent hors de la portée de l'intelligence. On ne saurait dès lors opposer à l'absurdité des dogmes que l'absurdité égale de nos propres jugements, de sorte que « ce n'est que bestise et ignorance qui nous fait les recevoir avec moindre reverence que le reste » (I, 27, p. 182). Nous avons peut-être quelque sens naturel, même confus, de la justice et de l'injustice, qui nous fait percevoir le hiatus entre la « justice en soy » et la justice positive, mais nous n'en avons aucun des matières divines. En théologie plus encore qu'en jurisprudence, la légitimité tend à se confondre avec la légalité. Seule compte la qualification du théologien à juger, ce pourquoi Montaigne insiste sur le fait que cette tâche incombe au théologien professionnel (catholique), dont l'autorité est reconnue par une tradition suffisamment ancienne et universelle pour faire l'objet d'une adhésion collective. En ce sens, la doctrine sacrée n'est plus, comme le voulait Raimond Sebond, « commune aux laics et à toute maniere de gens[68] ». Sans doute les premiers humanistes partageaient-ils le projet universaliste de Sebond : mais les conflits qui ont résulté de la diffusion du protestantisme ont changé la donne. Définir la doctrine est pour Montaigne l'apanage du petit nombre d'hommes à qui Dieu a donné l'intelligence de ses mystères, comme Montaigne le précise dans son ajout de l'édition de 1588 :

> Et ne diroit on pas aussi sans apparence [*i.e.* ne dirait-on pas avec raison] que l'ordonnance de ne s'entremettre que bien reserveement d'escrire de la Religion à tous autres

68. *La theologie naturelle de Raymond Sebon Docteur excellent entre les modernes, en laquelle par l'ordre de Nature est desmontrée la vérité de la Foy Chrestienne et Catholique*, traduite nouvellement de Latin en François par M^{el} de Montaigne, Paris, 1569, p. 2 v°. Nous avons reproduit la traduction de Montaigne du prologue dans notre étude, Th. Gontier, « La notion de "doctrine", de la traduction du prologue de la *Théologie naturelle* de Sebond aux *Essais* de Montaigne », dans Ph. Desan (dir.), *Dieu à nostre commerce et société. Montaigne et la théologie*, Genève, Droz, 2008, p. 171-174.

> qu'à ceux qui en font expresse profession, n'auroit pas faute de quelque image d'utilité et de justice [...][69] ? [I, 56, p. 323 (B).]

Il s'agit bien entendu d'une question rhétorique : il incombe légitimement au théologien (comme au juriste) de prononcer son jugement non sur un mode dubitatif, mais bien dogmatique. C'est pourquoi il ne sied pas à la doctrine divine d'emprunter ses arguments à la philosophie, qui fait appel à un autre registre de savoir que le sien propre :

> La doctrine divine tient mieux son rang à part, comme Royne et dominatrice ; [...] elle doibt estre principale par tout, poinct suffragante et subsidiaire ; [...] les raisons divines se considerent plus venerablement et reveramment seules et en leur stile, qu'appariées aux discours humains ; [...] la Philosophie, dict Sainct Chrysostome, est pieça banie de l'escole sainte, comme servante inutile, et estimée indigne de voir, seulement en passant, de l'entrée, le sacraire des saints Thresors de la doctrine celeste ; [...] le dire humain a ses formes plus basses et ne se doibt servir de la dignité, majesté, regence, du parler divin [I, 56, p. 322-323 (B)].

Mais le plus important de ce texte ne se trouve pas dans la défense des autorités ecclésiales : cette figure du théologien a pour fonction principale de situer en creux la position du non-théologien, de l'amateur, et en particulier de Montaigne lui-même. Ce qui apparaît de façon encore plus claire dans l'ajout postérieur à 1588 :

> Je propose les fantasies humaines et miennes, simplement comme humaines fantasies, et separement considerées, non comme arrestées et reglées par l'ordonnance celeste, incapables de doubte et d'altercation : matiere d'opinion, non matiere de foy ; ce que je discours selon moy, non ce que je croy selon Dieu, comme les enfans proposent leurs essais : instruisables, non instruisants [I, 56, p. 322 (C)].

69. Sur l'expression « sans apparence », voir Kristi Sellevold, *« J'ayme ces mots... » Expressions linguistiques du doute dans les* Essais *de Montaigne*, Paris, Honoré Champion, 2004, p. 137-152.

L'autoritarisme, aussi légitime soit-il dans ce qui touche à l'énonciation de la doctrine sacrée, est fermement refusé pour le « dire humain », qui revêt les prédicats diamétralement opposés. La doctrine des théologiens est à juste titre « arrestée et reglée par l'ordonnance celeste », « incapable de doubte et d'altercation », « matiere de foy », non « matiere d'opinion », « ce que [le théologien] croy selon Dieu », non « ce qu['il] discour[t] selon [lui-même] », « instruisante », et non « instruisable ». Aussi, dès lors que la vérité n'a pas à être fixée, mais seulement recherchée, la question de l'autorité se pose d'une tout autre façon. C'est d'ailleurs aussi le cas pour le non-juriste, qui n'est pas en position d'arbitre, et n'est pas par conséquent tenu au « parler dogmatiste et resolutif » : « Nous autres, qui privons nostre jugement du droict de faire des arrests, regardons mollement les opinions diverses » (III, 8, p. 923). Il en va de même pour le non-théologien, celui que Montaigne, dans ce texte, nomme *humaniste* en inventant un nouvel usage pour ce terme : « il se voit plus souvent cette faute que les Theologiens escrivent trop humainement, que cett'autre que les humanistes escrivent trop peu theologalement » (I, 53, p. 323) : cet « humaniste » (*i.e.* ici celui qui est en droit d'écrire « humainement ») voit son discours légitimé pour autant qu'il n'a aucune visée dogmatique. Montaigne peut ainsi à la fois revendiquer son droit à une parole (non-doctrinale) et sa soumission aux prescriptions (doctrinales) formulées par les autorités théologiques :

> Je propose des fantasies informes et irresolues, comme font ceux qui publient des questions doubteuses à debattre aux escoles, non pour establir la verite, mais pour la chercher : et les soubmetz au jugement de ceux, à qui il touche de regler, non seulement mes actions et mes escris, mais encore mes pensées. Esgalement m'en sera acceptable et utile la condemnation, comme l'approbation. Et pourtant [*i.e.* par conséquent] me remettant tousjours à l'authorité de leur censure, qui peut tout sur moy, je me mesle ainsin temerairement à toute sorte de propos, comme icy [I, 56, p. 317-318].

Nous n'ignorons pas qu'il y a un sous-texte de cet allongeail du chapitre « Des prieres », sous-texte que nous, lecteurs tardifs des *Essais*, connaissons accidentellement par la lecture du *Journal de voyage*[70], texte non destiné à être publié, et qui ne l'a été qu'en conséquence du heureux hasard de la découverte du manuscrit au XVIIIe siècle. Nous savons par ce *Journal de voyage* que Montaigne avait été censuré oralement pour avoir écrit que « celuy qui prioit devoit estre exempt de vicieuse inclination pour ce temps[71] ». Selon cette lecture contextualisée, Montaigne répondrait ici (dans son chapitre sur les prières, donc sur le lieu même du délit) à ces remontrances et justifierait son droit de parler librement. Il se trouve que l'usage fréquent du terme paganisant de « fortune » dans les *Essais* faisait aussi partie des points critiqués par les théologiens du Saint-Siège. Quoique le chapitre ne porte pas sur ce point (le terme même n'apparaît pas dans l'édition de 1580), Montaigne profiterait de sa réponse pour justifier aussi son emploi du terme : « Je luy laisse [au dire humain], pour moy, dire, *verbis indisciplinatis*, fortune, d'estinée, accident, heur et malheur, et les Dieux et autres frases, selon sa mode » (I, 56, p. 323). Une telle lecture est sans doute juste, mais elle ne saurait être exclusive. À qui s'adresse en effet cet ajout de Montaigne dans le chapitre « Des prières » ? Aux maîtres du Sacré Palais, qui avaient une maîtrise approximative du français ? Aux quelques proches qui accompagnaient Montaigne dans son voyage ou qu'il a connu lors de son séjour à Rome ? Aux rares lecteurs auxquels il a raconté son aventure ? En tout cas pas

70. Aujourd'hui appuyé par quelques documents des archives de la Congrégation pour la doctrine de la foi. Voir en particulier Vincent Carraud, Jean-Robert Armogathe, « Les *Essais* de Montaigne dans les archives du Saint-Office », dans J.-L. Quantin, J.-C. Waquet (dir.), *Papes, princes et savants dans l'Europe moderne. Mélanges à la mémoire de Bruno Neveu*, Genève, Droz, 2007, p. 79-96, ainsi que Jean-Louis Quantin, « Les censures de Montaigne à l'index romain : précisions et corrections », *MS*, 34, 2014, p. 145-162.

71. *Journal de voyage de Michel de Montaigne*, éd. F. Rigolot, Paris, PUF, 1992, p. 119.

au lecteur commun des *Essais*, qui, aussi « suffisant » soit-il (I, 24, p. 127), ne peut pas connaître la relation du *Journal de voyage*. En réalité, nous en savons trop pour pouvoir lire le texte comme le lecteur ordinaire des *Essais* est censé le lire et, en un sens pas assez pour pouvoir formuler autre chose que des hypothèses sur sa signification dans le contexte des remontrances romaines. Le lecteur profane n'a aucune raison de soupçonner une protestation contre la censure des théologiens. Il ne faut certes pas négliger l'importance d'une écriture ciblée pour quelques rares lecteurs. Comme l'écrira Pascal, dans une formule d'esprit montaigniste : « Nous sommes si présomptueux que nous voudrions être connus de toute la terre, et même des gens qui viendront quand nous ne serons plus. Et nous sommes si vains que l'estime de cinq ou six personnes qui nous environnent nous amuse et nous contente[72]. » Sans doute Montaigne, qui écrit « à peu d'hommes et à peu d'années » (III, 9, p. 982), s'adresse-t-il à ces quelques proches et initiés. Il reste qu'il faut aussi tenir compte du sens exotérique du texte, tel qu'il est adressé aux lecteurs « de toute la terre, et même des gens qui viendront quand nous ne serons plus » : comment ces lecteurs du commun sont-ils censés comprendre ce texte ?

À cette position de principe, selon laquelle il doit y avoir une signification exotérique du texte, s'ajoute par ailleurs un problème de cohérence dans le récit du chapitre. Si Montaigne avait voulu suggérer une protestation contre la censure romaine, n'aurait-il pas été logique que cette protestation apparaisse à l'endroit où Montaigne expose sa thèse contestée par le censeur romain, selon laquelle l'âme ne doit prier que « deschargée des passions vitieuses », donc au début du chapitre ? Or ce n'est pas là que se situe l'ajout : il vient plus loin, pour commenter un propos de théologie politique, défendant aux profanes de traduire et interpréter les Écritures chacun à sa façon. Cette interdiction, si elle montre la distance entre Montaigne

72. Pascal, *Pensées*, éd. Lafuma, fragment 120.

et les humanistes de la génération précédente[73], ne fait l'objet d'aucune contestation de la part des autorités catholiques. Il doit bien y avoir un sens à cette opposition entre humanistes et théologiens que n'épuise pas la lecture fondée sur le contentieux romain.

Replaçons donc ce passage dans son contexte textuel immédiat. Que dit Montaigne à ce lecteur ordinaire ? Qu'il est interdit au profane de jouer au théologien professionnel. Mais il faut être plus précis, car il se trouve que, dans ce chapitre même sur la prière, Montaigne lui-même croise des questions de théologie. Il n'en traite certes pas de façon directe[74]. Son propos est avant tout moral : le ton du chapitre est celui d'une remontrance faite aux chrétiens du temps, qui multiplient hypocritement les actes extérieurs de piété

---

73. Le contraste avec Érasme, qui a tant inspiré la première réforme en France (celle des Briçonnet et des Lefèvre d'Étaple), est frappant. Citons le *Paraclesis* : « Je suis en effet tout à fait opposé à l'avis de ceux qui ne veulent pas que les lettres divines soient traduites en langue vulgaire pour être lues par les profanes, comme si l'enseignement du Christ était si voilé que seule une poignée de théologiens pouvaient le comprendre, ou bien si le rempart de la religion était fait de l'ignorance où on la tiendrait. Les mystères des rois, peut-être valait-il mieux les taire, mais le Christ a voulu que ses mystères à lui fussent répandus le plus possible. Je voudrais que toutes les plus humbles des femmes lisent les évangiles, lisent les épîtres de Paul. Puissent ces livres être traduits dans toutes les langues, de façon à ce que les Écossais, les Irlandais, mais aussi les Turcs et les Sarrasins soient en mesure de les lire et de les connaître » (Érasme, *Paraclesis*, trad. Y. Delegue et J.-P. Gillet, dans *Érasme. Les préfaces au* Novum Testamentum, Genève, Labor et Fides, 1990, p. 75).

74. Selon Vincent Carraud et Jean-Robert Armogathe (« Les *Essais* de Montaigne dans les archives du Saint-Office », art. cité), les *Essais* ont été censurés en 1581 pour des motifs théologiques (liés à la querelle antiprotestante) alors qu'ils ont été mis à l'Index en 1676 pour leur morale relâchée et leur encouragement au libertinisme (p. 93). De fait, la liste donnée par Montaigne des remontrances des théologiens ne retient que peu cet aspect théologique. User du mot païen « fortune », citer des poètes hérétiques, faire l'apologie de Julien l'Apostat, condamner la cruauté des supplices ou prôner une éducation aussi peu coercitive que possible, tout cela ne touche guère la théologie proprement dite, et encore moins la polémique antiprotestante. Pour une analyse de cette liste, voir Malcolm Smith, *Montaigne and the Roman Censors*, Genève, Droz, 1981.

tout en semant la sédition et en répandant les pires cruautés. Montaigne demande à ces prétendus chrétiens de mettre leurs actions en accord avec leurs paroles : « Pardonne nous, disons nous, comme nous pardonnons à ceux qui nous ont offencez. Que disons nous par là, sinon que nous luy offrons nostre ame exempte de vengeance et de rancune ? Toutesfois nous appellons Dieu et son ayde au complot de nos fautes, et le convions à l'injustice » (I, 56, p. 323). Comme l'écrit Alain Legros, « Montaigne trouve avant tout dans le *Pater* une exigence de fraternité et pardon mutuel, et c'est cela qu'il rappelle aux chrétiens divisés et dévoyés de son temps[75]. » Cette remontrance épouse un schéma argumentatif semblable à celle du début de l'« Apologie de Raimond Sebond », lorsque Montaigne se plaint que le zèle religieux seconde « nostre pente vers la haine, la cruauté, l'ambition, l'avarice, la detraction, la rebellion » (II, 12, p. 444) et reproche à ses contemporains d'être chrétiens superficiellement et du bout des lèvres, à même titre que nous sommes « Perigordins ou Alemans » (II, 12, p. 445). Pour revenir à la prière, Montaigne croise une question de théologie, adoptant sur la prière une position que Vincent Carraud a qualifiée de « rigoriste[76] ». Quoique son propos ne soit pas directement théologique (le rigorisme ne fait-il pas aussi bien partie des ingrédients rhétoriques de la remontrance morale ?), Montaigne est bien conscient qu'il vient empiéter, d'une façon ou d'une autre, sur le domaine du théologien : c'est pourquoi il considère que lui-même ferait mieux de laisser un tel discours aux professionnels et « de [s]'en taire » – même si cette recommandation n'est pas suivie d'effets dans ce chapitre.

En réalité, si le discours de l'« humaniste » est légitimé, ce n'est pas parce qu'il s'exercerait dans son ordre propre,

---

75. A. Legros, introduction à Montaigne, *Essais, I, 56. « Des prieres »*, *op. cit.*, p. 27.

76. Vincent Carraud, « Avoir l'âme nette : scepticisme et rigorisme dans "Des prieres" », dans Ph. Desan (dir.), *« Dieu à nostre commerce et société ». Montaigne et la théologie*, Genève, Droz, 2008, p. 73-89.

au sens où il porterait sur un objet différent de celui de la théologie. Ce qui légitime le discours de l'humaniste, c'est non son objet, mais sa modalité d'affirmation. On pourrait penser que le caractère « instruisable » du discours humain a pour conséquence sa soumission à une autorité supérieure. Le paradoxe est qu'il n'en est rien, bien au contraire. Le rapport du discours à l'autorité est toujours duel : est soumis à l'autorité extérieure le discours qui lui-même prétend faire autorité. Inversement, ne fait autorité que le discours qui reçoit d'ailleurs son autorité : c'est le cas du discours doctrinal, qui trouve son unique application légitime dans le discours des théologiens, qui est « instruisant » et « matiere de foy » parce qu'il est « arresté et reglé par l'ordonnance celeste ». Réciproquement, le discours « humain » se trouve dégagé de toute soumission aux autorités pour autant que lui-même ne prétend aucunement faire autorité. C'est parce que le dire humain relève d'une dynamique de la recherche, et non d'une logique de la réglementation ou de l'arbitrage, qu'il n'est pas lui-même soumis aux autorités extérieures. Ne pas se mêler de théologie veut donc moins dire ne pas traiter de questions qui touchent à la théologie que ne pas user du ton dogmatique que seul le théologien est en droit (et en devoir) d'adopter. Le discours que revendique Montaigne est un discours par nature « non instruisant », comme l'est la doctrine. Mais en même temps, ce discours, parce qu'il renonce à toute prétention autoritaire (« le dire humain a ses formes plus basses et ne se doibt servir de la dignité, majesté, regence, du parler divin »), conquiert son droit à ne pas être contraint par l'autorité extérieure.

Il en va de la nature de l'esprit humain de ne pouvoir être fixé ou arrêté par quelque autorité que ce soit, d'échapper, « par volubilité et dissolution » (II, 12, p. 559), à toutes les barrières qu'on lui impose et d'être toujours renvoyé à sa dynamique heuristique : « L'agitation et chasse est proprement de nostre gibier [...]. Car nous sommes nais à quester la verité » (III, 8, p. 928). Le chapitre « De l'experience » développe ce propos : « Nul esprit genereux ne s'arreste en soy : il pretend tousjours et va outre ses forces ; il a des eslans au delà de ses effects ; s'il ne s'avance et ne se presse et ne s'accule et ne se choque, il n'est vif qu'à demy ; ses poursuites sont sans terme, et sans forme ; son aliment c'est admiration, chasse, ambiguité » (III, 13, p. 1068). C'est bien en ce sens que le discours humain est « instruisable » : ce qui ne signifie pas qu'il se soumet à une autorité supérieure à même de l'instruire, mais qu'il est ouvert à l'enquête et à la découverte, c'est-à-dire à une vérité qui reste encore à trouver. Le chapitre « Des prières » apparaît bien ici comme le prolongement des chapitres « pédagogiques » I, 25 et I, 26. Le savoir achevé ne se trouve qu'en Dieu : en son sens proprement humain, le savoir désigne l'activité même de la pensée ou, mieux, la pensée comprise prise comme activité constitutivement inachevée et sans doute inachevable.

Faut-il conclure à une condamnation sans appel des livres et des savoirs constitués ? N'y a-t-il pas un usage légitime de la doctrine, de même qu'il y a un usage légitime de l'emprunt et de la citation ? Les opinions des autres ne contribuent-elles pas, d'une façon ou d'une autre, à notre apprentissage ? Ici encore, c'est moins le contenu qui doit être pris en considération que la modalité d'énonciation. Le principe général est que la valeur éducative d'une doctrine tient à sa capacité non à contraindre l'esprit, mais à se prêter à un examen critique. Dans ce cadre même, Montaigne esquisse en filigrane ce que pourrait être un bon usage de la doctrine.

Il y a tout d'abord des mauvais et des bons livres. Les mauvais livres tendent, comme les mauvais maîtres, à rassasier l'esprit par leur ton dogmatique et leur mode d'exposition systématique, au point de l'arrêter dans son mouvement d'inquisition. Les bons livres, quant à eux, stimulent cette dynamique heuristique. Montaigne recommande pour cette raison la lecture des présocratiques, de Sénèque et de Plutarque, qui épousent une forme de parler non autoritaire : « Anaxagoras, Democritus, Parmenides, Zenophanes et autres [...] ont une forme d'escrire douteuse en substance et un dessein enquerant plustost qu'instruisant, encore qu'ils entresement leur stile de cadances dogmatistes. Cela se voit il pas aussi bien et en Seneque et en Plutarque ? » (II, 12, p. 509). Montaigne tente lui-même dans les *Essais* de créer une écriture vivante, épousant les hésitations, les interruptions et les retours de l'esprit, laissant le lecteur dans un état d'insatisfaction et le provoquant à penser par lui-même. Comme l'a écrit Erich Auerbach, les ruptures de l'ordre discursif font participer le lecteur à la rédaction de l'ouvrage : « le lecteur doit collaborer ; il est jeté lui-même dans le mouvement de la pensée, mais à chaque instant on attend de lui qu'il s'étonne, qu'il vérifie, qu'il complète[77] ».

Une autre façon de rendre une doctrine « instruisable et non instruisante » consiste à la présenter en contradiction avec d'autres. Montaigne recommande l'art cicéronien du *in utramque partem dicere*, qui permet d'ôter à la doctrine son caractère résolutif, pour la ramener au statut de proposition confrontée à d'autres et soumise à l'examen :

> Qu'il luy face tout passer par l'estamine et ne loge rien en sa teste par simple authorité et à credit ; les principes d'Aristote ne luy soyent principes, non plus que ceux des Stoiciens ou Epicuriens. Qu'on luy propose cette diversité de jugemens : il choisira s'il peut, sinon il en demeurera en doubte. Il n'y a que les fols certains et resolus [I, 26, p. 151].

Dans cette confrontation, l'opinion d'autrui revêt le statut d'une réponse possible au problème, et non d'une solution qui le dissoudrait : elle entretient ici encore la recherche au lieu de la clore.

Une autre façon encore de rendre la doctrine non magistrale est pour Montaigne de la rapporter à la personne qui l'a énoncée, et d'en faire ainsi non une proposition universelle et définitive, mais une réponse possible à une situation de la vie (« le vray miroir de nos discours est le cours

---

77. Erich Auerbach, Mimésis. *La représentation de la réalité dans la littérature occidentale,* trad. C. Heim, Paris, Gallimard, 1968, p. 290.

de nos vies », I, 26, p. 168), permettant de « mirer [s]a vie dans celle d'autruy » (III, 13, p. 1076). Les doctrines n'apparaissent plus ainsi comme des vérités réifiées mais comme des expressions indissociables de l'activité qui leur a donné naissance. C'est parce qu'il s'attache aux actions des grands hommes plus qu'aux doctrines des grands philosophes que Plutarque reste de tous les auteurs l'un des plus pédagogiques[78]. Cette pédagogie de l'exemple trouvera un aboutissement dans les voyages compris comme spectacle de la diversité des hommes, exercice de confrontation aux « formes contraires » aux nôtres (III, 9, p. 985)[79], en vue d'« apprendre tousjours quelque chose par la communication d'autruy (qui est une des plus belles escholes qui puisse estre) » (I, 17, p. 72), et de « frotter et limer nostre cervelle contre celle d'autruy » (I, 26, p. 153).

À ce compte, on ne saurait parler sans quelque précaution d'une « philosophie sans doctrine[80] » ou d'une « pédagogie

78. Sur ce lien entre Montaigne et Plutarque, voir Alison Calhoun, *Montaigne and the Lives of the Philosophers: Life Writing and Transversality in the Essais*, Newark, University of Delaware Press, 2015, p. 13-48.

79. Douglas Thompson a montré que c'est ce type d'entraînement (en un sens quasi sportif) à supporter l'altérité et le dissensus qui pourrait permettre de surmonter les conflits religieux. Voir « Construire un avenir commun en période de conflit : Les conseils politiques de Montaigne », dans E. Ferrari, Th. Gontier, N. Panichi (dir.), *Montaigne. Penser en temps de guerres de Religion*, Paris, Classiques Garnier, à paraître.

80. C'est là le titre donné par André Tournon à la conclusion de son ouvrage (*Montaigne. La glose et l'essai*, Lyon, 1983, rééd. Paris, Honoré Champion, 2000, p. 287 *sq.*). Nous nous accordons cependant avec sa conclusion : Tournon insiste sur le fait que Montaigne, tout en accueillant les Anciens, « refuse les modèles didactiques selon lesquels se transmettent ou se rénovent les connaissances », et oppose la doctrine à la « pensée en travail » (p. 287). Nous sommes aussi en partie d'accord avec ce qui suit : « Son effort s'exerce [...] à transformer ces enseignements tout prêts en simples matériaux pour des réflexions imprévisibles, dont les produits seront soumis au même traitement » (p. 288). On comprend ici que par « philosophie sans doctrine », Tournon ne veut pas seulement se référer à la pratique montaignienne de l'emprunt (une pratique qui donne à la doctrine une certaine légitimité, même si c'est à travers un usage oblique de celle-ci), mais surtout à cette « imprévisibilité » du

sans doctrine[81] » dans les *Essais* : non seulement parce que l'écriture des *Essais* s'inscrit elle-même dans la perspective d'un *docere* plus authentique que celui de la doctrine au sens traditionnel du terme, mais aussi parce qu'elle propose un nouvel et légitime usage des « doctrines » au sens même de corpus de savoirs déjà formés. La césure ne se situe donc pas entre la recherche et l'enseignement, mais bien plutôt entre la doctrine au sens courant du terme et le *docere* authentique. Le facteur décisif n'est pas l'extériorité. Il est possible de bien user des opinions ou faits d'autrui et il existe en ce sens une forme de technique d'usage des doctrines. Ainsi amendée, la doctrine retrouve ses droits. C'est en ce sens que, dans le chapitre « Des trois commerces », la doctrine peut être admise en se donnant pour ce qu'elle est – une opinion parmi les autres, ouverte à l'examen et à l'épreuve, non séparée du mouvement du savoir : « S'il plaist à la doctrine de se mesler à nos devis, elle n'en sera point refusée : non magistrale, imperieuse et importune comme de coustume, mais suffragante et docile elle mesme » (III, 3, p. 824)[82]. Une doctrine « non magistrale » peut sembler une contradiction dans les termes. C'est pourtant en ce sens que Montaigne tente de réhabiliter la doctrine. Ainsi utilisée de façon « oblique », celle-ci continue à désigner un savoir appris de l'extérieur, mais qui a renoncé à toute prétention autoritaire. Elle ne clôt plus le mouvement du savoir, mais stimule celui-ci dans son activité d'inquisition.

Cette doctrine « suffragante et docile » est ici proche du « discours instruisable, non instruisant » du chapitre « Des prières ». Mais on peut aussi les rapprocher tous

---

mouvement de l'essai, qui assume le risque d'une « errance au hasard » (p. 289) à seule fin de manifester sa liberté.

81. M. Foglia, *Montaigne, pédagogue du jugement*, *op. cit.*, p. 55.

82. Sur cette expression, voir Ilana Zinguer, « Les trois commerces ou principes pour une théorie de la communication », dans Id. (dir.), *Le Lecteur, l'Auteur et l'Écrivain. Montaigne : 1492-1592-1992. Actes du colloque international de Haïfa*, Paris, Honoré Champion, 1993, p. 55-68.

deux du discours des Pyrrhoniens dans l'« Apologie de Raimond Sebond » : « Je voy les philosophes Pyrrhoniens qui ne peuvent exprimer leur generale conception en aucune maniere de parler : car il leur faudroit un nouveau langage. Le nostre est tout formé de propositions affirmatives, qui leur sont du tout ennemies » (II, 12, p. 527). Parler sur un mode non affirmatif : l'idée se trouvait déjà dans le *Théétète* de Platon, lorsque l'héraclitéen se trouvait acculé à ne plus pouvoir dire ni « ainsi [*houtô*] » ni « pas ainsi [*mè houtô*] » ; celui-ci, pour sauvegarder le caractère fluent de la réalité, devait trouver un « autre vocable [*allè phonè*] » et dire quelque chose comme « pas même ainsi [*oud'houtôs*] »[83]. L'enjeu est un peu différent pour Montaigne : parler sans propositions affirmatives, c'est se défaire de toute relation à l'hétéronomie d'un être avec lequel nous n'avons « aucune communication » (II, 12, p. 601). Les pyrrhoniens, écrit Montaigne « se servent de leur raison pour enquerir et pour debatre, mais non pour arrester et choisir » (II, 12, p. 505). L'essai représente ce mode de discours non résolutif, respectant le mouvement de la quête qui constitue l'essence même de la vie de l'esprit.

La doctrine ainsi comprise présente quelques traits communs avec la *doctrina* de Raimond Sebond telle qu'elle est présentée dans le prologue de la *Théologie naturelle*. Montaigne rejoint Sebond dans son rejet des savoirs d'école (« elle ne pressupose ny la Grammaire, ny la Logique, ny autre art liberal, ny la Physique, ny la Métaphysique ») et des savoirs livresques (« il ne la fault apprendre par cœur, ny en avoir des livres ») au profit de la connaissance de soi et de l'expérience commune (« elle n'argumente que par choses apparentes et cogneuës à chacun par experience »). La doctrine montaignienne retrouve aussi *mutatis mutandis* quelque chose de l'humilité de la *doctrina* sabundiste (« elle rend l'homme obéyssant, ennemy du vice et du péché, amoureux de la vertu, sans l'enfler pourtant ou

---

83. Platon, *Théétète*, 183 a-b.

l'enorgueillir pour sa suffisance »[84]) – avec ce paradoxe que, chez Sebond, c'est la doctrine en son sens théologique qui revêt ces prédicats, alors que, pour Montaigne, elle ne se caractérise ainsi que dès lors qu'elle renonce à se faire théologienne.

Le problème tient en ce qu'il est de la nature de la doctrine de se présenter comme magistrale et impérieuse – c'est sous cette forme qu'elle s'offre à la communication et à l'enseignement. Francis Bacon, lecteur de Montaigne, en tirera les conséquences. Pour lui, le modèle formel de ce savoir figé et résolutif est le syllogisme aristotélicien, qui est un outil de communication des axiomes, non de leur découverte. L'enseignement passe premièrement pour Bacon par une rhétorique de la persuasion et de la contrainte : l'institution universitaire est assimilée à un théâtre où les doctrines philosophiques se mettent en scène. Aussi importe-t-il que ces institutions d'enseignement soient rigoureusement séparées des institutions de recherche scientifique, véritables lieux de l'augmentation du savoir. Il n'en va pas de même chez Montaigne. Celui-ci ne dissocie pas la démarche du savoir de celle de l'enseignement. Si le « pedante » est un objet légitime de risée, cela n'est pas pour Montaigne faute à l'enseignement lui-même, mais à sa dégénérescence. Enseigner n'est pas pour Montaigne transmettre un savoir acquis, mais rendre le jugement apte à acquérir par lui-même du savoir[85].

84. Pour toutes ces citations, voir *ibid.*, f° 2v° (trad. « La notion de "doctrine" », art. cité, p. 172). On sait par ailleurs que la traduction de Montaigne attenue l'optimisme rationaliste par trop prononcé de la doctrine de Sebond.

85. On pourra se référer à ce propos au commentaire de l'essai I, 26 fait J.-M. Paisse dans deux études. Jean-Marie Paysse oppose la condamnation par Montaigne d'une « science purement mnémique » et d'un « autoritarisme de l'enseignement » (« De l'éducation selon Montaigne », *Bulletin de l'association Guillaume Budé*, 2, 1970, p. 292) à la promotion d'une « autonomie créatrice de l'esprit », qui n'exclut cependant pas tout recours à la tradition (voir aussi « Montaigne et la pédagogie », *BSAM*, 22-23, 1970, p. 10).

Ne forçons cependant pas trop cette opposition entre Montaigne et Bacon. Car Bacon n'a cessé lui aussi d'être obsédé par l'idée d'une rhétorique adaptée à un enseignement qui préserve l'esprit dans sa dynamique heuristique. Le coupable n'est pas l'enseignement lui-même, mais le « contrat d'erreur » passé implicitement entre le maître, qui veut satisfaire son désir d'ostentation, et l'élève, qui veut satisfaire sa propension à la paresse intellectuelle[86]. Comme Montaigne, Bacon préférera aux grands exposés systématiques qui rassasient l'esprit les formes ouvertes de discours (dont l'aphorisme est un exemple) qui laissent l'esprit dans un état d'inquiétude : il en trouvera lui aussi le modèle chez les présocratiques, Démocrite en premier lieu. Montaigne annonce aussi ici Descartes, qui préférera à l'exposé synthétique, simple ordre de présentation systématique de vérités déjà trouvées, l'exposé analytique, moins contraignant, mais qui relie la vérité au mouvement de la découverte[87] et fait de l'activité cognitive une « méditation ». Montaigne se fait bien ici le promoteur d'une éducation « libérale » : non au sens traditionnel où cette éducation libérerait l'homme des contingences matérielles, biologiques et économiques pour le rendre à la vie « libre » de la raison et de la cité, mais au sens (moderne) où elle le délivre de la domination exercée par les autorités extérieures, et en particulier de celles exercées au nom d'une vérité constituée antérieurement à sa recherche.

---

86. Voir F. Bacon, *Du progrès et de l'avancement des savoirs*, *op. cit.*, p. 184.

87. R. Descartes, *Réponses aux secondes objections*, dans Id., *Œuvres*, *op. cit.*, t. IX-1, p. 121-122.

DEUXIÈME PARTIE

PRATIQUES DE L'ÉGOÏSME

CHAPITRE 4

LIBERTÉ RÉPUBLICAINE ET LIBERTÉ PRIVÉE

Les paradoxes de la liberté

La thématique de la liberté se trouve au cœur des problématiques des *Essais*. Au fur et à mesure de l'avancement dans les couches de rédaction, la question de l'articulation de cette liberté aux contraintes explicites ou insidieuses (liées aux habitudes et aux normes sociales) se trouve de plus en plus thématisée pour elle-même. Montaigne lui consacre un chapitre entier du livre III, « De mesnager sa volonté ». Pour les lecteurs des *Essais* des XXe et XXIe siècles, cette notion de liberté est ambivalente. C'est sans doute Hobbes, au chapitre XXI du *Léviathan*, qui a le premier clairement exposé cette équivocité. Il y a ainsi selon lui un sens propre du terme de liberté, entendu comme absence d'obstacles externes. Ce terme s'emploie premièrement pour les corps, signifiant l'absence d'obstacles physiques extérieurs au mouvement[1].

1. « LIBERTY ou FREEDOM signifient proprement l'absence d'opposition (j'entends par opposition les obstacles extérieurs au mouvement) » (Th. Hobbes, *Léviathan*, 21, 1, *op. cit.*, p. 221.

Il peut être étendu à l'homme, pour autant que celui-ci est susceptible d'être ou non physiquement empêché dans ses actions volontaires[2]. Par obstacle à l'action, Hobbes entend avant tout les contraintes physiques externes, mais, lorsqu'il parle de la liberté civile, il étend ces contraintes à la menace – celle des lois en particulier : d'où il découle qu'un homme est d'autant plus libre que les lois restreignent moins ses actions volontaires[3]. À côté de ce sens propre, il y a un autre emploi du terme en usage chez les détracteurs de la prérogative monarchique, et que Hobbes dénonce comme abusif : il s'agit de « la liberté qui est si souvent mentionnée et exaltée dans les ouvrages d'histoire et de philosophie des anciens Grecs et Romains, de même que dans les écrits et les propos de ceux qui tiennent toute leur culture des auteurs politiques[4] ». Cet usage fallacieux et politiquement dangereux du terme repose sur un paralogisme, à savoir la confusion entre la liberté des individus et celle des États. Le citoyen d'un État libre, c'est-à-dire d'un État non empêché lui-même d'agir à sa guise, n'est pas pour autant lui-même libre en tant qu'individu et, en particulier, il n'est pas libre d'agir à l'encontre des lois de l'État dont il est citoyen. Selon Hobbes, ce paralogisme remonte à Aristote, qui associe de façon exclusive la liberté aux gouvernements populaires : « Le principe de base de la constitution démocratique c'est la liberté (c'est, en effet ce qu'on a coutume de dire, parce que c'est seulement dans une telle constitution que les citoyens ont la liberté en partage)[5]. » La *Politique* d'Aristote, ainsi que les exemples de vertu romaine rapportés par Tite Live, Tacite et Salluste, ou encore l'éloge

---

2. « D'après le sens propre (et généralement reçu) du mot, un HOMME LIBRE est *celui qui, s'agissant des choses que sa force et son intelligence lui permettent d'accomplir, n'est pas susceptible de se heurter à un obstacle* » (*ibid.*, 21, 2, p. 222).

3. *Ibid.*, 21, 6, p. 224.

4. *Ibid.*, 21, 8, p. 227.

5. Aristote, *Politique*, VI, 2, 1317 a 40-43, trad. P. Pellegrin, Paris, Flammarion, rééd. 1993, p. 417. Sur la valorisation de la démocratie chez Aristote, voir J.-M. Narbonne, *Sagesse cumulative et idéal démocratique chez Aristote*, Paris, Jean Vrin, 2020.

du dévouement civique dans le *De officiis* de Cicéron font l'objet d'un nouvel intérêt à la Renaissance, en particulier à l'intérieur de ce courant intellectuel qu'Hans Baron a nommé l'« humanisme civique », dont l'idée centrale est que « les hommes atteignent le bien dans la vie publique d'une république gouvernée par les citoyens[6] ». Né dans la Florence du tournant des XIVe et XVe siècles, engagée dans une lutte contre les visées hégémoniques des Visconti[7], cet humanisme civique refait surface au XVIe siècle chez les résistants florentins au despotisme des Médicis[8]. Du point de vue de ses tenants, la liberté du citoyen exclut toute domination politique, qu'elle soit externe, par la soumission à un autre État, ou interne, par la soumission à un tyran, c'est-à-dire à un souverain qui ne tire pas sa légitimité du peuple. John Pocock et Quentin Skinner ont retracé l'expansion de cet idéal républicain dans l'Europe de la première modernité. À l'inverse, pour Hobbes, la liberté civile ne consiste pas dans la participation active du citoyen aux affaires publiques, mais dans ce qu'il nomme le « silence des lois [*silence of the law*] » : le citoyen est libre dans tout ce qui n'est pas interdit par les lois, car « la loi et le droit diffèrent exactement comme l'obligation et la liberté, qui ne sauraient coexister sur un seul et même point[9] ». Il est pour Hobbes indifférent que la loi soit l'expression d'une volonté populaire ou d'une décision autocratique, dès lors

6. Charles Taylor, « Kant's Theory of Freedom » (1984), dans *Philosophical Papers*, t. II : *Philosophy and the Human Sciences*, Cambridge (UK), Cambridge University Press, 1985, p. 335.

7. Sur Collucio Salutati, voir en particulier Hans Baron, *The Crisis of the Early Italian Renaissance. Civic Humanism and Republican Liberty in an Age of Classicism and Tyranny*, Princeton (NJ), Princeton University Press, 1955, rééd. 1966, p. 146. Sur Leonardo Bruni, voir *ibid.*, p. 191 *sq.* Pour une synthèse, voir Maurizio Viroli, *From Politics to Reason of State: The Acquisition and Transformation of the Language of Politics 1250-1600*, Cambridge (UK), Cambridge University Press, 2005.

8. Voir en particulier Giovanni Silvano, « Florentine Republic in the Early Sixteenth Century », dans G. Bock, Q. Skinner, M. Viroli (dir.), *Machiavelli and Republicanism*, Cambridge (UK)/New York, Cambridge University Press, 1990, p. 41-70.

9. Th. Hobbes, *Léviathan*, 14, 3, *op. cit.*, p. 128.

qu'elle impose au citoyen les mêmes contraintes et les mêmes limites à sa liberté individuelle d'action.

Il ne s'agit pas là uniquement d'une précision sémantique. Les contemporains de Hobbes adversaires de la monarchie absolue et partisans de la république ne pensaient nullement que la loi et le droit ne pussent « coexister sur un seul et même point », ni que le terme de « sujet libre » fût un « non-sens » et une absurdité[10]. Ils voyaient dans les lois édictées par un gouvernement populaire le meilleur garant de la liberté des individus. Ils accusaient en retour Hobbes de donner une définition formelle et vide de la liberté[11]. C'est dans leurs écrits que l'opposition entre une conception républicaniste, héritée des Anciens, et une conception proto-libérale moderne de la liberté se précise. Ainsi, James Harrington, dans son *Commonwealth of Oceana* (1656), fait de Hobbes le destructeur de la prudence politique classique dont Machiavel a été l'un des derniers défenseurs : se référant à Donato Giannotti (*Dialogi de republica venetorum*, 1540), il oppose la conception républicaine romaine de la liberté à celle née des « armes de César », qui, « en éteignant la liberté, ont fait la transition vers la prudence moderne, introduite par les invasions des Huns, des Goths, des Vandales, des Lombards, des Saxons, qui ont [...] défiguré le monde entier »[12]. Hobbes est l'héritier moderne

10. *Ibid.*, 5, 5, p. 40).

11. Quentin Skinner cite les ouvrages de Marchmont Nedham (*The Excellency of a Free State*, 1656), de James Harrington (*The Commonwealth of Oceana*, 1656), de John Milton (*The Readie and Easie Way to establish a Free Commonwealth*, 1659), d'Henry Neville (*Plato Revividus*, 1681) et d'Algernon Sidney (*Discourses concerning Government*, 1698). Voir *La Liberté avant le libéralisme*, *op. cit.*, p. 22-30. Sur ces auteurs voir aussi Vickie Sullivan (*Machiavelli, Hobbes and the Formation of a Liberal Republicanism in England*, Cambridge [UK]/New York, Cambridge University Press, 2004), qui comprend leurs écrits non comme une réaction au protolibéralisme de Hobbes (comme le fait Skinner), mais plutôt comme une tentative de synthèse entre Machiavel et Hobbes.

12. Voir James Harrington, *Océana* (1656), trad. C. Lefort et D. Chauvaux, Paris, Belin, 1995, p. 229, ainsi que Q. Skinner, *Visions of Politics*, t. II, *op. cit.*, p. 160.

de cette destruction de la liberté républicaine. Un siècle et demi plus tard, Benjamin Constant, critiquant comme Hobbes les « imitateurs modernes des républiques de l'Antiquité[13] », réadaptera ce couple conceptuel de la liberté romaine et de la prudence moderne en opposant la « liberté des Anciens », indissociable de la participation active du citoyen aux instances de décision de la cité, à la « liberté des Modernes », comprise comme exemption de l'individu privé vis-à-vis de la contrainte publique, quel que soit par ailleurs le sujet qui exerce cette contrainte (élu ou non par le peuple) et le motif qui l'anime (le bien commun, l'intérêt personnel, telle ou telle idéologie, etc.)[14]. Pour lui, les républicanistes modernes se sont trompés de combat en tentant de faire revivre l'idéal antique de la liberté : ils n'ont pas compris que ce qu'ils désiraient n'était pas une plus grande implication dans la vie politique, mais la protection de leur liberté privée menacée par les pouvoirs publics[15].

Cette dualité fait retour au XXe siècle dans un autre contexte : celui de la résistance aux prétentions de contrôle des individus par l'État, en réaction contre

---

13. Benjamin Constant, *De l'esprit de conquête et de l'usurpation dans leurs rapports avec la civilisation européenne* (1814), dans *Écrits politiques*, textes choisis, présentés et annotés par M. Gauchet, Paris, Gallimard, 1997, p. 211.

14. *Ibid.*, p. 206-210.

15. Cette réflexion est déjà amorcée par Montesquieu : « Les politiques grecs, qui vivaient dans le gouvernement populaire, ne reconnaissaient d'autre force qui pût les soutenir que celle de la vertu. Ceux d'aujourd'hui ne nous parlent que de manufactures, de commerce, de finances, de richesses et de luxe même » (*L'Esprit des lois*, I, 3, 3, dans Id., *Œuvres complètes*, préface G. Vedel, présentation et notes D. Oster, Paris, Seuil, 1964, p. 537). De même, les auteurs des *Federalist Papers*, refusent de penser la république moderne comme une imitation des républiques antiques et de prendre pour fondement des lois la vertu civique des citoyens. Madison, par exemple, ne croit plus que la vertu républicaine soit encore praticable ni par ailleurs nécessaire : la conflictualité des intérêts particuliers ne fait pas pour lui obstacle à la fondation d'un ordre républicain moderne et stable (voir Alexander Hamilton, John Ray, James Madison, *Le Féréraliste*, introduction, trad. et notes A. Amiel, Paris, Classiques Garnier, 2012, en particulier le n° 10, p. 128-141).

les « démocraties » totalitaires du XXe siècle. Isaiah Berlin donne une nouvelle vie à la distinction de Benjamin Constant, en opposant un sens positif et un sens négatif de la liberté[16]. Selon le premier, la liberté consiste dans la participation à la décision publique, qui seule permet, idéalement tout du moins, de n'obéir qu'à la loi qu'on s'est fixée. La liberté au sens négatif du terme signifie pour sa part l'exemption vis-à-vis de la contrainte des lois. Le renouveau du « libéralisme politique » à partir des années 1970 a conduit les adversaires républicanistes, socialistes et communautariens des théories normatives libérales de la justice, qu'ils condamnent au nom de son individualisme, à assimiler la liberté négative de Berlin à la liberté qui fait l'objet du premier principe de justice de John Rawls, selon lequel « chaque personne doit avoir un droit égal au système le plus étendu de libertés de base égales pour tous qui soit compatible avec le même système pour les autres[17] », ainsi qu'à la liberté défendue dans un sens maximaliste, au nom des droits inaliénables de la personne humaine, par le premier grand adversaire de Rawls, Robert Nozick – les deux penseurs antagonistes (libéral-social et libertarien) se trouvant paradoxalement amalgamés pour des raisons stratégiques par Alasdair McIntyre, Charles Taylor, John Pocock, Philip Petitt et Quentin Skinner[18].

---

16. Isaiah Berlin, « Deux conceptions de la liberté », dans Id., *Éloge de la liberté*, trad. J. Carnaud et J. Lahana, Paris, Calmann-Lévy, 1988, p. 167-218.

17. J. Rawls, *Théorie de la justice*, *op. cit.*, p. 91. La critique des adversaires de Rawls porte autant sur la formulation de ce principe que sur sa place dominante par rapport au principe de réduction des inégalités sociales et économiques.

18. Voir Alasdair McIntyre, *Après la vertu. Étude de théorie morale* (1981), trad. A. Bury, Paris, PUF, 1997, rééd. 2006, p. 241 ; Charles Taylor, *The Ethics of Authenticity*, *op. cit.* ; John Pocock, *Le Moment machiavélien. La pensée politique florentine et la tradition républicaine atlantique*, trad. L. Borot, Paris, PUF, 1997 ; Philipp Pettit, *Republicanism. A Theory of Freedom dans Goverrnment*, New York, Oxford University Press, 1997, trad. P. Savidan et J.-F. Spitz, *Républicanisme. Une théorie de la liberté et du gouvernement*, Paris,

De quelle liberté parle-t-on dans les *Essais* ? Montaigne est-il l'héritier des Anciens ou l'initiateur de la conception moderne de la liberté ? Montaigne nous paraît en effet le grand oublié d'une histoire qui part du renouveau italien de la morale civique romaine au début du XVe siècle (Coluccio Salutati, Leonardo Bruni) pour transiter par Machiavel et aboutir à Hobbes et à ses supposés successeurs modernes et contemporains. Isaiah Berlin lui consacre à peine quelques lignes dans ses écrits, et aucune dans sa conférence séminale de 1958 sur les deux conceptions de la liberté. Son histoire de la liberté « positive » commence par la littérature républicaniste grecque et romaine, pour transiter par sa réappropriation chez les humanistes civiques de la Renaissance et déboucher sur les modèles républicains et socialistes contemporains. Pour sa généalogie de la liberté négative, elle passe essentiellement par les penseurs anglais, dont Locke ou John Stuart Mill, et français, dont Constant ou Tocqueville. Berlin envisage occasionnellement des racines plus lointaines, en se référant allusivement à Hérodote, Aristote, Machiavel ou Shakespeare : mais c'est pour avoir promu une forme de pluralisme des valeurs, bien plus que pour avoir fait de la liberté privée l'une de ces valeurs. Dans cette liste des précurseurs du pluralisme apparaît de temps à autre Montaigne, en tant que défenseur de la tolérance, de la modération et du relativisme historique[19] : mais il

---

Gallimard, 2004 ; Quentin Skinner, *Hobbes et la conception républicaine de la liberté*, *op. cit.* ainsi que *La Liberté avant le libéralisme*, *op. cit.* Pour une étude plus générale des discussions autour de la thèse de Berlin, voir Alan Ryan (dir.), *The Idea of Freedom. Essays in Honour of Isaiah Berlin*, Oxford, Oxford University Press, 1979, ainsi que Jean-Fabien Spitz, *La Liberté politique. Essais de généalogie conceptuelle*, Paris, PUF, 1995.

19. Sur le scepticisme et la zététique de Montaigne, voir en particulier Isaiah Berlin, *En toute liberté. Entretiens avec Ramin Jahanbegloo*, Paris, Félin, 1990, p. 67 et *Éloge de la liberté*, *op. cit.*, p. 23. Sur le pluralisme des valeurs qui en découle, voir « Le hérisson et le renard » (1951), trad. A. Berlin dans Isaiah Berlin, *Les Penseurs russes*, trad. D. Olivier et A. Berlin, Paris, Albin Michel, 1984, p. 58, et *Le Bois tordu de l'humanité.*

n'est pas cité par Berlin pour ses textes sur la liberté, sur la solitude ou sur le rapport du privé et du public.

Du côté des historiens (et le plus souvent défenseurs) du néorépublicanisme, Montaigne n'est guère plus sollicité. Le second volume des *Visions of Politics* de Quentin Skinner, par exemple, consacré aux vertus civiques à la Renaissance, comprend deux chapitres sur l'idée de liberté chez Machiavel[20], mais c'est pour reprendre l'opposition entre une conception néoromaine de la liberté et une conception libérale « gothique » (pour laquelle l'autocratie est compatible avec la liberté privée), dont Skinner, après Harrington, fait remonter la version moderne à Hobbes. Machiavel, dans ce contexte, apparaît, contre Hobbes, comme le défenseur d'une liberté à la fois négative et positive, à même de porter le flambeau de la liberté républicaine dans la société moderne : car Skinner souligne que la liberté se trouve déjà comprise par Machiavel en termes négatifs, comme « non-domination » par une puissance arbitraire[21]. Il reste que le seul moyen pour éviter cette domination est, pour Machiavel comme pour ses prédécesseurs florentins, de participer directement à la prise de décision publique. Comme l'écrit Skinner, « pour Machiavel, à l'inverse [de Rawls], la raison

---

Romantisme, nationalisme et totalitarisme (1959), trad. M. Thymbres, Paris, Albin Michel, 1992, p. 81.

20. Voir « Machiavel on virtù and maintenance of liberty » (Q. Skinner, *Visions of Politics*, t. II, *op. cit.*, p. 160-185) et « The Idea of Negative Liberty: Machiavellian and Modern Perspective » (*ibid.*, p. 166-212). Voir aussi « Macchiavelli and the Republican Idea of Politics », dans G. Bock *et al.* (dir.), *Machiavelli and Republicanism*, *op. cit.*, p. 143-171.

21. Q. Skinner, *Visions of Politics*, t. II, *op. cit.*, p. 162 et 211. Sur ce point, voir Michel Senellart, « Républicanisme, Eudaimonia et liberté individuelle : le modèle machiavélien selon Quentin Skinner », dans F. Dominguez, R. Imbach, T. Pindl, P. Walter, *Aristotelica et Lulliana*, *Instrumenta Patristica*, 26, La Haye, 1995-1, p. 259-287, qui commente Skinner soulignant chez Machiavel « l'articulation [...] d'une idée *négative* de la liberté et d'une idée *positive* de la vertu, qui tracerait un chemin original entre les synthèses républicaine et libérale » (p. 279-280).

qui pousse à préférer le même type de constitution [*i.e.* la démocratie] réside dans la capacité qu'elle seule possède de convertir les vices privés en vertus publiques, en nous contraignant [*coercing us*] à respecter notre propre liberté ainsi que celle des autres[22] ». Si la conversion du privé au public semble ici pouvoir être produite par une sorte de ruse de la raison qui ferait que les individus, tout en croyant poursuivre leurs propres intérêts, œuvreraient pour le bien commun de la cité, elle peut aussi être obtenue par la contrainte et la terreur, et la formule finale de Skinner rappelle étrangement le paradoxe que Berlin dénonçait chez Jean-Jacques Rousseau : « On le[s] forcera à être libres ». Du point de vue de Berlin, Machiavel serait bien ici un représentant de la liberté « positive », comprise comme soumission (volontaire ou contrainte) à la volonté générale.

Une telle lecture de l'histoire tend à éluder la place de Montaigne dans la formation du concept de liberté négative[23]. Cet oubli des *Essais* nous paraît dommageable non seulement parce qu'il minimise l'importance du moment montaignien dans la généalogie de la pensée libérale moderne, mais parce qu'il contribue à faire de la liberté « négative » une conception au fond formelle et vide de la liberté, en la coupant de ses attaches anthropologiques et morales. La vertu apparaît, pour Pocock

---

22. Q. Skinner, *Visions of Politics*, t. 179.

23. Quelques études ont abordé assez allusivement ce point. Signalons celle de Richard Flathman, au chapitre 3 de son ouvrage *Skepticism, Individuality and Chastened Politics* (Newbury Park et *al.*, Sage Publications, 1993), qui fait de Montaigne « un champion vigoureux de la liberté négative » (p. 38), sans aborder les aspects spécifiquement politiques de la question – le chapitre est surtout consacré au scepticisme de Montaigne. L'étude récente d'Alexander Roose (« Montaigne, libéral et sceptique : les lectures de Judith Shklar, Isaiah Berlin, Friederich Hayek, et Michael Oakeshott », *MS*, 28, 2016, p. 111-124 : sur Berlin, voir p. 118-121) traite principalement de la proximité de Montaigne et Berlin sous l'angle du pluralisme des valeurs. L'ouvrage d'Alan Levine (*Sensual Philosophy*, *op. cit.*) mentionne aussi cette proximité dans son introduction.

comme pour Skinner, toujours du côté des valeurs républicaines, et non du côté des valeurs libérales émergentes, dont le bien public exige, sinon l'éradication, tout du moins une sérieuse limitation.

On peut résumer schématiquement en quatre points les thèses de Berlin qui ont rapport à notre propos.

1. Il existe, à côté de la liberté « positive », comprise comme autonomie ou contrôle de soi par la raison et par la loi, une liberté « négative », définie comme le « champ à l'intérieur duquel un homme peut agir sans être entravé par d'autres hommes ». La liberté négative consiste donc en l'absence de contrainte, quel que soit le sujet qui contraint ou la fin qu'il se propose. La question n'est pas ici « par qui dois-je être gouverné ? » mais « jusqu'où dois-je être gouverné »[24]. Cette liberté négative possède une signification propre et une valeur autonome qui ne peut être confondue avec d'autres valeurs, telle la justice, la paix, le bonheur, etc. Si Berlin a beaucoup de sympathie pour John Stuart Mill, il lui reproche cependant d'avoir pris la défense de la liberté pour de mauvaises raisons, en tirant argument de son utilité relativement à d'autres biens qu'elle-même, tels « le sens critique, l'originalité, l'imagination, l'indépendance d'esprit, un non-conformisme pouvant aller jusqu'à l'excentricité, etc. », et avant tout la recherche de la vérité, qui, selon Mill, « ne peut être trouvée [...] que dans des conditions de liberté »[25].

2. La liberté n'est pas un moyen en vue d'autre chose : elle est une valeur en soi, une valeur parmi d'autres auxquelles elle ne se réduit pas et qui ne se réduisent pas à elles. Le problème que pose la contradiction de ces valeurs incommensurables ne peut être résolu par une réponse définitive, mais fait l'objet de réponses faillibles et fragiles, fondées sur des choix, des marchandages et

---

24. I. Berlin, *En toute liberté*, *op. cit.*, p. 11.
25. Id., « Deux conceptions de la liberté », art. cité, p. 177

des compromis pragmatiques relatifs aux contextes historiques et culturels[26]. Berlin ne pense pas comme Condorcet que toutes les bonnes choses soient au fond compatibles et que « la nature lie, par une chaîne insoluble, la vérité, le bonheur et la vertu[27] ». La politique n'est pas l'art de trouver les moyens techniques pour atteindre une fin déterminée, mais plutôt l'art d'équilibrer les différentes fins. La « décence [*decency*] » – qui constitue pour Berlin une métavaleur sociale et qui reste pour cette raison difficile à spécifier (« Ne me demandez pas ce que j'entends par décent : par décent, j'entends décent ! Nous savons tous ce que c'est[28] ») – exige qu'aucune valeur traduisant l'une des aspirations fondamentales de l'homme ne soit purement et simplement éradiquée : « La liberté doit être contenue en raison des demandes – le besoin élémentaire – en sécurité, bonheur, justice, ordre, solidarité, paix. Certaines formes de liberté doivent être contenues pour permettre aux autres finalités essentielles de la vie de prendre leur place. Comme toujours, c'est affaire de certains compromis dont a besoin une société décente[29]. » La liberté négative fait partie de ces valeurs. L'indécence, dans cette perspective, consisterait à nier sa spécificité au profit d'autres valeurs : « Aucune société ne peut priver ses membres de toutes les libertés ; un être à qui on interdit d'agir souverainement n'est plus un sujet moral et ne peut plus être considéré, juridiquement et moralement, comme un homme[30] [...]. »

3. La confusion entre la liberté négative et la liberté positive constitue une erreur dangereuse, commise

26. *Ibid.*, p. 186.

27. *Ibid.*, p. 213-214.

28. Id., *En toute liberté, op. cit.*, p. 142.

29. Id., « Deux conceptions de la liberté », art. cité, p. 181. Cette notion de « société décente » a été thématisée dans le même esprit par Avishai Margalit, *The Decent Society*, trad. N. Goldblum, Cambridge (Mass.)/Londres, Harvard University Press, 1996.

30. I. Berlin, « Deux conceptions de la liberté », art. cité, p. 208.

par de nombreux « traitres à la liberté »[31], de l'époque des Lumières jusqu'au XXe siècle. Cette confusion consiste principalement à nommer liberté ce qui est une forme de servitude, en affirmant que l'individu n'est libre que sous la contrainte de lois édictées par lui (version républicaine-démocratique de cette confusion, qui identifie liberté et participation à la vie politique) ou tout du moins édictées *pour* lui, par des gouvernants qui connaissent et veulent son bien (version paternaliste-technocratique de cette confusion, selon laquelle les experts connaissent mieux que les individus eux-mêmes ce qu'est leur bien et les moyens techniques pour le réaliser de façon optimale). Cette confusion est portée à son extrême avec les régimes totalitaires, qui tentent de supprimer la sphère « privée » de l'individu, assimilée à la sphère des désirs irrationnels, et d'absorber la liberté négative au sein de la liberté positive.

4. La matrice de ce paralogisme se trouve dans les philosophies morales pour lesquelles la liberté consiste dans la maîtrise d'un moi factice, empirique et soumis à des désirs irrationnels, par un moi authentique, rationnel et supra-individuel. Ainsi la liberté morale est-elle, selon les stoïciens, acquise par la soumission à la raison et l'exil au sein de la « citadelle intérieure » du moi rationnel : le sage règle sa volonté sur la contrainte, en neutralisant ses désirs irrationnels issus de la coutume, des préjugés ou de l'idéologie. Il reconnaît ainsi la rationalité de cette contrainte. Un tel schéma peut faire, selon Berlin, l'objet d'une transposition politique anti-libérale, assimilant la liberté intérieure à la soumission à la raison publique d'un État, qui soumet l'opinion au moyen d'un conditionnement

---

31. C'est le titre en français de l'ouvrage, *La Liberté et ses traîtres*, trad. L. Folliot, Paris, Payot & Rivages, 2002, rééd. 2007. Les « traîtres » à la liberté sont dans cet ouvrage Helvétius, Rousseau, Fichte, Hegel, Saint-Simon et Joseph de Maistre.

adéquat porté par une politique d'éducation et de propagande[32].

Nous montrerons ici que les trois premières thèses peuvent être en un sens attribuées à Montaigne. Pour la quatrième, elle devra faire l'objet d'une réflexion plus développée dans le chapitre suivant, étant donné la dette couramment admise des *Essais* à la pensée des stoïciens et en particulier de Sénèque. Nous n'ignorons pas qu'il y a une différence entre les contextes historiques et politiques qu'ont connus Montaigne et Berlin : le chaos, confinant à l'anarchie, des guerres de Religion d'un côté, la menace, de l'autre, de l'intrusion de l'État doté de nouveaux moyens dans le domaine privé en temps de guerre froide ; d'un côté, un État faible et impuissant à faire régner l'ordre, d'un autre côté un État dont on redoute la puissance hégémonique et la nocivité. L'équation à résoudre ne saurait être tout à fait la même. Mais Montaigne nous dit que les guerres civiles ont ceci de particulier qu'elles nous mettent « chacun en eschauguette en sa propre maison » (III, 9, p. 971), conduisant ainsi, quoique par d'autres moyens que l'État jacobin ou socialiste, à rendre confuses les frontières entre public et privé.

Le crépuscule de la liberté républicaine

Il est difficile de mesurer l'enthousiasme que Montaigne a pu avoir pour l'idéal humaniste de la liberté républicaine. Les quelques passages isolés, allusifs et souvent ambigus des *Essais* en faveur des gouvernements populaires ne nous fournissent pas un témoignage univoque. Les textes qui vont en ce sens apparaissent en général sous la forme d'incises ou d'apartés, souvent suivis de leur palinodie. Ainsi, s'il est vrai que « les peuples nourris à la liberté et à se commander eux mesmes, estiment toute

---

32. Voir par exemple I. Berlin, *La Liberté et ses traîtres*, *op. cit.*, p. 26-27, p. 45 *sq.* et 106 *sq.*

autre forme de police monstrueuse et contre nature », Montaigne ajoute que « ceux qui sont duits à la monarchie en font de mesme » et, une fois libérés d'un maître, se remettent aussitôt sous le pouvoir d'un autre (I, 23, p. 116)[33] : Montaigne veut-il ici mettre sur un plan d'égalité les deux formes de gouvernement ? Ou dénonce-t-il implicitement, dans le prolongement de La Boétie, l'abrutissement des peuples dans les régimes monarchiques ? Le texte du chapitre « De la vanité » est lui aussi ambivalent : « je tiens pourtant que d'aller desirant le commandement de peu en un estat populaire, ou en la monarchie une autre espece de gouvernement, c'est vice et folie » (III, 9, p. 957). À la fin de ce chapitre, Montaigne déclare paradoxalement sa fierté d'avoir été fait bourgeois de Rome, et donc concitoyen de Caton et de Brutus (p. 996), mais c'est non sans soupçonner en lui-même une sotte vanité : « Parmy ses faveurs vaines, je n'en ay poinct qui plaise tant à cette niaise humeur qui s'en paist chez moy, qu'une bulle authentique de bourgeoisie Romain » (p. 999). Si Montaigne plaide en faveur de la conservation de l'ordre existant, cela ne veut pas nécessairement dire qu'il n'accorde pas sa préférence, dans l'absolu, aux États populaires. D'autres textes plaident en faveur d'une sympathie personnelle envers les républiques populaires. Ainsi, écrit Montaigne, la « domination populaire [...] me semble la plus naturelle et equitable » (I, 3, 20) : mais, là encore, cet éloge est affaibli par le fait qu'il s'accompagne d'une dénonciation des injustices de la démocratie grecque – exécution des capitaines de la bataille des Arginuses et meurtre de Socrate. Dans tous les cas, la sympathie de Montaigne, loin de se prolonger en un militantisme réformateur, est contrebalancée par sa réticence envers un changement de forme de régime. On trouve aussi, dans les *Essais* et d'autres écrits, des textes qui prônent

33. En faveur d'une lecture républicaniste de Montaigne (à l'encontre d'une lecture conservatrice), voir en particulier D. Schaefer, *The Political Philosophy of Montaigne*, *op. cit.*, p. 171-176.

une réforme des institutions judiciaires[34], par exemple contre la vénalité des offices, mais, s'ils sont s'attaquent aux résidus d'un esprit féodal inégalitaire pour prendre la défense d'institutions égalitaires (« les polices où il se souffre moins de disparité entre les valets et les maistres, me semblent les plus equitables », III, 3, p. 821), il est difficile de les rattacher au républicanisme *stricto sensu*, et on pourrait aussi bien les rattacher à la prise de position commune (quoique pour des raisons différentes) du libéral et du républicain en faveur d'un état de droit.

Le signe le plus probant d'un engagement républicaniste de Montaigne reste sans doute le projet initial d'insérer au centre du premier livre des *Essais* le *Discours de la servitude volontaire* de La Boétie[35]. Cette publication au cœur de l'ouvrage lui aurait donné une coloration politique spécifique. Montaigne nous dit par ailleurs que son amitié pour La Boétie est née de la lecture de ce texte : « Et si suis obligé particulierement à cette piece [*i.e.* le *Discours*], d'autant qu'elle a servy de moyen à nostre premiere accointance » (I, 28, p. 184). Même si, comme le rappelle Nannerl Keohane, « l'essentiel de l'essai [de La Boétie] n'est pas consacré à la célébration de la liberté mais à la condamnation de la tyrannie[36] »,

34. « Montaigne formule trois critiques à l'encontre des lois et de la justice civile : il condamne le langage [*i.e.* pour son obscurité], la profusion des textes, l'absence de gratuité de la justice » (Jean-Pierre Dhommeaux-Sauleau, « Montaigne et sa critique de la justice française », *BSAM*, 17, 1969, p. 14-24). Sur la critique par Montaigne de la justice de son temps, voir aussi les études plus récentes de Thomas Berns, *Violence de la loi à la Renaissance, op. cit.*, p. 317-320 ; A. Tournon, « Justice and the Law », dans U. Langer (dir.), *The Cambridge Companion to Montaigne*, New York/Cambridge (Mass.), Cambridge University Press, 2005, p. 96-117 ; B. Fontana, *Montaigne en politique, op. cit.*, p. 62-69 et « Montaigne on Justice and Law », dans Ph. Desan (dir.), *The Oxford Handbook of Montaigne, op. cit.*, p. 471-492.

35. Sur le travail d'édition de Montaigne des œuvres de La Boétie, voir Michel Simonin, « Œuvres complètes ou plus que complètes ? Montaigne éditeur de La Boétie », *MS*, 7, 1995, p. 5-34.

36. N. O. Keohane, *Philosophy and the State in France, op. cit.*, p. 92.

les termes synonymes de « liberté » et de « franchise » y apparaissent plus de quatre-vingts fois, sans compter quelque vingt-cinq occurrences de « libre » ou de « franchement ». Selon La Boétie, ce « bien si grand et si doux » qu'est la liberté nous a été donné par la nature : les bêtes elles-mêmes crient aux hommes qui veulent l'entendre : « vive liberté »[37]. Les hommes ont perdu ce bien précieux et ont consenti à se laisser dominer par paresse, cupidité et lâcheté. Ce sont ces passions que le tyran exploite par une série de techniques de diversion, de démagogie, de divinisation du pouvoir et de manipulation par une religion politique, de corruption par des cadeaux et des micro-avantages, de constitution d'un corps de favoris, de bureaucratisation du pouvoir, etc. Tout le propos de La Boétie est de comprendre par quelle magie perverse les hommes aliènent volontairement le plus grand don que leur a fait la nature, qui est cette liberté. Il s'agit bien ici de la liberté au sens républicain du terme, qui ne peut être acquise que par la participation active des citoyens à la vie politique. C'est en ce sens que La Boétie prend pour modèle les exemples de Sparte, d'Athènes et de la Rome républicaine, et qu'il glorifie la république de Venise en l'opposant à au régime autocrate du « grand seigneur » de Turquie[38].

Quelle que soit la nouveauté du propos de La Boétie, qui est sans doute le premier à proposer une étiologie psychologique de cet asservissement volontaire à la tyrannie, Montaigne écrit que son sujet a été « tracassé en mille endroits des livres » (I, 28, p. 194). De fait, son texte est étroitement apparenté à ceux qu'a produits la littérature républicaniste depuis le début du XVe siècle. La référence élogieuse aux citoyens de la République de Venise, nourris dans l'amour de la liberté à laquelle ils sacrifieraient « tout

37. Étienne de La Boétie, *De la servitude volontaire ou le Contr'un*, éd. et présentation N. Gontabert, Paris, Gallimard, 1993, p. 91.

38. *Ibid.*, p. 97.

le reste des felicités de la terre[39] », inscrit le *Discours* dans la lignée d'une tradition qui part des écrits florentins de la fin du XIVe siècle[40] pour se prolonger jusqu'à la fin du XVIe siècle tant à Florence qu'à Venise[41]. Machiavel et Guichardin se sont référés, en des sens opposés, à cette littérature pro-vénitienne. Et Montaigne lui-même note que La Boétie « eut mieux aimé estre nay à Venise qu'à Sarlac », en ajoutant cette incise, comme si elle s'échappait de sa plume : « et avec raison ».

Les guerres de Religion ont cependant modifié la donne. La mort de La Boétie en 1563 suit de moins de deux ans l'échec du colloque de Poissy et le massacre de Wassy, ce qui a permis à Pierre Manent de dire dans un raccourci qu'elle coïncidait avec la mort de l'amitié républicaine[42]. Dix ans plus tard (1572), le massacre de la Saint-Barthélemy,

---

39. « Qui verrait les Vénitiens, une poignee de gens vivans si librement que le plus meschant d'entr'eulx ne voudroit pas être le Roy de tous, ainsi nés et nourris qu'ils ne reconnoissent point d'autre ambition sinon à qui mieulx avisera, et plus soigneusement prendra garde a entretenir la liberté : ainsi appris et faits des le berceau, qu'ils ne prendroient point tout le reste des felicités de la terre, pour perdre le moindre point de leur franchise : qui aura veu dis-je ces personnages-là, et au partir de la s'en ira aus terres de celui que nous appelons grand seigneur [*i.e.* de Turquie], voiant la les gens qui ne veulent estre nez que pour le servir, et qui pour maintenir sa puissance abandonnent leur vie ; penseroit-il que ceus la et les autres eussent un mesme naturel, ou plustost s'il n'estimeroit pas que sortant d'une cité d'hommes, il estoit entré dans un parc de bestes ? » (*ibid.*, p. 98).

40. Quentin Skinner cite Pier Paolo Vergerio, comme l'initiateur de cette idéalisation de Venise. Voir *Les Fondements de la pensée politique moderne, op. cit.*, p. 208.

41. Pour Florence, James Harrington cite Donato Giannotti comme « celui qui a le mieux décrit la République de Venise » (*Oceana, op. cit.*, p. 1). Voir Felix Gilbert, « The Venetian Constitution in Florentine Political Thought », dans N. Rubinstein (dir.), *Florentine Studies: Politics and Society in Renaissance Florence*, Londres, Faber and Faber, 1968, p. 463-500. Pour Venise, on citera Francesco Barbaro et George de Trezibonde au XVe siècle, Gasparo Contarini au XVIe, jusqu'à l'ouvrage de Paolo Paruta paru en 1599 (voir Q. Skinner, *Les Fondements de la pensée politique moderne, op. cit.*, p. 207-211).

42. Pierre Manent, *Le Regard politique, op. cit.*, p. 174.

initié et revendiqué par le pouvoir royal (officiellement, depuis dix ans, défenseur de la « liberté de conscience »), aggrave dramatiquement cette situation. Ce sont alors les adversaires protestants de l'absolutisme monarchique (François Hotman, Philippe Duplessis-Mornay, Théodore de Bèze, etc.) qui empruntent au discours républicain classique pour prôner une désobéissance plus ou moins ouverte au roi[43]. Dans cette littérature, Charles IX est comparé à un nouveau Néron – injustement, selon Montaigne (II, 32, p. 721). Le *Discours* de La Boétie est mis à contribution : il paraît anonymement, sous forme fragmentaire en 1574, en version intégrale en 1576, au sein de recueils de textes contre la monarchie française[44]. Un peu plus tard, après l'édit de Beaulieu, jugé trop favorable aux protestants, et surtout après la mort de François d'Alençon, le rapprochement du roi avec Henri de Navarre et l'exécution sommaire d'Henri de Guise, ce seront les ligueurs catholiques qui reprendront les arguments des « monarchomaques[45] ». Dans l'introduction de son chapitre « De

---

43. Voir en particulier l'ouvrage de Mario Turchetti, *Tyrannie et Tyrannicide de l'Antiquité à nos jours*, Paris, PUF, 2001, p. 418-480, ainsi que Arlette Jouanna, *Le Devoir de révolte. La noblesse française et la gestation de l'État moderne (1559-1661)*, Paris, Fayard, 1989.

44. Sur cette diffusion dans les années 1576-1578, voir en particulier les études récentes de Jean Balsamo (« *La Servitude volontaire* à l'usage des "Malcontents" : La Vive description de la tyrannie [Reims, 1577] ») et de Cécile Huchard (« "Mis en lumière, et à mauvaise fin" : Le *Discours de la servitude volontaire* de La Boétie dans les Mémoires de l'estat de France de Simon Goulart », dans J. O'Brien, M. Schachter (dir.), *La Première Circulation de la* Servitude volontaire *en France et au-delà*, Paris, Honoré Champion, 2019 (respectivement p. 221-252 et p253-272). Sur Montaigne et le *Discours*, voir en particulier Harry Kurz, « Montaigne and La Boétie in the Chapter "On Friendship" », *Modern Language Association*, 65/4, 1950, p. 483-530 et Michel Simonin, « Œuvres complètes ou plus que complètes ? Montaigne éditeur de La Boétie », art. cité. Sur la comparaison de Charles IX et de Néron, voir Jean-Louis Bourgeon, « Montaigne et la Saint-Barthélemy », *BSAM*, 37-38, juillet-décembre 1994, p. 101-109.

45. Montaigne commente ainsi cette utilisation du même argument par les partis adverses : « Cette proposition si solenne : S'il est permis au subjet de se rebeller et armer contre son prince pour la defence de

l'amitié », Montaigne lève l'anonymat et mentionne son projet de publier le traité au cœur du premier livre des *Essais*[46]. Cette introduction a été manifestement écrite avant les années 1572-1574, à une époque où le *Discours* est encore lu par « des gens d'entendement » : il s'agit ici de la diffusion sous forme manuscrite, récemment analysée dans un ouvrage édité par John O'Brien et Marc Schaechter[47]. Montaigne cependant fait tout ce qu'il peut pour amoindrir la portée politique du *Discours*, présenté comme un exercice d'écriture, premier témoignage du talent d'un jeune homme de lettres qui n'a pas encore donné toute sa mesure : il a été écrit « en sa premiere jeunesse », « par maniere d'essay » et on ne saurait dire que ce soit « le mieux qu'il peut faire » (I, 28, p. 183-184). L'excipit du chapitre fait volte-face, en justifiant le renoncement à ce projet de publication, ce qui ne va pas sans incohérence, puisque Montaigne laisse intacte la présentation de ce projet dans son introduction. Ce texte a été écrit après ces années 1572-1574, alors que le *Discours* est paru anonymement et par extrait au sein d'un recueil de textes à charge contre la monarchie française, accusée d'être à l'origine du massacre de la Saint-Barthélemy. Montaigne renchérit sur son introduction : le sujet a été traité par La Boétie « en son enfance », alors qu'il avait « seize ans » ; loin de vouloir écrire un pamphlet politique, son auteur n'a jamais voulu composer qu'un exercice d'écriture : « ce subject fut traicté par luy [...] par maniere d'exercitation

---

la religion, souvienne-vous en quelles bouches, cette année passée, l'affirmative d'icelle estoit l'arc-boutant d'un parti, la negative de quel autre parti c'estoit l'arc-boutant ; et oyez à present de quel quartier vient la voix et instruction de l'une et de l'autre ; et si les armes bruyent moins pour cette cause que pour cette là. Et nous bruslons les gents qui disent qu'il faut faire souffrir à la verité le joug de nostre besoing : et de combien faict la France pis que de le dire ! » (II, 12, p. 443 [C]).

46. Voir Roger Trinquet, « Montaigne et la divulgation du Contr'un », *Revue d'histoire littéraire de la France*, 64/1, 1964, p. 1-12.

47. J. O'Brien, M. Schachter (dir.), *La Première Circulation de la* Servitude volontaire *en France et au-delà,, op. cit.*

seulement, comme subjet vulgaire et tracassé en mille endroits des livres » (I, 28, p. 183-184). Comme l'a montré Christophe Litwin[48], le message de liberté républicaine n'est plus adapté aux temps ; Sarah Bakewell écrit que, dans ce contexte, accueillir le *Discours* de La Boétie en *guest star* aurait relevé de la provocation[49] ; Philippe Desan, pour sa part, parle d'un « squelette dans le placard[50] ». De fait, l'incipit et l'excipit du chapitre I, 28 manifestent l'ampleur du divorce de l'auteur des *Essais* non, bien entendu, avec Étienne de La Boétie lui-même, dont il loue les vertus (des vertus qui, précisément, relèvent du registre républicain de la vertu civique[51]), mais avec les idéaux républicanistes et antimonarchistes du *Discours*. Le chapitre « De l'amitié » semble ainsi vouloir défendre La Boétie malgré le *Discours*, et contre l'image que celui-ci a pu laisser de son auteur – un auteur qui, en somme, valait mieux que son livre.

Tout n'est cependant pas négatif dans ces références au traité de La Boétie. Premièrement parce que Montaigne écrit que c'est bien le *Discours* qui « a servy de moyen à nostre premiere accointance » (I, 28, p. 184). Mais aussi parce qu'il en caractérise dans des termes qui ne sont pas dépréciatifs le message politique, « à l'honneur de la liberté contre les tyrans », en ajoutant que c'est « bien proprement » qu'il a été baptisé par ses premiers lecteurs le *Contr'Un*[52]. Par ailleurs, si Montaigne considère le *Discours* comme une sorte d'exercice d'étudiant, ce n'est pas forcément dépréciatif, puisque Montaigne revendique lui-aussi n'écrire

---

48. Christophe Litwin, « La cause perdue de l'amitié républicaine de La Boétie à Montaigne », *MS*, 28, 2016, p. 95-110.

49. S. Bakewell, *Comment vivre ?*, *op. cit.*, p. 162.

50. Ph. Desan, *Montaigne. Une biographie politique*, *op. cit.*, p. 297.

51. « Il avoit son esprit moulé au patron d'autres siecles que ceux-cy » (I, 28, p. 194) ; « C'estoit vrayement un'ame pleine et qui montroit un beau visage à tout sens ; un'ame à la vieille marque et qui eut produit de grands effects, si sa fortune l'eust voulu » (II, 17, p. 659).

52. Sur ce point, et la reprise des thématiques du *Discours* de La Boétie dans les *Essais*, voir André Tournon, *« Route par ailleurs »*, *op. cit.*, p. 241-242.

rien d'autre que des « essais »[53]. Cet exercice n'en reflète pas moins sincèrement la pensée de son auteur : « Je ne fay nul doubte qu'il ne creust ce qu'il escrivoit, car il estoit assez conscientieux pour ne mentir pas mesmes en se jouant » (I, 28, p. 194). Il reste que cet enthousiasme en faveur des idéaux républicanistes est contrebalancé dans la conclusion du chapitre par l'affirmation du réalisme politique de La Boétie, ainsi que de ses vertus de pacifisme, de légalisme, de conformisme et d'obéissance qui réfutent par avance ceux qui utilisent le *Discours* dans le but de « troubler et changer l'estat de nostre police ». Si Montaigne fait allusion à l'admiration (légitime) de La Boétie pour Venise, il précise que celle-ci ne l'aurait pas amené à vouloir mettre en péril l'ordre établi :

> Mais il avoit un'autre maxime souverainement empreinte en son ame, d'obeyr et de se soubmettre tres-religieusement aux loix sous lesquelles il estoit nay. Il ne fut jamais un meilleur citoyen, ny plus affectionné au repos de son païs, ny plus ennemy des remuements et nouvelletez de son temps. Il eut bien plustost employé sa suffisance à les esteindre, que à leur fournir dequoy les émouvoir d'avantage [*ibid.*].

Sur le projet politique donc, La Boétie est non l'allié mais l'adversaire des auteurs monarchomaques.

On aura plus généralement du mal à repérer clairement les marqueurs clairs des idéaux républicanistes dans les *Essais*. Les propos sceptiques de Montaigne vont à l'encontre de l'emphase républicaine sur la justice civique ou sur le bien commun, comme sa prescription d'être à soi va à l'encontre d'un engagement entier de l'individu au service de sa cité. L'éloge de Brutus est un *topos* de la littérature républicaniste[54], et Montaigne ne cache

53. Voir Jean-Pierre Cavaillé, « Langage, tyrannie et liberté dans le Discours de la servitude volontaire d'Étienne de La Boétie », *Revue des sciences philosophiques et théologiques*, 72/1, 1988, p. 3-30.

54. Voir Manfredi Piccolomini, *Parricide and tyrannicide during the Renaissance*, Carbondale/Edwardsville, Southern Illinois Univesity Press, 1991.

pas sa sympathie, voyant en lui un exemple de vertu dont il regrette la disparition chez ses contemporains : il écrit ainsi regretter « que nous ayons perdu le livre que Brutus avoit escrit de la vertu : car il faict beau apprendre la theorique de ceux qui sçavent bien la practique » (II, 10, p. 415) et il confesse avoir « attaqué cent querelles pour la deffence de Pompeius et pour la cause de Brutus » (III, 9, p. 996). Il reste que les « genereux meurtriers de Caesar » (II, 10, p. 413), ont provoqué le résultat contraire à celui qu'ils poursuivaient : « Le bien ne succede pas necessairement au mal : un autre mal luy peut succeder, et pire, comme il advint aux tueurs de Cesar, qui jettarent la chose publique à tel poinct qu'ils eurent à se repentir de s'en estre meslez » (III, 9, p. 958). On pourra comparer ce texte avec celui de La Boétie : « Brute le jeune et Casse osterent bien heureusement la servitude : mais en ramenant la liberté ils moururent [...] au grand dommage, perpetuel malheur, et entiere ruine de la republicque, laquelle fut, comme il semble, enterrée avec eus[55]. » Ce qui a provoqué la ruine de la république sont, selon La Boétie, la défaite et la mort des tyrannicides, non l'acte tyrannicide par lui-même. Pour Montaigne, c'est leur entreprise même qui a contribué à aggraver la destruction de l'ordre public : Brutus et Cassius rejoignent ainsi le groupe de ces réformateurs qui « cherchent à troubler et changer l'estat de nostre police, sans se soucier s'ils l'amenderont ». Montaigne préfère le réalisme politique aux grands idéaux civiques : de ce point de vue, plus encore que le tyran lui-même, ce sont les tyrannicides qui, quelle que soit la pureté de leurs intentions, anéantissent la chose publique. L'éloge de Cicéron constitue aussi un thème courant de l'humanisme civique depuis Pétrarque[56] : Montaigne, pour sa part, ne lui trouve que peu de qualités. C'est vrai non seulement pour son

55. É. de La Boétie, *Discours de la servitude volontaire*, *op. cit.*, p. 157.

56. Voir par exemple, Hans Baron, *The Crisis of the Early Italian Renaissance*, *op. cit.*, p. 115.

écriture (« sa façon d'escrire me semble ennuyeuse [...]. Si j'ay employé une heure à le lire [...] je r'amentoive [i.e. je me rappelle] ce que j'en ay tiré de suc et de substance, la plus part du temps je n'y treuve que du vent », II, 10, p. 413-414), mais aussi pour son engagement en faveur de la vertu civique : « Quant à Cicero, je suis du jugement commun, que, hors la science, il n'y avoit pas beaucoup d'excellence en son ame : il estoit bon cytoyen, d'une nature debonnaire, comme sont volontiers les hommes gras et gosseurs, tels qu'il estoit ; mais de mollesse et de vanité ambitieuse, il en avoit, sans mentir, beaucoup » (II, 10, p. 416). Comme l'écrit Eric MacPhail, « l'amitié de Montaigne pour les héros républicains représente une résistance par procuration aux autorités centrales, qui n'entraîne pas de vrais risques politiques. Montaigne admire l'idéal républicain de la liberté aristocratique sans abandonner son amitié pour la monarchie[57] ».

Les discours républicanistes ont d'une certaine façon perdu leur signification originelle. Les guerres civiles ont fait disparaître les notions de chose publique, et de bien commun, et avec elles celle d'amitié politique. Montaigne amorce une révision à la baisse des fins du politique. Dans ce monde « inepte à se guarir » (III, 9, p. 958), la question du meilleur régime, question caractéristique de la littérature républicaniste et dont héritait le *Discours de la servitude volontaire* en affirmant la supériorité des régimes populaires sur les monarchies, est devenue futile : « Ces grandes et longues altercations de la meilleure forme de societé et des reigles plus commodes à nous attacher, sont altercations propres seulement à l'exercice de nostre esprit ; comme il se trouve és arts plusieurs subjects qui ont leur essence en l'agitation et en la dispute, et n'ont aucune vie hors de là » (III, 9, p. 957). Ce n'est plus seulement ici le traité de La Boétie qui a été composé « par maniere d'exercitation seulement » (I, 28, p. 194) : c'est le sujet

57. E. MacPhail, « Friendship as a Political Ideal », art. cité, p. 185.

lui-même (« la meilleure forme de societé et des reigles plus commodes à nous attacher ») qui est matière à un pur jeu spéculatif, sans ancrage dans la réalité sociale. Montaigne est conscient du coût humain que représente l'application pratique de ces théories : en cela, on peut sans doute dire qu'il est « conservateur », non au sens où il trouverait le passé supérieur au présent (comme l'ont montré David Schaefer et Alan Levine, il ne souhaiterait en aucun cas restaurer l'ordre ancien[58]), mais au sens où il se méfie instinctivement des grandes promesses politiques, tant il a peur de « perdre au change » (II, 12, p. 569). Le réformisme serait envisageable dans des temps paisibles, mais les guerres de Religion imposent une politique orientée vers la protection du minimum de l'ordre civilisationnel. Dans un tel contexte, l'activité politique se trouve réduite à une action défensive plus que créative : « L'innovation est de grand lustre, mais elle est interdicte en ce temps, où nous sommes pressez et n'avons à nous deffendre que des nouvelletés » (III, 10, p. 1023). Le chapitre « De la vanité » dit la même chose : « toutes ces descriptions de police, feintes par art, se trouvent ridicules et ineptes à mettre en practique » (III, 9, p. 957). Il ne s'agit plus dès lors de « recouvrer la liberté de la république de Platon », selon la formule de La Boétie[59]. Le Platon du livre III des *Essais*, et plus encore des ajouts d'après 1588, n'est plus le chantre de la liberté républicaine, mais plutôt le témoin désabusé de l'échec des projets réformateurs : « Platon [...] ne consent pas qu'on face violence au repos de son pays pour le guerir, et n'accepte pas l'amendement, qui couste le sang et ruine des citoyens, establissant l'office d'un homme de bien, en ce cas, de laisser tout là ; seulement de prier Dieu qu'il y porte sa main extraordinaire » (I, 12, p. 1044). Platon apparaît ici étrangement comme un tenant non de l'idéalisme, mais du réalisme politique, qui préfère

58. Voir D. Schaefer, *The Political Philosophy of Montaigne*, *op. cit.*, en particulier p. 162-163 et A. Levine, *Sensual Philosophy*, *op. cit.*, p. 174-177.

59. É. de La Boétie, *De la servitude volontaire*, *op. cit.*, p. 110.

faire confiance à la résilience du corps social plutôt que vouloir le réformer à partir de schémas rationnels :

> La conservation des estats est chose qui vray-semblablement surpasse nostre intelligence. C'est, comme dict Platon, chose puissante et de difficile dissolution qu'une civile police. Elle dure souvent contre des maladies mortelles et intestines, contre l'injure des loix injustes, contre la tyrannie, contre le debordement et ignorance des magistrats, licence et sedition des peuples [II, 9, p. 969].

Avant Montaigne, et avec un mélange semblable de frustration et de dégoût, Platon a connu la tentation d'un retrait de la politique : « maistre ouvrier en tout gouvernement politique, <il> ne laissa de s'en abstenir » (III, 9, p. 952). L'activisme et le réformisme politiques ne sont dans ce contexte que des formes de *polypragmosunè*[60], c'est-à-dire de propension à s'immiscer dans ce qui ne relève pas de notre compétence. Montaigne fait ainsi écho à Platon lorsqu'il affirme que « la plus heureuse occupation à chascun faire ses propres affaires sans injustice » (III, 9, p. 955) : c'est en ce sens paradoxal que l'auteur des *Essais* peut être rangé parmi les tenants d'un platonisme politique.

Les guerres de Religion[61] nous révèlent quelque chose du vrai fonctionnement de la société, occulté en temps de paix civile. Face aux motifs de discorde et à l'incompétence des souverains, Montaigne fait le constat de la force de résistance du corps social[62]. Dans un texte du chapitre

---

60. Platon, *République*, IV, 434b-c et 444b.

61. « Ainsi faict ma curiosité que je m'aggrée aucunement [*i.e.* en quelque façon] de veoir de mes yeux ce notable spectacle de nostre mort publique, ses symptomes et sa forme. Et puis que je ne la puis retarder, suis content d'estre destiné à y assister et m'en instruire » (III, 12, p. 1046).

62. Cette confiance dans le corps social formé spontanément par les individus est comparable à celle que Montaigne a dans la résistance du corps biologique, de même que sa méfiance à l'égard de l'art politique (« toutes ces descriptions de police, feintes par art, se trouvent ridicules et ineptes à mettre en practique ») peut être comparée à sa méfiance envers la science médicale. Elle nous apparaîtrait aujourd'hui aller dans le sens

« De la vanité », Montaigne écrit que, à partir de leurs vices mêmes, les hommes peuvent former un ordre, « souvant mieux que l'art [politique] ne les eust sçeu disposer » (III, 9, p. 956). Ce qui « compose les hommes et les assemble, ce n'est pas l'amitié, mais la nécessité » (II, 9, p. 956)[63]. Ainsi la ville de Philippe a-t-elle été fondée en amassant les « plus meschans hommes et incorrigibles qu'il [*i.e.* Philippe de Macédoine] peut trouver » : Montaigne se plait à imaginer « qu'ils dressarent des vices mesme une contexture politique entre eux et une commode et juste societé ». Il ne s'agit pas ici de la justice au sens de Platon ou d'Augustin, c'est-à-dire d'une justice ordonnée à la tension de l'âme vers le bien et la vertu, mais d'un *modus vivendi* fondé sur les égoïsmes des individus, d'un ordre du mal selon la perspective augustinienne, mais d'un mal dont on a supprimé les effets les plus néfastes pour la paix sociale. C'est aussi en ce sens que Hobbes nommera « juste » un ordre des égoïsmes unis dans la crainte de la guerre civile[64], ou que Pierre Nicole montrera que l'amour-propre raisonné, tout en ayant une racine contraire à la charité, peut cependant produire des effets sociaux similaires à elle[65].

L'égoïsme n'est donc pas par lui-même destructeur du lien social : les « plus meschans hommes et incorrigibles » de Philippe ont réussi ce à quoi échouent les contemporains de Montaigne. Le dissensus en tant que tel ne l'est

---

de la critique du rationalisme constructiviste d'un Friedrich Hayek et de sa défense de l'ordre spontané (*kosmos*) contre l'ordre fabriqué (*taxis*) (voir *Droit, Législation et Liberté*, trad. R. Audouin revue par Ph. Nemo, préface Ph. Nemo, Paris, PUF, 1980, rééd. 2007, p. 119-155).

63. Hobbes écrira pour sa part que « par nature, nous ne cherchons pas des associés, mais l'honneur et le bénéfice que l'on tire » (*Du citoyen*, I, 1, 2, présentation et trad. Ph. Crignon, Paris, Gallimard, 2010, p. 96).

64. Voir Th. Hobbes, *Léviathan*, *op. cit.*, chap. 15, p. 143-144.

65. Voir Pierre Nicole, « De la charité et de l'amour propre », dans Id., *Essais de morale*, introduction et notes L. Thiroin, Paris, Les Belles Lettres/Encre marine, 2016, p. 415-450.

pas plus : dans le chapitre « D'un enfant monstrueux », celui-ci esquisse une comparaison entre la France biconfessionnelle et un enfant à une tête et deux corps, sans doute « monstrueux » au sens commun du terme, mais cependant viable :

> Ce double corps et ces membres divers, se rapportans à une seule teste, pourroient bien fournir de favorable prognostique au Roy de maintenir sous l'union de ses loix ces pars et pieces diverses de nostre estat ; mais, de peur que l'evenement ne le demente, il vaut mieux le laisser passer devant, car il n'est que de deviner en choses faictes [II, 30, p. 713].

Nous reviendrons sur le problème politique que pose pour Montaigne un état multiconfessionnel. Dans la France de son temps, Montaigne s'oppose pour des motifs pragmatiques à un tel modèle, craignant que le pluralisme alimente les querelles au lieu de les éteindre. Mais s'il est défavorable à la biconfessionalité, ce n'est pas pour des raisons de principe. Ce n'est pas le *dissensus* comme tel qu'il convient de condamner[66], mais les modalités dogmatistes et sectaires d'expression de celui-ci. Les guerres civiles nous ont révélé la mort de l'amitié politique : mais elles nous ont aussi révélé que l'ordre politique pouvait avoir un autre fondement que l'amitié et que cet ordre n'était pas incompatible avec les intérêts divergents des individus.

Vices publics et vertus privées

À l'exaltation de la liberté républicaine se substitue chez Montaigne une casuistique du privé et du public,

66. Sur les prémisses de la culture contemporaine du *dissensus* à la Renaissance, on pourra se référer au recueil d'études (qui ne fait que peu de place à Montaigne) de Florence Alazard, Stéphane Geonget, Laurent Gerbier, Paul-Alexis Mellet (dir.), Dissensus. *Pratiques et représentations de la diversité des opinions (1500-1650)*, Paris, Honoré Champion, 2016.

chaque pôle de valeurs possédant sa légitimité propre et prescrivant ses exigences[67]. Ce conflit se manifeste en premier lieu dans l'opposition entre la nécessité du salut public et la liberté privée. L'intérêt public prescrit légitimement un certain nombre d'exigences, mais, écrit Montaigne, « l'interest commun ne doibt pas tout requerir de tous contre l'interest privé [...]. Toutes choses ne sont pas loisibles à un homme de bien pour le service de son Roy ny de la cause generalle et des loix » (III, 1, p. 802). D'un autre côté, la chose publique, même dans les temps chaotiques des guerres civiles, ne saurait être l'objet d'un simple mépris de la part de l'individu. Ainsi, par exemple, Montaigne fait sienne la loi de Solon obligeant les individus à prendre parti dans un conflit civil, et considère qu'il n'est « ny beau ny honneste de se tenir chancelant et mestis, de tenir son affection immobile et sans inclination aus troubles de son pays et en une division publique » (III, 1, p. 793). Une position de neutralité pourrait ici être prise comme une attitude d'indifférence comparable à l'*apathéia* des stoïciens, dont Montaigne pense qu'elle n'est ni possible ni souhaitable à l'homme. Ainsi écrit-il ne pas partager la complexion des sages qui « s'obstinent à voir resoluement et sans se troubler la ruyne de leur pays [...]. Pour nos ames communes, il y a trop d'effort et trop de rudesse à cela » (III, 10, p. 1015)[68].

---

67. Cette dualité est bien mise en valeur par Timothy Reiss, « Montaigne et le sujet du politique » (*Œuvres et critiques*, 8/1-2, 1983, p. 127-152), qui distingue en Montaigne un sujet « social », assujetti au prince garant d'un ordre politique stable, et un sujet « privé » caractérisé au contraire par son instabilité. François Roussel parle pour sa part d'un « rapport ajusté entre "engagement" et "distanciation" » (« Société et solitude selon Montaigne : faire travailler un lieu commun », *MS*, 28, 2016, p. 72).

68. Sur le caractère nuisible de la neutralité dans les conflits civils voir Machiavel, *Discours sur la première décade de Tite Live*, III, 35, trad. A. Fontana et X. Tabet, Paris Gallimard, 2004, p. 698. Jean Bodin écrit que cette loi de Solon avait pour but d'apaiser les séditieux (qu'il nomme les « boutefeux ») qui tirent avantage des querelles sans se mettre eux-mêmes en danger. Pour ceux qui aiment la paix, cette loi les oblige incidemment à mettre tout en œuvre pour « prevenir les seditions,

Cela dit, il faut bien distinguer la neutralité indifférente condamnée par Montaigne de la modération qu'il prescrit en condamnant un engagement entier qui conduirait à s'oublier soi-même. Dans le chapitre « De la vanité », il cite ainsi son propre père comme modèle de dévouement, tant dans les affaires politiques que dans le gouvernement de sa maison, pour lequel il manifestait « une passionnée amour » (III, 9, p. 952). Ce « si bon père » (p. 951) estimait qu'une vie honnête était une vie entièrement consacrée au public. Mais Montaigne souligne encore une fois le saut entre deux générations que sépare la guerre civile. S'il se dit d'accord avec son père sur le principe (« Je suis de çet avis, que la plus honnorable vacation est de servir au publiq et estre utile à beaucoup » p. 952), il n'en revendique pas moins pour lui-même une conduite opposée : « Pour mon regard je m'en despars [...]. Je me contente de jouir le monde sans m'en empresser, de vivre une vie seulement excusable, et qui seulement ne poise ny à moy ny à autruy » (III, 9, p. 952-953). Le chapitre suivant, « De mesnager sa volonté », reprend cette thématique récurrente du *mon père et moi*. Montaigne écrit que son père s'est consacré à sa tâche de maire de Bordeaux jusqu'à s'oublier lui-même et y perdre la santé :

> Il me souvenoit de l'avoir veu vieil en mon enfance, l'ame cruellement agitée de cette tracasserie publique, oubliant le doux air de sa maison, où la foiblesse des ans l'avoit attaché long temps avant, et son mesnage et sa santé, et, en mesprisant certes sa vie qu'il y cuida perdre, engagé pour eux à des longs et penibles voyages. Il estoit tel ; et luy partoit

---

et accorder les troubles » (Jean Bodin, *Les Six Livres de la république*, éd. Ch. Frémont, M.-F. Couzinet et H. Rochais, Paris, Fayard, 1986, vol. 4, chap. 7, p. 209). Il ne paraît pas impossible que Montaigne ait aussi cet argument à l'esprit. Sur ce point, voir Alexandre Tarrête, « Penser la neutralité en temps de guerre civile (Bodin, Lipse, Montaigne) », dans E. Ferrari, Th. Gontier, N. Panichi (dir.), *Montaigne. Penser en temps de guerres de Religion*, *op. cit.*, p. 127-145.

> cette humeur d'une grande bonté de nature : il ne fut jamais ame plus charitable et populaire [III, 10, p. 1005].

Montaigne professe son admiration pour cet exemple, mais il ne se règle pas sur lui. Il rejette l'idéal d'un sacrifice total au bien public, en ajoutant immédiatement : « Ce train, que je loue en autruy, je n'aime point à le suivre[69]. »

On remarquera dans ces textes que Montaigne oppose à un principe non un autre principe, mais sa complexion personnelle, libre au sens où elle n'est pas soumise aux lois et aux coutumes. Sa conduite peut peut-être passer pour vertueuse, mais, précise-t-il, « ma vertu, c'est une vertu, ou innocence, pour mieux dire, accidentale et fortuite » (II, 11, p. 427). À l'inverse, son père semblait bien se conduire selon une norme morale conforme aux temps :

> Il avoit ouy dire qu'il se falloit oublier pour le prochain, que le particulier ne venoit en aucune consideration au pris du general. La plus part des reigles et preceptes du monde prennent ce train de nous pousser hors de nous et chasser en la place, à l'usage de la societé publique [III, 10, p. 1006].

Montaigne mêle quant à lui le registre psychologique au registre déontologique. La complexion qu'il nous décrit est tissée d'un sentiment d'impuissance face à la dégradation de l'ordre politique. Mais les traits de caractère que Montaigne revendique sont aussi associés au goût d'une vie privée et retirée, qui dépasse le simple dégout face à la situation du temps : « j'aime la vie privée parce que c'est par choix que je l'aime, non par disconvenance à la vie publique (autant selon ma complexion) » (III, 9, p. 988). Son naturel le porte spontanément à rejeter les affaires publiques : « La liberté et l'oisiveté, qui sont mes maistresses qualitez, sont qualitez diametralement

---

69. C'est à juste titre que Sarah Bakewell cite ici une formule de Nietzsche, possiblement inspirée de ses lectures de Montaigne : « Il ne faut pas vouloir surpasser le zèle de son père. Cela rend malade » (*Gai Savoir*, § 210, éd. Colli et Montinari, *op. cit.*, t. V-2, p. 174, cité dans S. Bakewell, *Comment vivre ?*, *op. cit.*, p. 83).

contraires à ce mestier là » (p. 993). Montaigne décrit souvent ce caractère rétif au service public en des termes auto-dépréciatifs, faisant état de sa poltronnerie, de sa paresse et de sa négligence, de son insensibilité, de sa nonchalance, de son irrésolution, de son manque de mémoire et de capacité d'anticipation, ou encore de son amour du branle et du mouvement – nous en avons vu plusieurs exemples dans le chapitre « De la praesumption »[70]. Or il s'agit presque toujours de défauts reconnus tels par rapport à une conception civique de la vertu. Pour Cicéron, par exemple, dont le *De officiis* fournit la matrice des éloges de la vertu citoyenne à la Renaissance, la grandeur d'âme exclut ces vices : elle se reconnaît par l'amour de la gloire militaire et le désir de l'emporter sur tous. Ce modèle martial de vertu est importé dans les affaires civiles (*domesticæ*), qui ne demandent pas moins de courage (*fortitudo*), d'activité et d'énergie (*studium*) et de sens du sacrifice pour la communauté que les affaires militaires (« nombre d'entreprises civiles l'emport[e]nt en importance et en éclat sur les militaires[71] »). Machiavel, dans une perspective différente (le peuple ne cherche pas en premier lieu à réaliser le bien commun, mais à se soustraire de la domination des grands), hérite en partie, *mutatis mutandis*, de cette conception antique en faisant de la grandeur conquérante un gage de vertu civique, préférant par exemple une milice citoyenne à une armée mercenaire – non parce qu'elle serait nécessairement plus efficace au combat, mais parce qu'elle entretient les passions thumiques des citoyens et les éduque au sacrifice de leurs intérêts particuliers en faveur de la communauté. Et la raison pour

70. D'autres exemples (langueur, paresse, oisiveté, froideur aux offices) se trouvent dans les chapitres « De l'institution des enfans » (I, 26, p. 175-176).

71. Cicéron, *Les Devoirs (De officiis)*, texte établi par M. Testard, introduction, trad. et notes S. Mercier, Paris, Les Belles Lettres, 2014 : voir, en particulier I, 74, p. 85 ; I, 78, p. 89 ; I, 84, p. 95.

laquelle il pense que la lutte intestine qui a opposé à Rome le peuple et les grands a contribué à renforcer le lien civil est qu'elle entretenait une dynamique de mobilisation qui fait défaut aux républiques pacifiées comme Venise et les rend vulnérables. La Boétie se situe encore dans une perspective différente. Il ne pense certainement pas que la dissension en tant que telle puisse produire du lien social : en témoigne sa prise de position contre le biconfessionnalisme du *Mémoire sur l'édit de janvier*. Mais, dans son *Discours*, il ne s'éloigne pas du modèle d'une vertu « virile », qui fait défaut dans les régimes despotiques :

> Aisement les gens deviennent soubs les tirans lasches et effemines [...]. Il est doncques certein qu'avec la liberté, se perd tout en un coup la vaillance : les gens subjects n'ont point d'allegresse au combat ni d'aspreté [...], [ils] ne sentent point bouillir dans leur cœur l'ardeur de la franchise, qui fait mespriser le péril et donne envie d'achapter par une belle mort entre ses compagnons l'honneur et la gloire[72].

Replacée dans ce contexte, la confession par Montaigne des qualités de mollesse, de paresse et d'irrésolution contribue à promouvoir les valeurs inverses de la vertu civique défendue par les républicanistes.

Nannerl Keohane avait voulu montrer que Montaigne opérait une translation des vertus réputées publiques de courage, de vigueur et de fermeté face à la fortune, au profit du privé – le public étant pour sa part associé aux vices traditionnellement tenus pour privés, tels la lâcheté, l'hypocrisie et la versalité[73]. Si l'on développait cette idée,

---

72. É. de L Boétie, *De la servitude volontaire*, *op. cit.*, p. 106.

73. « Montaigne inverse consciencieusement le modèle machiavélien. Il relie la vigueur, la capacité de décision, la gloire et la vertu exigeante au royaume du privé, et associe la docilité, la versatilité, la mesquinerie et la médiocrité à la politique. La vie privée est lieu exclusif de la liberté, la vie publique le lieu de la contrainte » (N. O. Keohane, *Philosophy and the State*, *op. cit.*, p. 114). Keohane admet ici implicitement que le public est légitimement voué à l'utile et que l'honnête relève de la sphère du privé – ce que nous contestons. Pour une critique de l'idée, défendue par

Montaigne continuerait, au moins sur un mode désabusé, à défendre l'idéal de l'humanisme civique, mais en tant qu'idéal de vie privée. Une telle lecture ne nous paraît pas prendre toute la mesure des revendications paradoxales de traits de caractère que la tradition de l'humanisme civique considère comme des défauts *à la fois* publics et privés. Le vrai renversement consiste plutôt à revendiquer la valeur morale de la vie privée en réhabilitant dans leur ordre propre (privé) les vices publics que sont la mollesse, le goût de l'inaction ou de la médiocrité. Le chapitre « De mesnager sa volonté » fait en ce sens écho aux préoccupations du *Discours de la servitude volontaire,* à savoir diagnostiquer les causes de l'aliénation de la liberté, mais en inversant la maladie et la thérapie (non plus le courage et la virilité, mais la mollesse et la nonchalance). Le souci excessif du public n'est pas le remède, mais au contraire la cause principale de la servitude : le remède consiste en retour dans la conquête d'une sphère d'insoumission à ces contraintes.

Une telle scission entre privé et public n'est cependant pas encore entièrement satisfaisante. Car les vices que Montaigne revendique comme siens et dont il fait l'éloge paradoxal ne sont des vices que par rapport à une certaine conception de la vertu publique, la conception républicaine. Or nous avons vu que Montaigne pense que ces prétendus vices se révèlent être indirectement des vertus privées *et* publiques. La complexion privée que Montaigne décrit comme faite de mollesse, de lâcheté, de vanité et de versatilité se révèle dans le contexte social nouveau, révélé par les guerres de Religion, supérieure aux prétendues vertus publiques, associées au souci de la gloire et de la maîtrise de la fortune. Il y a bien ici une inversion de l'échelle républicaine des valeurs, dont prendront acte

Skinner et Keohane, d'un Montaigne défenseur de la « raison d'État », voir Robert Collins, « Montaigne's Rejection of Reason of State in "De l'utile et de l'honneste" », *The Sixteenth Century Journal*, 23/1, 1992, p. 71-94.

les discours libéraux du XVIIIe siècle qui verront dans la vertu des Anciens, la vertu héroïque des « ravageurs de la terre » (Montesquieu) et des « saccageurs de province » (Voltaire), une passion glorieuse coûteuse en terme de bien public[74]. C'est en ce sens que Montaigne revendique le droit à un engagement mesuré, qui sait faire la distinction entre les partis et les individus : on peut être du parti monarchique-catholique (donc à la fois opposé aux Huguenots et à la Ligue) tout en reconnaissant la grandeur d'âme et la prudence militaire de François de Guise (I, 24, p. 124-125 ; I, 45, p. 274), la noblesse et la dignité du cardinal de Lorraine (II, 32, p. 721-722), ou, pour le parti opposé, la valeur « des vers excellens et en beauté et en desbordement » de Théodore de Beze (III, 9, p. 989), le charisme de Gaspard de Coligny parmi ses soldats (II, 34, p. 742) et les actions d'éclat d'Henri de Navarre. Citons le chapitre « De mesnager sa volonté » :

> Je me prens fermemant au plus sain des partis, mais je n'affecte pas qu'on me remarque specialement ennemy des autres, et outre la raison generalle. J'accuse merveilleusement cette vitieuse forme d'opiner : Il est de la Ligue, car il admire la grace de Monsieur de Guise. L'activeté du Roy de Navarre l'estonne [*i.e.* fait l'objet de son admiration] : il est Huguenot. Il treuve cecy à dire aux moeurs du Roy : il est seditieux en son coeur. Et ne conceday pas au magistrat mesme qu'il eust raison de condamner un livre pour avoir logé entre les meilleurs poetes de ce siecle [*i.e.* Théodore de Beze] un heretique [III, 10, p. 1013].

Cette sollicitude dépassionnée, voire cette froideur pour la cause[75], passe aisément, dans un contexte de

---

74. Selon Montesquieu, les héros romains « ravagaient la terre pour exercer leur vertu et montrer l'excellence de leur être. Depuis que nous pensons mieux la valeur des choses, les héros ont été couverts de ridicule » (*Pensées*, 575, cité par O. Christin, *La Cause des autres*, *op. cit.*, p. 188). Voltaire, quant à lui, oppose les « saccageurs de province » aux « grands hommes qui ont excellé dans l'utile ou dans l'agréable » (voir *ibid.*, p. 187).

75. Voir aussi le chapitre « Nos affections nous emportent au dela de nous », où Montaigne, tout en prônant un devoir d'obéissance aux

guerre civile, pour un manque de loyauté, voire pour une forme de trahison. Montaigne ne semble pas avoir échappé à cette accusation : « J'encorus les inconveniens que la moderation aporte en telles maladies. Je fus pelaudé à toutes mains : au Gibelin j'estois Guelphe, au Guelphe Gibelin » (III, 12, p. 1044). Mais c'est là selon lui confondre neutralité et modération. Montaigne retourne l'accusation :

> Au demeurant, je ne suis pressé de passion ou hayneuse ou amoureuse envers les grands ; ny n'ay ma volonté garrotée d'offence ou obligation particuliere. Je regarde nos Roys d'une affection simplement legitime et civile : ny emeue, ny demeue par interest privé. De quoy je me sçay bon gré. La cause generale et juste ne m'attache non plus que modereement et sans fiévre. Je ne suis pas subjet à ces hypotheques et engagemens penetrans et intimes : la colere et la hayne sont au delà du devoir de la justice, et sont passions servans seulement à ceux qui ne tiennent pas assez à leur devoir par la raison simple : toutes intentions legitimes et equitables sont d'elles mesmes equables et temperées, sinon elles s'alterent en seditieuses et illegitimes [III, 1, p. 792].

Montaigne peut ici se réclamer de l'exemple de modération et de détachement d'Épaminondas (III, 1, p. 801-802). Il voudrait que la guerre civile fut comme celle de César et de Pompée qu'il imagine une guerre sans « haine furieuse et indiscrete, sans malignité et sans detraction » (III, 10, p. 1014), au contraire de celle de Marius et de Sylla. Nous avons déjà souligné qu'un engagement trop passionné pour la chose publique était nocif à l'individu, dont la tâche première est de « mesnager sa volonté » en

---

Princes, revendique le droit de juger leur vertu, et même d'exprimer ce jugement ouvertement après leur mort : « Nous devons la subjection et l'obeissance egalement à tous Rois, car elle regarde leur office : mais l'estimation, non plus que l'affection, nous ne la devons qu'à leur vertu » (I, 3, p. 16). Dans le chapitre « De la vanité des paroles », Montaigne critique « le surnom de grand » que nous attachons « à des princes qui n'ont rien au dessus de la grandeur populaire » (I, 51, p. 307).

se tenant à distance de ce qui est susceptible de l'aliéner. Il est par ailleurs toujours suspect d'hypocrisie, et le zèle affiché pour la chose publique couvre le plus souvent d'un noble discours altruiste des intérêts individuels et des passions inavouables[76]. Au XVIIe siècle, un Richard Hooker décryptera de la même façon le motif caché du zèle religieux des puritains anti-conformistes – à savoir leur *libido dominandi*[77]. Et Hobbes discréditera sur le même

---

76. « Quant à ce beau mot dequoy se couvre l'ambition et l'avarice : Que nous ne sommes pas nez pour nostre particulier, ains pour le publicq, rapportons nous en hardiment à ceux qui sont en la danse ; et qu'ils se battent la conscience, si, au rebours, les estats, les charges, et cette tracasserie du monde ne se recherche plutost pour tirer du publicq son profit particulier. Les mauvais moyens par où on s'y pousse en nostre siecle, montrent bien que la fin n'en vaut gueres » (I, 39, p. 237). « Il ne faut pas appeller devoir (comme nous faisons tous les jours) une aigreur et aspreté intestine qui naist de l'interest et passion privée ; ny courage, une conduitte traistresse et malitieuse. Ils nomment zele leur propension vers la malignité et violence : ce n'est pas la cause qui les eschauffe, c'est leur interest ; ils attisent la guerre non par ce qu'elle est juste, mais par ce que c'est guerre » (III, 1, p. 793-794). « Ceux qui alongent leur cholere et leur haine au dela des affaires, comme faict la plus part, montrent qu'elle leur part d'ailleurs, et de cause particuliere [...]. C'est qu'ils n'en ont point à la cause en commun, et en-tant qu'elle blesse l'interest de tous et de l'estat ; mais luy en veulent seulement en ce qu'elle leur masche en privé (III, 10, p. 1012). On pourra comparer cette dénonciation avec celle, au début de l'« Apologie de Raimond Sebond » des soi-disant « chrétiens » qui prennent prétexte de leur foi pour justifier leurs passions les plus inavouables : « Je voy cela evidemment, que nous ne prestons volontiers à la devotion, que les offices qui flattent nos passions. Il n'est point d'hostilité excellente comme la chrestienne. Nostre zele faict merveilles, quand il va secondant nostre pente vers la haine, la cruauté, l'ambition, l'avarice, la detraction, la rebellion. A contrepoil, vers la bonté, la benignité, la temperance, si, comme par miracle, quelque rare complexion ne l'y porte, il ne va ny de pied ny d'aile. Nostre religion est faicte pour extirper les vices ; elle les couvre, les nourrit, les incite » (II, 12, p. 444). Voir aussi III, 10, p. 1021 : « Nos hommes sont si formez à l'agitation et ostentation que la bonté, la moderation, l'equabilité, la constance et telles qualitez quietes et obscures ne se sentent plus. »

77. Voir Richard Hooker, *Of the Law of Ecclesastical Polity* (1594), éd. W. Speed Hill *et al.*, préface, t. I, New York, Binghampton, 1993.

modèle les discours républicanistes et antimonarchistes de son temps[78].

Mais le plus important reste que cet engagement passionné est *par lui-même* nocif au bien public, transformant des intentions « légitimes et équitables » en intentions « seditieuses et illegitimes ». De ce point de vue, les passions de paresse, de nonchalance, d'imprévoyance, de défaut de mémoire ou d'inattention que revendique Montaigne jouent le rôle de passions « compensatrices », comme les nommera Albert Hirschman[79], pour modérer la passion immodérée et suspecte du zèle pour le public. Le pays a plus besoin de négociateurs prudents que de fanatiques agités. Montaigne n'est pas loin de penser ce qu'écrira Pascal, cité par Isaiah Berlin, à savoir que « tout le malheur des hommes vient d'une seule chose, qui est de ne savoir pas demeurer en repos dans une chambre[80] ». Le « bon » citoyen est celui qui fait preuve de modération, voire de superficialité dans son engagement, qui manifeste un esprit d'empathie et de respect pour ses adversaires, en se comportant vis-à-vis d'eux « commodément et loyalement », reconnaissant leurs qualités et faisant effort pour

78. « Quiconque dans un État monarchique [...] réclame la liberté [...], ne réclame par là rien de plus que ceci : que le souverain remarque son aptitude et son mérite, et l'installe dans un emploi et une charge de gouvernement subordonné, de préférence à d'autres qui méritent moins » (*Éléments de la loi naturelle et politique*, II, 8, 3, trad. D. Weber, Paris, Le Livre de poche, 2003, p. 314). « Lorsque les citoyens particuliers réclament la liberté, ce qu'ils réclament sous le nom de liberté ce n'est pas la *liberté* mais le *pouvoir de dominer* [...]. Les citoyens qui, dans une monarchie, se lamentent de leur liberté perdue n'enragent que de ne pas être invités à prendre en main le timon de la République » (*Du citoyen*, X, 8, présentation et trad. Ph. Crignon, Paris, Garnier-Flammarion, 2010, p. 226-227).

79. Voir Albert O. Hirschman, *Les Passions et les Intérêts. Justifications politiques du capitalisme avant son apogée*, trad. P. Andler, Paris, PUF, 1980, p. 23-32. Hirschman se réfère à Spinoza, Hume, Holbach et Helvétius. Le terme est appliqué à Montaigne par Emiliano Ferrari, *Montaigne, une anthropologie des passions*, Paris, Classiques Garnier, 2014, p. 270.

80. Pascal, *Pensées*, éd. Lafuma, fragment 136. Voir I. Berlin, *En toute liberté*, *op. cit.*, p. 64.

comprendre leur point de vue (III, 10, p. 1012). Mieux vaut ne pas en faire assez que faire du zèle ; ou, comme l'écrit Sarah Bakewell avec humour, « faire du bon boulot, sans trop[81] ». Montaigne pense ainsi avoir fait sa part, tant dans la vie domestique que dans la vie publique : s'il n'a rien créé de nouveau dans la maison que son père a construite, il a néanmoins préservé l'existant, en achevant la construction d'un mur qui menaçait de s'écrouler (III, 9, p. 951). Pour la vie publique, il se targue fièrement, sinon d'avoir été le maire le plus zélé de Bordeaux, tout du moins d'avoir suffisamment bien fait pour être réélu (ce qui, précise-t-il, « advient tres-rarement »), et ce, surtout, « sans [se] despartir de [s]oy de la largeur d'une ongle » (III, 10, p. 1007). Ici encore, nous sommes à l'opposé du discours républicaniste, qui demande au citoyen un engagement entier pour la chose publique. Ainsi, chez Machiavel, la participation du peuple à la décision, le maintien des citoyens dans une situation de pauvreté, la religion civile, la formation d'une armée citoyenne et même l'entretien du dissensus entre les grands et la plèbe ont pour fonction de mettre constamment le citoyen sur le pied de guerre. Comme l'écrit Quentin Skinner, commentant les chapitres XVII et XVIII des *Discorsi*, ce que Machiavel entend par la « corruption » du peuple, « c'est le manquement à consacrer toute son énergie au bien commun, ainsi que la tendance concomitante à placer ses propres intérêts au-dessus de ceux de la communauté[82] ». La promotion par Montaigne de la liberté privée bouleverse cet équilibre des forces entre individu et communauté civile.

81. S. Bakewell, *Comment vivre ?*, *op. cit.*, p. 403 et 415. Sur la modération de Montaigne dans l'engagement public, voir aussi Patrick Henry, « Doing and Non-Doing in the *Essays* », *MS*, 14, 2002, p. 169-177.

82. Q. Skinner, *Les Fondements de la pensée politique moderne*, *op. cit.*, p. 240-241. Pour une analyse des *Discorsi* différente de celle de Skinner, mettant plus l'accent sur le rôle des bonnes institutions que sur celui de la vertu civique, voir Romain Descendre, « Qu'est-ce que la vie civile ? Machiavel et le *vivere civile* », *Transalpina*, 17, 2014, p. 1-18.

La sphère du moi privé dont Montaigne, le premier peut-être, affirme les droits fait ainsi l'objet d'une revendication *publique*. Ne nous y trompons pas : le registre de la description psychologique de ses attitudes et de son idiosyncrasie sert à Montaigne à exprimer des valeurs normatives et prescriptives. Comme l'écrit justement André Tournon, Montaigne érige « en règles les attitudes spontanées[83] ». À travers la confession de ses défauts, celui-ci fait bien une déclaration de droits. La description psychologique le dispense de toute justification rationnelle (je suis comme je suis, parce que c'est ma nature...) de la même façon que le discours déontique des droits de l'homme se formulera près de deux siècles plus tard en termes de déclaration de vérités considérées comme « évidentes pour elles-mêmes » (« *self-evident* », selon la formule de la déclaration nord-américaine d'indépendance), et qui n'ont par conséquent pas besoin d'être fondées sur des principes plus généraux.

Montaigne pense par ailleurs qu'il en va de la mission de l'autorité politique de défendre ces droits. Ainsi, dans le chapitre « De la vanité », il s'indigne de devoir sa sécurité à ce qu'il nomme ailleurs sa « petite prudence ». Catholique entouré de protestants, il continue de pratiquer l'office chez lui et même à exprimer publiquement sa confession en faisant résonner les cloches de sa chapelle – ce qui peut sans doute passer pour une provocation –, sans être inquiété par ses voisins. Pourquoi ? Parce que, sans doute, il en est personnellement estimé et qu'il passe à leurs yeux pour un homme de dialogue et de paix. Peut-être aussi parce que ses voisins éprouvent quelque crainte, sachant qu'il est le protégé d'Henri de Navarre. Montaigne souhaiterait cependant que cette situation ne soit pas due à une conjoncture favorable, mais à la protection des lois :

83. A. Tournon, *Montaigne. La glose et l'essai*, *op. cit.*, p. 272.

> J'eschape ; mais il me desplait que ce soit plus par fortune, voire et par ma prudence, que par justice, et me desplaist d'estre hors la protection des loix et soubs autre sauvegarde que la leur. Comme les choses sont, je vis plus qu'à demy de la faveur d'autruy, qui est une rude obligation. Je ne veux debvoir ma seureté, ny à la bonté et benignité des grands, qui s'aggréent de ma legalité et liberté, ny à la facilité des meurs de mes predecesseurs et miennes. Car quoy, si j'estois autre ? [...] je tiens qu'il faut vivre par droict et par auctorité, non par recompence ny par grace [III, 9, p. 966][84].

Montaigne pourrait sembler dans ce texte revenir à une position républicaniste. Pour Machiavel, par exemple, la « vie libre » que procure un État républicain, consiste à « pouvoir jouir librement de ses biens sans crainte, de n'avoir d'inquiétudes ni pour l'honneur de ses femmes ; ni pour celui des enfants, de ne pas craindre pour soi-même[85] ». James Harrington écrit de même contre Hobbes, que le sujet du tyran de Constantinople n'est que le « tenancier, de sa tête comme de son bien », dépendant en dernier recours de la bonne volonté de son seigneur qui en est le propriétaire[86]. Le courtisan du tyran se trouvait chez La Boétie dans une situation similaire, de devoir lier son destin à l'arbitraire de la volonté du prince : « Quelle condition est plus miserable que de vivre ainsi, qu'on n'aie rien a soy tenant d'autrui son aise, sa liberté, son corps et sa vie[87] ? » Philipp Pettit trouvera dans ces discours républicanistes un argument contre le libéralisme de Berlin, de Rawls et de Nozick : la liberté doit selon

---

84. Voir le commentaire de ce texte de D. Schaefer, *The Political Philosophy of Montaigne*, *op. cit.*, p. 376 *sq*.

85. N. Machiavel, *Discours sur la première décade de Tite Live*, trad. A. Fontana et X. Tabet, Paris Gallimard, 2004, p. 118.

86. « Il est connu que le plus grand pacha n'est qu'un tenancier, de sa tête comme de son bien, soumis à la volonté de son seigneur, tandis que le plus simple Lucquois qui possède une terre est propriétaire de cette terre aussi bien que de sa tête, et ne peut être contrôlé que par la loi » (James Harrington, *Oceana*, *op. cit.*, p. 8, cité par Ph. Pettit, *Républicanisme*, *op. cit.*, p. 61).

87. É. de La Boétie, *De la servitude volontaire*, *op. cit.*, p. 120-121.

lui être définie comme non-domination en un sens plus large que l'exemption de la seule contrainte physique, en prenant en considération les obstacles psychologiques. En ce sens, devoir un « grammercy » aux autres, selon la formule de Montaigne[88], c'est-à-dire être assujetti à leur bon vouloir, constitue déjà une forme d'atteinte à la liberté dont doit nous protéger un état de droit digne de ce nom. Il reste que, pour un républicaniste, un état de droit n'est tel qu'en tant qu'expression d'une volonté populaire, par opposition à l'arbitraire de la volonté des puissants. Pour Montaigne à l'inverse, ce n'est pas l'origine de la loi qui rend celle-ci légitime, mais la protection qu'elle confère à nos actions par le régime de prévisibilité qu'elle instaure, par opposition à la « faveur d'autruy » qui est arbitraire et imprévisible. Pour Montaigne, comme pour Bodin ou plus tard pour Hobbes, la prérogative du souverain n'est pas incompatible avec l'état de droit, à condition que cette volonté soit rendue publique dans des lois claires et cohérentes, formulées sur un mode prescriptif. Le rôle de l'autorité politique est ici compris comme subordonné à ce que Locke nommera les « intérêts civils » des individus ou leur « propriété » au sens large. Nous trouvons là le germe de ce qu'un Friedrich Hayek nommera le « constitutionalisme libéral[89] », en le distinguant à la fois de la démocratie totalitaire et de l'anarchisme libertarien.

Contrairement à Locke et aux libéraux futurs, Montaigne craint moins le pouvoir politique, affaibli par la montée en puissance des factions armées, que le déchaînement des passions sociales. L'une des problématiques fondamentales soulevées par Judith Shklar est la transposition du « libéralisme de la peur », de la crainte de la nuisance

88. « O combien je suis tenu à Dieu de ce qu'il luy a pleu que j'aye receu immediatement de sa grace tout ce que j'ay, qu'il a retenu particulierement à soy toute ma debte ! Combien je supplie instamment sa saincte misericorde que jamais je ne doive un essentiel grammercy à personne ! » (III, 9, p. 868.)

89. Friedrich A. Hayek, *Droit, législation et liberté*, *op. cit.*, p. 57.

des autres chez Hobbes à la crainte de la puissance de l'État chez Locke et ses successeurs[90]. Montaigne, dans la situation qui est la sienne, se situe sans doute plus près de Hobbes que de Locke, mais il reste plutôt minimaliste sur la fonction de l'État, qui doit se limiter à la protection de la liberté des individus[91] : « Les princes me donent prou s'ils ne m'ostent rien, et me font assez de bien quand ils ne me font point de mal ; c'est tout ce que j'en demande » (III, 9, p. 968). Nous retrouvons là la conception « négative » de la liberté comme non-sujétion à l'autorité d'un autre. Plus que de l'humanisme néo-cicéronien, Montaigne peut sur un autre plan être rapproché de Locke, qui transcrira cette revendication de « vivre par droict » en termes déontiques : et si Montaigne rencontre les humanistes florentins du XVe siècle et Machiavel, c'est dans leurs aspects proto-libéraux (l'état au service de la liberté des particuliers) plus que dans ses aspects romanistes-républicanistes (le culte de l'engagement civique).

La négociation du privé et du public : liberté de conscience et tolérance

Un point étroitement associé à la défense de la liberté négative est pour Isaiah Berlin la reconnaissance de valeurs plurielles, dont aucune ne se confond avec les autres. La liberté négative est un bien, mais elle ne saurait être le *seul* bien. Au contraire d'une société moniste, qui ne ferait valoir qu'une unique valeur au détriment des autres, une société « décente » doit prendre en compte cette pluralité des valeurs

90. Judith Shklar, « The Liberalism of Fear », art. cité.

91. Nous rejoignons ici les conclusions de David Schaefer (*The Political Philosophy of Montaigne*, *op. cit.*, p. 382), qui oppose ici la finalité de l'État libéral aux finalités perfectionnistes de l'État des Anciens (l'État comme institution destinée à améliorer les hommes et à les porter à leur perfection).

indépendantes les unes des autres, dont chacune exprime un besoin moral fondamental de l'être humain. Ainsi, pour Berlin, la liberté négative ne saurait être réduite à la liberté positive. Montaigne semble satisfaire à cette exigence. Il ne pense pas que la liberté privée puisse se confondre avec la participation de l'individu à la décision publique. Le service public lui apparaît, comme à bien des libéraux futurs, comme une forme d'aliénation souvent plus dangereuse et sournoise que d'autres. Mais il ne prétend pas non plus que la liberté privée soit la seule et unique valeur, comme c'est le cas pour les libertariens contemporains tels Robert Nozick ou Murray Rothbart. La vie morale et politique est ainsi tissée de dilemmes, de marchandages et d'accommodements entre des normes contradictoires également valides. En témoigne la construction fréquente des chapitres des *Essais* en un balancement du *sic et non*, suivant le « *in utramque partem dicere* » cicéronien : le pour et contre sont opposés, voire trouvent une forme d'équilibre précaire, sans pour autant qu'une position de surplomb parvienne à éliminer la tension entre les deux pôles de valeurs – utile *vs* honnête, public *vs* privé, etc.

L'un des conflits les plus sensibles liés à la question de la liberté privée est celui de sa limitation par l'autorité publique. Comment trouver un juste équilibre entre l'ordre civil et la liberté individuelle ? Les penseurs républicanistes pensent que la réponse se trouve dans la forme institutionnelle que revêt l'autorité publique, à savoir un gouvernement non par l'arbitraire d'un homme, mais par des lois traduisant la volonté populaire. Pour Montaigne, ce conflit n'est pas résolu par la voie institutionnelle : quelle que soit la forme de gouvernement, la vie sociale se traduira toujours par la perte irrémédiable de certaines valeurs. Aussi nécessaire soit-elle, l'autorité représente une atteinte à l'une des aspirations les plus fondamentales de l'homme. Dans ses entretiens avec Ramin Jahanbegloo, Berlin dit : « Je pense qu'en l'absence d'entraves, la paix n'est pas possible, nous nous entretuerons[92] » : cette formule fait écho à celle empruntée par Montaigne à Épicure, selon laquelle, en l'absence de prescriptions publiques, « nous nous forgerions en fin des devoirs qui nous mettroient à nous manger les uns les autres » (II, 12, p. 488). Pour Berlin, la liberté négative « n'est pas incompatible avec l'autocratie[93] » : pour Montaigne non plus, la quête de la liberté n'exclut pas la reconnaissance d'une certaine forme d'autoritarisme politique. Les autorités sont nécessaires : nous avons déjà croisé le texte de l'« Apologie de Raimond Sebond » qui affirme la nécessité « de donner à l'esprit humain les barrieres les plus contraintes qu'on peut », de le brider et garroter « de religions, de loix, de coustumes, de science, de preceptes, de peines et recompenses mortelles et immortelles » (II, 12, p. 759). Il reste que l'inefficacité relative de ces remèdes révèle la nature essentiellement libre de l'esprit humain à l'égard de toute loi : « encores voit-on que, par sa volubilité et dissolution, il [l'esprit humain] eschappe à toutes ces liaisons. C'est un corps vain, qui n'a par où estre saisi et assené ; un corps divers et difforme, auquel on ne peut asseoir neud ny prise ». Quels que soient les dangers qui résultent de son exercice (danger non seulement social, mais aussi psychologique, de laisser l'esprit à son activité errante spontanée, tel un « cheval éschappé », I, 8, p. 33), la liberté est une valeur en soi, sans qu'elle soit pour autant une valeur exclusive, ni même entièrement compatible avec d'autres, et en particulier avec l'ordre civil ou avec la justice : toute réponse à ce dilemme reste insatisfaisante et les institutions politiques représentent toujours un expédient à défaut de mieux.

Ce conflit est particulièrement sensible dans le cas de la liberté de conscience. Montaigne lui consacre

---

92. I. Berlin, *En toute liberté*, *op. cit.*, p. 180.

93. I. Berlin, « Deux conceptions », art. cité, p. 178. Entendons bien que les deux valeurs sont irréductibles l'une à l'autre, mais qu'une civilisation (une société « décente ») doit les équilibrer.

un chapitre (II, 19). D'aucuns ont voulu voir dans la place centrale de ce chapitre au sein du second livre des *Essais* qui en compte trente-sept (et, après l'adjonction d'un troisième livre, au sein des *Essais* tout court), une prise de position politique implicite en faveur de la tolérance[94]. Le problème reste qu'il est difficile de trouver dans ce chapitre une apologie de ce que nous nommons « liberté de conscience », c'est-à-dire de la liberté d'adhérer à, de pratiquer et de professer publiquement une foi différente de la foi officielle. Si Julien dit l'Apostat, selon Montaigne, a sollicité « avec grand soing » que « chacun sans empeschement et sans crainte servit à sa religion », ce n'est que « pour l'esperance que cette licence augmenteroit les parts et les brigues de la division, et empescheroit le peuple de se réunir et de fortifier par consequent contre luy par leur concorde et unanime intelligence » (II, 19, p. 671). La liberté de conscience peut partir d'une bonne intention, mais Montaigne ne l'envisage ici que dans ses « effects tres-vitieux » (p. 668), et ne voit en elle qu'un facteur de division et d'affaiblissement : elle est un outil efficace pour celui qui voudrait « attiser le trouble de la dissention civile » dans le camp ennemi, non pour ceux qui, comme les rois de France, ont pour mission de « l'estaindre » (p. 671). Si ce n'est pas la division, mais la paix civile qui est recherchée, il faudra donc imposer des limites à cette liberté de conscience[95].

94. Ainsi, pour Mariabianca Fontana, « l'essai "De la liberté de conscience" [...] est stratégiquement placé au centre de l'ouvrage, au milieu du livre II » (« "Lâcher la bride" : tolerance religieuse et liberté de conscience dans les *Essais* de Michel de Montaigne », *Cahiers philosophiques*, 114, 2008, p. 28). On pourra aussi se référer aux spéculations numérologiques de Michel Butor, *Essais sur les* Essais, Gallimard, 1968, rééd. dans *Œuvres complètes de Michel Butor*, sous la dir. de M. Calle-Gruber, Paris, La Différence, t. II, 2006, p. 670 *sq*. Voir aussi D. Schaefer, *The Political Philosophy of Montaigne, op. cit.*, p. 146.

95. Montaigne n'est d'ailleurs pas le premier à interpréter la tolérance de Julien en ce sens. Joseph Lecler cite par exemple le luthérien Wolfgang Capito en faveur de l'interdiction de la messe catholique (voir *Histoire de la tolérance, op. cit.*, p. 244), ou, en France, la critique de Jean Begat,

Il faut replacer le chapitre dans son contexte, à savoir l'échec de la politique royale de conciliation et de temporisation. Le chapitre « De la liberté de conscience » est écrit alors que l'éphémère paix de Monsieur (1576) se solde par une nouvelle reprise des combats. Montaigne ne peut que constater que « la pluspart des accords de nos querelles du jourd'huy sont honteux et menteurs » (III, 10, p. 1019). Il pense que la politique de tolérance, loin d'apaiser les esprits, attise les dissensions et contribue à la formation des factions au sein de société. Comparée à la position des réformateurs, ou encore à celle d'un Michel de l'Hospital en 1562 ou d'un Paul de Foix, la position de Montaigne peut sans doute apparaître hostile à une politique de tolérance, comprise comme synonyme de permissivité et d'impuissance du pouvoir politique à faire régner l'ordre, exercée par des souverains qui « n'ayans peu ce qu'ils vouloient, [...] ont fait semblant de vouloir ce qu'ils pouvoient » (II, 19, p. 672). Soulignons néanmoins qu'il s'agit là d'un désaccord qui n'est pas religieux, mais politique, au sein d'un débat qui est lui-même politique. Il s'agit moins ici de refuser de tolérer telle ou telle religion que de tolérer le sectarisme et les dissensions civiles. La position de Montaigne n'est d'ailleurs pas isolée, surtout au début des conflits armés, avant que le biconfessionnalisme apparaisse comme inéluctable. En 1560, un an avant le colloque de Poissy et l'édit de janvier, Michel de L'Hospital dit que « c'est folie d'espérer paix, repos et amytié entre les personnes qui sont de diverses religions[96] ». Dans son *Mémoire sur l'édit*

---

conseiller au parlement de Bourgogne, de l'édit d'Amboise (1564) jugé trop permissif (*ibid.*, p. 464). Lecler cite aussi, dans un autre contexte, la position du cardinal Hosius en faveur de la tolérance envers les calvinistes et les sociniens en Pologne, en 1568 : « j'ai estimé qu'au cas où on ne pourrait les supprimer toutes [*i.e.* les sectes], ainsi se mordant et se dévorant l'une l'autre, elles se ruineraient réciproquement. On sait en effet que la guerre des hérétiques, c'est la paix de l'Église » (*ibid.*, p. 370).

96. *Harangue prononcée à l'ouverture de la session des États généraux assemblé à Orléans le 13 décembre 1560*, dans Michel de L'Hospital, *Gouverner*

de janvier (de 1562), La Boétie plaidait aussi en faveur d'un monoconfessionnalisme assorti d'une réforme du catholicisme[97]. Dix ans plus tard, après la Saint-Barthélemy, Jean Bodin, sans être opposé par principe au pluralisme religieux, pense encore que le biconfessionnalisme est politiquement impraticable, et qu'il ne peut être toléré que pour « fuïr le plus grand mal, quand on ne peut establir la vraye Religion[98] ». On ne peut non plus opposer une position pragmatique, qui serait celle de Montaigne à une position déontologique, qui serait celle des partisans de la liberté de conscience : la liberté de conscience n'est que rarement invoquée à cette époque comme un droit fondamental de l'individu, mais seulement comme un pis-aller face à un état de fait qu'on ne peut éviter, aussi scandaleux soit-il, et comme un expédient provisoire, dans l'attente de temps meilleurs qui permettront un retour plus apaisé au monoconfessionnalisme[99]. Faire semblant

---

la haine. Discours politiques pendant les guerres de Religion, 1560-1568, Clermont-Ferrand, Paléo, 2001, p. 43. On sait cependant que Michel de L'Hospital prendra ensuite la défense d'un bi-confessionnalisme provisoire, dans l'attente du concile qui réunifiera les deux religions non par la contrainte, mais par la persuasion. Sa position sera alors presque inverse : « Et peut-on vivre avec ceux, qui sont de diverses opinions, comme nous le voyons dans les familles, où ceux qui sont des catholiques ne laissent pas de vivre en paix, aimer ceux de la religion nouvelle » (*Discours à l'assemblée des États généraux, assemblés à Saint-Germain-en-Laye, le 26 août 1561*, dans *ibid.*, p. 69).

97. Selon Malcolm C. Smith (*Montaigne and Religious Freedom. The Dawn of Pluralism*, Genève, Droz, 1991, en particulier p. 75-98), Montaigne aurait néanmoins, dans un premier temps, cru comme La Boétie aux bienfaits d'une politique d'ouverture.

98. J. Bodin, *Les Six Livres de la république*, *op. cit.*, vol. 4, ch. 7, p. 208. Sur les ambiguïtés de la position de Bodin, voir S. Holmes, *Passions and Constraint*, *op. cit.*, p. 120-129. Bodin ne quitte guère ici la conception thomasienne de la tolérance envers les infidèles (et non, précisons-le envers les hérétiques), qui ne peut être justifiée que « de peur que quelques biens ne soient empêchés [*i.e.* la conversion de l'infidèle] ou [...] que des maux pires ne soient encourus », *Somme de théologie*, IIa-IIae, q. 11 ad resp.).

99. Ce contexte est bien mis en valeur par Keith Cameron, « Montaigne and "De la liberté de conscience" », *Renaissance Quaterly*, 26,

de vouloir ce que l'on ne peut éviter : c'est en gros cela que Montaigne, comme la plupart de ses contemporains, entend par tolérance.

Il est vrai que les commentateurs qui, tels David Schaeffer, Emmanuel Faye, Biancamaria Fontana ou Douglas Thompson, veulent voir dans ce chapitre une apologie de la liberté de conscience, tirent surtout argument de l'éloge que Montaigne y fait de Julien l'Apostat[100]. Cet éloge constituerait une sorte de sous-texte implicite à la condamnation explicite de la politique de tolérance. De fait, on trouve bien dans ce chapitre un éloge des vertus de Julien (« il n'est aucune sorte de vertu dequoy il n'ait laissé de tres-notables exemples », II, 19, p. 669). C'est là une thématique qui relève plus généralement de la rhétorique de remontrance que les païens font aux chrétiens (ou les bêtes aux hommes, ou les cannibales aux soi-disant civilisés, etc.). Parmi les vertus de Julien citées par Montaigne, on trouve successivement la chasteté, la justice et la douceur, la sobriété, la suffisance militaire, le courage devant la mort et la dévotion dans sa propre religion : mais il est significatif que Montaigne ne mentionne nulle part quelque engagement en faveur

---

1973, p. 285-294. Sur le sens des expressions « liberté de conscience » et « tolérance » au XVIe siècle, voir aussi Marianne Carbonnier-Burkard, « Les préambules des édits de pacification (1562-1598) », *Bulletin de la société de l'histoire du protestantisme français*, 144, 1998, p. 75-92 ; O. Christin, *La Paix de religion*, *op. cit.*, en particulier p. 38-41 et M. Turchetti, « Concorde ou tolérance ? de 1562 à 1598 », *Revue historique*, 556, 1985, p. 341-355. Sur la position de Montaigne dans ce débat de l'époque, voir aussi Valérie Dionne, *Montaigne, écrivain de la conciliation*, *op. cit.*, p. 149-161. Sur les différents sens de la tolérance en tant qu'attitude ou état d'esprit (acceptation résignée, bienveillance indifférente, stoïcisme moral et curiosité), voir Michael Walzer, *Traité sur la tolérance*, trad. Ch. Hutner, Paris, Gallimard, 1998, p. 26-29.

100. Voir D. Schaefer, *The Political Philosophy of Montaigne*, *op. cit.*, p. 145-150 ; E. Faye, *Philosophie et perfection de l'homme. De la Renaissance à Descartes*, Paris, Jean Vrin, 1998, p. 179-180 ; B. Fontana, *Montaigne en politique*, *op. cit.*, p. 170-174 ; D. Thompson, *Montaigne and the Tolerance of Politics*, *op. cit.*, p. 48-53.

de tolérance ou du pluralisme confessionnel. Douceur et tolérance sont deux choses bien différentes : Montaigne condamne de façon récurrente la cruauté et l'inhumanité des peines sans pour autant faire l'apologie de la tolérance politique. La seule « vertu » de Julien dans ce dernier domaine est celle d'un habile stratège qui sait régner en divisant l'ennemi.

C'est encore dans ses effets vicieux que la suite du texte envisage la liberté de conscience. « Lacher la bride aux pars d'entretenir leur opinion, c'est espandre et semer la division ; c'est préter quasi la main à l'augmenter, n'y ayant aucune barriere ny coerction des loix qui bride et empesche sa course » (II, 12, p. 672)[101]. Montaigne fait bien droit à la thèse opposée : on pourrait croire qu'avec le temps, ces passions s'émousseront, et la dispute perdra son intérêt ; la paix serait alors obtenue, non certes par une conversion des cœurs aux vertus du pluralisme, mais par lassitude envers les questions polémiques. C'est peut-être là ce qu'espéraient les partisans de la politique d'un intérim biconfessionnel – apaiser les esprits dans l'attente d'un retour à une confession unique éventuellement réaménagée. Aussi séduisante qu'elle puisse paraître, cette solution est rendue peu crédible aux yeux de Montaigne au moment où le conflit dégénère en un conflit armé entre factions. Montaigne se rallie alors à la position du conseiller de l'empereur Théodose, qui disait « les disputes n'endormir pas tant les schismes de l'Église, que les esveiller et animer les Heresies[102] » et prescrivait en conséquence de « fuir toutes contentions et argumentations

101. On pourra rapprocher ce texte de celui de Hobbes, *Léviathan*, *op. cit.*, p. 345 : « Une autre doctrine inconciliable avec la société civile est que chaque fois qu'un homme agit contre sa conscience, c'est une faute. »

102. Selon Keith Cameron (« Montaigne and "De la liberté de conscience" », art. cité, p. 287), Pierre Matthieu, dans son histoire des guerres des derniers troubles de France (1597) décrit cet argument comme soutenu dès 1577 : « Quand on leur permet ce qu'ils demandent, qu'on lasche ceste rigueur, la chose devient tant commune et descouverte, que plusieurs s'en lassent, r'entrent au grand chemin d'où ils étaient sortis. »

dialectiques, et se rapporter nuement aux prescriptions et formules de la foy establies par les anciens » (I, 56, p. 322).

Il importe de préciser que la position de Montaigne est strictement laïque. Là où les individus sont incapables de s'entendre (« si c'est de nous que nous tirons le reglement de nos meurs, à quelle confusion nous rejettons nous ! », II, 12, p. 577), il faut un arbitrage au niveau institutionnel. Il ne s'agit pas de savoir quelle doctrine peut, au nom d'une vérité supérieure, résoudre le conflit : il s'agit plutôt d'évaluer quel est l'acteur le mieux placé pour opérer un arbitrage efficace entre les partis opposés. La perspective de Montaigne n'est pas très éloignée de celle qu'adoptera Hobbes[103]. Pour Montaigne comme pour Hobbes, nous devons une obéissance simple et inconditionnelle aux autorités religieuses : dans le chapitre au titre significatif « C'est folie de rapporter le vray et le faux a nostre suffisance », Montaigne écrit que « ce n'est pas à nous à establir la part que nous [...] devons d'obeïssance » à « nostre police ecclesiastique » (I, 27, p. 182). Si les conclusions des deux penseurs divergent, ce n'est pas du fait de leur conviction que la liberté de conscience doit être limitée par une autorité établie et qu'il faut un arbitrage sur les questions confessionnelles. Ils ne divergent que sur la question de savoir qui est le détenteur légitime de cette autorité. Montaigne fait droit à la prétention de l'Église catholique romaine de fixer la vraie doctrine, alors que Hobbes donnera la place d'honneur au catholicisme romain au sein de la « confédération des trompeurs » qui empruntent la langue de la religion afin d'« obtenir l'empire des hommes dans le monde présent »[104], concluant

103. « La République étant une personne unique, elle doit rendre à Dieu un culte unique [...]. Tel est le culte officiel, dont le propre est d'être uniforme [...]. Lorsque plusieurs genres de cultes sont permis, procédant des diverses religions des individus, on ne saurait dire qu'il existe un culte unique, ni que la République professe aucune religion » (*Léviathan*, 31, 37, *op. cit.*, p. 390).

104. *Ibid.*, 44, 1, p. 625-626.

que c'est au souverain civil de trancher sur ces questions de foi fondées sur l'interprétation des Écritures.

Cette différence peut s'expliquer par l'adhésion (même si elle n'est pas exempte d'ambiguïtés) des deux penseurs à la foi officielle de leurs pays respectifs. Elle s'explique aussi par la différence des contextes et des expériences du chaos social : les guerres de factions révèlent en France l'impuissance des monarques à régler le conflit, alors qu'en Angleterre, la guerre civile trouvera, avec le protectorat de Cromwell, une solution politique. Doit encore être prise en compte la différence de langage des deux penseurs : l'argument de Montaigne est principalement énoncé sous un mode pragmatique, fondé sur sa connaissance empirique des ressorts de l'esprit humain, alors que Hobbes emprunte à un registre déontique, fondé sur les schémas déductifs de la science nouvelle. Le principal reste que ni Montaigne ni Hobbes ne prétendent résoudre le problème à partir de l'argument de la « vraie religion ». Le problème théologique est avant tout un problème politique, même s'il est posé en des termes différents chez les deux penseurs. La réponse de Hobbes est que la crosse de l'évêque doit être tenue par la même personne (physique ou juridique) qui tient le glaive de justice et qui, par la terreur qu'elle inspire aux individus, est à même d'imposer son arbitrage. Or c'est bien au profit du souverain, non du pape, que les citoyens se sont désistés de leurs droits naturels, parmi lesquels celui d'interpréter les Écritures selon leur opinion – Hobbes est ici protestant : aussi, « dans toute République chrétienne, le souverain civil est le pasteur suprême[105] ». Pour l'évêque de Rome, s'il a une autorité légitime sur les sujets (romains) dont il est le souverain civil, il n'en a aucune dans les pays qui ne sont pas sous sa juridiction. Les discours universalistes de la religion prétendument « catholique » ne servent qu'à appuyer une visée politique impérialiste, la papauté n'étant « rien d'autre que le *spectre*

105. *Ibid.*, 42, 70, p. 562-563.

[*the ghost*] du défunt Empire romain »[106]. En réalité, « tout prince chrétien n'est pas moins le pasteur suprême de ses propres sujets que le pape ne l'est des siens[107] » : en conséquence de quoi « il y a autant d'Églises catholiques qu'il y a de chefs d'Église, et autant de chefs qu'il y a de royaumes et de républiques chrétiennes[108] ».

Montaigne adopte un mode d'argumentation tout aussi pragmatique, même s'il est plus psychologique que juridique. Il pense que les solutions nationales ne présentent pas à l'esprit humain une apparence d'universalité suffisante pour emporter une adhésion durable : « nostre devoir », écrit-il, n'aura « autre regle que fortuite », alors que « la verité doit avoir un visage pareil et universel » (II, 12, p. 579). Loin de la résoudre, l'arbitraire des particularismes nationaux reconduit la « confusion » engendrée par l'arbitraire des croyances personnelles : les citoyens se rendront bien compte que la religion officielle n'est considérée comme vraie qu'à l'intérieur des frontières. L'Église catholique présente pour sa part ce « visage » d'universalité qui lui permet de transcender ces particularismes régionaux, liés aux coutumes et aux caprices du moment. S'attacher à la religion de son pays simplement parce qu'elle est en vigueur là où nous vivons, c'est s'y attacher trop superficiellement : c'est en ce sens que Montaigne se plaint – car il s'agit bien d'une plainte, et nullement d'une profession d'agnosticisme[109] –

106. *Ibid.*, 47, 21, p. 707.

107. *Ibid.*, 42, 131, p. 602.

108. Appendice au *Léviathan* (édition latine), *ibid.*, p. 755.

109. Comme le comprennent bien des commentateurs. Pour ne prendre qu'un exemple : « Montaigne était un catholique exactement de la même façon et pour les mêmes "raisons" qu'il était Français ou un Gascon aimant parler haut et fort. Il était catholique, pour autant que nous le sachons, du fait de *causes* physiologiques, psychologiques et sociales, ce qu'un simple aperçu de sa vie révèle aisément ; il n'était pas catholique pour des *raisons* dont il pensait qu'elles réfutaient toute autre religion » (Phillip Hallie, *Montaigne and Philosophy as Self Portraiture*, Center of Advanced Studies Weseyan University, 1966).

que ses concitoyens soient chrétiens « à mesme titre que nous sommes ou Perigordins ou Alemans » (II, 12, p. 445), c'est-à-dire sans conviction solide[110]. Une religion de type érastienne, qu'elle soit « territoriale », selon le modèle allemand, ou « nationale », comme en Angleterre, n'est pas en mesure de jouer efficacement le rôle d'arbitre qu'on exige d'elle – d'où, par exemple, les multiples revirements confessionnels entre les règnes d'Henri VIII et d'Elizabeth. L'universalité est en revanche un gage de stabilité. Les coutumes nationales ne possèdent donc pas l'impact psychologique que l'on est en droit de demander à une vraie coutume, qui doit s'insinuer en nous comme une seconde nature. Là donc où Hobbes prônera l'unité de l'autorité spirituelle et de la force publique, Montaigne prêche l'unité de l'autorité spirituelle et de la force psychologique – le mode de raisonnement, sur ce point, n'est pas si différent.

Pas plus donc que Hobbes, Montaigne ne s'intéresse aux aspects doctrinaux de la querelle religieuse. L'autorité du catholicisme n'est pas fondée sur la vérité intrinsèque de la doctrine, mais sur un caractère purement extrinsèque, à savoir le fait d'être en mesure de s'imposer aux sujets. Selon le chapitre cité, « C'est folie de rapporter le vray et le faux a nostre suffisance », l'obéissance à l'autorité ecclésiastique ne repose pas sur le contenu de la foi catholique. Tout ce que Montaigne dit sur les vérités de la foi, c'est que « ce n'est que bestise et ignorance qui nous fait les recevoir avec moindre reverence que le reste ». Elles

110. Il en va de même pour l'impact psychologique des lois positives en général : « Que nous dira donc en cette necessité la philosophie ? Que nous suyvons les loix de nostre pays ? c'est-à-dire cette mer flotante des opinions d'un peuple ou d'un Prince, qui me peindront la justice d'autant de couleurs et la reformeront en autant de visages qu'il y aura en eux de changemens de passion ? Je ne puis pas avoir le jugement si flexible. Quelle bonté est-ce que je voyois hyer en credit, et demain plus, et que le trajet d'une riviere faict crime ? Quelle verité que ces montaignes bornent, qui est mensonge au monde qui se tient au-delà ? » (II, 12, p. 579).

ne sont donc pas plus fausses que les fantaisies que nous tirons de notre raison, mais Montaigne ne dit pas non plus qu'elles sont plus vraies. Les règles religieuses ainsi entendues, au sens des *leges* des averroïstes, font partie de ce que Bernard Sève nomme les règles « supplétives », en ce qu'elles font autorité en dépit de leur caractère manifestement arbitraire[111]. La question religieuse dans ces textes est entièrement subordonnée à celle (laïque) de la paix civile.

Sur la question de l'articulation des pouvoirs ecclésiastiques et politiques, Montaigne annonce certes Hobbes, mais aussi bien Locke, dans sa défense de la laïcité des fins du gouvernement[112]. Il est vrai que le monoconfessionalisme apparaît à Montaigne (comme à Hobbes), dans le contexte qu'il connaît, comme la moins mauvaise solution pour préserver la paix civile, alors que Locke pense qu'une réglementation minimale des diverses expressions publiques de la foi religieuse est suffisante, de sorte que « rien de ce qui est permis dans l'État ne saurait être interdit par le magistrat dans l'Église[113] ». Selon lui, l'État ne s'intéresse aux doctrines religieuses que dans la mesure où elles sont la cause directe d'effets conflictuels mettant en péril l'ordre civil. L'intolérance même doit être tolérée dans ces limites : il faut ainsi tolérer, selon Locke, les calvinistes non-conformistes, aussi sectaires soient-ils, car ils ne représentent pas un danger public. Certaines doctrines sont toutefois interdites : c'est le cas des catholiques, dont la doctrine (comme en témoigne la bulle de Pie V contre Elizabeth) comprend

111. Bernard Sève, *Montaigne. Des règles pour l'esprit*, *op. cit.* Sur la coutume, voir le chap. 7, p. 179-199.

112. « La mission de confiance, le pouvoir et l'autorité qui appartiennent au magistrat ne lui sont accordés que pour qu'il en fasse usage pour le bien, la préservation et la paix de ceux qui sont membres de la société à la tête de laquelle il est placé » (John Locke, *Essai sur la tolérance,* dans *Lettre sur la tolérance et autres textes*, trad. J. Le Clerc, introduction, bibliographie, chronologie et notes J.-F. Spitz, Paris, Flammarion, 1992, p. 105).

113. J. Locke, *Lettre sur la tolérance*, dans *ibid.*, p. 193.

explicitement une contestation de l'autorité du gouvernement civil et délie le citoyen de l'obligation de respecter ses engagements envers un souverain protestant ; c'est aussi le cas des athées, dont la doctrine conduit à mettre en doute le caractère déontiquement contraignant des lois de nature édictées par Dieu. Dans les deux cas, ce n'est pas le contenu moral religieux lui-même qui est pris en considération, ni l'intolérance en tant que vice moral, car l'État ne s'intéresse pas à la perfection morale ou au salut des citoyens, mais seulement à l'ordre public. Le raisonnement de Montaigne n'est guère différent. Celui-ci critique le plus souvent le protestantisme en tant que parti schismatique. Les rares fois où il le condamne en tant que religion, c'est pour montrer qu'il produit des effets socialement dangereux. Il parle ainsi de « la plus querelleuse reformation theologienne de quoy le monde se soit desjeuné il y a long temps » (III, 9, p. 989), ou critique le caractère trop « contemplatif et immateriel » du culte, qui fait que le protestantisme ne peut toucher les hommes que « comme marque, titre et instrument de division et de part, plus que par soy-mesmes » (III, 8, p. 930). Au fond, quelles que soient les différences de leurs conclusions, Montaigne, Hobbes et Locke adoptent un schéma argumentatif semblable, dont le développement conduira à terme à la neutralité de l'État face aux querelles religieuses[114]. Le vieil ordre théologico-politique hérité de l'augustinisme, soumettant les princes au pape au nom de la prééminence hiérarchique du temporel sur le spirituel, ne subsiste donc chez Montaigne qu'en apparence et vidé de son contenu.

---

114. Sur le lien des guerres confessionnelles du XVIe siècle et la laïcisation des fins du politique, voir Carl Schmitt, *Hamlet ou Hécube. L'irruption du temps dans le jeu*, trad. J.-L. Besson et J. Jourdheuil, Paris L'Arche, 1992, p. 102-105. Cette analyse est reprise notamment par Rheinhart Koselleck, *Le Règne de la critique*, trad. H. Hildebrand, Paris, Minuit, 1979, p. 13-33. Elle est encore suivie par Olivier Christin, *La Paix de religion*, *op. cit.*, en particulier le chap. 7 (p. 169-197).

La question de l'arbitrage institutionnel n'épuise cependant pas celle de la liberté de conscience. De fait, le chapitre sur « La liberté de conscience » laisse planer une certaine ambiguïté : est-ce la liberté de conscience elle-même, accordée par Julien, qui est responsable des conflits ? ou sont-ce les chrétiens de ce temps qui se sont montrés indignes de l'octroi de cette liberté de conscience ? L'idée, évoquée par Montaigne, selon laquelle la politique de tolérance partirait de « bonnes intentions » (II, 19, p. 668) semble contredire l'affirmation selon laquelle Julien n'avait accordé aux chrétiens la liberté de conscience que dans une optique malveillante. De fait, l'intention de Julien était peut-être bonne d'un autre point de vue, et sa haine pour les chrétiens justifiée : car c'est bien « la cruauté d'aucuns Chrestiens » qui a persuadé Julien qu'« il n'y a point de beste au monde tant à craindre à l'homme que l'homme » et qui lui a suggéré de leur accorder la liberté de conscience afin de retourner contre eux-mêmes leur fureur destructrice. Ce texte rejoint les premières pages de l'« Apologie de Raimond Sebond », où Montaigne reproche aux chrétiens zélés de son temps de se servir de la religion pour légitimer leurs passions les plus néfastes, à savoir « la haine, la cruauté, l'ambition, l'avarice, la detraction, la rebellion » (II, 12, p. 444). Le vrai christianisme exige une réforme des cœurs. Ce qui fait le chrétien, ce ne sont pas, écrit Montaigne, les apparences communes à toutes les autres religions : « esperance, confiance, evenemens, ceremonies, penitence, martyres » : « La marque peculière de nostre verité devroit estre nostre vertu, comme elle est aussi la plus celeste marque et la plus difficile, et que c'est la plus digne production de la vérité » (II, 12, 442). Le christianisme authentique est ici un autre nom pour désigner les vertus proprement humaines, les vertus mêmes que, paradoxalement, le païen Julien a possédées plus que les prétendus chrétiens qui s'entre-déchiraient déjà sur des questions dogmatiques. L'origine du problème ne vient donc pas des religions prises en elles-mêmes, mais des passions destructrices qui trouvent en ces religions un champ d'expression privilégié, quoique nullement exclusif. La seule conciliation possible, dans ce contexte particulier, sera alors de faire une scission entre la foi intérieure et les formes d'expression publique de cette foi : « La societé publique n'a que faire de nos pensées ; mais le demeurant, comme nos actions, nostre travail, nos fortunes et nostre vie propre, il la faut préter et abandonner à son service et aux opinions communes » (I, 23, p. 118) ; à l'inverse, « la raison privée n'a qu'une jurisdiction privée » (*ibid.*, p. 121).

On peut ici encore comparer Montaigne à Hobbes. Depuis Michael Oakeshott, suivi par Alan Ryan, Richard Tuck, Richard Flathman et Edwin Curley[115], il n'est plus possible de ne voir en Hobbes qu'un apôtre de la mainmise de l'État sur la religion. L'autoritarisme politique abrite en réalité une pensée de la tolérance. Car l'État n'est investi d'aucune autorité divine ; il ne tient pas son droit d'interpréter les Écritures et de fixer les règles du culte de quelque inspiration particulière, mais du seul désistement volontaire par les citoyens de leur liberté naturelle en faveur d'un arbitrage nécessaire à la paix civile. Par ailleurs, le citoyen, en étant soumis civilement au souverain, est par là même délié de toute obligation à l'égard de ceux qui prétendent avoir autorité sur ses opinions privées. L'État sert ainsi de rempart contre l'invasion intrusive de l'Église : alors

115. Michael Oakeshott, *L'Association civile selon Hobbes*, trad. D. Weber, Paris, Jean Vrin, 2011 ; Alan Ryan, « A More Tolerant Hobbes? », dans S. Mendus (dir.), *Justifying Toleration. Conceptual and Historical Perspectives*, New York/New Rochelle/Melbourne/Sydney, Cambridge University Press, 1988, p. 37-59 ; Richard Tuck, « Hobbes and Locke on Toleration », dans M. Dietz (dir.), *Thomas Hobbes and the Political Theory*, Lawrence, University Press of Kansas, 1990, p. 153-171 ; Richard Flathman, *Skepticism, Individuality and Chastened Politics*, Newbury Park et *al.*, Sage Publications, 1993, p. 150-155 ; Edwin Curley, « Hobbes and the Cause of Religious Toleration », dans P. Springborg (dir.), *The Cambridge Companion to Hobbes'* Leviathan, Cambridge (UK), Cambridge University Press, 2007, p. 308-334.

que la seconde exige un assentiment des consciences, l'État limite sa prétention à un simple règlement des conduites[116] ; le credo qu'il entend faire respecter n'est qu'un acte de foi réduit à son minimum. Le souverain ne demande pas ce que demande un chef spirituel, à savoir une soumission des consciences. Il n'exerce une censure sur les opinions qu'en tant qu'elles sont sources d'actions susceptibles de mettre l'ordre public en péril. Pour l'Église à l'inverse, il n'y a pas de distinction entre l'extérieur et l'intérieur, entre la pratique publique et la conviction intime. L'État est en ce sens le garant de la liberté de conscience contre les religions. Si son arbitrage prend une forme autoritaire, la faute en est aux prétentions illégitimes des religions. Aussi, aux temps du christianisme primitif, les souverains n'avaient pas à exercer leur droit de contrôle des doctrines religieuses. La cause en est que l'expression de ces doctrines ne prenait pas une forme autoritaire : le pouvoir que détenaient les apôtres ne venait que de leur sagesse, leur humilité, leur sincérité et autres vertus ; les convertis leur obéissaient « par respect [*reverence*], non par obligation[117] ». Leur conscience restait « libre », et « leurs paroles et actions n'étaient assujetties à personne d'autre qu'au pouvoir civil ». Il n'y avait pas à proprement parler de hiérarchie ecclésiastique, mais simple diversification des tâches selon les charismes de chacun. La prédication s'est progressivement transformée en un instrument de pouvoir et de contrôle des consciences. La dégradation a commencé lorsque les presbytres se sont mis à enseigner la doctrine sur un mode autoritaire, en excommuniant ceux qu'ils allaient bientôt nommer les « hérétiques[118] ». Hobbes décrit les étapes de cette politisation de la religion au chapitre XLVII du *Léviathan*,

116. Sur ce point, voir M. Oakeshott, *L'Association civile selon Hobbes*, *op. cit.*, p. 67-71.

117. Th. Hobbes, *Léviathan*, *op. cit.*, p. 705.

118. Id., *Léviathan*, Appendice de l'édition latine, *op. cit.*, p. 752 *sq.*

jusqu'au point où le souverain se voit obligé d'imposer son arbitrage de façon autoritaire.

De ce point de vue, la scission entre une conscience privée par elle-même cachée et son expression publique est artificielle et insatisfaisante. Elle n'est encore une fois qu'un pis-aller en des temps où la foi a dégénéré en une guerre des dogmes. Il faut alors réglementer les formes publiques de la religion, voire les opinions elles-mêmes en tant qu'elles ont des effets publics dangereux pour le lien social : c'est là la position de Montaigne, qui accepte que l'on bride les esprits humains pour les contraindre dans certaines limites, comme ce sera celle de Hobbes, qui donne au souverain le droit de gouverner les opinions pour autant que « les actions des hommes procèdent de leurs opinions[119] ». Ce sera encore celle de Locke, qui interdit la religion catholique et l'athéisme à cause de leurs effets destructeurs pour la société civile. Ces penseurs accusent ici non la religion comme telle, mais sa dégradation en un instrument de pouvoir politique. La rupture inauguratrice de la modernité laïque ne se situe donc pas, comme le voulait par exemple Reinhardt Koselleck, entre la conscience cachée en chacun et son expression publique : « L'homme se coupe en deux : une moitié privée et une moitié publique ; les actions et les actes sont soumis sans exception à la loi de l'État, la conviction est libre, *in secret free*[120]. » Elle se situe plutôt entre deux modalités de cette expression. Et le problème

119. *Ibid.*, 18, 9, p. 184.

120. R. Koselleck, *Le Règne de la critique, op. cit.*, p. 31. Le même reproche avait été fait par Carl Schmitt à Hobbes pour avoir opéré une distinction entre « privé et public, croyance et confession, *fides* et *confessio*, *faith* et *confesssion* […] : intériorité et extériorité », en ouvrant ainsi la voie aux théories libérales ultérieures : « la seule chose essentielle est que le germe inoculé par Hobbes, avec sa préservation de la croyance privé et sa distinction entre foi intérieur et confession extérieure, ce soit déployé irrésistiblement jusqu'à devenir une conviction absolue » (Carl Schmitt, *Le* Léviathan *dans la doctrine de l'État de Thomas Hobbes. Sens et échec d'un symbole politique*, trad. D. Trierweiler, Paris, Seuil, 2002, p. 112-120).

est moins celui des religions en tant que telles que celui de l'autoritarisme en général. Pour Montaigne aussi bien, cette scission entre privé et public reste insatisfaisante. La conscience possède une dynamique autonome, rétive à toute autorité extérieure. Sa « volubilité et dissolution » font que l'esprit humain « eschappe à toutes [...] liaisons » (II, 12, p. 559)[121]. Toute contrainte, quelles que soient son origine, sa justification et son étendue, est ressentie comme une violence faite à ma nature essentiellement libre. Montaigne n'est peut-être jamais plus proche d'une conception « négative » de la liberté – comme absence de contrainte – que lorsqu'il revendique son attachement pour sa « liberté d'aller et venir » : « Je suis si affady apres la liberté, que qui me deffenderoit l'accez de quelque coin des Indes, j'en vivroys aucunement plus mal à mon aise. Et tant que je trouveray terre ou air ouvert ailleurs, je ne croupiray en lieu où il me faille cacher » (III, 13, p. 1072). La liberté est ici comprise comme un besoin vital de l'homme. La conscience possède aussi une propension spontanée à se manifester publiquement. C'est là le thème central du chapitre « De la conscience » (II, 5) : la pratique de la question judiciaire (la torture), quelle que soit l'indignation que Montaigne ressent à son égard, trouve le fondement de son « efficacité », réelle ou prétendue[122], dans cet effort naturel de la conscience à l'autodévoilement. Et nous avons déjà eu l'occasion de

121. En témoignerait, pour la religion, l'exemple de l'inefficacité des conversions forcées de Juifs en Espagne (I, 14, p. 53-54). Hobbes, pour sa part, écrit que la conscience est « par nature invisible et par conséquent soustraite à toute juridiction humaine » (*Léviathan*, XLII, 43, *op. cit.*, p. 545).

122. Montaigne écrivait toutefois dans sa première version du chapitre que la question judiciaire était « le *mieux* que l'humaine foiblesse aye peu inventer » (II, 5, p. 369, nous soulignons). Montaigne rectifiera dans les éditions suivantes, en mettant « le moindre mal » au lieu du « mieux », et en ajoutant un « dict-on », rapportant sa conclusion à une opinion commune qu'il critique (elle est pratiquée « bien inhumainement pourtant et bien inutilement, à mon advis »), tout en concluant sur un exemple plutôt ambigu, puisque le suspect qui meurt du fait d'une question judiciaire absurde (lui ouvrir le ventre pour

voir combien Montaigne revendique lui-même l'exhibitionnisme de sa propre pratique d'écriture, qu'il compare, dans le chapitre « Sur des vers de Virgile », aux confessions publiques pratiquées oralement dans certaines églises protestantes, et par écrit par certains Pères de l'Église[123].

La vraie opposition ne se situe donc pas entre une conscience qui serait libre pour autant qu'elle resterait cachée d'une part et l'expression publique de cette conscience d'autre part : elle se situe avant tout au niveau des modalités d'expression et des pratiques discursives. Cette recherche d'un mode d'expression non autoritaire, situé à l'écart des enjeux de domination et de pouvoir, réels comme symboliques, constitue l'une des problématiques centrales des *Essais*. Nous l'avons déjà abordée avec la définition du discours « humaniste », opposé au discours autoritaire et prescriptif des théologiens. On la retrouve dans la description des Pyrrhoniens, dont il faut adopter le parler (II, 12, p. 527), ainsi que dans la réflexion sur la conférence, qui n'admet la doctrine qu'à la condition qu'elle se fasse « non magistrale, imperieuse et importune comme de coustume, mais suffragante et docile elle mesme » (III, 3, p. 824). À travers tous ces exemples, Montaigne définit le modèle de l'exercice d'un « pluralisme » qui ne dégénère pas en dogmatomachie.

---

vérifier s'il est coupable d'avoir volé un repas) se révèle rétroactivement coupable…

123. « En faveur des Huguenots, qui accusent nostre confession privée et auriculaire, je me confesse en publicq, religieusement et purement. Saint Augustin, Origene et Hippocrates ont publié les erreurs de leurs opinions ; moy, encore, de mes meurs. Je suis affamé de me faire connoistre » (III, 5, p. 846-847).

CHAPITRE 5

LA SAGESSE DE L'ÉGOÏSME

L'agir sceptique

Préserver sa liberté est une affaire publique, dans la mesure où le moi privé a vocation à se manifester dans l'espace public. Nous avons vu que les institutions politiques devaient se mettre au service de cette vocation en ménageant une place à « l'interest privé » (III, 1, p. 802). Les successeurs « libéraux » de Montaigne retranscriront ces exigences en termes de droit naturel de l'individu. Il reste que « mesnager sa volonté » est en premier lieu l'affaire de la volonté elle-même, qui se met à l'abri de la servitude publique. Étienne de La Boétie avait déjà posé le problème : le premier fondement de la servitude, exploité par le tyran, est le consentement de la volonté à sa propre aliénation. Le remède tient avant tout dans une discipline de la volonté en vue de se libérer de ces liens, dans ce savoir dire « non », mot dont Plutarque écrivait que l'ignorance avait rendu les habitants d'Asie esclaves d'un seul – ce qui, selon Montaigne, « donna peut estre la matiere et l'occasion à la Boitie de sa Servitude Volontaire » (I, 26, p. 156). Du *Discours de la servitude volontaire* aux *Essais*, la liberté a changé de signification : il ne s'agit plus de recouvrer la liberté républicaine face à l'arbitraire d'un régime autocratique. Montaigne considère que l'autorité est aliénante par elle-même et quelle qu'en soit la forme, inaugurant ainsi la lecture libertarienne du *Discours de la servitude volontaire* qui se diffusera à partir du XIXe siècle. Comme l'écrit Claude Lefort, qui voit chez La Boétie lui-même la source de cette ambiguïté, « le discours politique cède devant un discours sur le politique »[1].

Les réponses que Montaigne tente d'apporter tiennent moins dans une réforme des institutions que dans une discipline du jugement et de l'agir. Citons un texte du chapitre « De l'inequalité qui est entre nous » :

> A la verité, nos loix sont libres assez, et le pois de la souveraineté ne touche un gentil-homme François à peine deux fois en sa vie. La subjection essentielle et effectuelle ne regarde d'entre nous que ceux qui s'y convient et qui ayment à s'honnorer et enrichir par tel service : car qui se veut tapir en son foyer, et sçait conduire sa maison sans querelle et sans procès, il est aussi libre que le Duc de Venise [I, 42, p. 266].

Hors des occasions rares où le citoyen (et particulièrement le gentilhomme) est expressément appelé à un service public, il n'est asservi que par sa propre volonté, elle-même dominée par les passions glorieuses qui le soumettent au « despotisme de la coutume » selon l'expression de John Stuart Mill[2], au conformisme et aux prestiges du pouvoir. La négociation entre privé et public se poursuit ainsi au niveau immanent d'une volonté partagée entre les exigences du public et celles de l'« homme de bien » (III, 1, p. 780). La solitude, chez Montaigne, désigne moins un mode de vivre isolé et studieux, détaché des liens sociaux, qu'une façon d'être à soi-même et aux autres

1. Voir Michaël Boulet, « Claude Lefort, lecteur de La Boétie », dans L. Gerbier (dir.), *Lectures politiques de La Boétie*, Paris, Classiques Garnier (Cahiers La Boétie, 3), 2013, p. 115-135.

2. John Stuart Mill, *De la liberté*, trad. L. Lenglet à partir de la trad. de D. White, préface P. Bouretz, Paris, Gallimard, 1990, p. 169.

résultant d'une forme de maîtrise de soi et du monde. Montaigne croise ainsi la question traditionnelle de la prudence, définie par Aristote comme la puissance de « discerner ce qui est bon pour soi-même et ce qui est bon pour l'homme en général[3] ».

Mais le scepticisme n'interdit-il pas par avance une telle prétention ? Montaigne apparaît comme partagé entre une exigence de faire face aux situations les plus mouvantes de la vie et un aveu de fragilité de toute entreprise humaine face au pouvoir de la fortune. Sa pensée de l'action se trouve en apparence scindée entre le propos du moraliste et celui du sceptique, la prudence apparaissant à la fois comme nécessaire et inutile. Le second aspect a particulièrement retenu l'attention des interprètes actuels. Leur lecture s'appuie sur les formules des *Essais* qui tendent à souligner la toute-puissance d'une fortune aveugle aux hommes, au point de rendre vaine toute tentative de prévision des événements, et par conséquent toute délibération, au sens de la *bouleusis* aristotélicienne, sur l'action rationnelle à mener. Si « la fortune maintient tousjours la possession des evenemens » et s'il est vain de « mener par la main le progrez de son faict »[4], alors toute forme de sagesse pratique semble vouée à l'échec. L'emphase de Montaigne sur la toute-puissance d'une vicissitude foncièrement irrationnelle prolongerait ainsi au niveau éthico-politique ce que le scepticisme accomplit au niveau de la rationalité théorique. La vanité des sciences aurait pour corollaire la vanité de l'action : pas plus que

---

3. Aristote, *Éthique à Nicomaque*, VI, 1140 b 8-9, *op. cit.*, p. 286 (trad. modifiée).

4. « Tant c'est chose vaine et frivole que l'humaine prudence ; et au travers de tous nos projects, de nos conseils et precautions, la fortune maintient tousjours la possession des evenemens » (I, 26, p. 127) ; « L'heur et le mal'heur sont à mon gré deux souveraines puissances. C'est imprudence d'estimer que l'humaine prudence puisse remplir le rolle de la fortune. Et vaine est l'entreprise de celuy qui presume d'embrasser et causes et consequences, et mener par la main le progrez de son faict » (III, 8, p. 934).

l'homme n'a de prise sur la connaissance, il n'en aurait sur les événements et sur l'histoire.

On peut faire remonter cette lecture, qualifiée par ses adversaires de « postmoderne », aux ouvrages séminaux de Hugo Friedrich, de Jean Starobinski, d'André Tournon et de Jean-Yves Pouilloux[5]. Pour Friedrich, la science morale des *Essais* n'est pas prescriptive : elle est « quelque chose qui n'a guère affaire à la morale, mais beaucoup affaire par contre avec les mœurs, *mores*, c'est-à-dire avec les genres de vie et les manières d'être de l'homme dans leur pure réalité de fait[6] ». Selon Starobinski, « aucune prévision ne peut se fonder sur ce que nous croyons savoir de l'enchaînement causal [...]. Il n'y a donc pas de science qui, par une technique d'action, nous donne prise sur le futur : la seule science possible consiste à s'étendre en soi-même[7] ». Pour Tournon, Montaigne assumerait dans son écriture le risque d'une pensée de l'errance au hasard et du vagabondage de l'esprit[8]. Pouilloux esquisse pour sa part un rapprochement entre Montaigne et la pensée du « non-agir » du bouddhisme tchan[9]. Les disciples actuels de ces auteurs mettent en cause la possibilité de trouver dans les *Essais* une forme de pensée de l'action. Pour Sylvia Giocanti, il n'y a pas chez Montaigne de prudence au sens traditionnel du terme,

5. Voir J. Starobinski, *Montaigne en mouvement*, *op. cit.* ; A. Tournon, *Montaigne. La glose et l'essai*, *op. cit.* ; J.-Y. Pouilloux, *Montaigne. L'éveil de la pensée*, Paris, Honoré Champion, 1995.

6. H. Friedrich, *Montaigne*, *op. cit.*, p. 13.

7. J. Starobinski, *Montaigne en mouvement*, *op. cit.*, p. 345.

8. A. Tournon, *Montaigne. La glose et l'essai*, *op. cit.*, p. 289.

9. J.-Y. Pouilloux, « Le "non-agir" », *BSAM*, 17-18, 2000, p. 95. Sur le scepticisme de l'agir, voir aussi *Montaigne. L'éveil de la pensée*, *op. cit.*, p. 129 : « Nous ne pouvons pas imaginer ce qui résultera de nos actions, mais nous devons néanmoins les mener dans la mesure de nos moyens [...]. On peut s'étonner du courage que trouve Montaigne pour persévérer "malgré tout", et persister en dépit de son pessimisme radical, comme si, paradoxalement, il avait trouvé des forces dans cela même qui aurait dû les lui enlever. Mais peut-être faut-il aller jusqu'au désespoir pour commencer à penser véritablement. »

mais seulement un art de « se laisser rouler au vent » en se laissant porter par la branloire pérenne qu'est le monde pris dans le mouvement de la fortune : le projet moral de Montaigne débouche ainsi sur une philosophie de « la lâcheté, la nonchalance ou la mollesse[10] ». Emmanuel Naya voit quant à lui dans les *Essais* une attaque en règle de l'idée de prudence à travers la critique de toute forme de délibération capable d'appréhender la règle d'action (ce qu'est la *bouleusis* aristotélicienne) : l'homme, écrit-il, « est capable de toutes les vertus, sauf celles qui font partie intégrante de la rationalité à l'œuvre dans la prudence » : cette attaque trouve sa résolution dans une « éthique de l'arbitraire », faite de renoncement et d'abandon à la fortune[11]. Cette emphase sur le caractère foncièrement arbitraire et imprévisible de la fortune se trouve encore plus accentuée chez Paul Mathias : à la structure aléatoire qui gouverne l'« ontologie de l'éruption, de l'évanescence », caractérisée par une « exponentialisation de la diversité », doit selon lui correspondre une éthique dont l'indétermination constitue le trait essentiel[12].

Les premiers lecteurs de Montaigne voyaient tout autre chose dans les *Essais*. Montaigne était pour eux essentiellement un moraliste au sens à la fois descriptif et prescriptif du terme – un « autre Seneque en nostre langue » (Étienne Pasquier) ou encore le « Seneque François » (François Garasse, à l'époque où il défend encore Montaigne

---

10. « La lâcheté, nonchalance, ou mollesse fait l'objet d'une revendication éthique parce qu'elle incite à épouser l'irrésolution qui agit sur nous et en nous pour y répondre au moyen d'une conduite adaptée, au lieu de lui résister opiniâtrement et inutilement » (S. Giocanti, « L'action sceptique. Un art de "se laisser rouler au vent" », *BSAM*, 17-18, 2000, p. 73).

11. E. Naya, « De la "médiocrité" à la "mollesse" : la prudence montaignienne », dans E. Naya, A.-P. Pouey-Monou (dir.), *Éloge de la médiocrité. Le juste milieu à la Renaissance*, Paris, Rue d'Ulm, 2005, p. 206 et 212.

12. P. Mathias, *Montaigne*, Paris, Jean Vrin, 2006, en particulier p. 31, 40, 52 et 168.

contre Charron)[13]. Comme l'écrit Olivier Millet, par leur « contexte philosophico-littéraire », les *Essais* s'inscrivent dans « un vaste courant multiforme de philosophie morale qui, dans la France de la deuxième moitié du XVIe siècle, fait de la connaissance de l'homme par lui-même le fondement de ses réflexions[14] ». Nous ne pouvons, dans ce contexte, qu'être d'accord avec Francis Goyet[15] pour réaffirmer, à l'encontre des interprétations « postmodernes » que nous venons d'évoquer, l'existence chez Montaigne d'une authentique philosophie de la prudence. On peut toutefois se demander si Goyet n'insiste pas trop exclusivement sur un aspect qui sans être faux, ne rend que partiellement justice au projet des *Essais*, à savoir l'appartenance de Montaigne à une classe de noblesse de robe qui entend faire valoir sa dignité à travers sa *virtù*, son souci d'une sagesse exclusivement mondaine, son insertion au sein d'une *familia* (le clan des Foix, royaliste et catholique, dont Montaigne serait le « client ou affidé »[16]), etc. Ainsi, pour Goyet :

> Montaigne est l'un de ces « professionnels de la politique » (Laurent Gerbier) qui peuplent toutes les chancelleries et cours du XVIe siècle [...]. Comme l'ont montré Jean Balsamo et George Hoffmann, il est l'homme du clan des Foix, dont il est soupçonné à Bordeaux d'être l'homme de paille [...]. Montaigne a été de part en part un carriériste, un homme politique gérant de façon toute professionnelle ses faits et gestes, au premier rang ses écrits[17].

Si l'on peut dire que « Montaigne est d'une suprême habileté de *prudens*[18] », la prudence serait ici réduite à

---

13. Voir O. Millet, *La Première Réception des* Essais *de Montaigne*, *op. cit.*, p. 146 et 199.

14. *Ibid.*, p. 28.

15. Voir F. Goyet, « Montaigne and the Notion of Prudence », dans Id., *Les Audaces de la prudence. Littérature et politique aux XVIe et XVIIe siècles*, Paris, Classiques Garnier, 2009, p. 63-107.

16. Voir F. Goyet, *Les Audaces de la prudence*, *op. cit.*, p. 70.

17. *Ibid.*, p. 70-71.

18. *Ibid.*, p. 95.

la virtuosité dans l'intrigue : elle serait celle du *déinos* plus que du *phronimos* d'Aristote. Une telle lecture va de pair avec une conception qui tend à sous-estimer le poids du scepticisme de Montaigne. Selon Francis Goyet, il y a une ligne de partage « entre ceux qui considèrent que le pyrrhonisme est la vérité ultime de Montaigne et ceux pour qui le pyrrhonisme est instrumentalisé, [qui considèrent] qu'il est lui-même un moyen au service d'une fin qui le dépasse[19] ». Les commentateurs précités font partie du premier groupe. Goyet se situe lui-même dans le second groupe, pour lequel le scepticisme n'apparaît pas comme l'horizon indépassable du savoir et de l'action humaine, mais comme une simple stratégie de jugement[20].

Nous pensons quant à nous que le scepticisme de Montaigne ne se limite pas à un répertoire d'arguments tactiques et stratégiques destiné à désarmer l'adversaire au risque de faire tomber ses propres armes (II, 12, p. 558). Il ne relève pas pour autant de l'adhésion à une doctrine philosophique particulière : si Montaigne croise les doctrines pyrrhoniennes et académiciennes, ce n'est qu'« accidentellement », au sens où il se dit « un philosophe impremedité et fortuite » (II, 12, p. 546). Le scepticisme est avant tout le fruit d'une expérience[21]. En premier lieu une expérience du chaos politique, dont Montaigne attribue la responsabilité à « ces gens [...] qui n'ignorent rien, qui gouvernent le monde, qui sçavent tout » (II, 12, p. 538) : c'est bien contre eux que le scepticisme sert *aussi* d'arme tactique. Cette expérience est redoublée par celle de la « mienne volubilité » (p. 569), fondée sur le souvenir de mes erreurs passées et sur la prise de conscience de la relativité de

---

19. *Ibid.*, p. 65.

20. Le caractère instrumental du scepticisme de Montaigne constitue aussi l'une des idées centrales de l'ouvrage de Bernard Sève, *Montaigne. Des règles pour l'esprit*, Paris, PUF, 2008.

21. Sur ce point, nous nous accordons avec S. Giocanti, *Scepticisme et inquiétude*, *op. cit.*

mes convictions, aussi inébranlables qu'elles m'aient paru à l'époque où elles étaient miennes :

> Ce que je tiens aujourd'huy et ce que je croy, je le tiens et le croy de toute ma croyance ; tous mes utils et tous mes ressorts empoignent cette opinion et m'en respondent sur tout ce qu'ils peuvent. Je ne sçaurois ambrasser aucune verité ny conserver avec plus de force que je fay cette cy. J'y suis tout entier, j'y suis voyrement ; mais ne m'est il pas advenu, non une fois, mais cent, mais mille, et tous les jours, d'avoir ambrassé quelque autre chose à tout ces mesmes instrumens, en cette mesme condition, que depuis j'aye jugée fauce ? [II, 12, p. 563.]

Ces expériences sont tellement ancrées en nous qu'elles ne sauraient être simplement écartées par des arguments. Cela ne signifie pas pour autant que le dernier mot du scepticisme de Montaigne tienne dans une pensée du renoncement au savoir ou à l'action – en témoignerait son portrait d'un Pyrrhon qui n'a pas voulu « se faire pierre ou souche » (II, 12, p. 505). Le scepticisme ainsi compris opère une ligne de partage : mais cette ligne de partage n'oppose pas une pensée (inauthentique) de la prudence et une pensée (authentique) de la lâcheté et de l'abandon : elle se situe ailleurs, dans la distinction entre une prudence dans le monde et une prudence face au monde et à ses sollicitations.

La « petite prudence »

Faisons un retour sur le texte que nous avons déjà croisé du chapitre « Du pedantisme », dans lequel Montaigne explique que le ridicule du pédant ne saurait être imputé à un divorce constitutif du savoir et de l'action. La vraie science théorique n'est pas dissociable de la pratique. On peut retourner ce propos : il y a un savoir de l'action, celle-ci n'est pas entièrement laissée au hasard. Montaigne ne se contente pas ici de faire, comme Aristote, de la prudence une vertu intellectuelle (l'aptitude à discerner la règle d'action relative à un contexte déterminé) distincte du savoir théorique. Il refuse la distinction opérée par Aristote entre *sophia* et *phronèsis*, affirmant l'ouverture naturelle de la science à l'action : « Ce qu'Aristote recite d'aucuns qui appelloyent et celuy-là [*i.e.* Thalès] et Anaxagoras et leurs semblables, sages et non prudents, pour n'avoir assez de soin des choses plus utiles, outre ce que je ne digere pas bien cette difference de mots, cela ne sert point d'excuse à mes gens [*i.e.* les pédants] » (I, 25, p. 136)[22]. La moquerie adressée à Thalès par la servante thrace n'était en effet pas celle que l'on adresse au pédant : « On envioit ceux-là [i.e. les philosophes] comme estans au-dessus de la commune façon, comme mesprisans les actions publiques, comme ayans dressé une vie particuliere et inimitable, reglée à certains discours hautains et hors d'usage » (p. 136)[23]. Montaigne poursuit par une double argumentation, que l'on peut résumer ainsi : 1) les grands

22. Nous nous référons en particulier aux index établis par Edilia Traverso (*Montaigne e Aristotele*, *op. cit.*, 1974) et par François Rigolot (« Quand Montaigne emprunte à l'*Éthique à Nicomaque* », art. cité, p. 19-35). On sait que Montaigne a fréquenté l'*Éthique à Nicomaque* d'Aristote et qu'il cite le texte à de nombreux endroits après 1588 – ce qui ne veut bien entendu pas dire que Montaigne n'a pas connu, directement ou non, le texte d'Aristote auparavant.

23. Hans Blumenberg fait valoir que, dans les *Essais*, Thalès ne tombe dans le puits que parce que la servante lui a fait un croc en jambes, minimisant ainsi la distraction du savant en suggérant que ce n'est pas par lui-même que le savoir théorique est dissocié du savoir pratique (« Je sçay bon gré à la garse Milesienne qui, voyant le philosophe Thales s'amuser continuellement à la contemplation de la voute celeste et tenir tousjours les yeux eslevez contremont, luy mit en son passage quelque chose à le faire broncher, pour l'advertir qu'il seroit temps d'amuser son pensement aux choses qui estoient dans les nues, quand il auroit prouveu à celles qui estoient à ses pieds. Elle lui conseilloit certes bien de regarder plustost à soy qu'au ciel », II, 12, p. 538). Voir H. Blumenberg, *Le Rire de la servante thrace*, *op. cit.*, p. 90-95. Sans doute Blumenberg va-t-il au-delà du propos de Montaigne à cet endroit, mais le chapitre « Du pedantisme » va bien dans le sens d'une telle unité de la sagesse et de la prudence, que Blumenberg retrouve aussi chez Francis Bacon.

savants ont aussi été des grands hommes d'action ; 2) s'ils ont paru à l'opinion commune incapables de manier les affaires publiques, ce n'est pas parce qu'ils étaient incompétents, mais parce qu'ils refusaient de s'engager dans une tâche qu'ils considèraient comme méprisable (sous-entendu : à l'inverse, ce n'est pas par dédain, mais bien par incompétence, que le pédant est incapable de prudence dans l'action).

Tenons-nous-en pour l'instant au premier argument : « Quant à ces philosophes, dis-je, comme ils estoient grands en science, ils estoient encore plus grands en tout'action. » L'argument est illustré par deux exemples. Archimède, « destourné de sa contemplation » pour se mettre au service de son pays en guerre, a inventé des armes redoutables, démontrant ainsi que l'homme de haute spéculation est aussi capable de s'engager dans la réalité concrète des affaires humaines : « Si quelquefois on les a mis à la preuve de l'action, on les a veu voler d'une aisle si haute, qu'il paroissoit bien leur coeur et leur ame s'estre merveilleusement grossie et enrichie par l'intelligence des choses. » Ce thème est développé dans la suite du texte (l'édition de 1580) et illustré par l'exemple, repris à Aristote, de Thalès spéculant sur la récolte des olives :

> Thales accusant quelque fois le soing du mesnage et de s'enrichir, on luy reprocha que c'estoit à la mode du renard, pour n'y pouvoir advenir. Il luy print envie, par passetemps, d'en montrer l'experience ; et, ayant pour ce coup ravalé son sçavoir au service du proffit et du gain, dressa une trafique, qui dans un an rapporta telles richesses, qu'à peine en toute leur vie les plus experimentez de ce mestier là en pouvoient faire de pareilles [I, 25, p. 136 [A)].

Le refus qui va suivre de la distinction aristotélicienne du sage et du prudent (« je ne digere pas bien cette difference de mots ») n'est donc pas une simple idée jetée à l'aventure. Montaigne revient à plusieurs reprises dans la suite du chapitre I, 25 sur cette complicité de la sagesse et de la prudence, du savoir théorique et du savoir pratique :

« les sciences, lors mesmes qu'on les prent de droit fil, ne peuvent que nous enseigner la prudence, la prud'hommie et la resolution » (I, 25, p. 142). La sagesse théorique ne saurait donc être dégagée de tout rapport à la pratique.

En refusant de distinguer sagesse et prudence, Montaigne pourrait sembler se ranger aux côtés des platoniciens contre Aristote. Mais, contrairement à Platon, il ne cherche pas à intellectualiser la morale en la faisant reposer sur une vérité immuable : il veut plutôt rendre la science à sa finalité essentiellement pratique. Il ne s'agit pas non plus de faire de la prudence une science exacte : science et action sont atteintes par le même mélange de succès et d'incertitude. Mais Montaigne nous dit aussi indirectement que le domaine de l'action, et en particulier des affaires publiques, n'est pas voué au seul hasard : que la compétence fait une différence, et que cette compétence relève du domaine du savoir. La prudence n'est donc pas simplement de l'ordre du flair ou d'un magnétisme occulte, comme l'est la *doxa orthè* de Périclès dans le *Ménon* de Platon, qui n'est ni une *épistémè* ni une *sophia* ni une *phronèsis*. Elle est bien chez Montaigne, quoiqu'en un sens différent, ce qu'elle était chez Aristote : une vertu intellectuelle, et donc cognitive, par laquelle le prudent discerne, dans un contexte donné, la règle juste de l'action.

Comment comprendre dès lors l'emphase mise sur la puissance de la fortune ? À aucun endroit, Montaigne ne dit que la fortune est maîtresse de *tout*, et que l'homme est *totalement* impuissant. Les nuances ici comptent. Ainsi pour le texte d'apparence anti-volontariste du chapitre au titre significatif « De l'incertitude de nostre jugement » :

> Nous avons bien accoustumé de dire avec raison que les evenemens et issues dependent, *notamment en la guerre, pour la pluspart*, de la fortune, laquelle ne se veut pas renger et assujectir à nostre discours et prudence [...]. Mais, à le bien prendre, il semble que nos conseils et deliberations en dependent bien autant, et que la fortune engage en son trouble et incertitude aussi nos discours. [C] Nous raisonnons

> hazardeusement et inconsidereement, dict Timaeus en Platon, par ce que, comme nous, nos discours ont *grande* participation au hazard [I, 47, p. 286 (A)][24].

La guerre, avec ses revirements imprévisibles de situations, constitue un prisme privilégié de compréhension de la vicissitude du monde. Mais, même dans la guerre, la fortune n'a pas *tout* pouvoir[25]. La seconde partie du texte renforce sans doute ce pouvoir de la fortune, puisque Montaigne montre que nos jugements, à travers la médiation des passions, dépendent aussi d'elle, et donc non d'un habitus de prudence. Mais, ici encore, il faut tenir compte de l'ajout postérieur à 1588, où Montaigne, citant Platon, nous dit que « nos discours ont *grande* participation au hazard ». C'est bien dans cet interstice laissé par la fortune à notre raison que Thalès (ou Montaigne lui-même, qui ne se prive pas d'en faire état) se montrera supérieur au premier venu.

Ces formules adoucissantes sont récurrentes dans la plupart des textes où Montaigne semble vouloir soumettre notre pouvoir d'action à la puissance de la fortune. En voici d'autres exemples :

> J'ay veu *quelque fois* mes amis appeller prudence en moy, ce qui estoit fortune [...]. Ainsi, je ne me puis dire nul granmercy dequoy je me trouve exempt de plusieurs vices [...], je le doy *plus* à ma fortune *qu'*à ma raison [II, 11, p. 427].
> Je fay *peu* de part à ma prudence de ma conduite : je me laisse volontiers mener à l'ordre public du monde [II, 17, p. 656].
> Nostre vie est *partie* en folie, *partie* en prudence. Qui n'en escrit que reveremment et regulierement, il en laisse en arriere *plus de la moitié* [III, 5, p. 888].
> La *plus part* des choses du monde se font par elles mesmes [III, 8, p. 933][26].

Arrêtons-nous sur le troisième texte cité. Montaigne laisse sans doute un peu moins (moins de « la moitié ») au

24. Nous soulignons.

25. Pour une interprétation différente de la nôtre, voir le commentaire d'E. Naya de l'essai I, 1, « Par divers moyens, on arrive à pareille fin » (« De la "médiocrité" à la "mollesse" », art. cité, p. 203-204).

26. Dans toutes ces citations, c'est nous qui soulignons.

pouvoir de la prudence humaine que le faisait Machiavel, qui voyait dans la fortune « l'arbitre de la moitié de nos actions[27] » : mais il ne laisse pas rien. Ce partage est affiné au chapitre III, 12 : « Il y a quelques actions en ma vie, desquelles on peut justement nommer la conduite difficile ou, qui voudra, prudente ; de celles là mesmes, posez que la tierce partie soit du mien, certes les deux tierces sont richement à elle [*i.e.* la fortune] » (II, 12, p. 1061). Deux tiers pour la fortune, un tiers pour la prudence, donc un peu moins que pour Machiavel[28]. Peu importe au fond cette quantification. Ce que veut souligner Montaigne, ce n'est pas que la prudence humaine est totalement impuissante, mais que l'on est généralement porté à surestimer sa puissance en lui attribuant « les effects » de la « bonne fortune » :

> L'heur et le mal'heur sont à mon gré deux souveraines puissances. C'est imprudence d'estimer que l'humaine prudence puisse remplir le rolle de la fortune. Et vaine est l'entreprise de celuy qui presume d'embrasser et causes et consequences, et mener par la main le progrez de son faict ; vaine sur tout aux deliberations guerrieres [III, 8, p. 934].

Montaigne n'est en réalité pas loin de Juste Lipse, dont personne n'aurait idée de faire un partisan d'une éthique de la mollesse, et qui écrit au quatrième livre de ses *Politiques* que « ce que nous appelons Prudence est toujours flottant, et n'est nullement ferme ny arresté[29] » :

27. Machiavel, *Le Prince*, chap. 25, dans *Œuvres*, trad. Ch. Bec, Paris, Robert Laffont, 1996, p. 173.

28. « Loin de s'opposer à Machiavel à cet égard, Montaigne radicalise sa conception d'une vie livrée à la fortune, soumise à la contingence et au flux de la temporalité » (Philip Knee, *La Parole incertaine. Montaigne en dialogue*, Québec, Presses de l'université Laval, 2003, rééd. Paris, Hermann, 2013). Il conviendrait par ailleurs de nuancer la distinction faite par Knee des réponses générales des deux auteurs à ce problème de la fortune (résistance volontariste pour Machiavel, consentement et accommodement pour Montaigne).

29. Juste Lipse, *Les Politiques*, édition de Paris, 1597, IV, 1, 70, avant-propos J. Lagrée, Caen, Presses universitaires des Caen, 1994, p. 20.

ce qui ne l'empêche nullement de définir la « prudence des choses humaines » comme la « dexterité de bien gouverner tranquillement et asseurément les choses extérieures »[30]. La conclusion n'est pas non plus éloignée de celle de Machiavel dans le chapitre XXV du *Prince* : face à cette prise de conscience du pouvoir de la fortune, il ne faut pas renoncer à la prudence, mais plutôt redoubler de prudence pour avoir autant que possible la maîtrise du peu qui dépend de nous[31]. Comme l'avait montré Marcel Tetel, Montaigne poursuit le même but que l'auteur du *Prince*, à savoir la résistance à la fortune et la conquête par l'homme d'un espace de liberté et d'expression de ses capacités dans un monde hostile : entre les deux penseurs, seuls les moyens changent, non les objectifs[32].

Le chapitre « De l'utile et de l'honneste » atteste bien l'existence d'une certaine forme de prudence mondaine et politique : celle-ci consiste en un art du compromis entre deux valeurs distinctes. Il faut ici encore distinguer compromis et synthèse. Ce qui distingue Montaigne de la tradition prudentielle aristotélico-thomiste, et plus encore cicéronienne, c'est la conscience aiguë, voire tragique, de l'impossibilité d'une telle synthèse. Contrairement à ce que pense Cicéron (et qui n'est pas incompatible avec la pensée de Machiavel lui-même), l'honnête et l'utile ne

---

30. *Ibid.*, p. 27.

31. Pour une réhabilitation de la prudence montaignienne, voir l'article de Jean Céard, « Agir et prévoir selon Montaigne » (*BSAM*, 17-18, 2000-1, p. 23-30), qui montre que la connaissance du prudent se fonde sur une herméneutique des signes et son pouvoir d'action, notamment en politique, sur l'habituation.

32. Voir M. Tetel, « Montaigne et Machiavel ? », *Présences italiennes dans les* Essais *de Montaigne*, Paris, 1992, p. 75-95. Pour Tetel, « l'enceinte protectrice et égocentrique de Montaigne remplace l'élan vital de Machiavel, mais leur but reste le même : l'affirmation du Moi dans un monde oppressif et tourmenté » (p. 86). L'idée est reprise en conclusion : « En ce qui concerne la fortune, Machiavel lui fait face et la combat ; Montaigne, lui, l'assimile ; ainsi tous deux l'emportent sur elle, mais par des moyens différents » (p. 95).

s'impliquent pas réciproquement[33]. En particulier, l'argument d'utilité ne pourra jamais rendre honnête une action par elle-même vicieuse (« on augmente mal l'honnesteté et la beauté d'une action par son utilité », III, 1, p. 781). Inversement, la raison d'État implique des compromissions et des trahisons : s'il est vrai que Montaigne pense que l'esprit machiavélien ambiant tend à sous-estimer l'efficacité de la franchise en politique, il fait le constat empirique qu'il n'y a pas de politique réaliste sans une part résiduelle de mensonge et de trahison. Utile et honnête sont en ce sens « irréconciliables » (Philipe Desan) et leur écart « infranchissable » (Marcel Tetel)[34]. Ce qui ne signifie nullement qu'il y a une « déséthication de l'espace mondain de la sociabilité et de la politique[35] », comme l'écrit Paul Mathias. Le compromis lui-même, aussi imparfait soit-il, reste l'objet d'un savoir éthique. Épaminondas a possédé ce savoir au plus haut degré[36] :

> Il ne pensoit pas qu'il fut loisible, pour recouvrer mesmes la liberté de son pays, de tuer un homme sans connoissance de cause [...]. Il tenoit aussi qu'en une bataille il falloit fuyr le rencontre d'un amy qui fut au party contraire, et l'espargner [II, 36, p. 757].
> Voylà une ame de riche composition. Il marioit aux plus rudes et violentes actions humaines la bonté et l'humanité, voire la plus delicate qui se treuve en l'escole de la Philosophie [...]. C'est miracle de pouvoir mesler à telles actions [*i.e.* la guerre] quelque image de justice ; mais il n'appartient qu'à

---

33. Sur ce point, voir Pierre Goumarre, « La morale et la politique : Montaigne, Cicéron et Machiavel », *Italica*, 50/2, 1973, p. 285-297.

34. Voir Ph. Desan, « Montaigne "métis" : "De l'utile et de l'honnête" (III, 1) », dans Ph. Desan (dir.), *Lectures du troisième Livre des* Essais *de Montaigne*, Paris, Honoré Champion, 2016, p. 82, ainsi que M. Tetel, « De l'"honneste" chez Montaigne : réversibilité et subversion », dans *La Catégorie de l'honneste dans la culture du XVIe siècle. Actes du colloque international de Sommières II*, Institut de la Renaissance et de l'Âge classique, université de Saint-Étienne, 1985, p. 233.

35. P. Mathias, *Montaigne ou l'usage du* monde, *op. cit.*, p. 150.

36. Sur le portrait d'Épaminondas dans les *Essais*, voir M. Tetel, « La réécriture d'Épaminondas », dans Z. Samaras (dir.), *Montaigne, espace, voyage, écriture*, Paris, Honoré Champion, 1995, p. 293-304.

> la roideur d'Epaminondas d'y pouvoir mesler la douceur et la facilité des meurs les plus molles et la pure innocence [III, 1, p. 801-802].

Épaminondas, tel que Montaigne le décrit, représente le type même de l'homme politique « décent » au sens d'Isaiah Berlin. Il a su ne pas sacrifier l'honnête à l'utile, les obligations privées au profit du bien commun (III, 1, p. 802) : mais il n'a pas pour autant possédé le pouvoir magique de transformer l'utile en honnête. La leçon d'Épaminondas est celle de la modération des passions, bénéfique à la fois pour l'homme privé et pour la chose publique[37]. La « petite prudence » (III, 13, p. 1072) que Montaigne revendique lui-même posséder n'est pas non plus une prudence à ce point faible qu'elle n'aurait aucune prise sur le monde : au chapitre « De l'utile et de l'honneste », Montaigne ne se prive pas d'en vanter les succès. Cette modération, qui va à l'encontre des exigences sociales de zèle et de dévouement illimité pour le bien public, constitue le remède imparfait à la « fragilité » des affaires humaines.

Il y a ainsi une prudence fière et orgueilleuse, confiante dans sa puissance infaillible sur les choses, « imprudente » pour reprendre l'expression d'« imprudente prudence » employée dans un autre contexte dans l'« Apologie de Raimond Sebond ». C'est celle même que Montaigne critique en prenant appui sur la formule de saint Paul, « je destruiray la sapience des sages, et abbatray la prudence des prudens[38] » ; elle trouve une figure symbolique dans

---

37. Emmanuel Naya (« De la "médiocrité" à la "mollesse" », art. cité) voit dans les *Essais* une attaque réglée contre l'idée de milieu et un éloge de l'excès. Ce n'est pas ainsi que nous comprenons le chapitre I, 30, « De la modération », qui est bien selon nous un éloge, non de l'immodération, mais bien de la modération en un sens redéfini (« Ne soyez pas plus sages qu'il ne faut, mais soyez sobrement sages », I, 30, p. 197).

38. 1 Corinthiens 1, 19, faisant référence à Ésaïe 29, 14. Cette phrase est citée par Montaigne lui-même en *Essais*, II, 12, p. 500. Voir aussi Alain Legros, *Essais sur les poutres. Peintures et inscriptions chez Montaigne*, Paris, Klincksieck, 2000, p. 330-331.

les « pères de l'humaine prudence » (II, 12, p. 544) que sont les stoïciens. Mais il y a peut-être aussi une prudence pour ainsi dire « prudente » (à bien distinguer de la prudence « des prudens » – *i.e.* des prétendus prudents – dont parle saint Paul), dont il est possible d'esquisser quelques traits caractéristiques.

Le premier est que si la fortune gouverne les deux tiers des affaires humaines, on comprendra qu'il ne sert à rien de s'agiter inutilement et de ne chercher « la besongne que pour embesongnement » (II, 10, p. 1004). Il faut guetter les rares moments propices. La prudence est avant tout tissée de patience, de vigilance et de circonspection. C'est à cet endroit que prend sa racine l'éloge montaignien de la mollesse et de la nonchalance, non comme une renonciation à la prudence, mais comme un moyen d'économiser son effort afin de le dépenser à juste escient : « Il faut manier les entreprises humaines plus grossierement et superficiellement, et en laisser bonne et grande part pour les droicts de la fortune » (II, 20, p. 675). Il y a inaction et inaction : l'inaction d'un Fabius Cunctator, qui attend le moment propice pour agir n'est pas le refus apathique de l'action attribué (à tort selon Montaigne) à Pyrrhon par ses doxographes, pas plus qu'elle n'est le renoncement à l'action du sceptique conservateur qui doute que l'action humaine puisse avoir une prise efficace sur le monde. C'est bien du côté du Cunctator que se situe ici Montaigne. Son inaction n'est pas une dérobade de la volonté : elle témoigne d'une volonté de n'agir qu'au moment le plus opportun, dans un souci de performance et non de laisser-faire. Face, en particulier, aux « nouvelletés » qui ne tiendront pas leurs promesses, « l'abstinence de faire est souvent aussi genereuse que le faire » (III, 10, p. 1023). Le non-agir de Montaigne constitue bien en ce sens, pour reprendre l'expression de Goyet, le « sommet de l'artifice ». De la même façon, étant donné leur conception similaire de la puissance de la fortune, on trouvera très logiquement des parentés entre la pensée de la prudence de Montaigne et de Machiavel, et en particulier la mise en valeur d'une dimension à peu près absente chez Aristote, qui est celle de la ruse. L'homme prudent n'est pas seulement un *spoudaios* : il doit user de détours et être aussi, comme l'a bien montré Goyet, un *panourgos*[39]. La langue montaignienne de la diversion et de l'évitement, par exemple, participe de cette pensée de la prudence.

Le trait essentiel est cependant que la prudence pour ainsi dire « prudente » est une prudence consciente de sa fragilité. Ce qui n'est nullement le cas de la prudence aristotélicienne, qui est un habitus intellectuel par lequel « l'âme énonce ce qui est vrai ». Ce caractère rapproche, dans le sixième livre de l'*Éthique à Nicomaque*, la *phronèsis* de l'art (*tèchnè*), de la science (*épistèmè*), de la sagesse (*sophia*) et de l'intelligence (*noûs*), tout en la distinguant du jugement (*doxa*) et de la croyance (*hypolepsis*), qui n'énoncent pas nécessairement le vrai : de fait, le syllogisme pratique, par lequel s'exerce la délibération du prudent, est en tant que tel infaillible – seule la nature des prémisses (théoriques ou pratiques) change, non le mode de raisonnement lui-même. La prudence est essentiellement pour Aristote le discernement d'une vérité, la vérité pratique : si l'action s'exerce dans un monde où les choses peuvent être autrement qu'elles sont, l'objet de la prudence, c'est-à-dire la règle droite, n'est pas lui-même contingent. La pensée aristotélicienne de l'action ignore tout simplement les enjeux métaphysiques, anthropologiques et moraux liés à la puissance de la rationalité scientifique et techniciste[40]. Pour Montaigne, en revanche, la prudence est une adaptation souple à la vicissitude, par

---

39. Voir l'article de Francis Goyet, « Prudence et panurgie : le machiavelisme est-il aristotélicien ? », dans Id., *Les Audaces de la prudence*, *op. cit.*, p. 109-145.

40. Nous faisons nôtre l'analyse de Bernard Besnier, « *Éthique à Nicomaque*, VI, 5. Le rôle du chapitre 5 dans le sixième livre », dans J.-Y. Château (dir.), *La Vérité pratique.* Éthique à Nicomaque, *livre VI*, Paris, Jean Vrin, 1997, p. 69-85. Besnier montre en particulier qu'« il faut tenir comme assez peu fidèle tout cet aspect de la valorisation moderne de la *phronèsis* qui la présente (et ce pour justifier l'autonomie

opposition à une prudence rigide et obstinée, ignorante de ses propres limites et par là sans prise efficace sur le monde. La prudence n'est en rien, pour lui, une science exacte de l'action : « notamment aux affaires politiques, il y a un beau champ ouvert au bransle et à la contestation » (II, 17, p. 655). Pour Montaigne comme pour Machiavel, différents moyens peuvent conduire à un résultat semblable, de même que les mêmes moyens peuvent conduire à des résultats opposés : comme l'avait remarqué Hugo Friedrich, le premier chapitre des *Essais*, « Par divers moyens, on arrive à pareille fin », croise le livre III des *Discorsi* de Machiavel, en particulier le chapitre XXI (« D'où vint qu'Hannibal, avec une façon de procéder différente de celle de Scipion, obtint les mêmes résultats en Italie que celui-ci en Espagne ») et le chapitre XII (« Comment la dureté de Manlius Torquatus et la bienveillance de Valerius Corvinus leur procura à chacun la même gloire »)[41].

Ces précisions devraient nous conduire à reconsidérer les tentatives post-heideggeriennes de dépassement de la rationalité scientifique et techniciste par un retour à la raison pratique d'Aristote[42] : les traits caractéristiques

---

de la politique et de l'éthique par rapport aux sciences théorétiques) comme sagesse faillible » (p. 77).

41. Voir H. Friedrich, *Montaigne*, *op. cit.*, p. 161-163. Friedrich oppose cependant le réalisme politique de Machiavel au scepticisme de Montaigne. Voir aussi Thomas Berns, *Violence de la loi à la Renaissance*, *op. cit.*, p. 238-239, qui, tout en soulignant chez les deux auteurs « la commune suspicion [...] pour des règles générales issues de la seule rationalité (et à fortiori d'une réflexion morale), oppose lui aussi – de façon exagérée à notre sens – l'empirisme de Machiavel, qui retrouve « des règles générales restreintes basées sur une analyse empirique, au scepticisme radical de Montaigne, qui reste « "coincé" au niveau de l'indépassabilité du particulier » (p. 238).

42. Pour une vision d'ensemble du problème, voir André Tosel, « De la prudence des Anciens à la prudence des Modernes », dans Id. (dir.), *La Prudence des anciens comparée à celle des modernes. Sémantique des concepts, déplacement des problématiques*, Besançon, Annales littéraires de l'université de Besançon, 1995, p. 7-33.

que les tenants de ce retour ont attribués (à tort, selon nous) à la *phronèsis* aristotélicienne ne s'appliqueraient-ils pas plus adéquatement à la prudence telle qu'elle est comprise par Montaigne ? Ainsi, pour Hannah Arendt, la « fragilité des affaires humaines » a pour conséquence que l'action « n'atteint presque jamais son but » et qu'elle met en échec l'« homme fort » ou « l'homme supérieur »[43] : si l'action a un sens, celui-ci est toujours révélé *a posteriori*, de sorte qu'il échappe aux acteurs eux-mêmes et est décalé par rapport à leurs intentions comme par rapport au résultat immédiat de leur agir[44]. Pour Hans-Georg Gadamer, l'éthique aristotélicienne permet de « démasquer et éviter [...] l'invasion par les méthodes objectivantes de la science moderne[45] », l'implication du sujet dans la construction de l'objet de la connaissance rendant l'action trop instable pour faire l'objet d'une science au sens de la science moderne[46]. Venant du champ de l'histoire de la philosophie antique, Pierre Aubenque poursuit les réflexions d'Arendt et de Gadamer[47] en soulignant

43. Hannah Arendt, *Condition de l'homme moderne*, trad. G. Fradier, Paris, Calmann-Lévy, 1961, rééd. 2005, p. 241-246.

44. *Ibid.*, p. 250. « La grandeur, ou le sens spécifique de chaque acte, ne réside que dans l'action, jamais dans la motivation, ni dans son résultat » (*ibid.*, p. 267).

45. « Le savoir moral, tel que le décrit Aristote, n'est pas de toute évidence un savoir d'objet ; celui qui sait n'est pas confronté à un état de chose qu'il ne ferait que constater. Il est au contraire immédiatement impliqué par ce qu'il connaît » (Hans-Georg Gadamer, *Vérité et Méthode. Les grandes lignes d'une herméneutique philosophique*, trad. P. Fruchon, Paris, Seuil, 1996, p. 336).

46. « Les déterminations aristotéliciennes de la *phronèsis* présentent une fluctuation significative [...]. Le but vers lequel est orienté notre vie et [...] son déploiement en représentations morales qui guident l'action [...] ne peuvent faire l'objet d'un savoir que l'on puisse, absolument parlant, enseigner » (*ibid.*, p. 343-344).

47. Voir l'article plus tardif de Pierre Aubenque, « Philosophie pratique et herméneutique. Réflexion sur le néo-idéalisme allemand contemporain », paru dans A. Tosel (dir.), *Formes de rationalité et phronétique moderne*, Besançon, Annales littéraires de l'université de Besançon, 1995, p. 15-32 : Aubenque y montre très clairement comment son ouvrage

le fait que l'éthique aristotélicienne, au contraire de l'éthique platonicienne, se déroule dans le « domaine du contingent », marqué par l'« effondrement ou tout du moins d'exil de la transcendance »[48] : Aubenque va jusqu'à voir chez Aristote une réhabilitation du relativisme de Protagoras, en faisant du *phronimos* (ou du *spoudaios*) la mesure et le critère de la *phronèsis*[49]. Paul Ricœur va lui aussi en ce sens, en soulignant ce qui sépare l'éthique aristotélicienne, qui se situe dans une « région moyenne [...] entre le "logique" et l'"alogique"[50] », de la morale kantienne qui se veut une science exacte. Toutes ces descriptions de la prudence comme un savoir faible à la mesure d'un monde des affaires humaines contingent et imprévisible se trompent assurément lorsqu'elles se réfèrent à la *phronèsis* aristotélicienne : mais elles s'appliqueraient avec plus de justesse à la prudence montaignienne, qui est une sagesse faillible, consciente de ses limites et modeste sur sa capacité à produire du résultat et à gouverner le monde.

Les contextes n'en restent pas moins différents. Il s'agit pour nos auteurs de trouver une échappatoire au dilemme heideggerien entre deux formes de nihilisme : celui de la soumission à la rationalité techniciste totalisante héritée de la constitution moderne (onto-théo-logique) de la métaphysique d'une part, l'abandon au jeu de l'être dans son processus de voilement et de dévoilement d'autre part

---

de 1963 prolongeait dans les problématiques post-heideggeriennes initiées par Arendt et Gadamer.

48. Pierre Aubenque, *La Prudence chez Aristote*, Paris, PUF, 1963, p. 44 et p. 65.

49. *Ibid.*, p. 50.

50. « Kant a transféré l'enquête sur la raison pratique dans une région du savoir qui n'est pas la sienne. Pour la ramener dans cette région moyenne qu'Aristote situait à juste raison entre le "logique" et l'"alogique", il faudrait pouvoir attacher à la notion de critique de la raison pratique un sens qui ne soit pas dérivé à celui de la critique de la raison pure, un sens par conséquent qui ne conviendrait qu'à la sphère de l'agir humain » (Paul Ricœur, « La raison pratique », dans Id., *Du texte à l'action*, Paris, Seuil [Points], 1986, p. 263-288, ici, p. 278).

– deux formes donc de servitude volontaire –, en trouvant une forme de rationalité non-techniciste et non totalisante. Mais nous avons vu que Montaigne rejette la distinction aristotélicienne entre sagesse théorique et prudence pratique (« je ne digere pas bien cette difference de mots »), refusant ainsi ce sur quoi s'appuient Gadamer ou Ricœur, à savoir la distinction entre les sciences théoriques, qui portent sur un objet préconstitué, et les sciences morales, qui construisent leur objet.

Plus encore, Montaigne rejette l'idée fondamentale qui fonde, chez Arendt comme chez Ricœur, l'herméneutique de l'action prudentielle, à savoir qu'elle ne peut trouver de signification que dans un monde de valeurs prédéfinies par la communauté. Ce dernier point est ici le plus important, et nous l'avons déjà abordé avec la question de l'identité narrative. Les auteurs que nous avons cités tentent tous d'une façon ou d'une autre de dépasser le caractère soliptique attribué au *Dasein* heideggerien, en ouvrant le sujet agissant à une dimension d'intersubjectivité. Ainsi, pour Ricœur, l'action, dans l'éthique d'Aristote, ne repose pas sur une règle connue *a priori*, mais sur un réseau de normes qui trouvent leurs significations au sein d'une communauté qui confère à l'action une « lisibilité[51] ». Hannah Arendt soulignait déjà, contre Heidegger, ce caractère intersubjectif de l'action : la *polis* est ainsi une communauté organisée pour fournir un remède à la fragilité de l'action en lui conférant un sens et une stabilité[52]. Les deux corrélats de la fragilité des affaires humaines sont selon Arendt le pardon et la promesse, qui, l'un et l'autre, nous permettent d'agir malgré l'imprévisibilité des conséquences de nos actes. Le pardon nous délivre du caractère irréversible de notre action, alors que la promesse confère une dimension de durabilité à nos décisions :

---

51. *Ibid.*, p. 272.
52. H. Arendt, *Condition de l'homme moderne*, *op. cit.*, p. 256.

> Si nous n'étions pardonnés, délivrés des conséquences de ce que nous avons fait, notre capacité d'agir serait comme enfermée dans un acte unique dont nous ne pourrions jamais nous relever [...]. Si nous n'étions liés par des promesses, nous serions incapables de conserver nos identités ; nous serions condamnés à errer sans force et sans but[53] [...].

Or le pardon et la promesse renvoient à un horizon social. Arendt écrit qu'ils « dépendent de la pluralité, de la présence et de l'action d'autrui, car nul ne peut se pardonner à soi-même, nul ne se sent lié par une promesse qu'il n'a faite qu'à soi[54] ».

Nous avons déjà évoqué la confession réitérée que Montaigne fait de son défaut de mémoire[55]. Ann Hartle associe l'amnésie de Montaigne au pardon d'Hannah Arendt[56]. Elle est suivie en cela par Valérie Dionne[57], qui s'appuie sur la proximité (qui n'est, selon nous, qu'apparente) des thématiques de l'amnésie, de la compassion, de la clémence et du pardon, pour montrer que l'oubli « favorise le pardon[58] ». Mais l'oubli n'est pas le pardon, même si l'un et l'autre nous délient du caractère de nécessité de la temporalité de l'action et autorisent

---

53. *Ibid.*, p. 302-303.

54. *Ibid.*, p. 303.

55. « Il n'est homme à qui il siese si mal de se mesler de parler de memoire. Car je n'en reconnoy quasi trasse en moy, et ne pense qu'il y en aye au monde une autre si monstrueuse en defaillance » (I, 9, p. 34) ; « Je n'ay point de gardoires » (I, 26, p. 136) ; « L'esprit, je l'avois lent, et qui n'alloit qu'autant qu'on le menoit ; l'apprehension, tardive ; l'invention, lasche ; et apres tout un incroiable defaut de memoire. De tout cela il n'est pas merveille s'il ne sceut rien tirer qui vaille (I, 26, p. 174-175) ; « les lieux et les livres que je revoy me rient tousjours d'une fresche nouvelleté », I, 9, p. 35 ; « Je suis homme de nulle retention » (II, 10, p. 407-408) ; « Et suis si excellent en l'oubliance que mes escrits mesmes et compositions, je ne les oublie pas moins que le reste » (II, 17, p. 651) ; « Ma memoire s'empire cruellement tous les jours » (III, 9, p. 962), etc.

56. A. Hartle, *Montaigne and the Origins of Modern Philosophy*, *op. cit.*, p. 125-126.

57. Voir V. Dionne, *Montaigne, écrivain de la conciliation*, *op. cit.*, notamment p. 129-135.

58. *Ibid.*, p. 55.

un re-commencement ou un re-nouvellement[59]. Si, pour reprendre les formules d'Arendt, le pardon dépend « de la pluralité, de la présence et de l'action d'autrui », de sorte que « nul ne peut se pardonner à soi-même »[60], l'oubli pour sa part nous délivre en quelque façon du poids du social et des conventions qui exigent de nos actions leur conformité à un schéma prédéterminé de cohérence. Montaigne est plutôt enclin à se pardonner à lui-même : « je me repens rarement » (III, 2, p. 806 ; « si j'avois à revivre, je revivrois comme j'ay vescu ; ny je ne pleins le passé, ny je ne crains l'advenir » (p. 816). Il revendique au moins à un niveau privé la « politique de l'oubliance[61] » vainement imposée par le pouvoir politique

59. Il n'est pas certain que la renonciation à la vengeance ait chez Montaigne la valeur de fondement éthique que veulent lui attribuer David Quint ou Valérie Dionne. Lorsque Montaigne commente le « pardonnez-nous nos offenses » du *Notre Père* (I, 56, p. 323-325), il demande moins à celui qui prie de pardonner lui-même à ses ennemi (voir V. Dionne, *Montaigne, écrivain de la conciliation*, *op. cit.*, p. 131), au sens chrétien (qui reste un acte surérogatoire), que d'avoir « l'ame desplaisante de ses fautes et ennemie des passions qui nous ont poussé à l'offencer [*i.e.* Dieu] » (p. 325) – donc de se réformer dans le sens de la modération et de la douceur. Pour la remarque selon laquelle les Cannibales mangent leurs ennemis « pour representer une extreme vengeance » (p. 209), elle n'initie pas une critique de la vengeance des Cannibales. Aussi « exteme » soit-elle du point de vue symbolique, elle reste, dans ses effets, plus mesurée que celle des occidentaux contemporains : « Je pense qu'il y a plus de barbarie à manger un homme vivant qu'à le manger mort, à deschirer, par tourmens et par geénes, un corps encore plein de sentiment, le faire rostir par le menu, le faire mordre et meurtrir aux chiens et aux pourceaux [...], que de le rostir et manger apres qu'il est trespassé » (*ibid.*). Dans ces deux textes tout du moins, Montaigne critique moins la vengeance elle-même (il ne critique pas, par exemple, la moquerie, la satire, ou encore les bravades de la victime du cannibale) que le déchaînement des passions de cruauté dont elle peut être l'origine.

60. H. Arendt, *Condition de l'homme moderne*, *op. cit.*, p. 303.

61. Voir Paul-Alexis Mellet, Jérémie Foa, « Une "politique de l'oubliance" ? Mémoire et oubli pendant les guerres de Religion (1550-1600) », *Asterion*, 15, 2016, https://journals.openedition.org/asterion/2829 (consulté le 4.11.2019). Un rapprochement entre l'amnésie de Montaigne et cette politique de l'oubli est développé par Andrea Frisch,

dans les édits de pacification. Mais son amnésie ne se limite pas à l'oubli des méfaits (« il me souvient moins des offenses receues », I, 9, p. 35) : elle s'étend à celui des bienfaits et des dettes de reconnaissance ou de gratitude (« il a oublié, dict-on, cette priere ou cette promesse », I, 9, p. 34). En ce sens, l'oubli rend caduque la valeur morale de la promesse qu'Arendt associe au pardon. Montaigne tourne le dos aux codes éthiques féodaux fondés sur la réciprocité du bienfait et de la dette, du lien social et de l'allégeance au passé. Il refuse d'être tenu et obligé par ce faible instrument qu'est sa mémoire, non seulement parce qu'il craint de manquer à son devoir par oubli, mais parce qu'il désire être libre de toute obligation et de toute dette. Il ne veut pas devoir à un autre ce qu'il a le sentiment d'avoir acquis par lui-même à l'aide de sa « petite prudence ». Il veut, écrit-il au chapitre « De la praesumption », ne devoir « un essentiel grammercy à personne » (III, 9, p. 967) et annonce fièrement : « je ne vois personne plus libre et moins endebté que je suis jusques à cette heure » (p. 968). Le texte continue : « J'ay prins à haine mortelle d'estre tenu ny à autre ny par autre que moy. J'employe bien vifvement tout ce que je puis à me passer, avant que j'emploie la beneficence d'un autre en quelque ou legere ou poisante occasion que ce soit » (III, 9, p. 969-970). La prudence montaignienne n'est donc pas une prudence « forte » au sens aristotélicien, encore moins au sens stoïcien, mais elle n'est pas non plus la prudence « faible » de la pensée post-heideggerienne de l'action. Contrairement à la prudence d'Arendt, la prudence de Montaigne renonce par avance à trouver une signification de l'action dans une communauté sociale de sens : cette signification, c'est bien dans une forme de solitude que Montaigne veut la chercher.

« Montaigne and the Ethics of Memory », *L'Esprit créateur*, 46/1, 2006, p. 23-31.

« Sçavoir estre à soi »

Venons-en à la seconde ligne d'argumentation invoquée dans le chapitre « Du pedantisme » en faveur de l'utilité des savoirs et à l'encontre de la dissociation entre sagesse et prudence. Celle-ci est apparue en filigranes avec l'exemple déjà cité d'Archimède : c'est contre son gré et dans la conscience d'avoir « corrompu la dignité de son art [*i.e.* la géométrie] » que celui-ci a accepté de construire des « engins espouvantables ». Le thème revient un peu plus loin dans cette même couche de l'édition de 1580 à propos des philosophes mis à l'épreuve de l'action. Citons ici le texte de l'édition parisienne de 1588 : « Mais leurs imaginations logées au-dessus de la fortune et du monde, leur faisaient trouver les sieges de la justice, et les thrones mesmes des Roys, bas et viles[62]. » Le thème revient une nouvelle fois avec l'exemple de Thalès, accusé de ruser pour ne pas prendre part aux affaires publiques. L'ajout d'après 1588 développe ce point à partir de trois autres exemples :

> Aucuns, voyants la place du gouvernement politique saisie par hommes incapables, s'en sont reculés ; et celuy qui demanda à Crates jusques à quand il faudroit philosopher, en receut cette responce : Jusques à tant que ce ne soient plus des asniers qui conduisent noz armées. Heraclitus resigna

---

62. Montaigne, *Essais*, Paris, A. L'Angelier, 1588, f° 50 v°. Cette phrase devient plus difficile à comprendre dans l'exemplaire de Bordeaux : « D'autres, ayant leur imagination logée au-dessus de la fortune et du monde, trouverent les sieges de la justice, et les thrones mesmes des Roys, bas et viles » (voir édition MONLOE). La confusion est augmentée par l'omission, dans l'édition de Villey (I, 25, p. 136), de la virgule avant « et les thrones mesmes » (qui se trouve bien dans l'exemplaire de Bordeaux) : on pourrait croire que Montaigne veut dire que ces philosophes ont effectivement occupé ces sièges bas et vils tout en ayant des pensées plus élevées, alors que Montaigne veut dire au contraire que ces philosophes auraient été parfaitement capables d'occuper ces postes s'ils ne les avaient pas dédaignés (ce qui fait qu'ils ne les ont pas occupés). La phrase est rétablie dans sa juste ponctuation dans l'édition d'André Tournon.

> la royauté à son frere ; et aux Ephesiens qui luy reprochoient à quoy il passoit son temps à jouer avec les enfans devant le temple : Vaut-il pas mieux faire cecy, que gouverner les affaires en vostre compagnie [...]. Et refusa Empedocles la Royauté que les Agrigentins luy offrirent [I, 25, p. 136 [C]].

La réticence d'Archimède est devenue refus et dérobade. C'est donc non par inaptitude, mais par dédain, un dédain fondé sur un choix réfléchi, que les philosophes ne prennent pas part aux affaires de ce monde. On peut donner une explication biographique à cette évolution. Entre l'édition de 1580 et 1588, Montaigne a été lui aussi amené à participer aux affaires publiques, comme maire de Bordeaux et comme ambassadeur entre Henri III et Henri de Navarre. Les allongeails postérieurs à 1580 développent une réflexion sur le rapport de l'homme retiré aux affaires publiques, un sujet qui sera amplement développé dans le chapitre « De mesnager sa volonté ».

Nous entrevoyons ici un nouveau thème : que la plus haute prudence consiste moins à bien gérer les affaires publiques qu'à conserver son intégrité au milieu des sollicitations du monde et des contingences de l'histoire. Les sages adonnés à la spéculation seraient en ce sens prudents de façon éminente, possédant un savoir que l'homme politique ordinaire ne possède pas. Ce qu'ils savent, c'est qu'il est impossible de participer aux affaires publiques sans se perdre soi-même. La figure aristotélicienne du prudent, qui possède la faculté d'« apercevoir ce qui est bon pour [lui-même] et ce qui est bon pour l'homme en général » en s'entendant « à l'administration d'une maison et d'une cité »[63], doit être rectifiée par une figure plus stoïcienne ou épicurienne : de fait, le lieu hautement symbolique qu'est la bibliothèque de Montaigne tient à la fois de la citadelle stoïcienne et du jardin épicurien – tout en possédant certains traits communs avec la retraite de Capri d'où Tibère dirigeait le monde.

---

63. Aristote, *Éthique à Nicomaque*, VI, 1140 b 8-9, *op. cit.*, p. 286.

À côté de la prudence qui doit régir notre action dans le monde en équilibrant utile et honnête, il y a une forme plus élevée de prudence, une prudence pour ainsi dire « négative » (au sens même d'Isaiah Berlin), qui consiste à ne pas s'investir dans les offices publics au point de compromettre la part la plus intime de notre être. Cette seconde forme de prudence, celle du solitaire face au monde, n'est pas soumise aux mêmes aléas de « fragilité » que la première (la prudence dans l'action publique). Montaigne ne doute nullement qu'elle soit une forme de sagesse qui engage un savoir, et même un savoir exact : « la plus grande chose du monde, c'est de *sçavoir* estre à soy » (I, 39, p. 242). De même, Montaigne écrit, au sujet de l'« amitié que chacun se doibt » : « Qui en *sçait* les devoirs et les exerce, il est vrayement du cabinet des muses ; il a attaint le sommet de la *sagesse* humaine et de nostre bon heur [...]. Cettuy-ci, *sçachant exactement* ce qu'il se doibt, trouve dans son rolle qu'il doibt appliquer à soy l'usage des autres hommes et du monde... » (III, 10, p. 1006-1007)[64]. La prudence possède bien ici la dimension cognitive (la connaissance de la juste règle) qu'elle avait chez Aristote, mais elle trouve un nouveau champ d'expression dans le contexte d'une valorisation du privé : elle est la connaissance d'une règle d'action déterminant le juste partage entre ce que nous nous devons à nous-même et ce que nous devons au public. Tout en possédant une consistance bien réelle dans son ordre, la prudence politique n'est ainsi que seconde en regard d'une prudence *à l'égard du* politique et au danger qu'il représente pour notre intégrité. Montaigne pense lui-même posséder cette prudence supérieure : c'est par elle qu'il a pu échapper aux sollicitations du monde, se tenir à l'écart des haines du temps, désamorcer les querelles, rester en paix avec son voisinage, et, surtout, conserver sa liberté indemne au milieu des guerres civiles en marchant « par tout la teste haute, le visage et le coeur ouvert » (III, 1, p. 792).

64. Nous soulignons dans tous ces textes.

Notre époque n'est plus celle d'Épaminondas. Nous ne pouvons guère qu'assister avec résignation au déclin inéluctable d'une civilisation. Il n'est plus dès lors possible de sauvegarder l'unité de la définition aristotélicienne de la prudence comme puissance d'« apercevoir ce qui est bon pour soi-même et ce qui est bon pour l'homme en général ». La prudence n'est que reportée sur un autre plan : il nous faut assister à cette ruine certes sans plaisir, et sans nous refuser à la tâche, mais aussi sans « s'en ulcérer ou maigrir » (III, 10, p. 1016). Dans cette situation de chaos de l'histoire, où la prudence politique exerce une influence faible (sans être entièrement nulle), il reste une prudence qui est au plus haut point un savoir et dont il n'est aucunement certain qu'elle soit faillible, qui consiste à savoir conserver un « quant à soi » et réserver cette « arriere-boutique toute nostre, toute franche, en laquelle nous establissons nostre vraye liberté et principale retraicte et solitude » (I, 39, p. 241).

La prudence prend ici un accent stoïcien. Ne soyons pas trop dupes de la « nonchalance » montaignienne. Elle est peut-être une nonchalance à l'égard du monde, c'est-à-dire un engagement dépassionné et distancié dans les offices, mais elle renvoie à un authentique travail sur soi dans l'exercice constant du jugement. Montaigne a beau vanter la bonté de son naturel[65], il avoue que, de même que Socrate a dû corriger un « pli vicieux », lui-même a eu besoin de « bastonnades » pour redresser son « esprit indocile », afin de « rebattre et resserrer à bons coups de mail ce vaisseau qui se desprent, se descout, qui

65. « Ma vertu, c'est une vertu, ou innocence, pour mieux dire, accidentale et fortuite » (II, 11, p. 427) ; « Je n'ay pas corrigé, comme Socrates, par force de la raison mes complexions naturelles, et n'ay aucunement troublé par art mon inclination. Je me laisse aller, comme je suis venu, je ne combats rien, mes deux maistresses pieces vivent de leur grace en pais et bon accord ; mais le lait de ma nourrice a esté Dieu mercy mediocrement sain et temperé » (III, 12, p. 1059).

s'eschape et desrobe de soy » (III, 12, p. 1045-1046)[66]. En particulier, il a fallu à Montaigne guérir d'une passion excessive pour la gloire publique et apprendre à « faire comme les animaux qui effacent la trace, à la porte de leur taniere » (I, 39, p. 247). Montaigne critique Cicéron ou Pline le Jeune d'avoir échoué sur ce point, en cherchant la gloire jusque dans leur solitude[67]. Mais Montaigne se fait souvent à lui-même les leçons qu'il fait aux autres (« <nous> ne nous pouvons deffaire de ce que nous condamnons », II, 16, p. 619). Comme l'écrit Jean-Yves Pouilloux, « en se défaisant d'un Cicéron, Montaigne exorcise (ou tente d'exorciser) quelque chose qui le menace lui-même[68] ». Les épreuves de la guerre civile ont été à ce titre un remède salutaire, et Montaigne en parle comme d'« utiles inconveniens » (III, 12, p. 1045). La connaissance essentielle que « la vraye liberté c'est pouvoir toute chose sur soy » (p. 1046), ce « sçavoir estre à soi », que Montaigne dit être la « plus grande chose du monde » (I, 39, p. 242), celui-ci ne les a acquis que par une leçon, et même par des coups de maillet destinés à redresser une mauvaise courbure de l'âme. Les malheurs des guerres, les trahisons et plus encore la suspicion généralisée l'ont guéri de ce qui pouvait encore rester

66. Sur le rapport entre nature et institution, voir Montaigne, *De la phisionomie* (*Essais*, III, 12), introduction et commentaire Blandine Perona, Paris, Classiques Garnier, 2019, p. 143-152.

67. Ce sont là des thématiques majeures du diptyque formé par les chapitres I, 39, « De la solitude » et I, 40, « Considération sur Cicéron ». Le chapitre « De la gloire » est encore plus sévère envers Cicéron : « cet homme là fut si forcené de cette passion [*i.e.* pour la gloire] que, s'il eust osé, il fut, ce crois-je, volontiers tombé en leexces où tombarent d'autres : que la vertu mesme neestoit desirable que pour l'honneur qui se tenoit tousjours à sa suite » (II, 16, p. 620). Pétrarque pensait déjà qu'aussi bénéfique qu'ait pu être la solitude de Cicéron (qui l'a amené à l'étude de la philosophie), celui-ci n'avait su la supporter « *equo animo* » (*La Vie solitaire [1346-1366]*, introduction, trad. et notes Ch. Carraud, préface N. Mann, Grenoble, Jérôme Millon, 1999, p. 328).

68. J.-Y. Pouilloux, *Montaigne. L'éveil de la pensée*, *op. cit.*, p. 189.

de son naturel intrigant et soucieux de la réputation publique[69].

La bonne nature ne dispense pas de l'effort. Étienne de La Boétie est décrit dans le chapitre « De l'amitié » comme l'homme le « mieux né », « un' ame pleine et qui montroit un beau visage à tout sens », une âme, écrit encore Montaigne, « à la vieille marque » – mais qui, cependant, avait « beaucoup adjousté à ce riche naturel par science et estude » (II, 17, p. 659). C'est avec raison que Pierre Charron mettra l'accent sur les accents volontaristes des *Essais*, qui rapprochent Montaigne de Sénèque, en refusant la « stupide nonchalance » des Académiciens (à distinguer de l'« anonchalir » montaignien, dont nous parlerons plus loin) : « Il faut toujours se guetter, tâter, sonder, jamais s'abandonner, être toujours chez soi, se tenir à soi [...]. Il faut s'arraisonner soi mêmes, se redresser, et remettre courageusement, non pas se laisser aller et couler par dédain et nonchalance[70]. » L'*adiaphora* n'est pas vraiment à l'horizon du scepticisme montaignien, pas plus d'ailleurs que l'*ataraxia*. Le Pyrrhon de Montaigne ne se laisse pas porter au vent ; il ne se cogne pas aux charrettes et ne tombe pas dans les précipices : « [A] Il n'a pas voulu se faire pierre ou souche ; il a voulu se faire homme vivant, discourant et raisonnant, jouïssant de tous plaisirs et commoditez naturelles, embesoignant et se servant de toutes ses pièces corporelles et spirituelles [C] en regle et droicture » (II, 12, p. 505). Sextus Empiricus, admettait que le sage pyrrhonien possédait un minimum d'*énergéia* dans l'observation de quelques règles pour

69. Ce n'est d'ailleurs pas le seul passage où Montaigne avoue s'être corrigé. Ainsi, à propos de l'amour des femmes, corrigé par l'âge et la maladie : « Je m'y eschauday en mon enfance, et y souffris toutes les rages que les poetes disent advenir à ceux qui s'y laissent aller sans ordre et sans jugement. Il est vray que ce coup de fouet m'a servy depuis d'instruction » (III, 3, p. 824-825).

70. Pierre Charron, *De la sagesse*, III, 6, rééd. B. de Negroni, Paris, Fayard, 1986, p. 631.

la vie[71]. Montaigne demande plus : son Pyrrhon pour ainsi dire *rectifié* se rapproche de Socrate, et renvoie à une nouvelle articulation du scepticisme et de la philosophie morale. On aura remarqué ici l'ajout [C] postérieur à l'édition de 1588 : « en regle et droicture ». La formule fait écho à l'*orthos logos* d'Aristote, tout en s'inscrivant dans un contexte qui est plus stoïcien qu'aristotélicien : à cet endroit, il est difficile de parler de relativisme ou de phénoménisme éthique. Quoi qu'il en soit, le but n'est pas de se laisser porter par la vicissitude, mais de tenir bon pour sauvegarder une forme de maîtrise : « Je veus estre maistre de moy, à tous sens » (III, 5, p. 841) ; « La vraye liberté c'est pouvoir toute chose sur soy » (III, 12, p. 1046). En ce sens, et en ce sens seulement, le projet de Montaigne n'est pas différent de celui des stoïciens. Celui-ci fait sienne la prescription de Sénèque de « se faire un homme un [*magnam rem puta unum hominem agere*] » (II, 1, p. 337)[72]. Il s'agit bien, comme l'écrit Tristan Dagron d'« effacer toute trace d'altérité » par la conquête « de haute lutte »[73] d'une cohérence de soi.

Cela dit, cohérence ne veut encore une fois pas dire conformité à une logique systématique rigide : Ralph Waldo Emerson, dans son essai *La Confiance en soi*, s'inscrira dans cet esprit montaignien en critiquant la volonté de cohérence à tout prix[74]. C'est à cet endroit que pêche le stoïcien : non par son projet, qui reste, *mutatis mutandis*,

71. « En nous attachant aux choses apparentes, nous vivons en observant les règles de la vie quotidienne sans soutenir d'opinions, puisque nous ne sommes pas capables d'être complètement inactifs » (Sextus Empiricus, *Esquisses pyrrhoniennes*, I, 12 [23], introduction, trad. et commentaires P. Pellegrin, Paris, Seuil, 1997, p. 69).

72. Sur cette citation de la lettre 30 à Lucilius, voir T. Dagron, *Pensée et cliniques de l'identité. Descartes, Cervantès, Montaigne*, Paris, Jean Vrin, 2019, p. 239.

73. *Ibid.*, p. 231-232.

74. « Supposez que vous soyez amené à vous contredire ? Et alors ? [...] Cet esprit de cohérence stupide est le farfadet des esprits pusillanimes [...]. Une grande âme n'a rien à faire de cet esprit de cohérence » (R. W. Emerson, *La Confiance en soi*, *op. cit.*, p. 96-97).

celui de Montaigne, mais par l'inadaptation des moyens qu'il met en œuvre au monde qui est le nôtre. Le *fatum* a pris un autre visage, celui de la vicissitude d'un monde qui n'est plus gouverné par un *logos* et qui n'est plus fait pour l'homme. Le monde auquel l'action humaine se trouve confrontée n'est pas pour Montaigne un monde dans lequel tout est idéalement prévisible, comme c'est le cas chez les stoïciens, pour qui les événements, quels qu'ils soient, trouvent toujours le sage déjà prêt. Si Montaigne critique souvent le stoïcisme, c'est parce que lui-même vise un type supérieur de stoïcisme, qui a abandonné toute croyance orgueilleuse dans la certitude de la catalepse, comme il a abandonné la raideur de l'*apathéia* dans un monde en perpétuel branle : le *tonos* a changé de forme, mais il continue cependant à appeler en retour le *ponos* du sage, en prise sur la réalité pour se forger une citadelle imprenable. Plus que le stoïcien, c'est Socrate, dont Frederick Kellermann écrivait qu'il était le « porte-parole de Montaigne dans les *Essais*[75] », qui constitue le modèle d'une telle discipline : Socrate n'est pas seulement un exemple d'endurance et de constance, il est aussi un exemple de versatilité, d'adaptation à la situation et d'attention au mouvement de la vie dans la diversité de ses aspects[76]. Il incarne la maxime des *Essais* selon laquelle « les plus belles ames sont celles qui ont plus de variété et de soupplesse » (III, 3, p. 818). Socrate, pour Montaigne, réinscrit le *tonos* des stoïciens dans un monde qui n'est plus gouverné par un *logos*, mais par la vicissitude.

---

75. Frederick Kellermann, « The *Essays* and Socrates », *Symposium*, 10/2, 1956, New York, University of Syracuse, p. 215.

76. Notons que Montaigne prête les mêmes qualités à Alcibiade, dont il admire « la merveilleuse nature [...], de se transformer si aisément à façons si diverses [...] : surpassant tantost la somptuosité et pompe Persienne, tantost l'austerité et frugalité Lacedemoniene ; autant reformé en Sparte comme voluptueux en Ionie » (I, 26, p. 167).

L'« arriereboutique »

Quelle est la signification de l'« arriereboutique », dans laquelle Montaigne nous prescrit d'établir « nostre vraye liberté et principale retraicte et solitude » (I, 39, p. 241) ? Le terme a une résonance stoïcienne. Pierre Villey a souligné les nombreux emprunts du chapitre « De la solitude » aux lettres de Sénèque. Alexander Roose s'appuie sur ces emprunts pour soumettre Montaigne à la critique faite par Isaiah Berlin de la confusion de la liberté avec l'autonomie entendue comme soumission de la volonté à la raison et délivrance de l'emprise des passions irrationnelles. Les stoïciens fournissent selon Berlin la matrice de cette confusion, sur laquelle se fondent les « traitres » modernes à la liberté. Se représenter, par une discipline du jugement, la contrainte comme rationnelle peut procurer un sentiment de liberté, mais ce n'est pas, selon Berlin, se soustraire à cette contrainte, ce en quoi réside la vraie liberté : « La doctrine selon laquelle je dois m'apprendre à ne désirer que ce que je peux obtenir, qu'un désir supprimé, ou auquel on résiste, est aussi doux qu'un désir assouvi est certes une doctrine sublime, mais me fait irrésistiblement penser à ce dicton : les raisins sont trop verts[77]. » Il s'agit donc pour les stoïciens de faire, par une forme de manipulation psychologique, *comme si* la contrainte était voulue – et faire ce que l'on veut, c'est bien en cela que réside la liberté. C'est bien là pour Berlin une forme d'automystification :

> Il est vrai que le renoncement ascétique peut être une source d'intégrité, de sérénité et de force spirituelle, mais peut difficilement passer pour une plus grande liberté. Si j'échappe à un adversaire en me réfugiant dans un espace clos dont je verrouille toutes les issues, je suis peut-être plus libre que s'il m'avait capturé, mais suis-je plus libre que si c'était moi qui l'avais vaincu ou capturé[78] ?

---

77. « Deux conceptions de la liberté », art. cité, p. 187.
78. *Ibid.*

Cette confusion de la liberté et de l'émigration intérieure a pu servir de fondement théorique aux réactions impuissantes des intellectuels dans les régimes totalitaires du XXe siècle. On pensera à la situation décrite par Hannah Arendt des exilés intérieurs de l'Allemagne nazie[79], une situation qui correspond d'assez près à celle que Stephan Zweig attribue à Montaigne[80]. Ou encore à la critique déjà citée par Max Horkheimer du lien entre scepticisme, retrait dans un « sanctuaire intérieur » et conservatisme politique[81]. Mais est-ce bien à un tel paradigme que se réfère l'« arriereboutique » de Montaigne ? Celui-ci semble bien plutôt aller dans le sens de Berlin en s'opposant à toutes les formes d'auto-aliénation : « nature nous a mis au monde libres et desliez ; nous nous emprisonnons en certains destroits » (III, 9, p. 973). Le retrait en soi doit être compris comme une forme de défense de l'individu contre les agressions extérieures. La prescription de se reserver « arriereboutique toute nostre » prolonge celle d'apprendre à dire « non », mot dont, comme nous l'avons vu, l'ignorance a jeté les peuples d'Asie dans la servitude. Il ne s'agit pas ici seulement de la formation d'un lexique, mais d'un apprentissage, fondé sur une discipline des passions qui nous asservissent au public[82], et en particulier de celle de la gloire, qui fait que « nous

79. « Il y avait des hommes, à l'intérieur de l'Allemagne, qui se conduisaient comme s'ils n'appartenaient plus au pays, comme des exilés, et d'autre part [...] ils n'étaient pas réellement exilés, mais s'étaient retirés en un domaine intérieur, dans l'invisibilité du penser et du sentir » (H. Arendt, « De l'humanité dans de "sombres temps". Réflexions sur Lessing », trad. B. Cassin et P. Levy, dans Id., *Vies politiques*, Paris, Gallimard, 1974, p. 26).

80. Sur la lecture de Montaigne par Stéphan Zweig, voir S. Bakewell, *Comment vivre ?, op. cit.*, p. 361-366 ainsi que Ph. Desan, « Le *Montaigne* de Stephan Zweig », dans Id., *Dix études sur Montaigne, op. cit.*, qui voit chez Zweig l'origine de l'interprétation fallacieuse courante de la retraite de Montaigne comme exil intérieur.

81. M. Horkheimer, « Montaigne et la fonction du scepticisme », art. cité, p. 271.

82. Sur ce point, voir Ermanno Bencivenga, *The Discipline of Subjectivity: An Essay on Montaigne*, Princeton (NJ), Princeton University Press, 1990.

emportons nos fers quand et nous » (I, 39, p. 240). La solitude s'apprend par un travail sur soi. C'est en ce sens qu'« il se faut sequestrer et r'avoir de soy » (I, 37, p. 239), ou « s'establir et contenir tout en soy » (III, 2, p. 814-815). Comme nous l'avons dit, Cicéron et Pline le Jeune ont failli sur ce point, en emportant dans leur solitude même leur passion pour la gloire : « C'est une lasche ambition de vouloir tirer gloire de son oysiveté et de sa cachette [...]. Retirez vous en vous, mais preparez vous premierement de vous y recevoir. Il y a moyen de faillir en la solitude comme en la compagnie » (I, 37, p. 239).

Il n'y a donc pas de consentement à la nécessité, mais plutôt une volonté de se libérer des contraintes les plus insidieuses par une forme d'entrainement. Montaigne ne nous dit pas, comme pourrait le faire un stoïcien, que la domination tyrannique n'est pas incompatible avec la liberté, mais, au contraire, qu'il n'y a pas de liberté – même dans un espace politiquement non contraint – sans une discipline des passions. Plus qu'aux stoïciens, Montaigne emprunte au *Discours de la servitude volontaire*. Pour La Boétie, le combat contre la tyrannie n'est pas mené suffisamment radicalement s'il n'est pas poursuivi au-dedans de soi-même, par une lutte contre les passions qui nous asservissent aux autorités. Pour Montaigne aussi, « et le dedans et le dehors de l'homme est plein de foiblesse et de mensonge » (II, 12, p. 596). Il s'agit ici non d'intérioriser une contrainte afin de régler sa volonté sur elle, mais inversement de se délester du poids psychologique des « conditions populaires qui sont en nous » (1, 39, p. 239), qui font que « nous ne sommes jamais chez nous, nous sommes tousjours au delà » (I, 3, p. 15). Le chapitre « De mesnager sa volonté » va dans le même sens :

> Je me tiens sur moy, et communéement desire mollement ce que je desire, et desire peu ; m'occupe et embesongne de mesme : rarement et tranquillement [...]. Elle [l'âme] peut voir et sentir toutes choses, mais elle ne se doibt paistre que de soy, et doibt estre instruicte de ce qui la touche

proprement, et qui proprement est de son avoir et de sa substance [III, 10, p. 1004-1005 et 1009].

Les emprunts du chapitre « De la solitude » dans lequel Hugo Friedrich[83] voyait « une paraphrase des passages essentiels des Lettres de Sénèque », ne doivent pas tromper. Ainsi, par exemple, pour ce texte d'allure sénéquéenne cité par Alexander Roose :

> Puis que nous entreprenons de vivre seuls et de nous passer de compagnie, faisons que nostre contentement despende de nous ; desprenons nous de toutes les liaisons qui nous attachent à autruy, gaignons sur nous de pouvoir à bon escient vivre seuls et y vivre à nostr'aise [I, 39, p. 240][84].

La question est de savoir si, au-delà des proximités apparentes, les termes ont ou non le même sens pour Sénèque et Montaigne. Limitons-nous à quatre exemples.

1. Tout d'abord le terme « autruy » (« desprenons nous de toutes les liaisons qui nous attachent à autruy »). Ce que Sénèque redoute est la contamination de l'apprenti par les mauvais exemples donnés par la foule (*turba*), c'est-à-dire la masse des ignorants[85]. Sans doute Montaigne attaque-t-il lui aussi l'esprit de conformisme, mais pour lui, le public prend le sens plus large des autres compris comme objets des *officia*, et la solitude implique de se libérer de toute obligation envers autrui : « J'ay prins à haine mortelle d'estre tenu ny à autre ny par autre que moy. »

---

83. H. Friedrich, *Montaigne*, *op. cit.*, p. 260. Friedrich cite en particulier les lettres 2, 6 et 7.

84. Voir A. Roose, « Montaigne, libéral et sceptique », art. cité, p. 121. Felicity Greene va dans le même sens, en rapprochant ces textes de Montaigne de ceux de Sénèque en faveur d'une possession de soi-même (*Montaigne and the Life of Freedom*, *op. cit.*, p. 75-80), tout en notant la différence entre l'innocence de Montaigne et l'effort du stoïcien.

85. « Tu demandes ce qu'à mon avis il faut tout d'abord éviter ? la foule [*turbam*]. Tu n'es pas encore en mesure de t'y risquer sans péril [...] La fréquentation du monde [*multorum conversatio*] ne vaut rien » (Sénèque, Lettre 7, 1-2, dans Id., *Lettres à Lucilius*, texte établi par F. Préchac, trad. H. Noblot, Paris, Les Belles Lettres, t. I, 1945, rééd. 1969, p. 18-19).

2. Le « moi » (ou le « nous ») dans lequel il faut se retirer n'a pas non plus le même sens. Si, pour Sénèque, ce « moi » échappe à la contamination des ignorants, il n'en est pas moins essentiellement public. Le sage, en s'isolant de la foule, revendique son appartenance à une société plus large et universelle, à savoir la communauté des êtres raisonnables, qui, selon le *De otio*, « embrasse les dieux et les hommes », c'est-à-dire « les hommes de tous les pays du monde, non seulement présents, mais à venir ». Sénèque fait ainsi la distinction entre deux républiques :

> L'une [république], vraiment publique, embrasse les dieux et les hommes ; nous ne nous y confinons pas dans tel ou tel coin particulier, et la cité que nous habitons n'a d'autre borne que celles du soleil ; l'autre, celle à laquelle nous attache le hasard de la naissance [...] ne comprend plus tous les hommes, mais un groupe d'hommes déterminé[86].

L'ascèse stoïcienne ne nous fait ici quitter le « monde » (au sens de la multitude, la foule des ignorants) que pour nous faire quitter le caprice de la particularité d'une société donnée et adhérer à un universel authentique. Montaigne, quant à lui, refuse que la préoccupation du public conduise à sacrifer « nostre faict et Michel, qui nous touche encore de plus pres que l'homme » (III, 9, p. 952).

3. La retraite intérieure est pour Sénèque oisive sans être pour autant inactive. Le sage consacre son temps à l'étude de la sagesse et des secrets de l'univers. Il se rend ainsi utile à la communauté universelle. Citons un texte du *De otio* :

> Dans quel esprit le sage s'isole-t-il dans le repos ? Avec la conviction qu'il servira activement, même alors, l'intérêt de la postérité [...]. Comment le repos ainsi compris ne conviendrait-il pas à l'homme de bien, ce repos qui lui permet de diriger les siècles futurs et de discourir, non pas

86. Id., *De l'oisiveté*, IV, 1, dans Id., *Dialogues*, t. IV, texte établi et traduit par R. Waltz, Paris, Les Belles Lettres, t. IV, 1927, rééd. 1970, p. 116.

> devant un petit nombre d'hommes assemblés, mais devant tous les hommes de tous les pays du monde, non seulement présents, mais à venir[87] ?

On trouve un propos semblable dans la huitième lettre à Lucilius : « Je me suis retiré du monde et des affaires de ce monde, à commencer par mes propres affaires. Je travaille pour le compte de la postérité [*posterum negotium ago*][88]. » La postérité renvoie ici à la société des hommes à venir. Montaigne, pour sa part, insiste sur le fait qu'il écrit son livre « à peu d'hommes et à peu d'années » (III, 9, p. 982). Il prescrit « l'abstinence de faire » (III, 10, p. 1023) et revendique une forme d'acédie : « Je n'ay rien cher que le soucy et la peine, et ne cherche qu'à m'anonchalir et avachir » (III, 9, p. 954)[89].

4. Enfin, pour Sénèque, la vie solitaire est une vie consacrée à la philosophie considérée comme une activité et une ascèse morale : « Fais-toi l'esclave de la vraie philosophie, et tu posséderas la liberté [...]. Qui dit servitude philosophique dit liberté [*hoc enim ipsum philosophiae servire libertas est*][90]. » Ce dernier texte est emblématique du paralogisme dénoncé par Isaiah Berlin, qui conduit à poser l'équivalence entre liberté et consentement à la servitude. On aurait du mal à trouver de tels propos chez Montaigne. Il est significatif à cet égard que ce dernier trouve le modèle d'une forme d'« activité » solitaire dans le voyage. Pour Sénèque, le voyage représente une image de l'instabilité de l'âme. Courir le monde, c'est (de même que lire des « livres de tout genre ») entretenir en soi l'agitation, qui est une maladie de l'âme : « Tu ne cours pas le monde et, de déplacement en déplacement, tu n'entretiens pas en toi l'agitation. Cette instabilité décèle

---

87. *Ibid.*, VI, 4, p. 119-120.
88. Id., Lettre 8, 2, dans Id., *Lettres à Lucilius*, *op. cit.*, t. I, p. 23.
89. Pascal se souviendra de cette phrase, en écrivant que Montaigne « ne pense qu'à mourir lâchement et mollement par tout son livre » (*Pensées*, éd. Lafuma, fragment 680, p. 590).
90. Sénèque, Lettre 8, 2, dans Id., *Lettres à Lucilius*, *op. cit.*, t. I, p. 24.

une âme malade [...]. À passer sa vie en voyage, on se fait beaucoup d'hôtes et point d'amis[91]. » Or, ce sont les défauts même du voyage selon Sénèque qui en font la valeur pour Montaigne :

> Cette humeur avide des choses nouvelles et inconnues ayde bien à nourrir en moy le desir de voyager [III, 9, p. 948]. J'entreprends seulement de me branler, pendant que le branle me plaist. Et me proumeine pour me proumener [...]. Je sçay bien qu'à le prendre à la lettre, ce plaisir de voyager porte tesmoignage d'inquietude et d'irresolution. Aussi sont ce nos maistresses qualitez, et praedominantes. Ouy, je le confesse, je ne vois rien, seulement en songe et par souhait, où je me puisse tenir ; la seule varieté me paye, et la possession de la diversité, au moins si aucune chose me paye [III, 9, p. 977 et 988].

Par le voyage, Montaigne cherche la fuite hors des *officia*, tant politiques que domestiques ; il cherche à se défaire de l'obligation de se résoudre, à avoir la possibilité de lâcher la bride au « cheval eschappé » (I, 8, p. 33), à pouvoir vivre « lachement » en ne se réglant que sur son caprice du moment, à s'« anonchalit et avachir » (p. 954), à ne pouvoir penser qu'à soi (p. 955) et même à pouvoir s'adonner à la vanité, puisque le chapitre se clôt sur la revendication par Montaigne de la vaine fierté d'avoir été fait bourgeois de Rome[92]. Le voyage devient ainsi une figure privilégiée de l'affranchissement de toute contrainte, de la liberté négative au sens même de Berlin.

Nous retrouvons ici l'idée déjà évoquée d'une « privatisation » de l'*oikéiôsis* stoïcienne. Il s'agit moins de se soumettre, comme c'est le cas chez les stoïciens, à un ordre plus élevé que celui de la cité – l'ordre du *logos* ou celui d'une humanité composée des membres bénéficiaires du destin (hommes et dieux) – que de s'affranchir

---

91. *Ibid.*, 2, 1, p. 5.

92. Sur ce privilège et son importance pour Montaigne, voir Warren Boutcher, « La citoyenneté romaine de Montaigne. La *supplica* des archives dans son contexte », dans Ph. Desan (dir.), *Montaigne à l'étranger. Voyages avérés, possibles et imaginés*, Paris, Classiques Garnier, p. 293-304.

des contraintes du monde. En ce sens, comme nous l'avons déjà remarqué au chapitre précédent, il s'agit bien de liberté négative au sens d'Isaiah Berlin. On pourra néanmoins demander quel est ce « soi » en lequel Montaigne prescrit de nous retirer. Les formules réflexives de Montaigne ne reposent-elles pas sur ces tautologies creuses dénoncées par Michel Foucault ? La prescription antique de « devenir soi-même » ou de « se soucier de soi » échappait à cette accusation dès lors que chaque individu est compris comme dédoublé en une partie irrationnelle et une partie rationnelle ordonnée au logos universel. Mais le problème est bien différent pour Montaigne : pour lui, la raison est de toutes les facultés la plus soumise à la vicissitude. Elle est en l'homme une simple faculté de donner une apparence de cohérence à n'importe quelle fantaisie (« c'est un pot à deux anses, qu'on peut saisir à gauche et à dextre... », II, 12, p. 581). Elle ne sert pas plus à « cercher la raison » des choses « qu'à en cercher la verité » (III, 12, p. 1026). L'histoire de Démocrite voulant trouver une explication rationnelle à un phénomène qu'il sait par avance faux – que les figues goûtent naturellement le miel, alors que sa servante lui dit avoir ajouté elle-même le miel à ses figues (« je ne lairray pourtant d'en chercher la cause comme si elle estoit naturelle », II, 12, p. 510-511) – illustre cette perversion fondamentale de la raison, qui donne l'allure d'une vérité universelle à ce qui est de l'ordre du passionnel.

Montaigne ne recherche pas plus ce « moi » authentique dans la correspondance de l'homme à un ordre harmonieux du cosmos. Nous n'avons, en effet, « aucune communication à l'estre » (II, 12, p. 601). Au début de l'« Apologie de Raimond Sebond », Montaigne, citant Manilius, évoque le « branle admirable de la voute céleste » et de la « lumiere eternelle de ces flambeaux roulans si fierement sur [la] teste <de l'homme> » (II, 12, p. 450) et en attribue l'ordre aux « lois cachées » qui règlent l'Univers « selon un ordre périodique » et des « figures déterminées » : il reste que cet univers nous est foncièrement illisible, et que son ordre, tel l'ordre machiavélien de la *fortuna*, est aussi aveugle aux aspirations de l'homme qu'indifférent à son bonheur. Pour nous donc, « le monde n'est qu'une branloire perenne » et « toutes choses y branlent sans cesse » (III, 2, p. 804)[93] : ce n'est donc pas dans la stabilité d'un ordre universel, accessible aux facultés supérieures de l'esprit, que Montaigne peut espérer trouver un remède à l'instabilité fondamentale du « moi » soumis à ses passions, qui fait que « moy à cette heure et moy tantost sommes bien deux » (III, 9, p. 964).

Ce problème fait l'objet du tout dernier chapitre du troisième livre des *Essais*, « De l'experience ». La question posée dans ce chapitre est celle-ci : qu'apprend-on par l'expérience ? Car, si nous apprenons quelque chose, ce ne peut être que par l'expérience, et non par la spéculation rationnelle. Encore faut-il délimiter le champ épistémologique de l'expérience. Celle-ci n'est pas par elle-même supérieure à la raison pour établir une « communication à l'estre » hors de nous-mêmes : « la raison a tant de formes, que nous ne sçavons à laquelle nous prendre ; l'experience n'en a pas moins » (III, 13, p. 1065). En témoigne dans ce chapitre l'échec la science (expérimentale) du droit positif, qui ne nous donne pas communication à la justice (III, 13, p. 1072). Ce scepticisme conduit Montaigne à un premier geste d'immanence :

> Quel que soit donq le fruict que nous pouvons avoir de l'experience, à peine servira beaucoup à nostre institution celle que nous tirons des exemples estrangers, si nous faisons si mal nostre proffict de celle que nous avons de nous mesme, qui nous est plus familiere, et certes suffisante à nous instruire de ce qu'il nous faut. Je m'estudie plus qu'autre subject. C'est ma metaphisique, c'est ma phisique [III, 13, p. 1072].

Mais comment entendre ce « nous mesme », dont l'expérience est à même de se substituer à notre science de

93. Sur l'articulation de ces deux discours – sur l'ordre incompréhensible de l'Univers et sur la vicissitude du monde naturel, voir l'article de Maria Protopa, « Montaigne et l'Univers », *Diotima*, 21, 1993, p. 137-142, qui souligne les références héraclitéennes et stoïciennes de Montaigne.

l'être (« C'est ma metaphisique, c'est ma phisique ») ? Ce n'est pas nous-mêmes en tant qu'êtres du monde et objet des sciences physiques. Dans l'« Apologie de Raimond Sebond », Montaigne réfute les psychologies (rationnelles) traditionnelles (II, 12, p. 541-556). Dans le chapitre « De l'expérience », il disqualifie de la même façon la science médicale (expérimentale) : pas plus que les autres sciences, elle ne peut affronter la diversité des phénomènes dissemblables. Comme il l'avait déjà écrit au chapitre « De la ressemblance des enfans aux peres » : « De tant de millions, il n'y a que trois hommes qui se meslent d'enregistrer leurs experiences. Le sort aura il rencontré à point nommé l'un de ceux cy ? Quoy, si un autre et si cent autres ont faict des experiences contraires ? » (II, 37, p. 783).

Cela ne veut pas dire que nous n'apprenons rien de l'expérience, mais plutôt que la seule expérience féconde est l'expérience de soi-même, expérience « en soy [d']une forme sienne, une forme maistresse » (III, 2, p. 811). Il ne faut pas voir dans la référence à cette « forme maistresse » le retour à une ontologie hylémorphique aristotélicienne, comme tend à le faire Michael Screech[94]. La forme désigne bien, comme chez Aristote, une stabilité ou une régularité, mais une stabilité et une régularité purement immanentes, expérimentées dans la relation que j'entretiens avec ce qui est en moi le plus singulier, à savoir mon propre corps. Sans doute les états du corps sont-ils mouvants, comme ceux de l'âme – ils sont même la source première des agitations de l'âme[95]. Mais, au contraire de ceux de nos imaginations et raisons, leur alternance répond à un ordre secret. La diversité des états de notre corps n'est pas une simple succession anarchique d'états dissemblables ou une prolifération vicissitudinale de formes contradictoires.

---

94. Michaël Screech, *Montaigne et la mélancolie. La sagesse des* Essais, trad. F. Bourgne avec la collaboration de J.-L. Haquette, Paris, PUF, 1992, p. 134 *sq*.

95. Voir sur ce point E. Ferrari, *Montaigne, une anthropologie des passions*, *op. cit.*, p. 71-111.

Elle répond à une règle immanente en regard de laquelle ces états se contredisent moins qu'ils se complètent et s'enrichissent réciproquement :

> Nostre vie est composée, comme l'armonie du monde, de choses contraires, aussi de divers tons, douz et aspres, aigus et plats, mols et graves. Le musicien qui n'en aymerait que les uns, que voudroit il dire ? Il faut qu'il s'en sçache servir en commun et les mesler. Et nous aussi les biens et les maux, qui sont consubstantiels à nostre vie. Notre estre ne peut sans ce meslange, et y est l'une bande non moins necessaire que l'autre [III, 13, p. 1089-1090].

Le corps animal de l'homme n'est pas harmonieux au sens où il serait un microcosme de l'Univers, selon un schéma récurrent du discours médical renaissant. Il possède cependant son principe propre d'harmonie. Ce corps n'est pas non plus le beau corps mathématiquement proportionné des artistes de la Renaissance. C'est paradoxalement à travers le prisme de son corps de vieillard atteint de la maladie douloureuse de la pierre que Montaigne, au chapitre III, 13, pense la condition corporelle de l'homme. On sait par ailleurs que Montaigne est peu complaisant vis-à-vis des vieillards, dont il critique, « outre une sotte et caduque fierté, un babil ennuyeux, ces humeurs espineuses et inassociables, et la superstition, et un soin ridicule des richesses lors que l'usage en est perdu » (III, 2, p. 816-817). Tournant le dos à la tradition romaine (Cicéron, Sénèque) qui voit dans la vieillesse une sorte d'apex de la maturation humaine, il la qualifie de « miserable estat » (II, 20, p. 90-91) et de « calamité d'aage » (III, 5, p. 843)[96] : la vieillesse atteint nos parties

96. L'esprit, écrit Montaigne, « se constipe et se croupit en vieillissant » (III, 12, p. 1057) ; la vieillesse « nous attache plus de rides en l'esprit qu'au visage ; et ne se void point d'ames, ou fort rares, qui en vieillissant ne sentent à l'aigre et au moisi » (III, 2, p. 816-817). Sur l'autoportrait de Montaigne en vieillard, voir Craig B. Brush, « What Montaigne Has to Say about Old Age », dans R. de La Charité (dir.), *O un amy !*, *op. cit.*, p. 88-118, ainsi que Géralde Nakam, *Montaigne. La manière et la matière*, Paris, Klincksieck, 1992, p. 305-319.

les plus essentielles et l'intégrité même de notre être[97]. Il reste cependant quelque chose que le vieillard possède en propre, à savoir la proximité à son corps, proximité qui lui est imposée par la récurrence de la maladie et de la souffrance. En ce sens, il n'est pas tout à fait faux de dire que le vieillard est un homme d'expérience. Ce qu'il connaît mieux que tout autre, c'est l'alternance des états de santé et de maladie. Il y a santé et santé, la santé pour ainsi dire *habituelle* de la jeunesse qui ne connaît la maladie que comme un accident et la santé *de répit* du vieillard, qui se ne révèle que par sa proximité et son contraste avec la maladie. Et, écrit Montaigne, « on n'a point à se plaindre des maladies qui partagent loyallement le temps avec la santé » (III, 13, p. 1092). Celui-ci décrit son expérience personnelle des moments de soulagement des crises de gravelle, qu'il compare au plaisir éprouvé par Socrate dans sa prison lorsqu'on le libère de ses entraves :

> Est-il rien doux au pris de cette soudaine mutation, quand d'une douleur extreme je viens, par le vuidange de ma pierre, à recouvrer comme d'un esclair la belle lumiere de la santé, si libre et si pleine, comme il advient en nos soudaines et plus aspres choliques ? Y a il rien en cette douleur soufferte qu'on puisse contrepoiser au plaisir d'un si prompt amandement ? De combien la santé me semble plus belle apres la maladie, si voisine et si contigue que je les puis recognoistre en presence l'une de l'autre en leur plus haut appareil, où elles se mettent à l'envy, comme pour se faire teste et contrecarre [...]. Nature nous a presté la douleur pour l'honneur et service de la volupté et indolence. Lors que Socrates, apres qu'on l'eust

97. « Quant à moy, je tien pour certain que, depuis cet aage [de 30 ans], et mon esprit et mon corps ont plus diminué qu'augmenté, et plus reculé que avancé. Il est possible qu'à ceux qui emploient bien le temps, la science et l'expérience croissent avec la vie ; mais la vivacité, la promptitude, la fermeté et les autres parties bien plus nostres, plus importantes et essentielles, se fanissent et s'alanguissent » (I, 57, p. 327-328) ; « Engagé dans les avenuës de la vieillesse [...], ce que je seray doresnavant, ce ne sera plus qu'un demy estre, ce ne sera plus moy. Je m'eschape tous les jours et me desrobe à moy » (I, 57, p. 327-328).

> deschargé de ses fers, sentit la friandise de cette demangeson que leur pesanteur avoit causé en ses jambes, il se resjouyt à considerer l'estroitte alliance de la douleur à la volupté, comme elles sont associées d'une liaison necessaire, si qu'à tours elles se suyvent et s'entr'engendrent [III, 13, p. 1093][98].

Le vieillard a une connaissance intime de cette loyauté de l'alternance : « L'experience m'a encores appris cecy, que nous nous perdons d'impatience. Les maux ont leur vie et leurs bornes, leur maladie et leur santé » (III, 13, p. 1092). Les maux eux-mêmes ont une santé. C'est là un thème épicurien qui revient à plusieurs endroits des *Essais* – la proportionnalité inverse de l'intensité de la douleur et de sa durée : « si la douleur est violente, elle est courte ; si elle est longue, elle est legiere » (I, 14, p. 57, traduction de Cicéron). Le dilemme du tortionnaire est d'être toujours frustré dans sa vengeance pour ne pas pouvoir à sa victime une souffrance infinie à la fois en intensité et en durée[99]. Le caractère fini de la douleur est ainsi la grande leçon (épicurienne) acquise par l'expérience de l'âge : sur ce point, écrit Montaigne, « nature [...] entend mieux ses affaires que nous » (III, 13, p. 1088). C'est par cette expérience que, comme l'écrivait Jacques de Feytaud, Montaigne répond au « grand problème du mal[100] ». La connaissance de soi se révèle bien en ce sens une « metaphisique » et une « phisique ».

C'est en cette loyauté dans l'alternance et dans le partage que réside la santé du vieillard, dans ce juste retour des choses que les Grecs nommaient la *tisis*,

98. Sur ce texte, voir en particulier Lawrence Kritzman, « Le roman de la pierre ou Montaigne et l'archéologie du moi », *BSAM*, 13-16, 1988-1989, p. 119-126.

99. « [les tyrans] veulent que leurs ennemis s'en aillent, mais non pas si viste qu'ils n'ayent loisir de savourer leur vengeance. Là dessus ils sont en grand peine : car, si les tourments sont violents, ils sont courts ; s'ils sont longs, ils ne sont pas assez douloureux à leur gré » (II, 27, p. 700).

100. J. de Feytaud, « La doulou : Montaigne et la douleur », *BSAM*, 25, 1963, p. 44. Jacques de Feytaud tend par ailleurs à donner une coloration chrétienne à la pensée de Montaigne sur ce point.

la compensation des biens et des maux qui réglait, selon eux, l'ordre cosmique. Plus que tout autre, le vieillard peut accéder à l'*ariston métron*, cette juste mesure que le *logos* des Anciens n'offre plus dans le contexte contemporain[101] :

> Moy, qui ay tant adoré, et si universellement, cet ariston metron du temps passé et ay pris pour la plus parfaicte la moyenne mesure, pretendray-je une desmesurée et monstrueuse vieillesse ? Tout ce qui vient au revers du cours de nature peut estre fascheux, mais ce qui vient selon elle doibt estre tousjours plaisant [III, 13, p. 1102].

La vieillesse est ainsi cet âge où nous vivons notre condition d'homme dans son intégralité, et non une partie tronquée de celle-ci. Elle est un remède contre une hypertrophie de l'esprit qui peut mener à un véritable ressentiment contre le corps, voire à la folie paranoïaque du Tasse (II, 12, p. 492). Contre cette hypertrophie, il faut réformer l'esprit en l'assignant à une mesure. Cette mesure, l'homme ne la trouve plus dans l'être, avec lequel il n'a aucune communication. Il la trouve encore moins dans les normes sociales, qui sont toujours comprises comme aliénantes. Mais il lui reste encore un corps, un corps « loyal » dans ses mutations mêmes du bien être au mal être. Comme l'écrit Cynthia Skenazi, « la seule manière de jouir d'une vieillesse sociale et gaie est [...] de prêter une attention accrue à toutes les manifestations de la vie ordinaire d'un individu au lieu de les minimiser ou de nier leurs singularités, comme le faisait le *De senectute* de Cicéron[102] ».

La vieillesse ne désigne pas par ailleurs un âge particulier et exclusif de la vie. Lorsqu'il se retire dans sa « librairie » en empruntant aux postures littéraires du

101. Sur le « transfert épistémique » opéré du cosmos à l'homme, voir E. Ferrari, *Montaigne, une anthropologie des passions*, *op. cit.*, p. 21 *sq*.

102. Cynthia Skenazi, « La diversion de la vieillesse : les ruses de Montaigne », dans C. Winn, C. Yandell (dir.), *Vieillir à la Renaissance*, Leyde, Brill, 2013, p. 356.

vieillard antique, Montaigne n'a que 38 ans[103]. Peut-être la vieillesse commence-t-elle même plus tôt. Si ce qui caractérise la vieillesse est l'incapacité à progresser en science et en vertu, Montaigne nous dit que cet âge se situe entre 20 et 30 ans – Alexandre et le Christ sont morts à 33 ans, au terme d'une vie accomplie. De fait, les caractéristiques de la vieillesse – diminution dans l'être, misère de la condition, alternance d'états opposés – ne font que rendre plus visibles les traits communs de la condition humaine. Comprise en ce sens, la vieillesse n'est qu'un prisme pour penser la condition de l'homme dans un temps devenu lui-même vieux.

C'est à ce corps de vieillard qu'il revient « de guider l'esprit vers la reformation » (III, 5, p. 841) en lui fournissant une règle de discipline. Le corps est, pour reprendre une formule de Nietzche, « le fil conducteur »[104]. Il est un principe de mesure à même d'équilibrer la tendance spontanée de l'esprit à la volubilité : « A quoy faire desmembrons nous en divorce un bastiment tissu d'une si joincte et fraternelle correspondance ? Au rebours, renouons le par mutuels offices. Que l'esprit esveille et vivifie la pesanteur du corps, le corps arreste la legereté

---

103. L'inscription à l'entrée de la librairie est ainsi remplie de lieux communs tirés du *De senectute* de Cicéron et des *Lettres* de Sénèque : « L'an du Christ 1571, à l'âge de 38 ans, la veille des calendes de mars [c'est-à-dire le 28 février], anniversaire de sa naissance, Michel de Montaigne, dégoûté depuis longtemps de l'esclavage de la cour et des charges publiques, se sentant encore en pleine vigueur [*integer*], vint se reposer [*recessit*] sur le sein des doctes vierges, dans le calme [*quies*] et la sécurité [*omnium securus*] ; il y franchira les jours qui lui restent à vivre. Espérons que le destin lui permettra d'activer la construction de cette habitation, douce retraite paternelle : il l'a consacrée à sa liberté [*libertas*], à sa tranquillité [*tranquillitas*] et à ses loisirs [*otium*] » (voir l'introduction de Pierre Villey aux *Essais*, I, XXXIV, la traduction se trouve p. XXI). Sur ce texte, voir en particulier L. Kritzman, « Le roman de la pierre ou Montaigne et l'archéologie du moi », art. cité, 119-126

104. F. Nietzsche, *Fragments posthumes*, 27 [70], été-automne 1884, dans Id., *Œuvres philosophiques complètes*, *op. cit.*, t. X, p. 325.

de l'esprit et la fixe » (III, 13, p. 1114). L'esprit a moins besoin d'être doté d'ailes pour prendre son envol que d'être lesté de plomb pour être ramené à son corps sensible[105]. C'est en ce sens que le chapitre « Sur des vers de Virgile » pose comme fondement à la sagesse la règle selon laquelle « les appétits du corps ne doivent pas être augmentés par l'esprit » (III, 5, p. 892). La cause de l'immodération, l'*hybris* fondamentale, provient non du corps, mais du développement spontané de l'esprit. En retour, Montaigne réhabilite l'*épithumia* platonicienne : « Je trouve ma concupiscence moins desbauché que ma raison » (II, 11, p. 428). Une relation paritaire de l'esprit au corps peut être refondée sur cette base. Montaigne compare cette relation au lien du mariage :

> Il faut ordonner à l'ame non de se tirer à quartier, de s'entretenir à part, de mespriser et abandonner le corps (aussi ne le sçaurait elle faire que par quelque singerie contrefaicte), mais de se r'allier à luy, de l'embrasser, le cherir, luy assister, le contreroller, le conseiller, le redresser et ramener quand il fourvoye, l'espouser en somme et luy servir de mary [II, 17, p. 639].

Aussi le Pyrrhon de Montaigne se sert-il « de toutes ses pieces corporelles et spirituelles en regle et droicture » (II, 12, p. 505) – les pièces « corporelles » *et* « spirituelles », et non les unes aux dépens des autres.

Il ne s'agit pas pour Montaigne d'établir une psychologie matérialiste, même si, à travers Pierre Charron ou Marin Cureau de la Chambre, il se trouve que les *Essais* de Montaigne seront relus en ce sens. Il s'agit avant tout de donner consistance au monde privé de l'homme.

---

105. Cette image, inspirée de l'éloge de la *mania* érotique du *Phèdre* de Platon, se trouve chez Montaigne, au sein d'une réflexion sur l'ardeur militaire (qu'il conviendrait selon lui de non d'émouvoir et échauffer, mais de modérer) : « il me semble de mesme, contre la forme ordinaire, qu'en l'usage de nostre esprit nous avons, pour la plus part, plus besoing de plomb que d'ailes, de froideur et de repos que d'ardeur et d'agitation » (III, 3, p. 822). Elle sera exploitée par Francis Bacon : voir en particulier *Novum Organum*, I, 104 e.

Être à soi-même ne signifie pas être à ce qui en moi me renvoie à un au-delà de moi-même, au sens de Platon, des stoïciens, d'Augustin ou de certains phénoménologues contemporains, mais être à ce qui est le plus « privé » en moi-même, à savoir mon corps. Cette référence au corps n'a pas seulement une dimension physiologique, mais aussi une dimension éthico-politique, définissant les conditions d'une appartenance à soi.

CHAPITRE 6

NOUVEAUX MODÈLES DE SOCIÉTÉ.
I : L'AMITIÉ

Hétérotopies montaigniennes

Nous avons déjà évoqué la frustration de Montaigne face à la situation politique de son temps. Celui-ci aurait aimé être utile à son pays en se vouant au public, comme jadis son père, et ce même si, à la différence de ce dernier, il rejette l'idée d'un dévouement qui irait jusqu'à l'oubli de soi. La situation chaotique des temps ne l'a pas, ou peu, permis. Par ailleurs, Montaigne ne croit plus dans les modèles républicanistes qui inspiraient encore le *Discours de la servitude volontaire* de La Boétie et qui prônaient une régénérescence du lien social par la réactivation de la vertu civique des Anciens. Plus généralement, quelles que soient les critiques adressées par Montaigne à la société de son temps, on ne trouve guère dans les *Essais* de programme de réforme politique : sa méfiance toute pragmatique vis-à-vis de la faible efficacité comparée au coût humain de changements qui vont à l'encontre de la coutume est à la source de ce « conservatisme ». Cela ne veut pas dire que Montaigne se réfugie dans un monde intérieur et détaché de toute relation sociale. Retrait en soi ne veut pas dire clôture sur soi, ni même asociabilité. Citons encore une fois ce texte du chapitre « Des trois commerces » : « Ma forme essentielle est propre à la communication et à la production : je suis tout au dehors et en evidence, nay à la societé et à l'amitié [...]. La solitude locale, à dire verité, m'estand plustost et m'eslargit au dehors : je me jette aux affaires d'estat et à l'univers plus volontiers quand je suis seul » (III, 3, p. 823). Platon avait connu une situation similaire : empêché par les circonstances de s'engager, comme il le désirait, dans la vie de la cité[1], il avait oscillé entre la construction d'une république intérieure, réglée par l'instauration d'un ordre juste de l'âme et celle d'une micro-société d'amis philosophes, l'Académie, située en marge de la société civile. Si Montaigne n'a pas fondé d'école ou d'académie, il reste que l'on trouve aussi dans les *Essais* la présence de modèles alternatifs de société. Il ne s'agit pas d'utopies, pour lesquelles Montaigne nourrit une méfiance instinctive, mais plutôt de ce que Michel Foucault a nommé des « hétérotopies » et qu'il a défini comme des « utopies localisées », des « utopies situées » et des « contestations mythiques et réelles de l'espace où nous vivons »[2]. Les hétérotopies de Foucault sont des lieux (cimetières, jardins, musées et bibliothèques, etc.) que l'institution produit elle-même tout en les reléguant à sa marge. Nous voulons quant à nous parler ici plutôt

1. « Aux temps de ma jeunesse, j'ai effectivement éprouvé le même sentiment que beaucoup d'autres (jeunes gens). Aussitôt que je serais devenu mon maître, m'imaginai-je, je m'occuperais sans plus tarder des affaires de la cité. Or voici la situation dans laquelle je trouvai les affaires de la cité » (Platon, *Lettre VII*, 324 b-c).

2. Voir M. Foucault, « Les Hétérotopies », dans Id., *Le Corps utopique. Les hétérotopies*, présentation de D. Defert, Paris, Lignes, 2009, p. 24-25. Les hétérotopies sont, répète Foucault, « la contestation de tous les autres espaces » (p. 34). Voir aussi la conférence de 1967, « Des espaces autres », dans Id., *Dits et Écrits, 1954-1988*, t. IV : *1980-1988*, éd. D. Defert et F. Ewald, Paris, Gallimard, 1994, p. 752-762.

de pratiques alternatives du social ou de « commerces », situées ou non dans des lieux spécifiques, qui, précisément, se situent en deçà de l'institution elle-même pour constituer une instance critique de celle-ci.

Ces « commerces » sont assez nombreux. Dans le chapitre III, 3, Montaigne cite ceux des femmes, des amis au sens le plus général du terme et des livres, qui renvoient à la société mutuelle du lecteur et de l'auteur. Cette liste des modèles sociaux évoqués par Montaigne n'est pas exhaustive. Certains d'entre eux se situent résolument hors de notre société, telle la société « naturelle » idéalisée des cannibales ou celle, indifférente à la valeur des biens matériels, des empires amérindiens précolombiens, voire les sociétés vertueuses des bêtes. D'autres travaillent la société de l'intérieur. Ainsi Ann Hartle a-t-elle voulu voir dans l'Église le modèle d'une société multiculturelle transcendant les particularismes nationaux[3] : si c'est le cas, il faudrait préciser qu'il s'agit ici de l'Église comprise dans sa catholicité idéale et non de l'institution ecclésiale existante, autoritaire, voire brutale – il s'agirait donc d'une utopie plutôt que d'une hétérotopie au sens de Foucault. Ne pourrait-on aussi évoquer, tout à fait à l'inverse, la société paradoxalement formée dans l'espace idéalisé de la bataille armée, au sein de laquelle les grands hommes (Épaminondas, François de Guise) rivalisent de courage et de générosité ? Dans un registre différent, on pourrait encore ajouter ces lieux de retraite que sont la bibliothèque ou le cabinet d'études, lieux de solitude certes, mais aussi lieux où se nouent de nouvelles relations avec les penseurs du passé, les amis et interlocuteurs, voire avec la société en général[4]. Glyn Norton considère ainsi à juste titre la bibliothèque comme un lieu

---

3. Voir en particulier A. Hartle, *Montaigne and the Origins of Modern Philosophy*, *op. cit.*, p. 48-50.

4. Sur les lieux de retraite de Montaigne, voir Gérard Defaux, *Montaigne et le travail de l'amitié. Du lit de mort d'Étienne de La Boétie aux* Essais *de 1595*, Orléans, Paradigme, 2001, p. 197-276.

à part entière de communication avec les « compagnons constants du vieil âge et de la solitude »[5] :

> Montaigne veut dire que ses livres, en tant qu'habitants de sa tour, possèdent certaines qualités qui rappellent les traits des associations humaines correspondantes [...]. Sa bibliothèque devient un micro-royaume peuplé de sujets obéissants ; en fin de compte, Montaigne lui-même devient le suzerain féodal dont l'autorité, à la fois réelle et verbale, s'étend, par-delà son trône (son « siège ») au domaine circulaire de ses livres[6].

On pensera aussi à l'étude que Philippe Desan a faite des bains thermaux, dont Montaigne vante non seulement les bénéfices médicaux, mais aussi les bienfaits en termes de sociabilité (« je pren pour respondant cette infinité de peuples de toutes sortes et complexions, qui s'y assemblent », II, 37, p. 776). Les bains thermaux constituent, du point de vue de Desan, le type même de l'hétérotopie foucaldienne :

> La culture des bains a permis à Montaigne d'intégrer un système de sociabilité [...]. Cette sociabilité des eaux s'accordait parfaitement avec une pratique nobiliaire de la conversation. Les bains promouvaient un art de la fréquentation, de la communication et de la compagnie [...]. De fait, les thermes sont des espèces d'utopies qui permettent à Montaigne d'approcher toutes sortes de corps sans se préoccuper des implications éthiques ou politiques. Concentration et disponibilité des corps se joignent au nivellement et à l'uniformisation sociale qui rendent possible une pratique de la politique sous une forme libérée des contraintes sociales [...]. Les thermes s'offrent finalement comme la réification de diverses sociétés qui peuvent être instantanément comparées. Ils favorisent des conversations autrement impossibles. En rassemblant des gens autour d'un même verre d'eau ou dans une même piscine, ils créent une proximité sociale dont Montaigne est friand[7].

---

5. Glyn P. Norton, « "De trois commerces" and Montaigne's Populous Solitude », *The French Review*, 3, 1971, p. 107.

6. *Ibid.*, p. 103 et 109.

7. Ph. Desan, *Montaigne. Une biographie politique*, *op. cit.*, p. 387-389, qui résume un article plus ancien (Ph. Desan, « Montaigne et la politique

Ces différents modèles de sociabilité ont en commun d'être situés à la fois *ici* et *ailleurs*, dans la société et en marge de son institution politique, voire, pour certains d'entre eux, de concurrencer cette institution et de l'ébranler. Ils ont ainsi une fonction double : ils désignent des lieux de retraite situés à l'écart du politique, hors du champ des contraintes sociales ; mais ils désignent aussi des modèles qui exercent une pression, effective ou symbolique, à l'intérieur du social et qui contribuent à le régénérer. Nous analysons ici deux de ces modèles, l'amitié et la conférence, en tentant d'en montrer le caractère ambivalent d'instance critique des institutions sociales existantes, accusant en négatif leur corruption, et de modèle positif d'un type alternatif d'une socialité dans lesquelles l'individu prime sur la collectivité – celle même de la société « libérale » au sens que nous donnons à ce terme.

Vraie et fausses amitiés

Le chapitre I, 28, « De l'amitié » est construit autour d'une opposition centrale entre l'amitié unique qui a lié Montaigne à La Boétie et les autres amitiés, qui ne sont amitiés que de nom. Parmi ces autres amitiés, Montaigne comprend implicitement la prétendue amitié « politique », la *philia politikè* traditionnellement censée constituer le ciment de la société, celle dont Aristote disait que les législateurs avaient soin plus que de la justice (I, 28, p. 184). Cette amitié, Montaigne en constate la disparition :

des thermes », dans A. Bettoni, M. Rinaldi, M. Rippa Bonati [dir.], *Michel de Montaigne e il termalismo*, Florence, Leo S. Olschki, 2010, p. 21-33). Comme l'écrit Richard E. Keatley en se référant à la dernière étude, « l'expérience des thermes se rapporte à la philosophie physique de Montaigne, à son écriture, et comporte même des résonances politiques » (« L'écriture des bains. Montaigne lecteur des *De Balneis* », dans Ph. Desan [dir.], *Montaigne à l'étranger. Voyages avérés, possibles et imaginés*, Paris, Classiques Garnier, p. 244).

il en résultera très logiquement pour ses successeurs libéraux, de Hobbes à Rawls en passant par Hume, que les législateurs modernes devront avoir soin de la justice plus que de l'amitié. L'éloge de l'amitié (non-politique) est en ce sens un *topos* à partir duquel Montaigne peut critiquer les pratiques sociales en usage. Mais celui-ci élargit son propos en excluant du domaine de l'amitié les principales formes d'amitié dites « imparfaites » de la tradition antique, ces deux motifs – valorisation de l'amitié parfaite et dévalorisation de toutes les autres amitiés – s'entrecroisant dans tout le chapitre.

Le point de départ de ce chapitre est bien connu. Montaigne veut parler non de l'amitié en général, mais d'une amitié unique, celle qui l'a lié à Étienne de La Boétie durant quatre années, entre 1559 (rencontre des deux hommes à Bordeaux) et 1563 (mort d'Étienne de La Boétie)[8]. Le chapitre « De l'amitié » n'avait au départ d'autre objet que de servir de préface à l'insertion, au milieu du livre I des *Essais*, du *Discours de la servitude volontaire* de La Boétie, tous les autres chapitres étant présentés par Montaigne comme des « crotesques » (I, 28, p. 183) destinées à orner cette œuvre. Dans les éditions du vivant de Montaigne, ce chapitre sert encore de préface aux vingt-huit sonnets de La Boétie : ce n'est qu'après 1588 que, les sonnets ayant fait l'objet d'une publication séparée, le chapitre, tout en conservant une position centrale dans le premier livre[9], devient un texte autonome

8. Montaigne parle de « quatre ou cinq années », avant de rayer, sur l'exemplaire de Bordeaux, le « ou cinq » : « si je la compare [ma vie], dis-je, toute aux quatre années qu'il m'a esté donné de jouyr de la douce compagnie et société de ce personnage » (I, 28, p. 193).

9. Le premier livre compte 57 chapitres. Les sonnets de La Boétie, qui suivent le chapitre 28, seraient ainsi au centre médian du livre (place au départ prévue pour le *Discours de la servitude volontaire*). Sur la position du chapitre I, 28 et des sonnets de La Boétie qui les suivent, voir l'article de Philippe Desan, « Numérotation et ordre des chapitres et des pages dans les cinq premières éditions des *Essais* », dans C. Blum, A. Tournon (dir.), *Éditer les* Essais *de Montaigne. Actes du colloque tenu à l'université*

sur une thématique traditionnelle de la pensée philosophique – l'amitié. On y retrouve la plupart des grands thèmes de la casuistique antique de l'amitié : nombre des amis, offices envers les amis, conflits entre les devoirs d'amitié et les devoirs civiques, etc. Même alors, on ne saurait parler de « traité » sur l'amitié : Montaigne oppose les traités philosophiques du corpus classique (Platon, Aristote, Cicéron, Plutarque…) à son expérience personnelle, une expérience irréductible à toute forme de théorisation et dont « les effects surpassent les preceptes mesmes de la philosophie » (I, 28, p. 192). Pas plus qu'elle peut être ramenée à des modèles antérieurs, une telle amitié n'a la prétention de se constituer en modèle pour d'autres. Il ne faudra donc pas s'attendre à trouver dans les *Essais* une « théorie » de l'amitié, et encore moins une « éthique » de l'amitié, si on l'entend au sens d'un ensemble d'observations générales sur l'utilité de l'amitié et de préceptes sur ses devoirs, ou sur le choix et la conservation des amis.

Cette amitié, dont Montaigne nous dit qu'elle « n'a point d'autre idée que d'elle mesme, et ne se peut rapporter qu'à soy » (I, 28, p. 188), se trouve cependant paradoxalement éclairée par une confrontation aux textes canoniques de l'Antiquité, et en particulier le *Lysis* de Platon, les livres VIII et IX de l'*Éthique à Nicomaque* d'Aristote, le *Laelius* de Cicéron, quelques récits d'amitiés célèbres tirés des *Faits et dits mémorables* de Valère

de Paris IV-Sorbonne les 27 et 28 janvier 1995, Paris, Honoré Champion, 1997, p. 45-77. Desan souligne le fait assez étrange que les sonnets de La Boétie ne se sont jamais trouvés dans un chapitre titré « chapitre 29 ». Par ailleurs, dans l'édition de 1995, Marie de Gournay (sans que l'on sache si c'est ou non sur indication de Montaigne lui-même) a déplacé le chapitre 14, qui devient le chapitre 40 : les sonnets de La Boétie se trouvent ainsi décalés, et perdent leur position médiane. Quoi qu'il en soit de ces spéculations numérologiques, on peut penser que l'insertion au milieu du livre d'un écrit aussi imposant que le *Discours de la servitude volontaire*, tout comme celle du chapitre « Apologie de Raimond Sebond » dans le second livre (celui-ci ne se trouve pas non plus précisément au centre du livre, mais en occupe plus d'un tiers en volume) devait avoir la signification d'un hommage appuyé.

Maxime, certains traités de Plutarque[10] et le *Toxaris* de Lucien, auxquels il faut ajouter quelques pages du quatrième livre des *Confessions* d'Augustin. Dans les premières rédactions du chapitre I, 28, Montaigne emprunte surtout au *De amicitia* (ou *Lælius*) de Cicéron. Après 1588, la place de l'*Éthique à Nicomaque* d'Aristote (ici les livres VIII et IX) devient plus importante[11], comme c'est plus généralement le cas dans l'ensemble des *Essais*.

Il ne s'agit en aucun cas pour Montaigne de faire entrer son expérience personnelle dans un cadre théorique préexistant. Celui-ci cherche moins à repérer les analogies qu'à vérifier a posteriori le caractère incommensurable de son expérience, irréductible à toute forme de rationalisation. Montaigne nous en prévient d'avance : « les discours mesmes que l'antiquité nous a laissés sur ce subject, me semblent laches au pris du sentiment que j'en ay » (I, 28, p. 192). La fonction des discours philosophiques est donc moins d'illustrer son propos que de définir négativement tout ce que l'amitié dont il a fait l'expérience *n'est pas*. Montaigne s'appuie certes sur certaines formules, qui sont de véritables *topoi* de la littérature antique sur la *philia*, ayant la valeur d'*endoxa* chez Aristote ou Cicéron : à chaque fois cependant, il insuffle

10. En particulier, dans l'ordre de l'édition d'Amyot : « Comment on pourra distinguer le flateur d'avec l'amy » (I, 7), « De l'amitié fraternelle » (I, 12), « De l'amour et charité naturelle des peres envers leurs enfans » (I, 15), « De la pluralité d'amis » (I, 16) « Les préceptes du mariage » (I, 29 et « De l'amour » (II, 70).

11. C'est d'ailleurs dans la couche [C] des *Essais* que se trouvent les trois mentions explicites d'Aristote dans ce chapitre : 1) *Éthique à Nicomaque*, VIII, 1155 a 23-24, *op. cit.*, p. 383 (« les bons legislateurs ont eu plus de soing de l'amitié que de la justice », I, 28, p. 183) ; 2) Diogène Laërce, *Vies et doctrines des philosophes illustres*, V, 21 (trad. sous la dir. de M.-O. Goulet-Cazé, Paris, Le Livre de poche, 1999, p. 574), qui cite « le mot qu'Aristote avoit tres-familier : O mes amis, il n'y a nul amy » (*Essais*, I, 28, p. 190 [C]) ; 3) une interpolation de *Éthique à Nicomaque*, IX, 1168 b 8, *op. cit.*, p. 456 (« leur convenance [*i.e.* des amis] n'estant qu'un'ame en deux corps », *ibid.*).

à ces formules une vigueur nouvelle à partir de procédés systématiques d'amplification. En voici quatre exemples.

1. L'amitié représente pour Aristote ce qui est « le plus nécessaire pour vivre », de sorte que « sans amis, personne ne choisirait de vivre[12] ». Pour le *Lælius* de Cicéron, elle doit être « préférée à tous les biens », et, en dehors de la sagesse, « l'homme n'a rien reçu de meilleur de la part des dieux »[13]. Montaigne reprend ces motifs en les amplifiant : « L'ancien Menander disoit celuy-là heureux, qui avoit peu rencontrer seulement l'ombre d'un amy [...]. A la verité, si je compare tout le reste de ma vie [...] aux quatre années qu'il m'a esté donné de jouyr de la douce compagnie et société de ce personnage, ce n'est que fumée, ce n'est qu'une nuit obscure et ennuyeuse » (I, 28, p. 193).

2. La rareté des amitiés parfaites – celles qui lient les gens vertueux – constitue un autre thème exploité par Aristote à plusieurs reprises : la conséquence en est que l'on ne peut avoir que peu d'amis, et que l'amitié solide ne s'adresse « qu'à un petit nombre[14] ». Cicéron écrivait pour sa part qu'il n'y avait eu dans le passé que trois ou quatre amitiés, au sens parfait du terme[15]. Montaigne renchérit. Pour lui, l'amitié présente le caractère d'un événement unique dans une vie, voire quasi unique dans l'histoire : « Il ne s'en lit guiere de pareilles, et, entre nos hommes, il ne s'en voit aucune trace en usage. Il faut tant de rencontres à la bastir, que c'est beaucoup si la fortune y arrive une fois en trois siecles » (I, 28, p. 184).

3. Pour la tradition antique, l'amitié est aussi désintéressée : toute considération d'utilité l'affaiblit selon

12. Aristote, *Éthique à Nicomaque*, VIII, 1155 a 3-4, *op. cit.*, p. 381-382.

13. Voir Cicéron, *Lælius. De amicitia*, IV, 17, trad. R. Combès, Paris, Les Belles Lettres, 1975, p. 12 ; VI, 20, p. 14 ; XXVII, 104, p. 62.

14. Voir Aristote, *Éthique à Nicomaque*, VIII, 1156 b 24-25 et 1158 a 11-17 ; IX, 1171 a 12-13, *op. cit.*, p. 391-392, p. 398 et p. 470

15. « De tous les siècles passés, on cite à peine trois ou quatre groupes d'amis » (Cicéron, *Lælius*, IV, 15, *op. cit.*, p. 11). Voir aussi *ibid.*, XVII, 62, p. 40.

Aristote[16], la pervertit dans ses fondements pour les stoïciens[17]. Montaigne accentue ce motif : « En general, toutes celles que la volupté ou le profit, le besoin publique ou privé forge et nourrit, en sont d'autant moins belles et genereuses, et d'autant moins amitiez, qu'elles meslent autre cause et but et fruit en l'amitié, qu'elle mesme » (I, 28, p. 184).

4. Enfin, l'amitié implique une communauté et un partage de vie : « Entre amis, tout est commun[18] », dit l'adage, revisité par Platon et par Aristote. Pour Cicéron, l'amitié implique la mise en commun de tous les biens, projets et volontés (*omnium rerum, consiliorum, voluntatum*)[19]. Cette communauté s'achève dans une parfaite union des âmes : l'ami est un autre moi-même, écrivent Aristote et Cicéron[20]. Pour ce dernier, dans l'amitié, les âmes se mélangent au point de ne presque faire qu'une seule (*paene unum ex duobus*)[21]. Montaigne amplifie encore une fois ces motifs :

> Tout estant par effect commun entre eux [*i.e.* entre amis], volontez, pensemens, jugemens, biens, femmes, enfans, honneur et vie, et leur convenance n'estant qu'un'ame en deux corps selon la tres-propre definition d'Aristote, ils ne se peuvent ny prester ny donner rien [...]. Car cette parfaicte

16. Voir en particulier Aristote, *Éthique à Nicomaque*, VIII, 1156 a 11-12, *op. cit.*, p. 388.

17. Un thème développé contre l'épicurisme par Cicéron, *Lælius*, VIII, 26-32 (l'utilité n'est pas la source de l'amitié, même si elle en est un accompagnement), pour être repris en XIII, 45-48. L'amitié « la plus belle [*pulcherrima*] et la plus conforme à la nature [*maxime naturali*] » est recherchée « pour elle-même et à cause d'elle-même » (*ibid.*, XXI, 80, p. 49).

18. Voir Platon, *Lysis*, 207 c ; Aristote, *Éthique à Nicomaque*, VIII, 1159 b 32 et 1161 b 11 ; IX, 12, 1171 b 32-33, *op. cit.*, p. 407, p. 417 et p. 474. Sur la formule platonicienne et sa réception à la Renaissance, voir Kathy Eden, *Friends Hold All Things in Common: Tradition, Intellectual Property, and the Adages of Erasmus*, New Haven (CT), Yale University Press, 2001.

19. Cicéron, *Lælius*, XVII, 61, *op. cit.*, p. 38-39.

20. Aristote, *Éthique à Nicomaque*, IX, 1170 b 7, *op. cit.*, p. 467 et Cicéron, *Lælius*, XXI, 80, *op. cit.*, p. 49.

21. Cicéron, *Lælius*, XXI, 81, *op. cit.*, p. 49-50.

> amitié, dequoy je parle, est indivisible : chacun se donne si entier à son amy, qu'il ne luy reste rien à departir ailleurs [I, 28, p. 190-191].

Le chapitre I, 28 ne montre donc pas seulement, selon l'expression de Jean-Claude Fraisse, une « résurgence de la pensée antique[22] ». On ne peut pas plus dire, avec Jacques Derrida, que Montaigne ait (comme Augustin) « continué à développer, de déployer, d'expliciter les motifs cicéroniens[23] ». Les procédés d'amplification et d'hyperboles dont Montaigne use systématiquement doivent nous faire soupçonner qu'aucun des *topoi* qu'il emprunte ne traduit adéquatement son « sentiment » de l'amitié. Il serait plus juste de dire que sa pensée de l'amitié se situe en rupture par rapport à cette littérature antique et qu'elle traduit un déplacement profond dans la compréhension de la nature et des fondements de l'amitié.

Le premier écart avec Aristote réside dans la scission radicale que Montaigne introduit entre l'amitié « parfaite » et toutes les autres formes d'amitié. Une grande partie du chapitre I, 28 est consacrée non à une glorification de l'amitié parfaite, mais à une dépréciation des amitiés nommées « imparfaites » par les Anciens. On peut ramener à trois grands critères les traits qui opposaient pour Aristote l'amitié parfaite aux autres formes d'amitié : le caractère immanent ou extrinsèque du fondement (vertu, utilité ou plaisir), l'inscription dans une durée plus ou moins longue et la plus ou moins grande égalité des partenaires. Ces traits distinctifs ne sont pas absents chez Montaigne, mais ils sont subordonnés à un critère plus fondamental qu'il nomme la « liberté volontaire » (I, 28, p. 185). Il est vrai qu'Aristote faisait déjà de l'élection mutuelle (*antiprohairèsis*) un critère de l'amitié. Comme l'écrit André-Jean Voelke, pour Aristote, « l'amitié parfaite

22. Jean-Claude Fraisse, Philia. *La notion d'amitié dans la philosophie antique. Essai sur un problème perdu et retrouvé*, Paris, Jean Vrin, 1974, p. 472.

23. J. Derrida, *Politiques de l'amitié*, Paris, Galilée, 1994, p. 215.

est une relation élective et non le fruit d'un déterminisme biologique ou social[24] ». Les similitudes cachent cependant des différences significatives. Tout d'abord, il ne s'agit pas pour Aristote d'un critère exclusif ni même central : les formes naturelles et non volontaires d'association (amour maternel ou fraternel par exemple – pour ne pas parler ici du cas plus complexe de la société politique) sont aussi pour lui des espèces d'amitiés, dans la mesure où elles conservent certains des caractères de la *philia* parfaite. Par ailleurs, Aristote ne souligne pas le caractère « libre » de l'*antiprohairèsis* au sens où elle échapperait à toute forme de déterminisme : celle-ci découle de l'attraction de la volonté par ce qui est représenté comme un bien (la vertu), pour s'étendre aux autres hommes qui poursuivent le même bien : « L'amitié au sens premier est une amitié réciproque [*antiphilia*] et un choix mutuel [*antiprohairèsis*] [...], car ce qui est aimé est aimable à celui qui aime, mais l'homme même qui aime est aimable à celui qui est aimé[25]. » Pour n'être pas un déterminisme d'ordre « biologique ou social », l'*antiprohairèsis* n'appartient pas moins, en tant que désir orienté vers une représentation du bien, à l'ordre la causalité naturelle.

Inversement, ce qui, pour Montaigne, fait défaut aux amitiés dites imparfaites est principalement leur origine involontaire. Celui-ci évoque ainsi, au début du chapitre I, 28, quatre formes d'amitiés imparfaites[26].

---

24. A. J. Voelke, *Les Rapports avec autrui dans la philosophie grecque d'Aristote à Panetius*, Paris, Jean Vrin, 1961, p. 45.

25. *Éthique à Eudème*, VII, 2, 1236 b 2-5, trad. V. Décarie, Paris-Montréal, Vrin, 1984, p. 158.

26. Dans un ajout postérieur à 1588, Montaigne fait état de quatre formes inférieures de l'amitié, selon une division qu'il reprend à la tradition aristotélicienne : l'amitié « naturelle, sociale, hospitaliere, venerienne ». Il est difficile de parler, comme le fait Jean-Claude Fraisse (Philia, *op. cit.*, p. 471), de « distinctions bien développées », dès lors que cette partition, empruntée à Diogène Laërce (*Vies et doctrines des philosophes illustres*, III, 81, *op. cit.*, p. 448) et à Plutarque (Erotikos. *Dialogues sur l'amour*, 16, texte et trad. R. Flacelière revus par F. Frazier, Paris, Les Belles Lettres, 2008, p. 73), est opérée

1. La relation entre père et enfant. Pour Aristote, c'est avant tout l'inégalité des personnes qui rend imparfaite une telle amitié. Pour Montaigne, c'est bien plutôt le fait qu'elle repose sur une détermination naturelle (et la même chose peut être dite de l'amitié fraternelle) :

> À mesure que ce sont amitiez que la loy et l'obligation naturelle nous commande, il y a d'autant moins de nostre chois et liberté volontaire. Et nostre liberté volontaire n'a point de production qui soit plus proprement sienne que celle de l'affection et amitié [I, 28, p. 185].

Le chapitre « De l'affection des pères aux enfants », envisagera qu'une relation d'amitié puisse naître entre le père et ses enfants, mais ce ne sera que si ce lien naturel d'affection fait place à un autre, fondé sur l'estime réciproque :

> J'essayeroy, par une douce conversation de nourrir en mes enfans une vive amitié et bienveillance non feinte en mon endroict, ce qu'on gaigne aiséement en une nature bien née : car si ce sont bestes furieuses comme nostre siecle en produit à foison, il les faut hayr et fuyr pour telles [II, 8, p. 392].

Il y a ici substitution d'un lien à un autre, de sorte que l'amitié ne nait pas du lien de parenté lui-même, mais à côté de lui.

2. On retrouve ce schéma dans l'évocation de « l'affection envers les femmes ». Celle-ci, pourtant, naît bien de « nostre choix ». Comme l'écrit Constance Jordan

---

après 1588, le texte du chapitre étant fixé dans ses grandes articulations dès l'édition de 1580. De fait, le texte ne suit que très approximativement l'ordre de cette partition ajoutée après coup. L'amitié naturelle peut correspondre à « celle que se portent les membres d'une même famille » ; l'amitié sociale peut désigner l'*hétairia* de Diogène Laërce, amitié fondée sur la ressemblance et qui lie les individus d'un même groupe : elle ne correspond que très indirectement aux « amitiez molles et regulières » (p. 188) et à la « superficielle accointance » (p. 192), « que nous appellons ordinairement amis et amitiez » (I, 28, p. 188) ; L'amitié vénérienne unit les amants d'un même sexe ou de sexes différents. Il n'y a rien dans le chapitre I, 28 sur l'hospitalité, type d'amitié « que l'on porte à des étrangers et que nouent recommandation et échanges de lettres ».

(et cela vaut aussi bien pour l'amour homo-érotique), l'amour sexuel constitue une forme de passion présociale, non civilisée par les mœurs et que les lois n'arrivent pas toujours à contenir[27]. Ce qui distingue la relation amoureuse de l'amitié parfaite est moins l'instabilité de toute relation fondée sur la recherche du plaisir (comme c'est le cas chez Aristote) que le fait que la puissance de la passion fait obstacle au libre exercice de la volonté. C'est là l'une des réserves principales de Montaigne vis-à-vis du commerce de l'amour : « c'est un commerce où il se faut tenir un peu sur ses gardes, et notamment ceux en qui le corps peut beaucoup, comme en moy » (III, 3, p. 824). L'amoureux est confronté à un dilemme, s'il veut à la fois rester maître de son attachement et s'engager dans un lien d'amitié avec sa maitresse : d'un côté, « c'est folie d'y attacher toutes ses pensées et s'y engager d'une affection furieuse et indiscrette » (p. 825) ; mais, d'un autre côté, un amour sans passion prive ce commerce du plaisir qui devrait lui être attaché : ceux qui s'y veulent « s'y mesler sans amour et sans obligation de volonté, en forme de comediens [...] n'en peuvent esperer aucun fruict qui touche ou satisface une belle ame » (p. 825). De fait, précise Montaigne au chapitre « De l'amitié », il se peut qu'avec le temps, passion et volupté se modèrent d'elles-mêmes : alors il y aura peut-être amitié, mais il n'y aura plus amour (« aussi tost qu'il entre aux termes de l'amitié, c'est-à-dire en la convenance des volontez, il [*i.e.* l'amour] s'esvanouist et s'alanguist », I, 28, p. 186), comme si les deux termes étaient exclusifs l'un de l'autre[28].

27. C. Jordan, « Sexuality and Volition », art. cité. L'exemple analysé est celui d'Aristogiton et Harmodias (I, 28, p. 188), qui ont tué les tyrans Hippias et Hipparque (p. 76). Sur ces amis tyrannicides, voir *infra*.

28. Sur les relations entre amitié et sexualité, voir les études de Gary Ferguson, « Perfecting friendship. Montaigne's Itch », *MS*, 9, 1997, p. 105-120 et *Queer (Re)readings in the French Renaissance. Homosexuality, Gender, Culture*, Aldershot, Ashgate Publishing, 2008, p. 191-243.

3. Le mariage, tout du moins dans le cas d'une union librement voulue par les époux, pourrait théoriquement répondre aux critères d'une amitié parfaite. Par sa modération, le mariage se situe du côté de l'amitié plus que de l'*érôs*. Aussi, dans le chapitre « Sur des vers de Virgile », Montaigne écrit après Plutarque qu'« ung bon mariage, s'il en est, refuse la compaignie et conditions de l'amour. Il tache à representer celles de l'amitié. C'est une douce societé de vie, pleine de constance, de fiance et d'un nombre infiny d'utiles et solides offices et obligations mutuelles » (III, 5, p. 851). Le mariage répond peut-être même aux critères d'une amitié que l'on pourrait nommer *plus que parfaite*, qui attache non seulement les âmes, mais aussi les corps :

> S'il se pouvait dresser une telle accointance, libre et volontaire, où, non seulement les ames eussent cette entière jouyssance, mais encores où les corps eussent part à l'alliance, où l'homme fust engagé tout entier : il est certain que l'amitié en seroit plus pleine et plus comble [I, 28, p. 186].

Mais le mariage n'est libre qu'en théorie. Il est subordonné à des intérêts supérieurs, étant « la plus necessaire et plus utile de l'humaine societé » (III, 1, p. 803). Il a ainsi pour visée la génération (qui est la « principale fin » du mariage, I, 30, p. 199), les intérêts patrimoniaux familiaux ou les alliances politiques : « On ne se marie pas pour soy, quoi qu'on die ; on se marie autant ou plus pour sa posterité, pour sa famille. L'usage et interest du mariage touche nostre race bien loing par delà nous » (III, 5, p. 850). C'est sans doute à juste titre que le mariage est institutionnalisé, mais cette institutionnalisation même fait obstacle au libre exercice des volontés, qui est une condition de l'amitié :

> Quant aux mariages, outre ce que c'est un marché qui n'a que l'entrée libre (sa durée estant contrainte et forcée, dependant d'ailleurs que de nostre vouloir), et marché qui ordinairement se fait à autres fins, il y survient mille fusées estrangeres à desmeler parmy, suffisantes à rompre le fil et troubler le cours d'une vive affection ; là où, en l'amitié, il n'y a affaire ny commerce, que d'elle mesme [I, 28, p. 186].

Parce que le mariage reste une affaire avant tout publique, la relation entre époux n'atteint pas la sphère d'intimité privée qu'atteint l'amitié. Si le mariage n'exclut pas l'amitié entre les époux, cette amitié ne découle pas du lien conjugal lui-même, mais elle s'ajoute à celui-ci, de sorte que nous revenons au schéma de la relation entre père et enfant.

Montaigne invoque ici un autre critère d'apparence plus traditionnelle : celui de l'inégalité des partenaires. Les femmes, explique Montaigne, n'ont pas une âme « assez ferme pour soustenir l'estreinte d'un neud si pressé et si durable » (p. 186), d'où il résulte qu'à cette accointance, « ce sexe par nul exemple n'y est encore peu arriver » (p. 187). On pourra sans doute critiquer le caractère misogyne du propos, que certains commentateurs tentent d'atténuer en faisant valoir son caractère de lieu commun à la Renaissance[29] ou en rappelant que Montaigne reconnaît ailleurs les vertus de fidélité conjugale des « trois bonnes femmes ». Le problème est ailleurs. Si le critère d'égalité était le principal pour déterminer le caractère parfait ou imparfait de la *philia* pour Aristote, on peut dire que ce que Montaigne veut mettre en avant dans ce texte, est moins l'inégalité des partenaires en tant que telle que le fait qu'elle restreigne la liberté dans la relation entre époux. L'utilité à la procréation, aux alliances patrimoniales, etc., est moins prise en compte parce qu'elle représenterait, comme chez Aristote, une qualité accidentelle

29. Voir en particulier Donald Stone, « Women and Friendship », *MS*, 8, 1996, p. 23-34. Celui-ci montre en particulier la dette de Montaigne envers Plutarque et Lucien. Protogène, dans le *Dialogue sur l'amour* de Plutarque (*Érotikos*), plaide en faveur de l'homoérotisme, en tirant argument du fait que les femmes sont incapables d'un amour authentique (p. 30). Sur l'image de la femme dans la littérature renaissante, voir aussi Ian MacLean, *The Renaissance Notion of Woman. A Study in the Fortune of Scholasticism and Medical Science in European Intellectual Life*, Cambridge (UK), Cambridge University Press, 2011. Sur Montaigne lui-même et ses évolutions, voir Cecile Insdorf, *Montaigne and Feminism*, Chapel Hill, University of North Carolina Press, 1977.

et contingente de l'être aimé que parce qu'elle restreint cette liberté de la volonté : de même, ce qui compte dans l'infériorité émotionnelle (et non, précisons-le, intellectuelle) de la femme est avant tout ici le fait que sa volonté s'en trouve limitée. D'où il pourrait résulter que les unions modernes institutionalisées que nous connaissons, fondées sur une libre décision permanente (non seulement de l'entrée, mais aussi de la sortie, avec la possibilité du divorce ou d'unions juridiquement moins contraignantes que le mariage) et sur la reconnaissance d'égalité des partenaires, pourraient, au moins lorsqu'elles sont réussies, être comprises comme répondant aux critères de l'amitié parfaite tels que définis par Montaigne – et même de cette amitié *plus que parfaite* qui unit à la fois les âmes et les corps. Il serait donc réducteur de voir dans l'idée d'une incompatibilité entre amitié et mariage le dernier mot des *Essais*. Jean Terrel comprend ainsi la recommandation faite par Montaigne de « vivre à la vieille française » (dédicace de Montaigne à son épouse de la traduction par La Boétie de la *Lettre de consolation de Plutarque à sa femme*) comme une injonction à être à la fois époux et amis, concluant qu'« un mariage peut donc, s'il est véritablement bon, avoir avec l'amitié la plus haute, celle où les corps, et non seulement les âmes, auraient leur part, une ressemblance plus qu'imaginaire[30] ».

4. L'amour homo-érotique pédérastique masculin était considéré dans la tradition grecque comme la forme libérale par excellence de l'amour. Contrairement au mariage, il n'est pas subordonné à des intérêts supérieurs, matériels ou sociaux. Dans sa version idéalisée tout du moins, il est une union des âmes plus que des corps et n'est pas soumis aux réserves faites par Montaigne sur les excès de la passion amoureuse[31]. Aussi peut-on

---

30. Montaigne, « *Sur des vers de Virgile* ». Essais, *III, 5*, introduction, notes et commentaires J. Terrel, Paris, Classiques Garnier, 2019, p. 143.

31. Il reste que, selon Todd Reeser (*Moderating Masculinity in Early Modern Culture*, Chapell Hill, University of North Carolina Press, 2006,

s'étonner que la première édition des *Essais* se contente d'une condamnation morale lapidaire : « cet' autre licence grecque est justement abhorrée par nos mœurs » (I, 28, p. 187). Montaigne revient sur ce texte après 1588, en ajoutant un long paragraphe, nourri de références aux discours de Phèdre et de Pausanias du *Banquet* de Platon, auxquelles se mêlent les réminiscences de textes de Plutarque et de Lucien[32]. Au terme de cette réhabilitation, on ne peut plus dire que c'est « justement » que la pratique homo-pédo-érotique est « abhorrée par nos mœurs » : bien au contraire, il n'y a que « la violence des tyrans et lascheté des peuples qui luy soit adversaire » (p. 188). Mais cela ne fait pas pour autant de l'amour pédérastique une amitié. Manque une nouvelle fois le fondement libre de l'association. Tant qu'elle s'attache à un enfant qui n'a pas encore fait montre des qualités de son esprit, la relation pédérastique ne repose pas sur une estime réciproque – on retrouve donc, *mutatis mutandis*, le caractère déficient de l'amour paternel ou filial. Il est cependant possible que cet amour perdure une fois la personne aimée devenue adulte : l'attrait physique fait alors place à une accointance spirituelle. Il s'agit alors, écrit Montaigne (I, 28, p. 188), d'un « amour se terminant en amitié » : il n'y a pas cependant continuité entre amour homosexuel pédérastique et amitié, mais bien plutôt substitution d'un fondement nouveau à l'ancien – comme c'était déjà le cas pour l'« affection envers les femmes ». À cette condition

---

p. 187-214), s'appuyant sur les analyses de Michel Foucault (pour qui, l'amitié disparaît en tant que lien social au XVIe siècle : voir p. 204), c'est son caractère immodéré qui disqualifie l'amour homosexuel à la Renaissance et chez Montaigne en particulier. Voir aussi l'article plus récent du même auteur, « Queer Energy and the Indeterminate Object of Desire in Montaigne's "On Some Verses of Virgil" », *The Journal for Early Modern Cultural Studies*, 16/4, 2016, p. 38-71, qui va dans le même sens.

32. Sur la sympathie de Montaigne vis-à-vis de la littérature homosexuelle antique, voir William J. Beck, « The Obscure Montaigne: The Quotation, the Addition, and the Footnote », *College Language Association Journal*, 34/2, 1990, p. 228-252.

d'une relation amoureuse, tout en étant chaste, entre deux hommes adultes et libres, on pourrait sans doute dire avec William Beck que « toute distinction entre "l'amitié" et "l'amour" est extrêmement arbitraire », et que l'attachement de Montaigne pour La Boétie peut être qualifié d'« amitié homosexuelle, du moins, à un niveau rudimentaire, pour l'esprit, sinon pour le corps »[33].

La réorganisation des critères traditionnels autour de la notion de « liberté volontaire » conduit à redessiner ce que l'on pourrait nommer la cartographie de l'amitié. Le trait le plus manifeste de cette nouvelle cartographie est la disparition des rapports aristotéliciens d'analogie entre les formes naturelles et les formes volontaires de l'amitié. La distinction aristotélicienne s'opérait au sein d'un tissu continu : si les amitiés imparfaites ne répondent pas pleinement à tous les critères de l'amitié parfaite, elles restent néanmoins des amitiés dès lors qu'elles répondent à certains d'entre eux. L'inégalité, par exemple, ne supprime pas entièrement l'amitié : il peut y avoir des formes de *philia* entre un maître et son esclave (non certes en tant qu'il est esclave, mais en tant qu'il est homme[34]), voire entre l'homme et l'animal[35], même s'il ne saurait être question d'une *philia* au sens de la *protè philia*[36]. Certains aristotéliciens médiévaux tenteront même de montrer la possibilité d'une amitié entre l'homme et Dieu[37]. C'est cette

33. W. J. Beck, « Montaigne face à l'homosexualité », *BSAM*, 9-10, 1982, p. 41-50, ici p. 44 et 50.

34. Voir Aristote, *Éthique à Nicomaque*, VIII, 1161 a 34-b 8, *op. cit.*, p. 412.

35. Voir l'ouvrage de Paul Moraux, *À la recherche de l'Aristote perdu. Le dialogue* Sur la justice, Paris, Publications universitaires de Louvain/ Nauwalaerts, 1957, p. 100-108.

36. Voir J.-C. Fraisse, Philia, *op. cit.*, p. 230 : « L'amitié première apparaît comme un principe à partir duquel la mise en perspective des autres amitiés est possible. »

37. Voir Thomas d'Aquin, *Somme de théologie*, IIa-IIae, q. 23, a. 1 (qui s'appuie sur Jean 15, 15), ainsi que l'article d'Eberhard Schockenhoff, « L'amour ou l'amitié de l'homme avec Dieu. La doctrine de la charité selon Thomas d'Aquin », trad. M.-Ch. Gillet-Challiol, *Communio*, 38/5,

continuité qui est rompue avec Montaigne. Attachement familial, amour vénérien, mariage et homo-érotisme ne sont pas seulement des amitiés « imparfaites » : ce ne sont pas des amitiés du tout, et elles ne sont évoquées que pour définir négativement ce que *n'est pas* l'amitié « dequoy je parle ». Ce qui ressort de ses développements sur les formes involontaires de l'amitié, c'est bien le divorce entre les « amitiés communes » et l'amitié véritable. Ce n'est ainsi que sur un mode équivoque, et non analogique, que l'on peut encore parler d'amitié pour désigner les relations familiales ou amoureuses. Cette rupture est confirmée, comme c'est souvent le cas chez Montaigne, par une expérience plus personnelle. Citons un extrait du chapitre « Des trois commerces » :

> Je suis tres-capable d'acquerir et maintenir des amitiez rares et exquises [...]. Aux amitiez communes je suis aucunement stérile et froid, car mon aller n'est pas naturel s'il n'est à pleine voile : outre ce que ma fortune, m'ayant duit [*i.e.* formé] et affriandé des jeunesse à une amitié seule et parfaicte, m'a à la verité aucunement desgouté des autres [...]. Aussi que j'ay naturellement peine à me communiquer à demy et avec modification, et cette servile prudence et soupçonneuse qu'on nous ordonne en la conversation de ces amitiés nombreuses et imparfaictes [III, 3, p. 820-821].

Montaigne se dit entier dans l'amitié parfaite ; il est négligent dans les autres accointances, c'est-à-dire toutes celles qui sont non choisies. Ce propos fait retour dans l'essai « De la vanité » lorsque Montaigne se justifie d'avoir abandonné les siens en entreprenant un long voyage en Italie. Les amitiés fondées sur la communauté de race, de peuple ou de religion sont encore plus dépréciées : dans l'essai « De la phisionomie », Montaigne décrit l'atmosphère de méfiance universelle suscitée par les guerres de Religion. C'est à ces amitiés imparfaites que convient l'adage, attribuée à Aristote par Diogène Laërce, « O mes

---

septembre-octobre 2013, p. 37-52, et en particulier, pour la pensée aristotélicienne, p. 41-42.

amis, il n'y a nul amy » (I, 28, p. 190) : comme Cicéron, Montaigne trouve cet adage « abominable » en ce concerne la « souveraine et maistresse amitié », mais, ajoute-t-il, celui-ci est « salubre en l'usage des amitiez ordinaires et coustumières ».

Si l'on est ici loin de la gradation aristotélicienne des espèces de la *philia*, on l'est tout autant du modèle stoïcien de l'*oikéiôsis* (la *conciliatio*, la *commendatio*), comprise comme fondement biologico-moral du lien social. Nous avons déjà dit qu'il y avait pour Montaigne une césure entre l'attachement à soi-même et l'attachement aux autres. Il nous faut maintenant ajouter qu'il y a entre les formes naturelles d'attachement aux semblables et l'amitié au sens propre une rupture d'intensité. Il est vrai que l'amitié semble pour Montaigne trouver son fondement dans une tendance sociale naturelle à l'homme : « Il n'est rien à quoy il semble que nature nous aye plus acheminé qu'à la société [...]. Or le dernier point de sa perfection est cetuy-cy [*i.e.* l'amitié] » (I, 28, p. 184). Il reste que, pour Montaigne, l'amitié ne saurait être définie, selon la définition du *Lælius*, comme l'« assistance des hommes de bien pour les hommes de bien [*bonos boni*] », « comme s'ils étaient liés par la parenté et par la nature [*quasi propinquitate coniuctos atque natura*] »[38]. On ne saurait non plus en rendre compte en disant, comme le fait Aristote (qui ne fait ici que reprendre un lieu commun pour le revisiter lui-même), que « les individus de même race ressentent une amitié mutuelle », et « l'homme ressent toujours de l'affinité [*oikéion*] et de l'amitié pour l'homme »[39]. Il n'est peut-être pas impossible qu'existe pour Montaigne une sorte d'altruisme naturel chez les animaux : mais l'amitié dont il fait lui-même l'expérience ne saurait en être un simple prolongement. En revanche, on peut rapprocher la formule de Montaigne de celle du début

38. Cicéron, *Lælius*, XIV, 50, *op. cit.*, p. 33.
39. Aristote, *Éthique à Nicomaque*, VIII, 1155 a 17-23, *op. cit.*, p. 382-383.

du *Discours* de La Boétie, selon qui « nostre nature est ainsi que les communs devoirs de l'amitié emportent une bonne partie du cours de notre vie[40] » – d'où il découle que la tyrannie, incompatible avec toute forme d'amitié, est désavouée par la nature –, de même que l'on peut opposer la « liberté volontaire » qui, pour Montaigne, se situe au fondement de l'amitié (II, 28, p. 185) à la « servitude volontaire » qui fait l'objet de l'analyse de La Boétie[41].

Peut-on dire pour autant qu'en amitié, c'est le « tout ou rien », et que Montaigne ne reconnaît aucun statut aux autres formes d'amitié que la seule et unique qui l'a lié à La Boétie ? Il existe au moins une autre forme qui, quoique inférieure, peut de bon droit être nommée amitié : il s'agit de la « société mutuelle » entre gens d'esprit qui n'ont d'autre but que se rencontrer pour converser entre eux[42]. En celle-ci, écrit Montaigne, « consiste le plus parfait et doux fruict de la vie humaine » (I, 42, p. 266). Il s'agit bien d'une « amitié », même si elle n'est pas l'amitié « dequoy je parle » du chapitre I, 28, qui implique en plus une fusion des âmes. Et si elle reste une amitié, c'est parce que l'association n'est entachée d'aucune hétéronomie du fait de motifs étrangers à la seule rencontre et au plaisir qu'elle suscite : « La fin de ce commerce, c'est simplement la privauté, frequentation et conférence : l'exercice des ames, sans autre fruit » (III, 3, p. 824). Le libre choix apparaît ainsi comme une condition *sine qua non*, qui n'avait pas été considérée à sa juste valeur par les Anciens. Autour de cette condition fondamentale se redéfinissent les frontières entre un sens absolu, un sens analogique et un sens équivoque de l'amitié.

---

40. É. de La Boétie, *De la servitude volontaire, op. cit.*, p. 80.

41. Voir Marc D. Schachter, « Montaigne's "Voluntary Liberty" and the Politics of Friendship », dans Id., *Voluntary Servitude and the Erotics of Friendship. From Classical Antiquity to Early Modern France*, Londres, Ashgate, 2008, p. 73-113.

42. On peut y ajouter, à titre métaphorique, l'amitié pour les livres, dont la fin est aussi d'exercer l'esprit. Voir Glyn Norton, « "De trois commerces" and Montaigne's Populous Solitude », art. cité.

« Il n'y a nul amy » : l'amitié politique

Il peut sembler étonnant que Montaigne, dans sa liste des amitiés imparfaites qui ne sont pour lui que des pseudo-amitiés, omette la forme d'amitié à laquelle Aristote consacre la majeure partie du livre VIII de l'*Éthique à Nicomaque* : la *philia politikè*. Celle-ci est ramenée aux « amitiés communes », qui servent à Montaigne à définir négativement tout ce que l'amitié parfaite n'est pas, sans que soit explicitée sa dimension proprement politique. Cette dimension est cependant implicitement visée. En ces périodes de divisions et de trahisons, la plainte déjà citée « il n'y nul amy » prend une tonalité particulièrement sombre[43]. Mais surtout, l'amitié avec La Boétie constitue une forme d'amitié politique. Et ce, en premier lieu, indirectement, parce que La Boétie lui-même fait de la liberté la condition de l'amitié. Comme l'écrit Jean-Yves Pouilloux, le *Discours de la servitude volontaire* s'achève « par un vibrant éloge de ce qui est donné comme la vertu politique par excellence, à savoir l'amitié », qui constitue « la vertu démocratique par excellence et la force de résistance à la tyrannie »[44]. Pour La Boétie en effet, « le tiran n'est jamais aimé, ni n'aime[45] ». Les tyrans n'ont pas d'amis, ils n'ont que des flatteurs et des sujets craintifs. Aussi leurs prétendus amis sont-ils leurs meurtriers en puissance : « La plupart des tirans anciens estoient communement tués par leurs plus favoris qui aiant congneu la nature de la tirannie, ne se pouvoient tant asseurer de la volonté du tiran, comme

---

43. Sur le sens antique et renaissant de cette formule, voir Ulrich Langer, *Perfect Friendship: Studies in Litterature and Moral Philosophy from Boccacio to Corneille*, Genève, Droz, 1994, p. 15-20. On sait par ailleurs que cette formule introduit chacune des conférences de séminaire de Jacques Derrida rassemblées dans son ouvrage *Politiques de l'amitié* (*op. cit.*), qui engage surtout un débat avec Carl Schmitt et son concept d'ennemi (politique).

44. J.-Y. Pouilloux, *Montaigne. L'éveil de la pensée*, *op. cit.*, p. 162.

45. É. de La Boétie, *De la servitude volontaire*, *op. cit.*, p. 124.

ils se deffioient de sa puissance[46]. » Le sujet pour sa part n'a pas d'amitié qu'il puisse attendre du tyran[47]. S'il lui paraît favorable, c'est par crainte, non par affection :

> A la verité quelle amitié peut-on esperer de celui qui a bien le cœur si dur que d'hair son roiaume, qui ne fait que lui obeir, et lequel pour ne savoir pas ancore aimer s'appauvrit lui mesme et destruit son empire ? […] ancore seroit il mal aisé de trouver en un tiran un' amour asseuree, par ce qu'estant au dessus de tous, et n'aiant point de compaignon il est desja au dela des bornes de l'amitié, qui a son vrai gibier en l'esqualité[48].

Dans une tyrannie, il n'y a pas plus d'amitié entre les citoyens qu'il n'y en a entre les membres d'une bande de pirates. La Boétie fait ici fonds sur un thème augustinien :

> Il ni peut avoir d'amitié la ou est cruauté, la ou est la desloiauté, la ou est l'injustice ; et entre les meschants quand ils s'assemblent, c'est un complot, non pas une compaignie ; ils ne s'entr'aiment pas, mais ils s'entrecraignent ; ils ne sont pas amis, mais ils sont complices[49].

Comme l'écrit Jean Starobinski, « l'amitié, selon La Boétie, […] est la forme de "société" que la tyrannie rend impossible à tous les échelons de la vie collective[50] ».

---

46. *Ibid.*

47. Sur l'incompatibilité de l'amitié avec toute forme de domination et de contrainte, voir Laurent Gerbier, « "C'est un nom sacré, c'est une chose sainte". L'incompatibilité de l'amitié et de la tyrannie », dans S. Geonget, L. Gerbier [dir.], *Amitié & compagnie. Autour du* Discours de la servitude volontaire *de La Boétie*, Paris, Classiques Garnier, 2012, p. 113-130.

48. É. de La Boétie, *De la servitude volontaire, op. cit.*, p. 124-125.

49. *Ibid..*, p. 124.

50. J. Starobinski, *Montaigne en mouvement, op. cit.*, p. 72. François Rigolot prolonge ce propos : « en consentant à abandonner leurs libertés politiques au souverain, les sujets ne renoncent pas seulement à leurs droits fondamentaux ; ils perdent sans le savoir toute possibilité de sociabilité future » (« Montaigne et la servitude volontaire : pour une interprétation platonicienne », dans I. Zinguer [dir.], *Le Lecteur, l'Auteur et l'Écrivain, op. cit.*, p. 87). Inversement, poursuit Rigolot, « les *Essais* rejoignent […] le *Banquet* pour constater la force d'une amitié qui fait échec à la tyrannie » (p. 94).

Nous retrouvons ces propos dans les *Essais* de Montaigne, et tout particulièrement au livre III, qui, plus encore que les deux autres, analyse les ressorts de la servitude et du consentement à celle-ci. Comme nous l'avons déjà dit, Montaigne élargit le propos de La Boétie : la tyrannie ne représente plus chez lui une forme particulière de gouvernement, mais c'est l'autorité de la société en tant que telle qui est pour lui une forme d'usurpation. Montaigne rejoint ici La Boétie, pour qui le « vrai gibier » de l'amitié se trouve dans « l'equalité »[51] : mais l'inégalité est constitutive des relations politiques quelles qu'elles soient, en tant qu'elles sont fondées sur des rapports de domination. À ce titre, elle est incompatible avec l'amitié politique, et ce moins parce que l'amitié suppose des partenaires aussi égaux que possibles (la condition aristotélicienne) que parce que l'inégalité supprime la liberté. C'est le défaut de liberté de parole qui empêche ainsi les « grands » d'avoir des amis sincères, dans le chapitre « De l'incommodité de la grandeur ». Celui qui est en position de sujétion n'est pas plus capable d'éprouver de l'amitié pour celui qui le domine. Comme le montre Eric MacPhail, l'amitié suppose une forme d'indépendance du sujet, qui est incompatible avec la tyrannie[52]. On n'est jamais l'ami de celui auquel on est soumis : MacPhail en conclut que Montaigne prend la défense d'un républicanisme aristocratique de type vénitien contre l'absolutisme monarchique vers lequel tend la France de l'époque. C'est

51. É. de La Boétie, *De la servitude volontaire, op. cit.*, p. 125.

52. « L'amitié est liberté. Servir le roi exige "fidélité, jugement et liberté". Dans ce contexte, la liberté signifie non seulement la candeur et l'ouverture, mais aussi un degré d'indépendance politique compatible avec la loyauté aux autorités établies [...]. Par le biais de l'amitié, Montaigne espère réconcilier les exigences contradictoires du devoir et du détachement et honorer l'autorité des traditions monarchiques et républicaines. Dans l'amitié, en fin de compte, il découvre une vertu morale qui ne peut trouver son accomplissement que dans le domaine politique. L'ami est le sujet idéal de la monarchie » (E. MacPhail, « Friendship as a Political Ideal », art. cité, p. 177-187).

à notre sens insuffisant : quels que soient les intérêts de classe de Montaigne, sa critique est plus générale et elle atteint tout type d'autoritarisme politique, ou plus précisément la politique elle-même, au sens très large, en tant qu'elle engage nécessairement des rapports d'autorité et de domination.

Replacée dans ce contexte, l'amitié même de Montaigne pour La Boétie se trouve chargée d'un sens politique[53]. On ne saurait ici suivre jusqu'au bout Hugo Friedrich, pour qui « Montaigne a vu dans son amitié un événement qui ne concerne que lui et son ami. Il l'a retranché dans le secret de sa vie privée[54] ». C'est précisément parce qu'elle relève d'un ordre infrapolitique que cette amitié a une fonction politique et parce qu'elle échappe aux contraintes sociales qu'elle nargue la prétendue amitié politique, en dénonçant son mensonge. Comme l'écrit Allan Bloom, « des amis de cette sorte sont suspects, car ils semblent se retirer de la communauté universelle des hommes afin de jouir plus parfaitement de la compagnie l'un de l'autre, et peut-être tramer quelque conspiration[55] ». De fait, nous ne sommes pas loin de la conspiration lorsque Montaigne cite comme modèle vertueux d'un amour homo-érotique terminé en amitié les « salutaires amours de Hermodius et d'Aristogiton », assassins des tyrans Hippias et Hipparque. Hermodius et d'Aristogiton illustrent l'idée des Anciens selon laquelle, de ce type d'amitié,

> il provenoit des fruicts tres utiles au privé et au public ; [...] c'estoit la force des païs qui en recevoient l'usage, et la principale defence de l'equité et de la liberté [...]. Pourtant [*i.e.* pour cette raison] la nomment ils sacrée et divine. Et

53. Sur ce point, voir l'étude d'André Tournon, « "Nostre liberté volontaire..." : le *Contr'un* en marge des *Essais* », *Europe*, 729-730, 1990, p. 72-82.

54. H. Friedrich, *Montaigne*, *op. cit.*, p. 258.

55. Allan Bloom, *L'Amour et l'Amitié*, trad. P. Manent, Paris, De Falllois, 1996, rééd. Paris, Le Livre de poche, 2003.

n'est, à leur compte, que la violence des tyrans et lascheté des peuples qui luy soit adversaire [I, 28, p. 188][56].

Quelques lignes plus loin, Montaigne fait référence de façon plus directe à cette question de la conspiration, en citant et commentant la question posée par Laelius à Caius Blossius dans le *De amicitia* de Cicéron. À Lælius, qui lui demandait ce qu'il eût fait si son ami Tibère Gracques lui eût demandé d'incendier le Capitole, Caius Blossius répondait qu'il eût obéi. « *Videtis quam nefaria vox !* » s'indigne Cicéron. Montaigne, qui n'est sans doute pas moins sensible que Cicéron aux dangers que les factions font encourir à l'ordre social, s'oppose à cette condamnation : « Ceux qui accusent cette responce comme seditieuse, n'entendent pas bien ce mystere [de l'amitié] [...]. La responce de Blossius est telle qu'elle devoit estre » (I, 28, p. 189). Allan Bloom commente ces lignes : « les gens pensent inévitablement que des amis de cette sorte [*i.e.* comme Montaigne et La Boétie] finiront par brûler les temples[57] ». Si l'on considère en effet que le Capitole est le symbole théologico-politique de la fondation de la République, alors on peut dire en effet que l'amitié parfaite met en danger ces fondements. Dans l'édition de 1580, Montaigne se contente d'éluder la casuistique morale posée par Cicéron, en substituant à la question du conflit des *officia* une question qui relève de la psychologie de la volonté. Pas plus que je ne puis être en désaccord avec ma volonté, je ne puis être en désaccord avec celle de mon ami : « Cette responce ne sonne non plus que feroit la mienne, à qui s'enquerroit à moy de cette façon : Si vostre volonté vous commandoit de tuer vostre fille, la tueriez vous ? et que je l'accordasse » (I, 28, p. 189). Ce glissement conserve un sens politique, au sens où l'union des vrais amis apparaît au monde social non seulement comme un phénomène étranger, mais comme un mystère incompréhensible. Cicéron écrivait certes que l'amitié implique la communauté

56. Voir Constance Jordan, « Sexuality and Volition », art. cité, p. 76.
57. A. Bloom, *L'Amour et l'Amitié*, *op. cit.*, p. 621.

« de tous les biens, projets et volonté [*omnium rerum, consiliorum, voluntatum*][58] ». Il n'entendait pas cependant par là une fusion des volontés, mais une convergence de celles-ci dans leur objet qui est, pour les hommes de bien, la vertu civique. La casuistique de Gracchus et Blossius ne pouvait dans ce contexte qu'opposer la volonté irrationnelle d'un mauvais ami à une volonté rationnelle du vrai ami, orientée vers le bien de la communauté. On pourrait penser que Montaigne est plus proche de la réécriture par Plutarque de ce dialogue[59]. Contrairement à Cicéron en effet, Plutarque donne raison à Blossius. Il reformule sa réponse en ce sens : « Je l'eusse, répondit-il, fait [*i.e.* brûler le Capitole] : car il ne me l'eût point commandé s'il n'eût été profitable pour le peuple[60]. » Plutarque conclut certes différemment de Cicéron, mais son raisonnement est au fond le même, au sens où la vraie amitié est selon lui subordonnée à la vertu civique – la seule divergence portant sur le fait de savoir si le fait de brûler le Capitole est ou non dans ce contexte un acte civique. Montaigne, quant à lui, n'invoque pas la convergence des volontés vers un objet qui à la fois les transcende et les unit, mais leur fusion hors de toute médiation. Faute d'une telle subordination, cette casuistique de l'amitié apparaît chez Montaigne vidée de son sens.

L'ajout postérieur à 1588 revient sur cette réponse de Blossius pour, cette fois, affronter directement le problème moral, celui de la concurrence entre l'amitié et la société politique :

58. Cicéron, *Lælius*, XVII, 61, *op. cit.*, p. 39.

59. Voir I. Konstantinovic, *Montaigne et Plutarque*, *op. cit.*, p. 188 et M. Schachter, « Montaigne's "Voluntary Liberty" and the Politics of Friendship », art. cité, p. 100. Valère Maxime lui aussi donne raison à Blossius, en arguant que le risque qu'il a pris en répondant à ceux qui recherchaient les complices des Gracques ne pouvait avoir d'autre motif que l'amitié elle-même (*Faits et dits mémorables*, IV, 7, trad. G. Combès, Paris, Les Belles Lettres, vol. 2, 1997, p. 52-53).

60. Plutarque, « Vies de Tibérius et de Caius Gracchus », dans Id., *La Vie des hommes illustres*, trad. J. Amyot, texte établi et annoté par G. Walter, Paris, Gallimard, 1937, t. II, p. 681.

> Ils estoient plus amis que citoyens, plus amis qu'amis et qu'ennemis de leur païs, qu'amis d'ambition et de trouble. S'estans parfaittement commis l'un à l'autre, ils tenoient parfaittement les renes de l'inclination l'un de l'autre ; et faictes guider cet harnois par la vertu et conduitte de la raison (comme aussi est-il du tout impossible de l'atteler sans cela), la responce de Blosius est telle qu'elle devoit estre [I, 28, p. 189].

Il est ici « du tout impossible » d'atteler le harnois qui lie les deux amis sans le faire guider par « la vertu et conduitte de la raison ». Cette réponse aurait pu satisfaire Cicéron, si ce n'est que Montaigne ne pose pas ici d'équivalence entre « la vertu et conduitte de la raison » et le bien de la République. Caius Blosius et Tibère Gracques sont décrits comme « plus amis que citoyens », et il est ici significatif qu'être indifféremment « amis » ou « ennemis de [son] païs » soit associé à être « amis d'ambition et de trouble », comme si tout activisme politique quel qu'il soit n'était pensé qu'au prisme du désordre qu'il engendre. Montaigne réitère sa méfiance envers l'hypocrisie des soi-disant engagements civiques qui entretiennent l'agitation sociale au lieu de l'apaiser. On est loin de la loyauté à la République exigée par Cicéron : les amis se conduisent plutôt comme des résidents étrangers dans une patrie dont ils ne se sentent nullement des citoyens à part entière[61]. Si,

61. Nous restons ici d'accord sur le fond avec l'analyse de ce texte par Allan Bloom : « Il y a une argutie ici puisqu'on doit distinguer, semble-t-il, deux sortes de vertus, celle des amis et celle des citoyens » (*ibid*, p. 621-622). Bloom ajoute, plus problématiquement, qu'« en confondant les deux, Montaigne peut prouver que les deux hommes n'auraient jamais pu commettre un tel acte » : en réalité, Montaigne ne confond pas les deux, et ne tire à aucun moment cette conclusion, laissant le lecteur face au dilemme. C'est là un point de détail, mais il relève d'une interprétation plus générale, inspirée par Leo Strauss, d'un art de dissimuler systématiquement employé par Montaigne pour échapper aux persécutions et cacher un républicanisme militant en le faisant apparaître sous dans un discours aux apparences inoffensives (p. 619). Ainsi, Montaigne se « protègerait » en publiant à la place du *Discours* « une série de poèmes insipides de La Boétie sur l'amour » (p. 619-620) : encore faudrait-il montrer que Montaigne lui-même trouvait ces

pour des raisons pragmatiques, Montaigne rejette – non sans manifester quelque sympathie – le tyrannicide effectif de Brutus et de Cassius, sa conception de l'amitié est fortement liée à l'apologie d'un tyrannicide symbolique.

L'amitié constitue ici un défi pour le politique : elle lui montre la fin qu'il prétend atteindre (pour Aristote, l'amitié entre les citoyens) sans y parvenir[62], et témoigne ainsi de son échec constitutif. Mais l'amitié est aussi apolitique en tant qu'elle porte en elle la revendication d'un lien plus fort que le lien social, qui n'a pas plus besoin de lui qu'il ne lui est subordonné. C'est non seulement le champ cicéronien des *officia* qui est destitué par l'amitié, mais aussi l'ordre de la justice tel que défini par Aristote. Car si Aristote reprend le *topos* selon lequel « entre amis, pas besoin de justice[63] », ce n'est que pour dire que l'amitié parfaite repose sur une égalité supérieure à l'égalité proportionnelle visée par la justice et qui règle les amitiés imparfaites ; comme l'équité dans le livre V de l'*Éthique à Nicomaque*, l'amitié est juste par éminence. Chez Montaigne, il y a rupture entre les deux ordres, de sorte que

> l'union de tels amis estant veritablement parfaicte, elle leur faict perdre le sentiment de tels devoirs, et haïr et chasser d'entre eux ces mots de division et de différence : bien faict, obligation, reconnoissance, priere, remerciement, et leurs

---

poèmes insipides… De même, il cacherait « soigneusement » le contenu des pensées que lui et La Boétie partagent (p. 620), c'est-à-dire leur républicanisme : mais, là encore, sous peine d'une pétition de principe, il faudrait montrer dans quelle mesure Montaigne lui-même adhère à ce néorépublicanisme. Cette ligne d'interprétation, centrée autour de l'idée d'un crypto-activisme antimonarchiste de Montaigne, est développée sur un plan général dans l'ouvrage collectif dirigé par David Schaefer, *Freedom over Servitude. Montaigne, La Boetie and On Voluntary Servitude*, Wesport/Londres, Greenwood Press, 1998 : sur les rapports entre amitié et tyrannie, voir en particulier l'article de Michael Platt, « Montaigne, Of Friendship and On Tyranny », p. 31-85.

62. « La véritable amitié nous aide à comprendre ce qu'est la fin ultime du politique, mais aussi pourquoi la politique ne parvient pas à atteindre cette fin » (A. Bloom, *L'Amour et l'Amitié*, *op. cit.*, p. 616).

63. Aristote, *Éthique à Nicomaque*, VIII, 1, 1155 a 26-28, *op. cit.*, p. 383.

> pareils [...]. L'unique et principale amitié descoust toutes autres obligations [I, 28, p. 190-191].

Comme l'écrit Allan Bloom, « ce qui est insupportable au vulgaire, c'est cette façon de se soustraire à la communauté de croyance, et c'est tout le propos de l'amitié philosophique[64] ». Il est sans doute possible jusqu'à un certain point d'être à la fois parents et amis, amants et amis, époux et amis, dans la mesure où les principes sont distincts sans être incompatibles : il ne va pas en revanche de soi qu'il soit possible d'être concitoyens et amis, loyal à la fois à sa patrie et à son ami, dès lors que les principes sont ici exclusifs l'un de l'autre.

La langue des mystères

L'impossibilité de ramener l'amitié à un schéma commun de sociabilité explique en grande partie l'emploi par Montaigne d'une langue mystérique pour décrire l'amitié unique qui l'a lié à La Boétie. On en trouvera un exemple dans le rapport de Montaigne à Cicéron en réaction à la réponse de Blossius : « ceux qui accusent cette responce [de Blossius] comme seditieuse, n'entendent pas bien ce mystere ». Ici, le « mystère » est ici celui d'une relation qui est incompréhensible à ceux qui ne connaissent de l'amitié que sa version corrompue et qui prétendent la régir selon les règles communes. Dans un contexte où l'amitié politique ne saurait tout au plus désigner que le *modus vivendi* des intérêts égoïstes, soit une amitié factice dérivée de la crainte et de l'ambition, la « vraie » amitié est comme indicible et ne peut s'exprimer que par des oppositions, selon la méthode d'une théologie négative. La « rhétorique de l'indicible[65] » exprime ici

---

64. A. Bloom, *L'Amour et l'Amitié*, *op. cit.*, p. 617.

65. G. Defaux, *Montaigne et le travail de l'amitié*, *op. cit.*, p. 127, qui emploie cette expression dans un contexte différent.

la rupture vis-à-vis des discours analogiques antiques, en soulignant la disproportion radicale entre la vraie amitié et toutes les formes de liens sociaux en vigueur.

Mais l'emploi de cette langue mystérique a aussi une signification plus générale. Elle nous fait passer d'un langage aristotélicien et stoïcien à une langue pythagoricienne et platonicienne, voire épicurienne[66]. On peut rattacher à ce registre l'emphase de ton caractéristique de l'écriture montaignienne dans sa reprise des *topoi* de la littérature antique, exprimant le débordement d'une expérience hors des cadres théoriques de la philosophie. S'y rattachent aussi l'emprunt aux thématiques démoniques qui rapportent l'amitié à une force surnaturelle. On peut ainsi rapporter au registre de la mystique amoureuse certains thèmes comme celui de l'indivisibilité de l'unité formée par l'amitié. Citons à titre d'exemple le commentaire par Marsile Ficin du discours de Pausanias dans le *Banquet* :

> Chaque fois que deux êtres s'entourent d'une mutuelle affection [*benevolentia*], l'un vit en l'autre et l'autre en l'un [...]. Ils se donnent en s'oubliant eux-mêmes [...] Chacun d'eux

66. Ces résonances platoniciennes (non seulement au *Lysis*, mais au *Banquet* et au *Phèdre*) sont bien mises en valeur dans l'article de Lambros Couloubaritsis, « L'amitié selon Montaigne et les philosophes grecs », dans K. Kristodoulou (dir.), *Montaigne et la Grèce. Actes du colloque de Calamata et de Messène, du 23 au 26 septembre 1988*, Paris, Aux amateurs de livres, 1990, p. 164-178. Pour l'épicurisme, il convient de noter que les principaux textes d'Épicure sur l'amitié se trouvent dans les *Maximes capitales* et les *Sentences vaticanes* que Montaigne ne connaissait pas. Sur la mystique épicurienne de l'amitié, voir la mise au point de Jean-Luc Périllé, « Colotès et la béatification épicurienne de l'amitié » (*Les Études philosophiques*, 73/2, 2005, p. 229-259), qui marque les points de rapprochement entre pythagorisme, platonisme et épicurisme : « Entre le pythagorisme et l'épicurisme, nous passons d'une philosophie *principalement* ésotérique à une philosophie *principalement* exotérique [...] et Platon peut être considéré comme étant à mi-chemin entre les deux » (p. 250). On notera par ailleurs certains points de rapprochement entre Montaigne et l'épicurisme, telles la distance affichée vis-à-vis des *officia* publics, la dévalorisation de l'*éros* au profit de la *philia* ou encore la « personnalisation » de l'ami.

> se possède et possède l'autre. Celui-ci se possède, mais en l'autre ; l'autre aussi, mais en celui-ci [...]. Je n'adhère à moi-même que par ton intermédiaire[67].

C'est aussi à ce registre de l'érotique platonicienne que l'on peut rattacher l'insistance sur le caractère exclusif de l'amitié, sur le « miracle de se doubler » (I, 28, p. 191), sur la conjonction astrale exceptionnelle qui préside à la formation de l'amitié parfaite ou encore, à un autre endroit, sur le fait que le lien de l'amitié abolit toute distance spatiale entre les amis (III, 9, p. 977)[68]. Le mystère de l'instantanéité prolonge celui de l'unité formée par les amis. Cette instantanéité est fondamentalement étrangère aux conceptions rationalistes de l'amitié, pour lesquelles la vraie amitié repose sur un choix réfléchi qui exclut la précipitation. Ainsi, pour Cicéron, il faut du temps pour construire une amitié. Plutarque souligne lui aussi le caractère prémédité d'une amitié vertueuse. Montaigne en est d'accord en ce qui concerne les « amitiez molles et regulieres, ausquelles il faut tant de precautions de longue et preallable conversation » (I, 28, p. 188-189) : mais il insiste sur le caractère immédiat et imprévisible de son amitié pour La Boétie, qui s'est nouée dès la « premiere rencontre », par je « ne sçay quelle force inexplicable et fatale » (p. 188). Le choix de l'ami n'est pas une affaire de délibération sur les fins et les moyens : pour Montaigne, l'amitié surgit dans notre existence hors de toute considération téléologique.

Les références platonisantes aux thématiques mystériques et démoniques ne doivent pas tromper. Pas plus que

---

67. Marsile Ficin, *Commentaire sur le* Banquet *de Platon. De l'amour*, éd. et trad. P. Laurens, Paris, Les Belles Lettres, 2002, p. 44. Sur le courant initié par Ficin à la Renaissance, voir André Festugière, *La Philosophie de l'amour de Marsile Ficin et son influence sur la littérature française du XVIe siècle*, Paris, Jean Vrin, 1941.

68. Sur l'érotique platonicienne à la Rennaissance, voir Todd Reeser, *Setting Plato Straight. Translating Ancient Sexuality in the Renaissance*, Chicago/Londres, Chicago University Press, 2016. Sur le rapport de Montaigne à cette tradition, voir plus particulièrement p. 286-306.

Montaigne ne croit au démon de Socrate (« rien ne m'est à digerer fascheux en la vie de Socrates que ses ecstases et ses demoneries », III, 13, p. 1115)[69], il ne veut faire de l'amitié un phénomène transcendant la nature de l'homme. Ce « mystère » de l'amitié que la philosophie morale antique a ignoré est celui d'une unité non subordonnée à une valeur plus élevée, serait-elle la raison, la vertu ou la vérité, qui pourrait entacher l'amitié d'une forme d'hétéronomie. L'analyse que fait Hannah Arendt du *Nathan le sage* de Lessing rend assez bien compte du problème, lorsqu'elle écrit que Nathan « est prêt à sacrifier la vérité à l'amitié », et que « la grandeur de Lessing ne consiste pas seulement dans la vue théorique qu'il ne peut y avoir de vérité unique en ce monde, mais dans la joie qu'elle n'existe point[70] ». Ce scepticisme à la fois inquiet et joyeux est la condition de l'amitié, comme il est la condition de la liberté. Les amis ne sont pas réunis par une *homonoia* tendue vers un objet qui les transcende, comme le voudrait, en bon platonicien, Allan Bloom, selon qui « l'amitié a besoin de deux âmes qui se consacrent à la compréhension de quelque chose qui est indépendant d'elles, qui désirent transformer leur opinion en connaissance véritable[71] ». C'est précisément l'absence de médiation d'un absolu qui fait tout le mystère de l'amitié. Montaigne s'écarte ici de la tradition classique pour laquelle l'amitié lie les hommes en vue d'une fin qui les dépasse, qu'il s'agisse de la recherche du Bien chez Platon ou de la charité chez Augustin[72] – ce qui conduit ce dernier à faire baptiser contre son gré son ami (un ami dont, significativement,

---

69. Sur le démon de Socrate chez Montaigne, voir en particulier Emmanuel Faye, *Philosophie et perfection de l'homme*, *op. cit.*, p. 220-222.

70. H. Arendt, « De l'humanité dans de "sombres temps" », art. cité, p. 36-37.

71. A. Bloom, *L'Amour et l'Amitié*, *op. cit.*, p. 622.

72. « Il n'y a pas de véritable amitié, si toi [Dieu], tu ne la cimentes entre des êtres qui sont unis entre eux par grâce à la charité » (Augustin, *Confessions*, IV, 4, 7, dans *Œuvres de saint Augustin*, vol. 13, introduction et notes A. Solignac, trad. E. Tréhorel et G. Bouissou, Paris, Institut d'études augustiniennes, 1998, p. 419).

il passe le nom sous silence, comme s'il était dépossédé de sa personnalité) inconscient et donné pour mourant[73]. L'amitié n'est pas l'expression d'un idéal qui transcenderait l'homme : elle est une expression spontanée de soi-même. La seule vertu vers laquelle elle est orientée consiste dans cette expression libre de soi qu'est la preud'homie au sens que Montaigne donne à ce terme dans les *Essais*.

L'« allongeail » postérieur à l'édition de 1588 fournit un nouvel éclairage sur cette « force inexplicable et fatale » : « si on me presse de dire pourquoy je l'aymois, je sens que cela ne se peut exprimer, qu'en respondant : Par ce que c'estoit luy ; parce que c'estoit moy » (I, 28, p. 191). On a quelquefois voulu voir dans cet alexandrin un écho à la formule aristotélicienne selon laquelle l'ami est aimé *kath'héauton*[74]. Mais Montaigne et Aristote entendent deux choses bien différentes. Ce qu'Aristote voulait dire, c'est que l'amitié parfaite se fonde non sur des accidents liés à la personne aimée, mais sur son essence. Aristote n'entend pas par cette essence une quelconque intimité singulière de l'ami, mais plutôt ce qu'il y a de plus universel en lui, à savoir la vertu de son âme : même si les bienfaits de l'amitié s'adressent au composé humain, et non à sa seule âme (c'est Socrate que j'invite à dîner, non sa vertu, même si c'est pour sa vertu que j'invite Socrate), l'amitié n'est pas fondamentalement, pour Aristote, une affaire personnelle. Il en va différemment pour Montaigne, pour qui l'amitié ne repose sur aucune qualité objective assignable aux amis[75]. Comme l'écrit David Konstan, « Aristote ne situe pas la *cause* de l'amour dans des traits individuels

73. Voir *ibid.*, IV, 4, 8, p. 419-421.

74. Aristote, *Éthique à Nicomaque*, VIII, 1156 a 11, *op. cit.*, p. 388 et IX, 1165 a 3-4, p. 437. Sur ce rapprochement, voir J.-C. Fraisse, Philia, *op. cit.*, p. 202 et U. Langer, *Perfect Friendship*, *op. cit.*, p. 164-176. Sur le sens de ce « *kath'héautous* », voir en particulier John Cooper, « The Forms of Friendship », dans Id., *Reason and Emotions. Essays on Ancient Moral Psychology and Ethical Theory*, Princeton, Princeton University Press, 1998, p. 312-335, en particulier p. 320 *sq*.

75. Voir H. Friedrich, *Montaigne*, *op. cit.*, p. 257.

ou des aspects uniques de l'identité personnelle, comme les théories ou visions modernes tendent à le faire[76] ». Il est vrai que Montaigne fait à l'occasion référence à son « estre universel » ou à sa « forme essentielle » : il ne s'agit cependant nullement du « *kath'héauton* » aristotélicien, mais bien de cette part irréductible du privé qui, souvent, doit être défendue à l'encontre des prétentions de l'universel[77].

Le contraste avec les stoïciens est encore plus clair. Comme le chapitre I, 28 des *Essais*, le texte de consolation qu'est le *De amicitia* de Cicéron est construit autour d'une amitié « unique » pour un être disparu. Mais Lælius ne pleure nullement la mort de Scipion : ce serait une trahison de l'amitié que de s'affliger de la perte de l'ami. Il en va de même pour Augustin, qui se reproche d'avoir « répandu [s]on âme sur

76. D. Konstan, *Friendship in the Classical World*, Cambridge (UK)/New York/Melbourne, Cambridge University Press, 1997, p. 76.

77. Il nous est à ce titre difficile de suivre l'interprétation aristotélisante que Michael Screech donne de la formule : « Chaque homme porte la forme entiere de l'humaine condition » (III, 2, p. 805). Selon Screech, Montaigne ferait référence à une forme générale (une sorte de *to ti èn éinai* aristotélicien) de l'homme pour réhabiliter l'idée d'une nature ou une race humaines : « Si on admet uniquement l'existence d'un nombre infini de gens isolés, si la *race humaine* n'est qu'un ensemble infini de particuliers et d'individus singuliers, alors on ne peut rien savoir sur *l'homme en général*, et l'on ne peut tirer aucune sagesse de l'étude de ces nombreux cas particuliers. Aristote dépassa cette difficulté en enseignant, comme Montaigne plus tard, que, dans le cas d'individus appartenant à une espèce, la forme de l'espèce se trouve tout entière contenue dans chaque individu » (*Montaigne et la mélancolie*, *op. cit.*, p. 139) ; et Screech conclut : « en peignant son être tout entier, son "être universel" en sa qualité de Michel de Montaigne, *il avait ainsi accès à l'homme universel*, au sens philosophique du terme [...]. Aussi, Montaigne n'étudie pas sa forme ou sa matière seule ; il étudie Michel de Montaigne, une personne constituée d'une *forme mariée à un corps, et dont l'essence est humaine* » (p. 140-141, nous soulignons). Par cette formule, il ne nous semble pas que Montaigne veuille réhabiliter une ontologie de l'universel de type aristotélicien : il veut plutôt dire que l'universel « homme » n'est rien d'autre, et surtout *rien de plus*, que l'individu lui-même pris dans sa singularité. « Mon estre universel », ajoutera Montaigne après 1588, ce n'est pas « grammairien, poëte ou jurisconsulte », mais (simplement et exclusivement) « Michel de Montaigne » (III, 2, p. 805).

le sable », en éprouvant de la douleur lors de la mort de son ami dont il tait le nom et « en aimant un être mortel comme s'il était immortel »[78], et par là de n'avoir noué avec lui qu'une amitié inconstante et factice. Montaigne, quant à lui, construit sa vie et son œuvre comme des obsèques perpétuées (« Est-ce pas un pieux et plaisant office de ma vie, d'en faire à tout jamais les obsèques ? Est-il jouissance qui vaille cette privation[79] ? »), obsèques dans lesquelles il éprouve une certaine jouissance : l'ami a un caractère proprement irremplaçable, et ne peut, en ce sens, être subsumé sous quelque catégorie que ce soit, même celle de la vertu. La mystique platonicienne fait ainsi place à une forme de nominalisme éthique, qui prolonge de façon originale le nominalisme épistémologique de certains chapitres des *Essais*.

Il est significatif que cette langue des mystères revienne dans le chapitre « De mesnager sa volonté », lorsque Montaigne compare la connaissance de « l'amitié que chacun se doibt » aux « mysteres plus secrets et plus hauts » dévoilés aux seuls initiés, par opposition aux discours altruistes forgés à l'usage de la foule. Le mystère de « l'amitié que chacun se doibt » éclaire rétroactivement le mystère de l'amitié « unique et principale ». L'amitié est hors de proportion avec les offices publics et avec tout ce que nous nommons d'ordinaire « altruisme ». Elle n'est pas plus médiée par une ouverture de l'esprit à l'universel, au sens d'une tradition idéaliste de la philosophie, que par une ouverture à la dimension de l'altérité, au sens d'une tradition postmoderne rosenzweigienne, lévinassienne et derridienne. L'amitié est bien plutôt comprise comme le prolongement de l'amour de soi[80].

78. Augustin, *Confessions*, IV, 4, 13, *op. cit.*, p. 431. Voir aussi Id., *La Cité de Dieu*, XIX, 8, dans *Œuvres de saint Augustin*, vol. 37, introduction et notes G. Bardy, trad. G. Combès, Paris, Desclée de Brouwer, 1960, rééd. 1980, p. 91.

79. Édition de 1595 : voir II, 8, p. 396, en note.

80. Voir sur ce point Michael Allen Gillespie, « Montaigne's Humanistic Liberalism », *The Journal of Politics*, 47/1, 1985, p. 140-159, qui montre que l'amitié engage en premier lieu chez Montaigne un rapport de soi à soi-même : « Pour Montaigne [...], l'amitié est le moyen par

Il est vrai que chacun se « donne » entier à son ami, mais ce « don » n'implique nulle dépossession de soi-même ni nulle désubjectivation :

> Tout ainsi que l'amitié que je me porte, ne reçoit point augmentation pour le secours que je me donne au besoin [...] et comme je ne me sçay aucun gré du service que je me fay : aussi l'union de tels amis estant veritablement parfaicte, elle leur faict perdre le sentiment de tels devoirs, etc. [I, 28, p. 190].

L'amitié est ainsi à la fois le produit de notre « liberté volontaire » (laquelle « n'a point de production qui soit plus proprement sienne que celle de l'affection et amitié ») et un affect particulièrement puissant : Montaigne décrit son expérience comme celle d'un saisissement de la volonté, l'amenant « à se plonger et se perdre » dans celle de l'ami (p. 189). Le mystère de l'amitié tient dans cette possibilité d'un affect qui, parce qu'il est une expression de soi, ne destitue pas la liberté. Contrairement au « feu téméraire » de l'amour, cette « chaleur » de l'amitié n'a « rien d'aspre et de poignant » (p. 189) : elle est impérieuse tout en restant libre. Ce mystère est celui d'une fusion qui, aussi totale soit-elle, ne supprime pas la personnalité de chacun, le mystère d'un « deux en un », à la fois deux et un, deux sans supprimer l'un, qui ne s'appuie sur aucun élément médiateur ni sur aucune structure dialectique.

---

lequel on peut se connaître et donc être soi-même au sens authentique du terme. L'amitié complète l'homme et le révèle à lui-même en le rendant visible dans un autre, elle sort l'homme des ténèbres de son âme en le présentant à lui-même sous la forme de l'ami. L'amitié est donc source de connaissance de soi et par là source du soi lui-même » (p. 146).

CHAPITRE 7

NOUVEAUX MODÈLES DE SOCIÉTÉ. II : LA CONFÉRENCE

La « conference » montaignienne au prisme de l'éthique discutationnelle

L'appartenance de Montaigne à une histoire de la conversation qui commence au début du XVIe siècle, avec Baldassare Castiglione, Girolamo della Casa et Stefano Guazzo, pour trouver son acmé dans les salons littéraires au XVIIe siècle, fait partie des opinions admises de l'histoire des idées. En fait aussi partie la thèse selon laquelle cet art de la conversation fonde, au-delà de la cour et des salons, une pratique de la civilité au niveau politique – ce que Montaigne nomme une « science de l'entregent[1] » et que

1. « C'est au demeurant une tres utile science que la science de l'entregent. Elle est, comme la grace et la beauté, conciliatrice des premiers abords de la societé et familiarité ; et par consequent nous ouvre la porte à nous instruire par les exemples d'autruy, et à exploiter et produire nostre exemple, s'il a quelque chose d'instruisant et communicable » (I, 13, p. 49).

Bacon nommera une science de la « *convivance*[2] ». Dans sa notice introductive du chapitre « Des trois commerces » (III, 3, p. 818), Pierre Villey écrit ainsi que Montaigne y examine « les principes de la vie de société » en tant qu'« héritier d'un courant qui vient des cercles mondains d'Italie », et qu'il « dégage les principaux linéaments de ce type de l'honnête homme qui fera l'ornement des salons de compagnie ». Sa notice du chapitre « De l'art de conferer » va dans le même sens, faisant de Montaigne un acteur du courant en faveur du « progrès de la politesse et de la vie en société » et un précurseur des « mondains du XVIIe siècle » (III, 8, p. 921). Marc Fumaroli développe cette idée, en voyant dans l'art de la conversation la modélisation d'une société égalitaire d'hommes libres et en faisant des *Essais* de Montaigne son « modèle français et moderne[3] » par la mise en scène qu'ils proposent d'« une dramaturgie libérale des grandes âmes et des grandes doctrines mise en situation de dialogue[4] ».

Ces schèmes de lectures ont une résonance plus contemporaine lorsqu'on les lie aux théories modernes de l'éthique de l'agir communicationnel, développées en particulier par Karl-Otto Apel et Jürgen Habermas. Dans son ouvrage de 1962 sur *L'Espace public*[5], ce dernier, retrace la généalogie de l'irruption de l'homme privé dans la sphère publique. Celle-ci est conditionnée par la mise en place de procédures de justification, impliquant en retour une soumission à un ensemble de normes communes qui, pour être

---

2. Voir F. Bacon, *Du progrès et de la promotion des savoirs*, *op. cit.*, p. 236-237. « *Conviventia* » est, dans le *De diginitate et augmentiis scientiarum*, la traduction latine du terme anglais « *conversation* ».

3. Marc Fumaroli, « La conversation », dans P. Nora (dir.), *Les Lieux de mémoire*, Paris, Gallimard, t. III, 1997, p. 690.

4. M. Fumaroli, « Michel de Montaigne et l'éloquence du for intérieur », dans Id., *Les Formes brèves de la prose et le discours continu (XVIe-XVIIe siècle)*, Paris, J. Lafond, 1984, p. 36 (repris dans Id., *La Diplomatie de l'esprit. De Montaigne à La Fontaine*, Paris, Hermann, 1994, p. 151).

5. Jürgen Habermas, *L'Espace public. Archéologie de la publicité comme dimension de la société bourgeoise*, (1962, à partir d'une thèse d'habilitation rédigée en 1961), trad. M. de Launay, Paris, Payot, 1978, rééd. 1992.

construites, n'en restent pas moins reçues sous la forme d'une norme rationnelle et universelle, qu'Habermas compare à l'impératif catégorique de Kant[6]. Cette dialectique de l'affirmation et de la justification se met, selon Habermas, en place dans l'art de la courtisanerie du XVIe siècle, l'auto-éducation du courtisan préfigurant celle du *gentleman* et de l'honnête homme du siècle suivant, ainsi que la pratique égalitaire de la conversation. On voit ainsi naître aux XVIIe et XVIIIe siècles les nouveaux lieux de discussion publique que sont les cafés ou les salons littéraires, comme on voit naître une pratique de la politesse mondaine dans des cours royales nouvellement ouvertes à la bourgeoisie ou dans une littérature représentée par les journaux et la fiction[7]. Ces nouvelles pratiques de sociabilité répondent au vœu de la classe bourgeoise émergente d'être représentée à un niveau public. Le medium de cette « publicité » sera le raisonnement, auquel se soumettent librement les individus afin de faire valoir leur point de vue singulier :

> La sphère publique bourgeoise peut tout d'abord être comprise comme la sphère des personnes privées rassemblées en un public. Celles-ci revendiquent cette sphère publique réglementée par l'autorité, mais directement contre le pouvoir lui-même [...]. Le médium de cette opposition entre la sphère publique et le pouvoir est original et sans précédent dans l'histoire : c'est l'usage public du raisonnement[8].

La sphère publique suppose un horizon partagé de consensus. Si, dans une société pluraliste, ce consensus ne peut plus être de l'ordre du partage d'une conception commune du bien, il reste néanmoins fondé sur des procédures rationnelles faisant l'objet d'un contrat implicite[9]. Un nouveau modèle de société se met ainsi en place : son

6. Voir notamment *ibid.*, p. 115.

7. *Ibid.*, p. 21-66.

8. *Ibid.*, p. 38.

9. Sur la distinction entre ces procédures et le consensus par recoupement de John Rawls, voir J. Habermas, J. Rawls, *Débat sur la justice politique*, trad. R. Rochlitz, Paris, Cerf, 1997.

libéralisme individualiste n'est tel qu'en façade, dès lors que l'émancipation de l'individu est conditionnée à son obéissance à une norme consensuelle de bien commun.

Habermas ne cite pas parmi les nouveaux modes d'écriture l'essai sous sa forme montaignienne, mais on voit que celui-ci aurait pu y tenir une place fondamentale. Ainsi la « conference », au sens du chapitre III, 8, pourrait être comprise comme initiant les futures pratiques de la discussion critique au sein desquelles se développera dans les siècles suivants l'idée d'une démocratie à la fois créatrice de valeurs et soumise à des règles. Bernard Sève voit ainsi dans le chapitre « De la conference » la formulation d'un système de règles strictes fondant un « ordre discutationnel »[10] : parmi les règles qu'il énumère (dont certaines proviennent d'autres chapitres des *Essais*), on trouvera l'interdiction de la dérobade, de l'insulte et du mensonge, le respect de l'ordre et du temps de parole, etc. Ainsi, écrit Sève, « la conférence implique [...] l'obligation de répondre, au moment prévu, sans essayer de changer le cours de la conversation ni le thème du discours et sans se dérober dans le silence, la grimace ou le petit sourire en coin[11] » ; une des règles concerne « la manière dont le locuteur doit recevoir le discours de son interlocuteur : conférer, c'est parler, écouter, interroger et répondre[12] » ; parler « à propos », implique « respect du temps de parole et de l'ordre de la parole, [le] souci d'éviter les hors sujets[13] », etc. L'art de conférer devient un « règlement de l'esprit[14] » au sens où, pour Norbert Elias, l'art

10. B. Sève, *Montaigne. Des règles pour l'esprit*, *op. cit.*, p. 241.

11. *Ibid.*, p. 232.

12. *Ibid.*, p. 236

13. *Ibid.*, p. 239. On trouve des rapprochements similaires dans un article plus ancien de Marie-Luce Demonet, qui voit dans le chapitre III, 8 émerger l'idée d'un « contrat de coopération » au sens de Paul Grice et d'une « science des différences » au sens de Roland Barthes (« Art de conférer, art de raisonner [III, 8] », *Cahiers textuel*, 34-44/2, 1986, p. 19-29).

14. *Ibid.*, p. 244.

de la courtisanerie consiste à intérioriser, à travers une discipline de soi, les règles de sociabilité en substituant à la contrainte des lois une forme d'autocontrôle[15].

Il ne s'agit pas ici de contester que l'élaboration à l'époque moderne d'un art de la conversation ait eu des prolongements éthiques, économiques et politiques. Nous ne voulons pas non plus nier que Montaigne soit, par certains aspects, lié à cette histoire de l'art de converser : nous connaissons en particulier l'impact qu'a eu pour lui la lecture de *La civil conversatione* de Guazzo. Montaigne l'a lu à la fois dans la version originale italienne et dans la traduction française de Chappuis[16]. Ces lectures se

15. Voir en particulier l'étude de *L'Astrée*, dans Norbert Elias, *La Société de cour*, trad. P. Kamnitzer et J. Etoré, préface R. Chartier, Paris, Calmann-Lévy, 1974, rééd. Flammarion, 1985, p. 280-301. Sur cette intériorisation du social par l'individu, voir aussi « La société des individus », dans Id., *La Société des individus*, trad. J. Étoré, avant-propos R. Chartier, Paris, Fayard, 1991, p. 37-108. Pour une étude du rôle de la conversation dans ce processus d'assimilation, voir p. 61-64. Dans le même sens, voir Robert Muchembled, *La Société policée. Politesse et politique en France du XVIe au XXe siècle*, Paris, Seuil, 1998, en particulier, sur l'art de la conversation, p. 78-107.

16. L'ouvrage italien (*il conversatione del S. Stefano Guazzo...*) a été imprimé à Brescia en 1574. Il a été réimprimé plusieurs fois entre 1574 et 1581. Sur les éditions et traductions du texte, voir Giorgio Patrizzi, « La "civil conversatione" libro europeo », dans Id. (dir.), *Stefano Guazzo e la civil conversatione*, Rome, Bulzoni, 1990, p. 9-20 ainsi que Philippe Guérin, « La Civile Conversation... », dans Id. (dir.), *Le Dialogue ou les Enjeux d'un choix d'écriture (pays de langues romanes). Actes du colloque organisé par l'EA ERILAIR les 17-18 octobre 2003*, Rennes, Presses universitaires de Rennes, 2006, p. 237-238. L'ouvrage de Guazzo a fait l'objet d'une édition contemporaine très complète sous la direction d'Amadeo Quondam (Rome, Bulzoni, 2010, 2 vol.). Il existe deux traductions françaises, l'une et l'autre publiées en 1579 : *La civile conversation...*, trad. de l'italien par Gabriel Chappuys, Lyon, Jean Beraud, rééd. 1580 (toutes nos références au texte de Guazzo sont tirées de cette édition) et *La civile conversation du S. Etienne Guazzo Gentilhomme Monferradois...*, traduit par François de Belleforest, Paris, chez Pierre Cavellat, 1579. Sur Montaigne et Guazzo, voir notamment : M. Tetel, « Montaigne et Guazzo : de deux conversations », dans dans C. Blum, F. Moreau (dir.), *Études montaignistes en hommage à Pierre Michel*, Genève, Slatkine, 1984, p. 239-246 (repris dans M. Tetel, *Présences italiennes dans les* Essais *de*

traduisent dans les *Essais* par trois citations ajoutées en 1582 au chapitre « Un traict de quelques ambassadeurs » (I, 17, p. 72) – de Properce, de Dante et de Pétrarque[17]. Elles se traduisent aussi par une page du chapitre III, 8 rédigée à partir de divers extraits de cet ouvrage[18]. Montaigne, enfin, reprend à Guazzo un certain nombre de thématiques générales, telles la conversation en tant que moyen de la connaissance de soi, ou encore la nécessité d'une parole sincère et en adéquation à la pensée. Ces similitudes ne doivent cependant pas masquer les différences profondes entre Montaigne et cette tradition de la conversation civile. Nous voulons montrer ici comment, à travers ces différences, se fait jour un modèle « moderne » de sociabilité qui ne répond que peu aux schémas des histoires précitées de la conversation ou aux modèles consensualistes de société de type habermasien ou rawlsien.

Montaigne, *op. cit.*, p. 11-25) et l'article déjà cité de Ph. Guérin, « La Civile conversation de Stefano Guazzzo » (art. cité, p. 235-296). Voir aussi les travaux de Nicola Panichi : *La Virtù eloquente. La « Civil Conversatione » nel Rinascimento*, Urbino, Editrice Montefeltro, 1994 ; *Picto historia. Lettura di Montaigne e Nietzsche*, Urbino, Quattroventi, 1995, ainsi que l'article « De Socrate à Montaigne, en passant par Guazzo », dans Th. Gontier, S. Mayer (dir.), *Le Socratisme de Montaigne*, Paris, Classiques Garnier, 2010, p. 71-85.

17. Montaigne a très probablement eu connaissance du texte dans sa version italienne lors de son voyage en Italie, comme l'atteste la citation de Properce en italien (voir *Essais*, I, 17, p. 72), qui se trouve dans les deux traductions, de Chappuis et de Belleforest, avant de lire la traduction française de Chappuis (de 1579). Sur ce point, voir P. Villey, *Sources et évolution des* Essais *de Montaigne*, Paris, Hachette, 1933, t. I, p. 154-155.

18. Marcel Tetel repère ainsi quatre emprunts directs dans les premières pages du chapitre III, 8 (p. 922-923), sur l'utilité des mauvais exemples, la supériorité de la vue sur l'ouïe et le parler, le moindre échauffement apporté par la lecture en regard de la conversation orale, ou encore la stimulation procurée par la communication avec les esprits forts. Voir M. Tetel, « Montaigne et Guazzo », art. cité, p. 241-242 (repris dans Id., *Présences italiennes dans les* Essais *de Montaigne*, *op. cit.*, p. 25).

Civilité et solitude

La première différence tient aux contextes historiques et biographiques. Gazzo est un homme de cour, alors que Montaigne a jusqu'à un certain point quitté volontairement la vie publique. Dès 1571, âgé de 38 ans, il écrit à l'entrée de sa bibliothèque s'être retiré « dégoûté depuis longtemps [*jamdudum pertæsus*] de l'esclavage de la cour et des charges publiques », pour trouver dans la solitude la liberté, la tranquillité et le loisir[19]. Ce dégoût n'était possiblement en 1570 qu'une humeur passagère, due à des déconvenues professionnelles et à des perspectives de carrière peu prometteuses. Montaigne n'a d'ailleurs pas alors entièrement renoncé aux charges publiques, et peut-être même voit-il de sa solitude un moyen de faire de la politique d'une autre manière[20]. Ce dégoût ne fera cependant que s'intensifier avec les horreurs de la guerre civile et le sentiment croissant d'impuissance face au chaos social. Plus encore que les deux premiers livres des *Essais*, le livre III est centré sur l'art de l'auto-préservation face à la sollicitation des offices publics. Si nous sommes condamnés à assister à la ruine inéluctable du monde, tout l'art consiste à savoir se préserver soi-même de cette ruine. Si Montaigne devait jouer un rôle dans le dialogue de Guazzo, ce serait celui du Chevalier, partisan de la solitude et du retrait en soi, plus que celui du médecin Annibale, qui fait l'éloge de la « conversation civile ».

Le ton contraste singulièrement avec celui de la *Civile conversation* de Guazzo. Au début du second livre, celui-ci décrit ainsi la conversation comme un correctif à la pente naturelle du solitaire à « l'arrogance de ceux lesquels plains de présomption, et aveugles de l'amour d'eux mesmes, ne

19. Voir l'introduction de Pierre Villey aux *Essais*, dans la « Chronologie sommaire », p. XXXIV (la traduction française se trouve dans cette même introduction, « La vie et l'œuvre de Montaigne », p. XXI).

20. Voir Ph. Desan, *Montaigne. Une biographie politique*, *op. cit.*, p. 197-210.

voyent pas leurs imperfections, et ne se soucient pas de sçavoir quelle opinion le monde a d'eux[21] ». Montaigne dit plutôt le contraire : que l'on ne combat pas l'amour immodéré de soi-même en se projetant dans le public. Ces protestations sont, comme nous l'avons déjà noté, adressées à l'encontre d'un discours commun dont on peut faire remonter l'origine historique à la condamnation platonicienne de la *philautia*[22]. Pour Platon, le remède consistait à se soumettre à la mesure universelle de toute chose. Guazzo a ceci de commun avec Montaigne qu'il vit à une époque où cette « objectivité » de la mesure n'est plus reçue comme allant de soi. Le remède n'en consiste pas moins pour lui dans la soumission à une norme : non à une norme transcendante, mais à une norme sociale construite, fruit des mœurs, des habitudes et des coutumes. L'homme se civilise à travers ce que l'on pourrait nommer une éthique du conformisme. Dans le même esprit, Tocqueville définira le conformisme comme un trait dominant de l'éthique démocratique américaine, permettant de compenser les tendances par trop individualistes du citoyen moderne et de les faire converger vers une forme de bien commun[23]. Norbert Elias a montré comment l'art de la conversation à la Renaissance initiait un processus d'intériorisation des normes sociales, en substituant à la contrainte extérieure un autocontrôle de l'individu par lui-même[24] ou, pour reprendre les termes plus critiques de Tocqueville, en instaurant une forme de tyrannie qui « laisse le corps et va droit à l'âme[25] ». On pourra aussi rapprocher ce conformisme du consensus procédural visé dans les éthiques contemporaines de la discussion,

21. S. Guazzo, *La Civile Conversation*, trad. Gabriel Chappuys (1580), *op. cit.*, p. 123.

22. Platon, *Lois*, V, 731 e.

23. Voir A. de Tocqueville, *De la démocratie en Amérique*, I, II, 7, dans Id., *Œuvres, op. cit.*, t. II, p. 293-294.

24. Voir la note *supra*.

25. A. de Tocqueville, *De la démocratie en Amérique, op. cit.*, p. 293.

destiné à permettre l'expression publique des différences entre les individus et à faire émerger une forme de cadre commun à leur dissensus. Par la conversation, telle que la comprend Guazzo, l'individu est amené à se discipliner, c'est-à-dire à polir les rugosités de son caractère et à corriger ce qui en lui est excentrique, et par là excessif, afin de se conformer à un idéal social de *mediocritas*. L'horizon de la conversation, c'est l'assimilation du « sens commun » entendu, pour reprendre la formule de Nicola Panichi, comme « sens de la communicabilité[26] », à partir de son substitut esthétique qu'est le bon goût – on peut dire en ce sens que cet art de la conversation trouvera un prolongement dans les textes romantiques sur l'éducation esthétique. La *Civile conversation* de Guazzo se transforme ainsi, dans le deuxième et le troisième livres en un traité général de l'*honestum* et du *decorum* : savoir rester à sa place et tenir son rang tant dans la famille que dans la société. La conversation civile fournit ainsi en réduction un modèle idéal des *officia* : grâce à elle, l'individu revêt un personnage public qui lui sert en même temps de protection contre les dangers de l'amour de soi, ainsi que ceux de la mélancolie et de l'acédie qu'il peut engendrer[27].

Approfondissons ce dernier point. Montaigne lui-même n'est pas insensible au danger que représente la mélancolie : il a fait le récit de sa déconvenue lors de sa visite à Ferrare de Torquato Tasso (II, 12, p. 492) devenu mélancolique jusqu'à la folie. Mais l'origine de cette folie n'est pas la solitude en tant que telle. Elle ne réside pas dans un isolement de l'individu par rapport à la société, mais dans un isolement de l'esprit par rapport au corps. En un sens, le problème du « cheval eschappé » (I, 8, p. 33) de Montaigne a déjà été posé par Guazzo : « Dites moy, je vous prie, si vous avez aucun seur remede, par lequel l'homme se puisse gouverner et conduire par le milieu, de

---

26. N. Panichi, *La virtù eloquente*, *op. cit.*, p. 208.
27. S. Guazzo, *La Civile Conversation*, *op. cit.*, p. 11 *sq*.

manière que comme un balon plain de vent, il ne se laisse enlever en l'air, ny comme un corps, sans esprit, tomber à terre[28]. » Mais pour Montaigne, ce n'est pas la conformité aux usages publics qui peut efficacement amener l'esprit à se soumettre à cette juste mesure. Il est encore une fois vrai que l'on bride l'esprit et le « garotte de religions, de loix, de coustumes, de science, de preceptes, de peines et recompenses mortelles et immortelles ». C'est là un mal nécessaire selon Montaigne, mais cependant peu efficace : « encores voit-on que, par sa volubilité et dissolution, il eschappe à toutes ces liaisons » (II, 12, p. 559). La soumission aux habitudes et convenances sociales n'a d'autre légitimité que son efficacité relative, et il n'est pas certain que le gain compense la perte. C'est plutôt sur le corps que Montaigne compte pour modérer cette ardeur de l'esprit : c'est à lui, lit-on dans le chapitre « Sur des vers de Virgile », « de guider l'esprit vers la reformation » (III, 5, p. 841) en lui fournissant une règle de discipline. Le juste équilibre est ainsi défini dans cette formule du chapitre « De l'experience », qui pourrait être une réponse à Guazzo : « Que l'esprit esveille et vivifie la pesanteur du corps, le corps arreste la legereté de l'esprit et la fixe » (II, 13, p. 1114). Le remède au dérèglement de l'esprit consiste, pour reprendre une image que Bacon empruntera à Montaigne, à lester l'esprit humain de plomb, et non à le revêtir de plumes. Comme Castiglione et Guazzo, Montaigne promeut un idéal de *mediocritas*, qu'il nomme, à la fin du chapitre « De l'experience », l'*ariston metron*, cette « moyenne mesure » qui est aussi « la plus parfaicte » (III, 13, p. 1102). Mais cette *mediocritas* n'est pas acquise par une soumission volontaire aux règles publiques ou par l'assimilation d'un sens commun : elle est acquise par le rétablissement d'un équilibre en soi-même entre la subtilité de l'esprit et la pesanteur du corps.

28. *Ibid.*, p. 122.

Tandis que, pour Guazzo, le terme « *homo* » signifie étymologiquement « ensemble », de sorte que « l'homme ne peut estre vray homme, sans la conversation »[29], il ne va pas de soi pour Montaigne que l'homme soit un être fait par nature pour la société. Les chapitres « De la solitude » et « De mesnager sa volonté » montrent, par-delà quelques formules convenues faisant écho à la *conciliatio* des stoïciens, un partage bien différent du privé et du public. L'office public est toujours pour Montaigne synonyme d'aliénation du moi. Le « maléfice » (selon le terme de Maurice Merleau Ponty) que Montaigne sent dans le social, tient au fait que « chacun met à la place de ses pensées leur reflet dans les yeux et les propos d'autrui[30] ». C'est précisément cet art de se mettre à la place de l'autre qui fait de la conversation, selon Guazzo, une école de maîtrise de soi, dans laquelle « l'homme se doit efforcer d'estre tel qu'il desire apparoistre[31] ». Et c'est aussi dans cette capacité de juger sous le regard des autres, en adoptant ce que Thomas Nagel nommera le « point de vue de nulle part », que la tradition introduite par Appel, Habermas et Rawls voit le fondement d'une normativité éthique immanente. Montaigne est plus méfiant à l'égard de ce conformisme : « l'amitié que chacun se doibt », comme il la nomme, fournit la connaissance de la mesure de notre engagement dans les offices publics. Comment, et dans quelle mesure, user des autres et du monde en général, non pour se départir de soi, mais, au contraire, pour rester à soi ? C'est là le problème central de la plupart des chapitres du livre III des *Essais* : le chapitre III, 8 ne

29. « Quiconque aura égard [...] à l'étymologie du nom Homo, lequel, en langue grecque, selon l'advis d'aucuns savans auteurs, signifie Ensemble, congnoistra que l'homme ne peut estre vray homme, sans la conversation : car qui ne hante compagnie, n'a point de jugement : qui n'a point de jugement, est quasi une beste » (Guazzo, *La Civile Conversation*, *op. cit.*, p. 45).

30. M. Merleau Ponty, « Lecture de Montaigne », art. cité, p. 258.

31. S. Guazzo, *La Civile Conversation*, *op. cit.*, p. 174.

fait pas exception. C'est à l'intérieur de ce cadre que doit être posé le problème de la conférence.

Conférence et politesse

Cette distance de Montaigne vis-à-vis ce que nous avons nommé une éthique du conformisme permet de comprendre pourquoi le chapitre III, 8 tient aussi peu compte des aspects esthético-rhétoriques qui forment une part essentielle de l'art de la conversation au XVIe siècle. Au début du chapitre, Montaigne souligne l'utilité qu'il y a à présenter publiquement ses défauts. Il va ici s'accuser d'un vice précis : son irritation face à la sottise qui le rend incapable de converser avec ce qu'il nomme ailleurs les « ames boiteuses » (I, 25, p. 141)[32]. Le thème revient comme un motif récurrent au cours du chapitre. Montaigne se reproche de n'être pas plus tolérant aux fautes d'autrui :

> La sottise est une mauvaise qualité ; mais de ne la pouvoir supporter, et s'en despiter et ronger, comme il m'advient, c'est une *autre sorte de maladie qui ne doit guere à la sottise en importunité* ; et est ce qu'à present je veux *accuser du mien* [III, 8, p. 923].
> Quand la dispute est trouble et des-reglée, je quitte la chose et m'attache à la forme *avec despit et indiscretion*, et me jette à une façon de debattre testue, malicieuse et imperieuse, *dequoy j'ay à rougir apres* [p. 925].
> J'accuse mon impatience, et tiens premierement qu'elle est *également vitieuse* en celuy qui a droict comme en celuy qui a tort : car c'est tousjours *un'aigreur tyrannique* de ne pouvoir souffrir une forme diverse à la sienne [p. 928-929][33].

Cette irritation est-elle un vice ou une vertu ? Nous avons déjà vu qu'il est fréquent que les défauts confessés par Montaigne possèdent paradoxalement une valeur

32. Sur Montaigne et la sottise, voir l'étude déjà citée d'Yves Delègue, « "De l'art de conférer" (III, 8) ou de la sottise », art. cité.

33. C'est toujours nous qui soulignons.

prescriptive. Mais il est aussi fréquent que l'examen des arguments amène celui-ci à amender sa réaction initiale. Ici, Montaigne lui-même se demande dans quelle mesure l'impatience donc il s'accuse doit ou non être corrigée. Pour cela, comme l'écrit Marie-Luce Demonet, il « passe en revue les vices des mauvais locuteurs[34] ». Plus encore, il hiérarchise ces vices selon qu'ils légitiment plus ou moins son impatience, voire, dans certains cas, ne la légitiment pas du tout et doivent faire l'objet d'une forme d'autocorrection.

Montaigne commence par approcher négativement cette « sottise » qui l'irrite, en précisant tout ce qu'elle n'est pas. Comme l'a montré Marcel Tetel, cette thématique de la sottise du mauvais interlocuteur était déjà récurrente chez Guazzo. Mais elle n'a pas tout à fait le même sens chez Montaigne[35]. Gazzo répète qu'il faut s'accommoder des sots dès lors qu'ils ne sont pas des « insupportables » ou des incorrigibles, tels les blasphémateurs et les médisants, et qu'il est possible de les amender : c'est le cas pour les disputeurs, les flatteurs, les menteurs, les orgueilleux, etc., à la condition que leurs imperfections laissent place à des possibilités de progrès[36]. Par contraste, si Montaigne est intolérant à l'égard d'une certaine forme de sottise, il est en revanche extrêmement tolérant envers ce que d'autres considèrent comme des fautes à la fois esthétiques et éthiques. Une conversation, écrit Guazzo, est « civile » non parce qu'elle a pour cadre la cité, mais « en considération des mœurs qui la rendent civile[37] ». Elle est une conversation « honneste, louable et vertueuse[38] ». Les opinions excentriques qui heurtent la moralité

---

34. M.-L. Demonet, « Art de conférer, art de raisonner », art. cité, p. 20.

35. M. Tetel, *Présences italiennes dans les* Essais, *op. cit.*, p. 16.

36. Voir par exemple Guazzo, *La Civile Conversation*, *op. cit.*, p. 73 et 106.

37. *Ibid.*, p. 56.

38. *Ibid.*, p. 57.

publique doivent en être exclues. Montaigne, pour sa part, se montre indifférent au sérieux du sujet : « En nos propos, tous subjects me sont égaux ; il ne me chaut qu'il n'y ait ny poix ny profondeur » (II, 3, p. 824). Les simples joutes verbales, ces « devis pointus et coupez que l'alegresse et la privauté introduict entre les amis, gossans et gaudissans plaisamment et vifvement les uns les autres » (III, 8, p. 938), ne relèvent peut-être pas de la conférence proprement dite : elles conservent néanmoins une utilité en ce qu'elles augmentent l'agilité et la rapidité de l'esprit. Si cet exercice « n'est aussi tendu et serieux que cet autre exercice que je viens de dire [*i.e.* la conférence] [...], n'est pas moins aigu et ingenieux, ny moins profitable » (*ibid.*), car il forme la capacité de repartie, qui a pour fonction, au-delà de la conversation même, d'entraîner la capacité de l'esprit à répondre aux sollicitations de la fortune. Montaigne se montre tout aussi indifférent au contenu des opinions exprimées :

> L'unisson est qualité du tout ennuyeuse en la conference [...]. Nulles propositions m'estonnent, nulle creance me blesse, quelque contrarieté qu'elle aye à la mienne. Il n'est si frivole et si extravagante fantasie qui ne me semble bien sortable à la production de l'esprit humain [...]. Les contradictions donc des jugemens ne m'offencent ny m'alterent ; elles m'esveillent seulement et m'exercent [...]. Quand on me contrarie, on esveille mon attention, non pas ma cholere ; je m'avance vers celuy qui me contredit, qui m'instruit [III, 10, p. 923-924].

L'exercice des facultés naturelles – « le plus fructueux et naturel exercice de nostre esprit » (p. 922) – représente ici le but premier de la conférence, plus même que la recherche d'une « vérité » qui existerait préalablement à la conversation elle-même.

Plus encore qu'au contenu des propos, Montaigne est indifférent à l'égard des « bonnes manières ». La conversation « civile » est ordonnée par les règles, tant éthiques qu'esthétiques, du convenable ou de ce que Cicéron nomme le *decorum*. Ainsi, pour Guazzo, il faut parler à propos, au moment convenable et en sachant garder sa langue. Il faut aussi parler sobrement, en évitant de « trop s'affectionner[39] ». Enfin et surtout, il faut que la parole soit respectueuse de la hiérarchie des rangs qui structure la famille comme la société. Citons ici Maurice Magendie, comparant en 1912 (donc bien avant qu'il soit question d'éthique de l'agir communicationnel) l'usage de la raison chez Montaigne et chez Descartes :

> Si l'on veut, en effet, plaire aux autres et se plaire avec eux, il faut que chacun se présente en société par ses côtés les plus généraux, les plus accessibles, qu'il sacrifie momentanément ce que sa nature a de trop personnel, de trop fortement accusé : un accord s'établit au profit des qualités moyennes, éloignées de tout excès, qui ne choquent personne, parce qu'elles se retrouvent, au fond, à peu près identiques chez tous. Pour la conversation en particulier, on évite ainsi le heurt violent des idées, les disputes âpres et passionnées, tout ce qui fait dégénérer la causerie en querelles ; quelques différences suffisent pour entretenir une discussion intéressante et courtoise[40].

Par contraste, Montaigne cite en exemple les « altercations des bergers et des enfans de boutique » : « S'ils se detraquent, c'est en incivilité [...]. Mais leur tumulte et impatiance ne les devoye pas de leur thème [...]. S'ils previennent l'un l'autre, s'ils ne s'attendent pas, au-moins ils s'entendent » (III, 8, p. 925). Nous ne pouvons ici être d'accord avec Bernard Sève : la conférence n'est pas une conversation policée. Peu importe pour Montaigne que l'on lève la voix, que l'on s'échauffe, que l'on se coupe la parole, que l'on soit trop cassant par sa franchise, que l'on ironise sur les propos de son interlocuteur ou qu'on le provoque par des opinions outrées, car « ce qui poind touche mieux que ce qui plait » (p. 922). Montaigne ne se cache d'ailleurs pas de mépriser lui-même les règles

39. *Ibid.*, p. 16.

40. Maurice Magendie, *La Politesse mondaine et les théories de l'honnêteté en France au XVIIe siècle de 1600 à 1660*, Paris, thèse, 1912, p. 396.

ordinaires de civilité : « A bienvienner, à prendre congé, à remercier, à saluer, à presenter mon service, et tels complimens verbeux des loix ceremonieuses de nostre civilité, je ne cognois personne si sottement sterile de langage que moy » (I, 40, p. 253). Il ne se cache pas non plus d'être enclin à l'emportement et d'avoir un penchant naturel pour les conversations animées : « la parole vive et bruyante, comme est la mienne ordinaire, s'emporte volontiers à l'hyperbole » (I, 11, p. 1028). L'art de conférer n'est donc pas un art de la politesse, de la courtoisie ou de l'amabilité, au sens courant du terme :

> Il nous faut fortifier l'ouie et la durcir contre cette tandreur du son ceremonieux des parolles. J'ayme une societé et familiarité forte et virile, une amitié qui se flatte en l'aspreté et vigueur de son commerce, comme l'amour, és morsures et esgratigneures sanglantes. Elle n'est pas assez vigoureuse et genereuse, si elle n'est querelleuse, si elle est civilisée et artiste, si elle craint le hurt et a ses allures contreintes [III, 8, p. 924].

À l'usage positif du terme « incivilité » (l'incivilité n'empêche pas les bergers et boutiquiers de converser avec ordre) de la citation précédente répond l'usage ici négatif du terme « civilisée ». Une conversation par trop civilisée manque sa fin, qui est d'être « vigoureuse et généreuse » : « J'ay veu souvent des hommes incivils par trop de civilité, et importuns de courtoisie » (I, 13, p. 49). La conversation, telle que Montaigne la conçoit, n'est donc pas nécessairement « civile » au sens courant du terme, et l'on peut même dire avec Douglas Thompson que « Montaigne se présente comme l'aficionado endurci d'une forme vigoureuse de dialogue qu'il décrit explicitement comme une forme de conversation *in*civile[41] ».

---

41. D. Thompson, *Montaigne and the Tolerance in Politics, op. cit.*, p. 68. Il est vrai que Douglas Thompson voit ici une continuité entre la tradition de la conversation civile et Montaigne, comme il voit une continuité entre la conférence du chapitre III, 8 et l'éthique posthabermasienne de la discussion, au sens où converser impliquerait pour Montaigne

On a quelquefois comparé la conversation montaignienne à un sport[42]. C'est vrai si l'on précise que, dans le sport, le but n'est pas de gagner mais de jouer. Mon adversaire n'a d'autre rôle que de manifester ma propre valeur ; et les règles, souvent arbitraires, n'ont pour fonction que de permettre à chacun d'exercer ses potentialités : pour Montaigne, en effet, l'âme « veut estre eschaufée et reveillée par les occasions estrangeres » (I, 10, p. 41). Plus encore cependant qu'au sport, c'est au combat guerrier que Montaigne tend à comparer la conférence : le bon interlocuteur est comme un combattant courageux, qui ne craint pas les provocations, les heurts, les morsures et les égratinures[43]. Montaigne pense de la conversation ce que Tacite pensait de l'éloquence, à savoir qu'elle ne s'épanouit que dans un contexte agonal, et que « plus elle a été au combat, plus elle a porté et reçu de coups, plus elle a été chercher des adversaires plus redoutables dans les combats plus acharnés, plus sa grandeur, sa noblesse et la réputation qui lui valent ces dangers lui procurent de popularité[44] ». Pour Montaigne aussi, la contradiction stimule la conversation. Le consensus tend pour sa part à émousser le dialogue. L'écriture de l'essai tente d'intégrer cette dynamique agonale, et Montaigne revendique prendre « pour exercice et pour esbat à maintenir une contraire opinion à la [s]ienne » (II,

---

respecter les raisons de l'autre au sein d'une argumentation publique. Sans être en désaccord avec lui sur la défense de la tolérance chez Montaigne (même si cette défense n'est pas vraiment, selon nous, celle d'une tolérance *en politique*), il nous semble qu'il y a des différences importantes entre la recherche d'un combat loyal et celle d'un consensus supposant la reconnaissance d'une raison commune.

42. Voir par exemple P. Porteau, *Montaigne et la vie pédagogique de son temps*, *op. cit.*, p. 283 ; G. P. Norton, « "De trois commerces" and Montaigne's Populous Solitude », art. cité, p. 101-109 ; B. Sève, *Montaigne. Des règles pour l'esprit*, *op. cit.*, p. 238-239.

43. Voir M.-L. Demonet, « Art de conférer, art de raisonner », art. cité, p. 21.

44. Tacite, *Dialogue des orateurs*, XXXVII, éd. H. Goelzer, trad. H. Bornecque, Paris, Les Belles Lettres, rééd. 1960, p. 68.

12, p. 566)[45]. Comme l'écrit Theodor Adorno de la forme générale de l'essai littéraire, « parce que l'ordre sans faille des concepts n'est pas identique à l'étant, l'essayiste ne vise pas une construction close, inductive ou déductive[46] ». Dans une telle perspective, le but de la conversation n'est pas à proprement parler de trouver un terrain d'accord : en résistant à mes arguments, l'interlocuteur n'a d'autre valeur pour moi que de me révéler mes potentialités et de fortifier mon jugement – c'est d'ailleurs ainsi que Montaigne comprend souvent la bataille guerrière, à travers un modèle qui reste encore chevaleresque. Les analyses de l'art de la courtisanerie de Norbert Elias ou de Jürgen Habermas tracent un modèle de la conversation qui se trouve être l'inverse sur ce point de celui de Montaigne : il ne s'agit pas pour ce dernier d'intérioriser

45. Ce même rapprochement entre l'écriture de l'essai et la pratique conversationnelle sera fait par David Hume, pour qui la conversation seule permet d'acquérir « la liberté comme [...] l'aisance de la pensée et d'expression » (« De l'essai », dans Id., *Essais moraux, politiques et littéraires et autres essais,* trad. G. Robel, Paris, PUF, 2001, p. 108). Cet essai sur « l'essai » rapproche sans doute Hume de Montaigne. Par d'autres aspects cependant, Hume s'inscrit bien plus que Montaigne dans la généalogie de la constitution de l'espace public démocratique analysée par Habermas. C'est par exemple cas lorsque Hume écrit que « ceux qui appartiennent au monde de la conversation [...] associent à une humeur sociable et à un goût pour le plaisir un penchant pour les exercices de l'entendement moins ardus et moins ingrats [que ceux procurés par l'érudition], pour des réflexions limpides sur les affaires humaines et sur les devoirs de la vie commune » (p. 107) ; ou que la conversation est « ce qui rapproche les hommes dans des sociétés où chacun peut exposer ses pensées et ses observations avec tout l'art dont il est capable, et se procurer mutuellement du plaisir et des connaissances » (*ibid.*). Pour Hume, la conversation doit avoir pour sujet l'histoire, la poésie, la politique et principes de la philosophie les plus accessibles, en évitant les remarques futiles et commérages (*ibid.*) : elle a avant tout une fonction de vulgarisation, en rendant accessible au grand nombre de domaines sinon réservés aux savants. À l'inverse, Montaigne revendique le droit de « dire des fadaises », dès lors qu'il le fait sans effort et « nonchallament » (III, 1, p. 790) et pense que la conversation ne doit exclure aucun sujet.

46. Theodor W. Adorno, « L'essai comme forme », *Notes sur la littérature,* trad. S. Muller, Paris, Flammarion, 1984, p. 13.

une norme sociale (Elias) ou de se soumettre à une loi de civilité qui aurait valeur d'impératif universel catégorique (Habermas). L'autre y est un moyen bien plus qu'une fin, et si les règles ont une dimension pragmatique, elles ne sont jamais élevées à la dimension d'un impératif catégorique.

La société qui s'établit entre moi et l'autre est, *mutatis mutandis*, du même ordre que celle qui s'établit entre le lecteur et son livre. Le rapprochement fait dans le chapitre « Des trois commerces » est significatif de la valeur que Montaigne accorde à la relation intersubjective dans la conversation. Un livre se possède et est pour son lecteur un objet de stimulation d'esprit. Il représente en ce sens un interlocuteur idéal du fait de sa disponibilité permanente. La lecture présente par rapport à la conversation orale l'avantage de l'absence de contrainte : le commerce des livres est, en regard du commerce des personnes présentes devant moi, « bien plus seur et bien plus à nous » (III, 3, p. 827). Je lis à loisir et quand je veux, je choisis mes livres alors que je ne choisis pas entièrement mes interlocuteurs. J'abandonne ma lecture au premier moment de lassitude, alors que je ne quitte pas si facilement une conversation ennuyeuse. Le seul défaut du livre tient pour Montaigne dans l'effort qu'il demande au lecteur, qui rend la lecture moins immédiatement stimulante pour l'esprit : « l'estude des livres, c'est un mouvement languissant et foible qui n'eschauffe poinct : là où la conference apprend et exerce en un coup » (III, 8, p. 923). L'interlocuteur idéal à tous points de vue serait par conséquent celui qui me procurerait à volonté une stimulation d'esprit vive et agréable tout en demandant le moins d'effort possible de ma part. Cette comparaison montre bien ce que Montaigne attend de la conférence et quel type de « contrat » il noue avec l'interlocuteur.

« Un peu plus que la bestise »

Après avoir vu ce que la vraie « sottise » n'est pas, voyons ce qu'elle est et en quoi elle peut justifier l'irritation de Montaigne. Les « sots » ne sont ni ceux qui se cantonnent à des sujets légers ni ceux qui énoncent des opinions excentriques ou inconvenantes ; ce ne sont pas non plus ceux qui ne savent pas ce dont ils parlent, les ignorants fustigés par Guazzo, pour lequel le modèle de la bonne conversation est celle d'une académie de savants[47]. Ce ne sont pas plus ceux qui lèvent le ton, ni même ceux qui coupent la parole, qui pinaillent sur les détails, qui anticipent le discours de l'interlocuteur, lui font des attaques *ad personam* ou raillent son propos – bref, les associables au sens de Guazzo, qui rompent pour ainsi dire les formes du contrat de communication. Tous ces interlocuteurs ne sont, pour ainsi dire, que des petits délinquants de la conférence : Montaigne avoue tomber lui-même à l'occasion dans les mêmes travers. Les vrais criminels sont ailleurs.

Les « sots » sont pour Montaigne ceux qui parlent sans ordre : Montaigne hait une dispute « trouble et desreglée » (III, 8, p. 925). Mais qu'est-ce ici que l'« ordre » ou la « règle » ? Sans doute faut-il éviter de quitter le sujet et de faire des digressions : si Montaigne s'en irrite, il confesse que son écriture peut être accusée du même défaut, sachant que l'on peut « reprendre en autruy [s]es propres fautes » de la même façon qu'on peut « reprendre [...] celles d'autruy en [s]oy » (I, 26, p. 147). Plus que la digression ou de l'incohérence du propos, Montaigne pointe

47. Marcel Tetel souligne qu'à travers la citation par Montaigne de citations par Guazzo de Dante et de Pétrarque, « Montaigne et Guazzo se rejoignent dans la certitude du doute, de la nécessité du dialogue, de la coexistence nécessaire de la solitude et du dialogue » (*Présences italiennes dans les* Essais, *op. cit.*, p. 24) : il reste significatif que ce croisement ne se fasse pas à partir du texte même de Guazzo, mais à partir de deux autres auteurs, Dante et Pétrarque.

d'autres défauts. L'un d'entre eux est l'exhibition d'un savoir livresque : « je le hay, écrit-il, si je l'ose dire, un peu plus que la bestise » (p. 927)[48]. Ce qui ne veut pas dire, nous venons de le voir, qu'il ne puisse y avoir une forme de conversation avec les livres : ce que Montaigne critique n'est qu'un rapport faussé aux livres, et à travers eux aux discours des Anciens et à l'autorité en général. Nous avons déjà vu que Montaigne condamnait l'autoritarisme de la doctrine parce qu'elle arrête le mouvement heuristique de l'esprit au lieu de le stimuler. La doctrine est ainsi rejetée dans l'« Apologie de Raimond Sebond », en tant qu'elle est reçue « par autorité et à crédit », qu'elle exerce une « bride et contrainte » sur « la liberté de nos jugements » et une « tyrannie » sur nos créances (II, 12, p. 539). Les références livresques ne sont acceptées dans la conversation que si elles sont délestées de leur poids d'autorité et elles se présentent comme des opinions parmi d'autres, soumises à l'épreuve du jugement, telle une doctrine « non magistrale, imperieuse et importune [...], mais suffragante et docile » (III, 3, p. 924). De la même façon, Montaigne présente ses propos comme « humaines fantasies », qui ne sont en rien « incapables de doubte et d'altercation », mais sont « instruisables, non instruisants » (I, 56, p. 322). C'est aussi en ce sens qu'il faut comprendre le chapitre « De l'art de conferer » : ce n'est pas l'opinion des grands auteurs qui est critiquée, mais le fait d'arrêter le mouvement de la conversation par une parole considérée comme définitive et indiscutable. C'est bien sur ce point que l'irritation de Montaigne trouve sa cause légitime.

Si certaines formes déviantes de la conversation mettent en danger le lien social, c'est parce qu'elles tendent à priver la conférence de son caractère d'inquisition. Montaigne ne

48. Sur le sens ambivalent, et pas nécessairement péjoratif, du terme « bestise » dans les *Essais*, voir Sylvia Giocanti, « Montaigne et la bêtise », *Le Français préclassique (1500-1650)*, 12, Paris, Honoré Champion, 2009, p. 65-78.

condamne pas l'emportement ou les propos cassants, mais il condamne le ton magistral et, à travers lui, toute forme d'autoritarisme. Il est de même possible, voire nécessaire, de supporter que votre interlocuteur vous tance (« Je cherche à la verité plus la frequentation de ceux qui me gourment que de ceux qui me craignent », III, 8, p. 925), mais à condition que ce soit « par forme de conferance, non de rejance », c'est-à-dire sur un mode non dogmatique et non contraignant. Montaigne lui-même accepte qu'on le critique, « pouveu qu'on n'y procede d'une troigne trop imperieuse et magistrale » (p. 924) : ce n'est pas ici la vigueur de la « troigne » que craint Montaigne, mais bien sa prétention dominatrice, son caractère impérieux et magistral (i.e. propre à la parole du prince ou du maître d'école), donc la relation de pouvoir qu'elle engage. S'il est vrai qu'il se reproche à lui-même d'éprouver cette « aigreur tyrannique de ne pouvoir souffrir une forme diverse à la sienne » (p. 928), il s'agit bien là d'un des défauts qu'il reproche aux autres et dont il souhaite lui-même se corriger.

Montaigne veut donc bien qu'on le reprenne, mais non qu'on lui fasse la leçon en le plaçant dans la position d'un élève face à son maître[49] : l'interlocuteur n'apprend pas plus en conversant avec quelqu'un qui prétend posséder le savoir que l'élève n'apprend des leçons de son « pedante ». Il est vrai que Montaigne a ici un modèle auquel il peut se référer dans la personne de Socrate : celui-ci qui veut quitter la conversation tout à fait policée avec Protagoras pour la raison que ses longs discours font obstacle à un examen contradictoire[50] ; à l'inverse, Socrate ne s'offusque nullement des excès verbaux de Thrasymaque, dans la mesure où ceux-ci ne bloquent pas

49. « [Montaigne] aime le choc des idées, et soutient les siennes de tout son zèle : mais il prive son jugement du droit de prononcer des "arrêts" » (P. Porteau, *Montaigne et la vie pédagogique de son* temps, *op. cit.*, p. 260).

50. Platon, *Protagoras*, 334 c-335 c.

la conférence, mais tendent à la stimuler – le dialogue de la *République* va d'ailleurs se poursuivre sur neuf livres, Thrasymaque restant jusqu'au bout l'un des interlocuteurs de Socrate. La conversation socratique elle-même procède d'une « troigne » souvent vigoureuse, mais qui n'est jamais « impérieuse et magistrale » : Montaigne tente de retrouver quelque chose de cet esprit conversationnel dans son écriture de l'essai (« je parle au papier comme je parle au premier que je rencontre », III, 1, p. 790)[51].

Plus généralement sont rejetées toutes les postures d'arrogance, dans la mesure où elles conduisent à se soustraire à l'examen. Montaigne critique les affirmations massives du type « cecy est bon, cela ne l'est pas » (III, 8, p. 936) – le contraire même du « nouveau langage des Pyrrhoniens » évoqué dans l'« Apologie de Raimond Sebond » (II, 12, p. 527). Comme l'écrit Marie-Luce Demonet, Montaigne s'indigne « à l'encontre de cette façon sournoise d'utiliser les propriétés généralisantes de la langue[52] ». Il combat cette attitude dogmatiste en demandant à son interlocuteur de préciser ses raisons et d'entrer dans les détails : pinailler peut sembler une infraction au code des bonnes manières de converser, mais l'éristique est ici de bonne guerre. Il en va de même pour les postures de domination, qu'elles soient voulues par l'interlocuteur ou qu'elles découlent de son rang. Car, pour Montaigne, contrairement à Guazzo, il n'y a pas vraiment de conférence possible entre inégaux, non d'ailleurs du fait même de l'inégalité des partenaires, mais parce que la supériorité de rang ne peut manquer d'exercer une forme de contrainte et de faire obstacle à l'examen. Le chapitre qui précède « De l'art de conferer » a pour titre « De l'incommodité

51. Sur le lien intime de l'écriture à la parole dans les *Essais* (et à l'encontre du privilège accordé à l'écriture par Jacques Derrida), voir Gérard Defaux, « Parole et écriture dans les Essais de Montaigne », *Revue d'histoire littéraire de la France*, 6, 1990, p. 852-882.

52. M.-L. Demonet, « Art de conférer, art de raisonner (III, 8) », art. cité, p. 26.

de la grandeur » : la principale incommodité de cette grandeur est de ne pouvoir se mesurer aux autres, et par conséquent de ne pouvoir s'éprouver soi-même à travers le commerce des autres[53]. Comme La Boétie, Montaigne pense que le tyran ne peut avoir d'amis ou de compagnons de discussion. Il n'a autour de lui que des flatteurs : et discuter avec un flatteur n'est pas plus agréable que se mesurer à un adversaire qui fait exprès de mal jouer pour vous laisser gagner (« cette aysance et lache facilité de faire tout baisser soubs soy est ennemye de toute sorte de plaisir », III, 7, p. 919). Aussi Montaigne se dit-il « desgousté de maistrise *et active* et passive » (p. 917)[54]. De même, celui qui adopte une posture tyrannique dans la conversation ne peut avoir de répondant et mettre à l'épreuve son jugement. L'égalité est ici une condition de l'épreuve de soi.

Plus significative encore est la critique de celui que l'on pourrait nommer le dogmatiste empirique, qui tend à clore la conférence en citant à témoin des prétendus faits indiscutables, s'imposant d'eux-mêmes hors de toute contestation et de toute interprétation possible, et mettant donc un terme à la joute conversationnelle. C'est dans ce contexte que l'on peut comprendre le développement de la fin du chapitre « De l'art de conferer » sur la puissance de la fortune et la vanité de la prudence humaine. Montaigne veut montrer que le récit des « grandes » actions des hommes narré par les historiens ne démontre rien, ces actions pouvant aussi bien être attribuées à la prudence du grand personnage qu'à sa bonne fortune :

53. « Or l'incommodité de la grandeur, que j'ay pris icy à remarquer par quelque occasion qui vient de m'en advertir, est cette cy. Il n'est à l'avanture rien plus plaisant au commerce des hommes que les essays que nous faisons les uns contre les autres, par jalousie d'honneur et de valeur, soit aux exercices du corps, ou de l'esprit, ausquels la grandeur souveraine n'a aucune vraye part » (III, 7, p. 918). Sur les servitudes attachées à la domination, voir aussi le chapitre I, 42, « De l'inequalité qui est entre nous ».

54. Nous soulignons.

« cette sentence est justement receue, qu'il ne faut pas juger les conseils par les evenemens » (III, 8, p. 933). Montaigne ne dit pas ici que la prudence est inutile à la conduite de la vie et qu'il faut s'en remettre passivement à la fortune : nous avons vu que Montaigne ne rejetait pas toute forme de prudentialisme. Il ne cherche ici qu'à montrer que même l'évidence des prétendus « faits » peut être mise en doute, tant est indiscernable ce qui est doit être attribué à la vertu d'un homme et de ce qui doit l'être à la fortune. Pas plus qu'il n'y a de leçons à tirer des auteurs du passé, pas plus aussi qu'il n'y a, dans l'« Apologie de Raimond Sebond », de leçons à tirer de prétendues « vérités » scientifiques (au sens où l'on invoque souvent aujourd'hui des formules du type « la science montre que... », « les scientifiques disent que... », etc.), il n'y a de leçons que l'on puisse tirer de l'histoire. Ce propos s'enchaîne immédiatement sur un autre similaire, à savoir que le fait de prononcer des propositions vraies ne fait pas de quelqu'un un savant, mais peut aussi bien être, comme l'*orthè doxa* de Platon, le fruit d'un heureux hasard.

Montaigne écrit certes que « la cause de la verité devroit estre la cause commune » des interlocuteurs (III, 8, p. 924). Il n'y a pas pour autant quelque chose comme *la* vérité, universelle, absolue et définitive, qui, une fois trouvée, mettrait fin à toute enquête. Une telle vérité brimerait le jugement au lieu de le stimuler. Comme l'écrit Laurent Thirouin, « la vérité n'appartient pas à une thèse[55] ». Elle appartient en réalité à l'enquête elle-même : le scepticisme dévoile une vérité plus haute que celle des thèses et des opinions, à savoir celle de la vie de l'esprit humain dans son mouvement zététique. Les expressions adoucissantes récurrentes dans les *Essais* (« peut-être », « à l'avanture », « il semble que », « il me semble que », « je pense

55. Laurent Thirouin, « Pascal et l'art de conférer », *Cahiers de l'Association internationale des études critiques*, 40, 1988, p. 214. Voir sur ce point les analyses de Nicola Panichi dans *Picta historia*, *op. cit.*, p. 131 *sq*.

que », « je trouve que », etc.) sont moins des euphémismes conformes à un code de politesse que des expressions du caractère relatif des jugements énoncés et de leur subordination au mouvement heuristique de l'esprit qui les produit[56].

Le « sot » est donc moins le personnage distrait de la conversation, qui n'écoute pas ce qu'on dit et qui répond à côté du sujet, que le donneur de leçons qui tente de mettre fin à l'inquisition en invoquant des prétendues « vérités » de tout ordre : affirmations générales et massives, positions de principe, référence à un ordre de vérités immuables, invocation de l'autorité des Anciens, de l'opinion publique ou de faits indiscutables, etc. La conférence montaignienne ressemble fort au débat entre pyrrhoniens décrit dans l'« Apologie de Raimond Sebond » :

> Ils ne craignent point la revenche à leur dispute. Quand ils disent que le poisant [i.e. ce qui est pesant] va contre bas, ils seroient bien marris qu'on les en creut ; et cerchent qu'on les contredie, pour engendrer la dubitation et surceance de jugement, qui est leur fin. Ils ne mettent en avant leurs propositions que pour combatre celles qu'ils pensent que nous ayons en nostre creance [II, 12, p. 503][57].

Ceux qui sont exclus d'une telle conversation, ce ne sont pas les asociaux ou, comme c'est le cas chez Guazzo, ceux qui refusent obstinément de se plier aux normes imposées par les bonnes mœurs, les coutumes ou la religion, mais les dogmatistes, qui veulent dominer en faisant ostentation d'un savoir qu'ils prétendent posséder. C'est précisément cet esprit de dogmatisme qui a fait échouer

---

56. Sur ces expressions, voir Kristi Sellevold, « *J'ayme ces mots...* », *op. cit.*, p. 45-68. Sellevold parle de la « singularité du texte des *Essais* comme l'expression [...] d'un "jugement polyphonique" » (p. 33). Sur l'application de la théorie linguistique de la polyphonie aux *Essais*, voir en particulier p. 273-296.

57. Pour une interprétation contraire, voir B. Sève, pour qui « la conférence n'est pas une pratique sceptique » (*Montaigne. Des règles pour l'esprit*, *op. cit.*, p. 250).

les « conférences » de pacification religieuse[58]. La conférence privée pourrait parvenir à ce à quoi la conférence publique est condamnée à échouer du fait des relations de pouvoir qui s'y jouent. Elle peut manifester la productivité de l'antagonisme : celle-ci ne tient pas dans la prise de résolution, car la conversation privée n'a pas de finalité prescriptive, mais dans l'entretien du mouvement heuristique de l'esprit.

Laurent Thirouin a raison de dire que « l'art de conferer » est un art de comparer : il est peut-être plus encore un art de *se* comparer et de *s'*éprouver à travers le jugement que nous portons sur toute matière. La conférence n'est donc pas une forme d'instruction au sens courant du terme, ou une modalité de transmission des savoirs. Elle n'est pas non plus une recherche de consensus ou un échange de points de vue, comme l'est l'art de la courtisanerie de Castiglione ou la conversation de Guazzo. Si la conférence montaignienne implique elle aussi une relation à l'altérité, on ne trouve pas en elle ce décentrement du moi dans l'autre qui serait nécessaire pour fonder une dialectique de l'intersubjectivité ou de la différence, au sens d'un Apel ou d'un Habermas. L'autre y est avant tout un objet de confrontation, et la discussion, une épreuve pour exercer mon esprit. La conférence engage donc en premier lieu une relation de moi à moi. Les « règles » de la conférence ne sont pas des règles fondées dans un horizon d'objectivité qui serait découvert dans l'expérience de l'intersubjectivité dialogique : elles sont plutôt les conditions d'une épreuve agonale dont la finalité première est de manifester ses propres potentialités. Une condition en est

58. Voir Éric Pesty, « Conférer à la fin du XVIe siècle », *BSAM*, janvier-juin 2000, p. 109-120. Comme l'écrit Petsy, à l'époque de Montaigne, le terme même « conférence » est fortement connoté de ce sens politique, tout particulièrement depuis la conférence de Poissy en 1561. Petsy compare ici Montaigne et Pasquier : « Tout comme le dialogue, chez Montaigne, commence par renvoyer à l'antagonisme entre les opinions, la conférence, pour Pasquier, renvoie tout d'abord à l'antagonisme entre des intérêts divergents » (p. 115).

d'avoir des adversaires à la hauteur : l'autre reste avant tout un moyen pour provoquer l'esprit à son propre dépassement. Ici encore, Montaigne se réapproprie dans un nouveau contexte l'adage augustinien : « *foris admonet, intus docet* ».

Nous voilà donc loin de la « conversation civile » et de sa fonction de civilisation de l'homme par les mœurs, les coutumes, etc. Nous ne voulons pas dire pour autant que la conférence montaignienne ne trace pas indirectement une forme de projet social. Plus encore que l'égalité, c'est la liberté qui constitue la valeur centrale de ce projet implicite de société. Cette liberté peut sans doute s'accommoder dans une certaine mesure des règles de civilité et de société, mais elle ne se réalise pas à proprement parler *par* la cité : elle renvoie toujours à un « quant à soi » qu'il s'agit de préserver face aux sollicitations publiques. C'est à ce titre que l'on peut, comme le fait Nicola Panichi, appliquer à Montaigne la formule de Hegel sur la conversation socratique, comme productrice d'une urbanité qui est la « plus haute preuve d'un esprit libéral[59] ».

---

59. Voir N. Panichi, « De Socrate à Montaigne, en passant par Guazzo », art. cité, p. 72.

CONCLUSION : VERTU D'ÉGOÏSME OU ÉGOÏSME VERTUEUX ?

Le libéralisme désenchanté

Au terme de ce parcours, il nous est possible de définir, à partir de la lecture des *Essais*, quelques-unes des composantes de ce que nous avons nommé l'« esprit libéral ».

1. La mise en valeur du caractère substantiel de ce que les Modernes vont bientôt nommer le « moi », à travers une écriture à la première personne, libérée des condamnations traditionnelles de l'égotisme. Sans doute pourra-t-on dire de façon générale, après Alasdair MacIntyre et Paul Ricœur, qu'écrire sur soi-même, c'est toujours se référer à une syntaxe déjà formée par une communauté productrice de sens. Mais ce qui compte en l'occurrence est le projet même de Montaigne, qui revendique une écriture dégagée des conventions littéraires et sociales : son ouvrage se présente comme « le seul livre au monde de son espèce, d'un dessein farouche et extravagant » (II, 8, p. 385). Son entreprise, écrira Marie de Gournay, est « particuliere à luy », et tente d'échapper aux contraintes de ce que Francis Bacon nommera les idoles du marché. Cette revendication littéraire d'égotisme (le droit de parler de soi) va de pair avec une revendication d'égoïsme (le droit de s'aimer soi-même), qui prend une dimension à la fois privée et publique, ou plus précisément, pour nous référer indirectement aux

analyses de Hannah Arendt ou de Jürgen Habermas, fait pénétrer la sphère du privé dans le public.

2. L'affirmation de la valeur éthique de l'égoïsme fonde une morale centrée sur une conquête d'autonomie. Autonomie ne veut cependant pas dire isolement : il convient de distinguer la dimension d'altérité à laquelle les *Essais* sont fondamentalement ouverts et la dimension d'hétéronomie mise en avant par les « éthiques » postmodernes (Heidegger, Levinas, Derrida), qui sont aussi des éthiques postlibérales. Il est clair que la figure de l'animal, en laquelle certaines éthiques contemporaines veulent voir une figure du « tout autre », relève d'un propos sceptique : Montaigne s'oppose au dogmatisme anthropocentriste de la tradition philosophique, qu'il rend responsable du sectarisme confessionnel de son temps. Mais ce scepticisme ne se prolonge pas par une morale de la déprise de soi : il appelle bien plutôt en retour une appropriation à soi et à son corps. L'animal renvoie en ce sens à la figure d'un soi privé, non médiée par le social, et qui doit même souvent défendre ses droits contre les exigences qu'il nous impose.

3. L'éducation « libérale » définie dans les *Essais* vise cette conquête d'autonomie et d'authenticité grâce à une discipline de désengagement des formes les plus insidieuses d'oppression produite par le conformisme social. Montaigne s'oppose aux formes autoritaires de l'éducation pratiquée dans les institutions de son temps et annonce sur ce point les efforts contemporains, tel celui de Jacques Rancière, pour inventer un mode de transmission des savoirs dégagé des rapports de maîtrise et de servitude. Mais il est aussi étranger à une pensée de l'éducation de type collectiviste, telle celle, pourtant proche par certains aspects de l'esprit des *Essais*, d'un John Dewey, qui vise à former un homme adapté à son environnement social, un homme *pour* la société.

4. Être libéral n'est pas être libertarien ou anarchiste : c'est revendiquer une liberté privée protégée par les lois. Comme le montre bien Stephen Holmes, le libéral ne

s'oppose pas par principe à la puissance de l'État, et il peut à la limite être en faveur d'un État autocratique[1]. Ce qui compte est le sens de cette autorité. L'État est compris par Montaigne non comme l'expression d'une volonté générale ou populaire, mais comme un instrument de protection de l'individu et de ses choix contre les formes de coercitions, ouvertes ou insidieuses, de la société. Face à la crise des valeurs républicanistes, Montaigne dénonce, avant Montesquieu, Madison ou Constant, le caractère anachronique de la vertu civique des Anciens : « Il ne se recognoit plus d'action vertueuse : celles qui en portent le visage, elles n'en ont pas pourtant l'essence » (I, 37, p. 230). Ce faisant, il ouvre un nouveau chantier de réflexion sur la nature du lien social. Montaigne fait un pas en direction de la liberté « négative » telle que définie par Isaiah Berlin comme immunité à l'égard de la contrainte publique. Il réévalue à la baisse la fonction du politique, qui n'est pas de fournir les conditions idéales de la meilleure société, mais de garantir le minimum d'ordre civil nécessaire pour protéger l'individu contre la tyrannie du social.

5. La fondation d'un nouvel ethos de l'authenticité s'appuie sur une lutte permanente contre la force aliénante des passions glorieuses qui nous asservissent à autrui. Certaines doivent être éradiquées, comme le dogmatisme ou le fanatisme. D'autres, telles la gloire et la vanité, doivent être équilibrées, pour devenir des instruments non d'une aliénation à autrui mais d'une appropriation à soi. La prudence montaignienne articule ainsi une conception fragile de l'action dans le monde à une conception forte d'un agir sur soi-même : c'est cette prudence que Montaigne, donnant un nouveau sens à un terme ancien, nomme par le terme de « preud'homie », compris comme vertu non d'adéquation à des valeurs prédéterminées, mais comme vertu d'authenticité et d'expression de soi-même.

1. Voir S. Holmes, *Passions and Constraint*, *op. cit.*, p. 19-20.

6. L'affirmation du moi conduit à reformuler la nature de la société civile. Montaigne ne produit certes pas un discours normatif sur la justice, à la façon de l'éthique contemporaine. Il ne formule pas plus son projet social sous le mode d'un discours utopique, mais il l'aborde indirectement, à travers la description de lieux ou de pratiques « hétérotopiques ». Ceux-ci ont une fonction critique à l'égard des pratiques sociales existantes, mais ces pratiques laissent aussi dévoiler un projet positif de définition de ce que pourrait être une société fondée sur la valorisation d'un égoïsme vertueux. L'amitié est ainsi redéfinie, sur le fond du constat du déclin de la *philia politikè*, comme une relation libre liant deux individus hors de toute subordination à des valeurs communautaire prédéterminées. Elle acquiert paradoxalement une signification politique du fait même de son caractère apolitique.

7. La conférence, quant à elle, est comprise comme une épreuve de soi-même à travers l'autre bien plus que comme l'intériorisation par l'individu des normes sociales et sa soumission volontaire à elles (Stefano Guazzo, prolongé, dans la pensée contemporaine, par Norbert Elias ou Jürgen Habermas). Là aussi, l'individu ne se construit pas à travers la médiation du public. Encore moins est-il une production de la société : c'est bien au contraire la société qui est amenée à se construire à partir de l'individu considéré dans sa dimension présociale, voire de l'individu réticent au processus de socialisation et aux compromis qu'il implique.

Plusieurs questions doivent être posées au terme de ce parcours. L'une d'entre elles serait de savoir non ce qui fait de Montaigne un précurseur, peut-être le premier, de la pensée libérale ultérieure, mais *ce qui ne le rattache pas* – ou le rattache *moins* – à cette pensée libérale. On pourrait ici invoquer, avec Jean Balsamo, l'attachement de Montaigne aux valeurs nobiliaires de son temps[2], et à

---

2. Voir Jean Balsamo, *La Parole de Montaigne. Littérature et humanisme civil dans les* Essais, Turin, Rosenberg & Sellier, 2019. Sur le sens de « l'orgueil nobiliaire » de Montaigne, voir aussi l'ouvrage de James

travers elles à un idéal de magnanimité s'exprimant dans le courage et la générosité, dont Leo Strauss a montré combien il est devenu étranger à l'éthique bourgeoise de la période suivante[3]. Mais les valeurs de la noblesse de robe ne sont pas tout à fait celles de la noblesse d'épée. Elles leur empruntent quelquefois leur langage, mais en les réinterprétant en en leur conférant de nouveaux objets. Comme l'avaient vu David Schaeffer, Judith Shklar et David Quint[4], à la magnanimité et au courage guerrier, Montaigne substitue une forme de modestie et de pitié ; à l'héroïsme de la maîtrise de soi, il substitue une forme de soumission souple aux passions du corps ; à l'idéal d'un dévouement au public, il substitue une forme de dédain, dont il revendique en même temps la valeur publique. Le glissement, qui paraît quelque fois lent et hésitant, s'opère en réalité moins de l'éthique nobiliaire chevaleresque vers l'éthique d'une aristocratie de robe, que d'une conception fortement hiérarchisée de la société à une conception égalitaire (« nous sommes tous du vulgaire », II, 12, p. 570), fondée sur la valeur de cette « preud'homie » par laquelle Montaigne entend une capacité à exprimer les potentialités naturelles de l'homme.

Il reste que Montaigne peut paraître à bien des endroits hésiter entre le code des valeurs aristocratiques et le nouveau code moral bourgeois. Cette hésitation est par exemple bien visible dans la réticence qu'il éprouve à l'égard du capitalisme naissant. Comme l'a montré Philippe Desan, Montaigne revendique un idéal de noblesse en prônant la préservation de l'honnête contre « l'invasion de l'utile[5] ». Mais Desan a aussi montré que,

---

J. Supple, *Arms versus Letters: the Military and Litterary Ideals in the* Essais *of Montaigne*, Oxford, Oxford University Press, 1984.

3. Voir L. Strauss, *La Philosophie de Hobbes*, *op. cit.*, p. 35-54.

4. Voir D. Schaefer, « The Good, the Beautiful and the Useful: Montaigne transvaluation of Values », *American Political Science Review*, 7/1, 1979, 139-154 et *The Political Philosophy of Montaigne*, *op. cit.*, p. 347-396. Pour les autres références, voir *infra*.

5. Ph. Desan, *Les Commerces de Montaigne*, *op. cit.*, p. 230.

tout en étant l'objet de critiques dans le domaine de l'économie, le vocabulaire du marché contamine l'écriture des *Essais*[6]. L'époque de Montaigne est, écrit-il, celle du passage d'une économie féodale à une économie capitaliste, appuyée sur le « discours marchand et échangiste[7] » : de ce point de vue, le discours de Montaigne est un « discours hybride[8] ».

Arrêtons-nous un instant sur le chapitre I, 22, « Le profit de l'un est dommage de l'autre », chapitre le plus court des *Essais* (une demi-page dans l'édition de Pierre Villey)[9], pour mesurer l'écart entre Montaigne et ses successeurs libéraux anglo-saxons. Le titre résume le propos de Montaigne : celui-ci ne dit pas que le profit de l'un est aussi bénéfique à tous. Il ne le pense pas, ou tout du moins il n'*y* pense pas. Le jeu du marché décrit dans ce chapitre est un jeu sans gain ni perte. On ne se situe donc pas dans la perspective libérale de la « main invisible » (Adam Smith), des « harmonies économiques » (Frédéric Bastiat) ou de l'« identité naturelle des intérêts » (Élie Halevy)[10], qui rendraient les vices privés utiles à la communauté. La

6. Voir *Ibid.*, chap. 7 : « La valeur », p. 199-225. Sur le rapport de Montaigne à l'argent, voir aussi Géralde Nakam, *Les* Essais *de Montaigne, miroir et procès de leur temps. Témoignage historique et création littéraire*, Paris, Nizet, 1984, rééd. Paris, Honoré Champion, 2001, p. 27-74.

7. Ph. Desan, *Les Commerces de Montaigne*, *op. cit.*, p. 18.

8. « Montaigne symbolise et exprime mieux que quiconque la lutte au niveau de la langue, il développe un *discours hybride*, un style et un champ sémantique particulier où se mêlent en fait deux horizons sémantiques, deux "discours" (noble et marchand). Une telle hybridation discursive engendre une ambivalence et une hésitation profonde entre les valeurs nobiliaires et les valeurs marchandes » (*ibid.*, p. 111).

9. Ce chapitre est aussi l'un des moins retouchés par Montaigne dans ses éditions successives des *Essais*. Philippe Desan confère une valeur symbolique à ce « gel » (*ibid.*, p. 267-274). Il a déjà fait l'objet d'analyses de la part de David Schaeffer (*The Political Philosophy of Montaigne*, *op. cit.*, p. 377-379) et de Philippe Desan (*Les Commerces de Montaigne*, *op. cit.*, p. 267-274).

10. Elie Halévy, *La Formation du radicalisme philosophique*, 1901, rééd. Paris, PUF, 1995, p. 25-26, cité par C. Audard, *Qu'est-ce que le libéralisme ?*, *op. cit.*, p. 748, n. 19.

quasi-totalité de ce court chapitre est reprise à un texte du *De beneficiis* de Sénèque. Tout d'abord l'histoire de Demades, marchand athénien de cercueils condamné pour avoir tiré profit de la mort de ses semblables. La question de Montaigne est la même que celle de Sénèque : cette condamnation est-elle ou non juste ? Est-il, plus généralement, légitime de faire son profit du dommage d'autrui ? Montaigne plaide en faveur de cette légitimité en apportant trois arguments, dont les deux premiers sont empruntés à Sénèque.

1. Montaigne commence par dresser une liste de six métiers (le marchand, le laboureur, l'architecte, le ministre du culte, le médecin et le soldat) qui ne peuvent s'exercer qu'à la condition d'une perte ou d'un malheur pour autrui. Sénèque voulait simplement montrer que, si l'on condamnait (légitimement, du point de vue strictement moral) tous ceux qui exercent une profession en tirant bénéfice des malheurs des autres, plus aucun métier ne serait praticable. Le social n'est pas le moral comme l'utile n'est pas l'honnête, et il faut accepter une part d'ignominie dans la société. Montaigne souligne plutôt que ces professions ne sont pas communément considérées comme ignobles, quoiqu'elles ne s'exercent qu'au détriment, ou sur la base d'un dommage, d'autrui. Faisant pénétrer la sphère de l'utile dans celle de l'honnête, il accepte implicitement la morale de la nouvelle société commerciale et considère l'équilibre des gains et des pertes comme un mode sinon vertueux, tout du moins normal de fonctionnement. Il n'y a pas ici d'hiatus entre utile et honnête, mais plutôt une réévaluation de ce qui est honnête en un sens utilitaire.

2. Montaigne poursuit par un argument lapidaire, fondé sur l'observation de la psychologie humaine : « nos souhaits interieurs pour la plus part naissent et se nourrissent aux despens d'autruy ». Sénèque était plus précis, et fournissait plusieurs exemples pour montrer que « chacun n'a qu'à s'interroger et faire un retour sur les sentiments intérieurs de son cœur et à examiner

les souhaits qu'à part lui il a formés : combien de vœux que l'on a honte d'avouer même à soi-même[11] ! ». Le vice de trouver son plaisir dans le malheur d'autrui est donc commun, et par là acceptable du point de vue social, ce qui ne le rend pas pour autant vertueux. Là encore, pour Sénèque, la moralité n'est pas la légalité. Montaigne, quant à lui, décrit une dynamique normale (et non honteuse) de l'esprit humain. La réécriture de ce passage de Sénèque fait bien plus penser à l'image hobbesienne de la vie comparée à une course, dans laquelle tout le plaisir consiste dans la victoire sur l'adversaire : « Continuellement être dépassé, c'est misère. Continuellement dépasser celui qui est devant, c'est félicité[12]. » Faire son bonheur du malheur d'autrui est donc non seulement socialement admis, mais aussi anthropologiquement fondé. Montaigne fait ici un pas dans le sens d'une morale hédoniste, qui accorde ses droits aux désirs fondamentaux des individus.

3. Le dernier argument est propre à Montaigne – il représente son apport personnel au texte de Sénèque. Montaigne généralise l'idée d'une normalité de l'équilibre des profits et des pertes au-delà de la condition humaine, à la nature elle-même. Il ne s'agit donc plus ici de dire que tirer profit du malheur de ses semblables est honteux (sauf, précisait Sénèque, si l'intention est bonne) tout en étant socialement utile, mais de montrer qu'il s'agit là d'une pratique *légitime* car conforme à l'ordre des choses. Toute vie se paye d'une mort : Montaigne cite Lucrèce, mais la thématique d'une compensation cosmique des biens et des maux fait l'objet de la première parole philosophique conservée, celle d'Anaximandre, selon lequel les êtres « se rendent mutuellement justice [*dikè*] et se donnent compensation [*tisis*] de leurs injustices [*adikia*] selon l'ordre du

11. Sénèque, *De beneficiis*, VI, 38, trad. F. Préchac, *Des bienfaits*, t. II, Paris, Les Belles Lettres, 1972, p. 71.

12. Th. Hobbes, *Éléments de la loi naturelle et politique*, trad. D. Weber, Paris, Le Livre de poche, 2003, p. 145.

temps[13] ». Il ne s'agit pas ici de la célèbre constatation (libérale) de Kant, selon laquelle les arbres, en se faisant obstacle, produisent une dynamique bénéfique à tous[14], ni des maximes de Frédéric Bastiat pour qui « le profit de l'un est le profit de l'autre » et « le bien de chacun favorise le bien de tous »[15]. La référence à une pensée préchrétienne du cosmos oblitère les notions de croissance et de progrès. À cette cosmologie sans téléologie fait pendant un libéralisme que l'on pourrait qualifier de désenchanté.

Malgré donc le fait qu'aucun bénéfice commun ne soit attendu de l'échange, celui-ci n'en reste pas moins légitime (et non seulement, comme pour Sénèque, légal), car triplement fondé, socialement, anthropologiquement et naturellement. Il ne s'agit pas ici seulement de vente de cercueils : l'argument de Montaigne pourrait aussi bien servir à légitimer le prêt à usure ou les guerres commerciales. Le profit marchand n'est donc pas par lui-même ignoble dès lors qu'il entre dans l'ordre de la nature. Et l'harmonie de la nature, nous l'avons vu, ne consiste pas dans un progrès continu rendu possible par l'accroissement mutuel des parties, mais plutôt dans l'alternance équilibrée et constante des maux et des biens.

Ce chapitre peut être rattaché aux considérations économiques mercantilistes de l'époque, pour lesquelles l'équilibre entre le gain et la perte est la loi de tout échange. Adam Smith s'y opposera, mais ce sera en prenant en compte la valeur ajoutée non tant par la recherche du profit et l'esprit de compétition qu'il nourrit que par la division du travail et la productivité de gain obtenue par la spécialisation dans une tâche unique. S'arrêter à

13. Voir Simplicius, *Fragments*, IX.

14. Emmanuel Kant, *Idée d'une histoire universelle du point de vue cosmopolitique*, cinquième proposition, trad. L. Ferry, dans Id., *Œuvres philosophiques*, éd. sous la dir. de F. Alquié, Paris, Gallimard, t. II, 1985, p. 194.

15. Frédéric Bastiat, *Harmoniques économiques*, dans Id., *Œuvres complètes*, Paris, Guillaumin et Cie, t. VI, 1864, p. 122.

ce schéma mercantiliste serait cependant réducteur en regard du propos général des *Essais*. Citons ici Albert Hirschman parlant de la naissance de l'économie politique en Angleterre :

> L'idée s'est répandue, à travers l'historiographie, que pour les prédécesseurs de Hume et d'Adam Smith le commerce n'est rien d'autre qu'un jeu à somme nulle – le gain revenant en totalité au pays disposant, dans ses échanges avec tel autre, d'une balance excédentaire, alors que le pays placé dans la situation inverse subit une perte équivalente. Mais si l'on s'attache non plus à la seule question de la balance commerciale, mais à l'ensemble de ce qui est écrit aux XVIIe et XVIIIe siècles sur l'activité économique et les échanges commerciaux, on constate qu'aux yeux de la plupart des auteurs de ce temps, le développement des échanges profite à toutes les parties. Nombre des avantages qu'ils en attendent sont de nature politique, sociale et même morale plutôt que purement économiques[16].

Un tel propos pourrait sans doute s'appliquer en amont de la période considérée par Hirschman, et en particulier à Montaigne. Car, hors du bénéfice économique *stricto sensu*, l'échange engendre bien pour lui une plus-value[17]. L'amitié et la conférence sont bien deux pratiques d'un échange à somme positive pour les deux parties, l'une et l'autre gagnantes. Nous retrouvons ici ce que nous avons annoncé dès notre introduction : si Montaigne annonce le libéralisme, c'est avant tout sur le plan de son anthropologie morale et politique ; et cette anthropologie morale et politique a précédé la « doctrine » libérale des siècles suivants, centrée sur une observation économique. Ce constat économique de la productivité d'un échange fondé sur la recherche de l'intérêt égoïste engendrera lui-même

---

16. A. Hirschman, *Les Passions et les Intérêts*, *op. cit.*, p. 51.

17. Pour le marché économique lui-même, il faudrait mettre en relation le texte cité du chapitre I, 22 avec le chapitre presque aussi court, I, 35, « D'un défaut de nos polices », où Montaigne défend l'idée d'une rationalisation de l'offre et de la demande à partir d'une circulation centralisée de l'information (p. 223-224).

une pensée politique normative : mais cette pensée économique libérale n'est en réalité que seconde, du point de vue de la généalogie des idées, par rapport à l'anthropologie morale et politique mise en place par Montaigne.

Libertarianisme ou pluralisme des valeurs ?

Une fois admise la règle de ce jeu intellectuel qui consiste à relire rétroactivement les *Essais* de Montaigne à partir d'un mouvement d'idées à laquelle ils ont contribué à donner naissance, rien ne nous interdit de poser, tout en restant dans le terrain de ce jeu, cette dernière question : dans le contexte contemporain, où pourrait-on, au moins par hypothèse, placer Montaigne sur l'échiquier complexe du libéralisme contemporain ?

Nous avons déjà souligné que Montaigne met moins l'accent sur les dispositifs institutionnels à même de produire une société dite « juste » que sur l'ethos des membres d'une société libérale. Non qu'il pense qu'il faille rétablir une forme de communauté de pensée ou d'*homonoia* entre les citoyens, ou encore une amitié politique au sens des Anciens. Montaigne a pris acte de l'impossibilité d'un tel projet, manifestée par l'échec des politiques de conciliation entre les différentes confessions. L'époque de Montaigne n'est plus celle de Nicolas de Cues, de Pic de La Mirandole ou d'Érasme. Le *dissensus* apparaît progressivement comme un fait incontournable et indépassable. Ce que Montaigne critique, ce n'est pas le pluralisme en tant que tel, mais les attitudes rigides et dogmatistes qui lui confèrent une portée destructrice. Le programme moral des *Essais* réside en grande partie dans une critique des méfaits produits par l'orgueil et le souci de la gloire, ainsi que des passions qu'elles créent ou exacerbent, telle la cruauté. Montaigne les condamne non en tant que passions, car les passions font partie de notre être, mais en tant qu'elles nous poussent à nous attacher à une projection sociale et extérieure de nous-mêmes.

Cette méfiance de Montaigne à l'égard du social pourrait-elle nous permettre de le placer aux côtés des libertariens actuels ? Nous avons dit que Montaigne était le premier lecteur de La Boétie qui comprenait la servitude volontaire non comme un asservissement à un type particulier illégitime de régime politique mais comme l'asservissement volontaire aux contraintes, et en particulier aux contraintes insidieuses, de la société en général. Daniel Howe, qui a retracé l'histoire du *self* aux États-Unis, de Benjamin Franklin jusqu'au cercle des transcendantalistes[18], conclut son ouvrage par un chapitre sur Henry David Thoreau et la résistance civile en lui donnant pour titre « La construction du moi contre l'État » : c'est bien en ce sens que, dans la constellation libérale contemporaine, la culture de l'égoïsme ou de l'individualisme est comprise par les penseurs libertariens, qui voient dans toute contrainte étatique (et en particulier dans les taxations et prélèvements obligatoires) une violence illégitime faite à la liberté de l'individu. Des penseurs comme Robert Nozick ou Murray Rothbard pourraient apparaître à ce titre comme des héritiers de cet égoïsme revendiqué par Montaigne. Mais les différences entre Montaigne et ces penseurs sont plus significatives que les points de convergence. Tout d'abord parce que, à la suite de John Rawls, ceux-ci s'attachent à la structure institutionnelle (minarchique chez Nozick, anarchique chez Rothbard) de la société plus qu'à la dimension anthropologico-éthique du libéralisme, qu'ils présupposent plutôt qu'ils la thématisent, en adoptant d'emblée un point de vue déontique fondé sur le droit naturel imprescriptible de l'individu. En second lieu parce que l'État n'est pas la société : Montaigne redoute bien plus la seconde que le premier ; les mauvais monarques sont ceux qui, par faiblesse ou par exercice irrationnel du pouvoir, se

18. Daniel Walker Howe, *Making the American Self. Jonathan Edwards to Abraham Lincoln*, Oxford, Oxford University Press, 1997.

sont trouvés impuissants à remédier aux pathologies du social, voire les ont aggravées par leur incompétence. En ce sens, on pourrait dire que Montaigne défend, comme Locke, Madison, Tocqueville ou Hayek, un libéralisme constitutionnel, dans lequel les droits des individus sont protégés par un dispositif juridico-politique.

Le cas du libertarianisme minarchiste d'Ayn Rand est un peu différent. Les romans et essais de Rand n'ont sans doute pas la rigueur analytique de l'œuvre d'un Nozick[19] : mais ses réflexions sur la vertu d'égoïsme (*selflishness*[20]), inspirées d'une lecture personnelle des transcendantalistes américains et de Nietzsche (mais non, significativement, de Montaigne), ont le mérite de se situer à un niveau anthropologico-éthique, ce qui autorise un dialogue plus approfondi avec l'auteur des *Essais*. Il est clair que la comparaison des univers intellectuels de Rand et de Montaigne ne tiendrait pas longtemps. Qu'y a-t-il de commun entre le rationalisme, l'antirelativisme et l'antihéraclitéisme militant du mouvement « objectiviste » créé par Rand, qui soutient que les valeurs morales ont une réalité objective fondée à la fois biologiquement et rationnellement (« L'attitude la plus lâche de toutes est sans doute celle qu'exprime le mot d'ordre "ne soyez sûr de rien"[21] »), et le scepticisme relativiste de l'auteur des *Essais* ? Ou encore entre la promotion d'un aristocratisme culturel qui serait indirectement bénéfique à l'ensemble de la société et la culture égalitaire initiée par Montaigne ? Il reste cependant des proximités dans les revendications de la valeur

19. Nozick assista un temps au séminaire privé d'Ayn Rand. Il a d'ailleurs discuté l'argument éthico-biologique pseudo-nietzschéen de Rand (pour lequel la morale est une expression de la vie) dans son article « On The Randian Argument », *The Personalist*, 582, 1971, p. 282-304.

20. Ayn Rand n'emploie pas le terme « *egoism* », qui désigne pour elle quelque chose comme la « gloire » de Montaigne ou la *vain glory* de Hobbes.

21. Id., « L'attitude de l'intellectuel », dans Id., *Une philosophie pour vivre sur la terre,* trad. M. Lemosse, M. Meunier et A. Laurent, présentation A. Laurent, Paris, Les Belles Lettres, 2020, p. 210.

morale de l'égoïsme chez les deux auteurs. Relevons-les autour de quelques textes des *Essais* que nous avons déjà croisés.

1. L'estime de soi est pour Rand une obligation dont l'homme est redevable envers lui-même : « L'homme doit vivre pour son propre intérêt, ne sacrifiant ni lui-même aux autres, ni les autres à lui-même. Vivre pour son propre intérêt signifie que l'accomplissement de son propre bonheur est le plus haut but moral de l'homme[22]. » Ce thème pourrait faire écho à celui du chapitre « De mesnager sa volonté », selon lequel « la principale charge que nous ayons, c'est à chacun sa conduite ; et est ce pour quoy nous sommes icy » (III, 10, p. 1006-1007). La formule de John Galt dans *Atlas Shrugged,* « En quoi serait-il moral de servir de bonheur d'autrui et non le nôtre[23] ? », semble prolonger la formule de Montaigne selon laquelle « qui abandonne en son propre le sainement et gayement vivre pour en servir autruy, prent à mon gré un mauvais et desnaturé parti » (III, 10, p. 1007).

2. Rand critique le conformisme social qui impose aux hommes l'oubli d'eux-mêmes en faveur d'autrui :

> La perfection morale s'accomplit en refusant de jouer le rôle d'un animal sacrificiel et en réfutant toute doctrine qui prêche l'auto-immolation comme une vertu ou un devoir moral [...]. [L'homme ne peut tirer aucun avantage dans] une société qui le traite comme un animal sacrificiel et le pénalise pour ses vertus [...] ; bref, une société fondée sur l'éthique de l'altruisme[24].
>
> Si un homme accepte l'éthique de l'altruisme, il doit souffrir [...] un manque d'estime de soi, puisque sa première préoccupation dans le domaine des valeurs n'est pas de savoir comment vivre sa vie, mais comment la sacrifier[25].

---

22. Id., *La Vertu d'égoïsme,* trad. A. Laurent, Paris, Les Belles Lettres, 2011, p. 60.

23. Id., *La Grève* (*Atlas Shrugged*), cité dans Id., *Une philosophie pour vivre sur la terre, op. cit.,* p. 13.

24. *Ibid.,* p. 60 et 71.

25. *Ibid.,* p. 79.

Ce thème était récurrent chez Emerson (« Leurs vertus sont des façons de faire pénitence [*penances*]. Je ne souhaite pas expier, mais vivre[26] »), mais il occupe aussi une place importante dans les *Essais*, pour lesquels

> la plus part des reigles et preceptes du monde prennent ce train de nous pousser hors de nous et chasser en la place, à l'usage de la societé publique. Ils ont pensé faire un bel effect de nous destourner et distraire de nous, presupposans que nous n'y tinsions que trop et d'une attache trop naturelle [...] et n'ont espargné rien à dire pour cette fin [III, 10, p. 1006].

3. Selon Rand, l'altruisme n'est jamais vraiment désintéressé. L'altruiste n'est qu'un mauvais égoïste, qui ne s'estime que dans l'image que les autres lui renvoient. Voici l'extrait d'un dialogue du roman *The Fountainhead* :

> N'est-ce pas là la source de toutes les actions méprisables ? Non pas l'égoïsme, mais précisément la trahison de soi ? [...] Tous les gens dont vous parlez [*i.e.* les prétendus altruistes] n'agissent-ils pas pour un motif égoïste [...] être remarqués, aimés, admirés... par les autres ! Et même si ça doit leur coûter le respect d'eux-mêmes. Dans l'échelle de valeurs, ils placent les autres au-dessus d'eux-mêmes, exactement comme l'exige l'altruisme. Un homme véritablement égoïste n'a cure de l'approbation des autres. Il n'en a simplement pas besoin[27].

Montaigne aussi critique le souci de gloire, y voyant une forme d'automystification (« Je ne me soucie pas tant quel je sois chez autruy, comme je me soucie quel je sois en moy mesme. Je veux estre riche par moy, non par emprunt », II, 16, p. 625). Et il dénonce l'hypocrisie du discours du dévouement à autrui, non seulement parce qu'il maquille sous un vocabulaire de vertu la recherche d'un intérêt personnel, mais aussi parce qu'il masque souvent le désir de s'échapper à soi-même (« Ils ne cherchent la besongne que pour embesongnement », III,

---

26. R. W. Emerson, *La Confiance en soi*, *op. cit.*, p. 93.
27. Ayn Rand, *La Source vive* (1943), trad. J. Filion, Paris, Plon, 1971, p. 603.

10, p. 1004). Le dilemme ne se situe pas entre l'égoïsme et l'altruisme, mais entre « une amitié salutaire et reiglée, également utile et plaisante » et « une amitié molle et indiscrete, en laquelle il advient ce qui se voit au lierre, qu'il corrompt et ruyne la paroy qu'il accole » (III, 10, p. 1006).

4. Pour Rand, le souci des autres n'a de valeur morale qu'à condition d'être subordonné au souci de soi-même :

> La méthode appropriée pour déterminer quand et si on devrait aider une autre personne s'appuie sur notre propre intérêt personnel rationnel et notre propre hiérarchie de valeurs : le temps, l'argent et l'effort que l'on donne ou le risque que l'on prend devraient être proportionnels à la valeur que cette personne représente pour nous[28].

Pour Montaigne aussi, seul celui qui sait « exactement ce qu'il se doibt, trouve dans son rolle qu'il doibt appliquer à soy l'usage des autres hommes et du monde, et, pour ce faire, contribuer à la société publique des devoirs et offices qui le touchent » (III, 10, p. 1006).

Ce n'est pas non plus à proprement parler par le ton que les deux auteurs diffèrent. Ni l'un ni l'autre ne cherchent à éviter la provocation, pas plus d'ailleurs qu'Emerson lorsqu'il attaque la morale de la charité et promeut la « doctrine de la haine » ou que Nietzsche lorsqu'il s'attaque à la morale altruiste comtienne. La provocation fait partie de la rhétorique parénétique de l'estime de soi depuis les cyniques et les stoïciens jusqu'aux libertariens contemporains. La différence se situe bien plus dans le poids accordé à la valeur de la liberté privée. Pour un libertarien, il n'y a qu'une seule valeur – l'inviolabilité du *self*. Le libertarien est ce qu'Isaiah Berlin nomme un hérisson, c'est-à-dire quelqu'un qui ne connaît qu'une unique valeur, comme le hérisson ne connaît qu'un seul mode de défense. Il s'oppose en cela au renard aux mille ruses, c'est-à-dire à celui qui reconnaît des valeurs

28. Id., *La Vertu d'égoïsme*, *op. cit.*, p. 84.

plurielles. Le libéralisme de Montaigne n'est en rien, quant à lui, moniste ou holistique : la liberté privée est sans doute une valeur fondamentale, mais elle n'est jamais la seule. Montaigne n'ignore pas par exemple la valeur de la sécurité. Il ne rejette pas la contrainte étatique comme illégitime : en temps de troubles civils et de faiblesse de l'État, il pense que cette contrainte est nécessaire, sans nier pour autant qu'elle soit profondément contraire à l'aspiration naturelle de l'esprit humain à la liberté. Il écrit bien que « l'interest commun ne doibt pas tout requerir de tous contre l'interest privé » (III, 1, 802), mais il ne dit jamais que l'intérêt commun ne peut *rien* requérir de l'individu : l'équilibre à atteindre est affaire de négociation, de marchandage et de compromis nécessairement relatifs et précaires. Montaigne n'ignore pas plus la valeur du bien-être matériel. Son indignation contre les inégalités extrêmes s'exprime par exemple dans la seconde réflexion des cannibales de Rouen, qui est « qu'ils avoyent aperçeu qu'il y avoit parmy nous des hommes pleins et gorgez de toutes sortes de commoditez, et que leurs moitiez estoient mendians à leurs portes, décharnez de faim et de pauvreté ; et trouvoient estrange comme ces moitiez icy necessiteuses pouvoient souffrir une telle injustice, qu'ils ne prinsent les autres à la gorge, ou missent le feu à leurs maisons » (I, 31, p. 214). Les cannibales se font ici les porte-parole de Montaigne lui-même, qui se plaint à Henri III de ne voir « par les villes et par les champs, qu'une multitude effrénée de pouvres[29] ». Ils sont les défenseurs de la civilisation authentique contre le mépris de la société occidentale moderne envers les plus démunis. Et une vraie civilisation se construit sur des compromis, non sur une valeur unique.

Par son pluralisme des valeurs, Montaigne serait proche de certains disciples américains d'Isaiah Berlin,

---

29. Montaigne, « Lettres de 1582 à 1585, aux jurats, aux rois, à Matignon », dans Id., *Œuvres complètes*, éd. M. Rat et A. Thibaudet, Paris, Gallimard, 1962, p. 1377, cité par G. Nakam, *Montaigne et son temps*, *op. cit.*, p. 323.

comme Judith Shklar, Michael Walzer ou Richard Rorty, qui ont associé la défense de la liberté « négative » aux traditions américaines du transcendantalisme (Emerson, Thoreau) et du pragmatisme (John Dewey). Ce qui est commun à Shklar, Walzer et Rorty est d'avoir, d'une façon ou d'une autre, renoncé à concilier l'inconciliable et à établir une échelle universelle et définitive des valeurs. Ce rejet même produit en quelque sorte sa propre valeur, une valeur négative ou défensive contre le *summum malum* qu'est l'accaparement d'un champ de valeurs par un autre (par exemple les devoirs privés par les devoirs politiques). Berlin nommait « *decency* » cette non-confusion. Une société décente est pour lui une société dans laquelle aucune valeur attachée aux aspirations fondamentales de l'homme n'est purement et simplement éradiquée ou dissoute dans une autre. La décence n'est pas une valeur positive particulière qui reposerait sur une conception de ce qu'est la vie bonne, mais la garantie de reconnaissance de la pluralité de valeurs incommensurables.

On retrouve trois traits essentiels de ce code de valeur morale chez les disciples américains de Berlin.

1. Celui-ci se définit comme un code très général de valeurs défensives formulées négativement, en particulier à l'encontre de l'absorption d'une valeur par une autre. La cruauté pour Shklar ou l'humiliation pour Rorty consistent dans la violence exercée par la puissance publique sur l'homme privé, de même que la tyrannie consiste pour Walzer dans la tentative de subordination d'un principe de justice distributive à un autre (p. ex. la richesse convertie en puissance politique)[30]. Chez

30. « La tyrannie a toujours un caractère spécifique : elle est le franchissement d'une frontière particulière, une violation particulière d'une signification sociale » (*Sphères de justice*, *op. cit.*, p. 56). Walzer emprunte ici à la théorie des ordres de Pascal (Pascal, *Pensées*, éd. Lafuma, fragment 58). Pour la notion même de « sphère », au sens que lui donne Walzer, rappelons qu'elle a été popularisée par théologien hollandais du XIXe siècle, Abraham Kuyper. Sur le rapport entre Walzer, Berlin et Shklar, voir M. Walzer, « Comment valoriser le pluralisme ?

Rorty, l'ironie, caractère propre du libéral, se définit comme le renoncement « à l'exigence d'une théorie qui unifie le public et le privé pour [se] contenter de juger des exigences également valables, quoiqu'à jamais incommensurables[31] ».

2. Ces valeurs négatives ne sont pas déduites d'un système rationnel, mais elles sont appréhendées de la même façon que Montaigne exprime son rejet de la cruauté, sur le registre du dégoût ou de la répulsion. Comme l'écrit Rorty, commentant ces textes de Shklar :

> Pour les ironistes libéraux, la question « Pourquoi n'être pas cruel ? » n'admet pas de réponse : autrement dit, il n'y a pas de fondement théorique non-circulaire à la conviction que la cruauté est chose horrible. Pas plus qu'il n'y a de réponse à la question, « Comment décidez-vous quand lutter contre l'injustice et quand vous consacrer à des projets privés d'autocréation ? »[32].

On retrouve ce que Berlin, dans un texte déjà cité, dit de la décence, qu'elle n'a pas de définition précise ni n'obéit à une règle particulière :

> Je ne nie pas bien sûr qu'il y ait des principes généraux de comportement et d'activité humaine sans lesquels il ne peut y avoir une société suffisamment décente. Ne me demandez pas ce que j'entends par décent : par décent, j'entends décent ! Nous savons tous ce que c'est[33].

3. Ce code éthique se présente comme un socle minimal de prescriptions, au-delà duquel la pluralité irréductible des valeurs ne peut faire l'objet d'une équation, mais seulement de compromis provisoires relatifs à des contextes donnés (sociétaux, culturels, historiques, etc.). Le moraliste doit se résigner au perspectivisme. C'est bien le cas chez

---

Une lecture d'Isaiah Berlin » (1995), trad. J.-C. Monod, *Esprit*, août-septembre 1996, rééd. dans Id., *Pluralisme et Démocratie*, trad. collective, introduction J. Roman, Paris, Esprit, 1997, p. 131-147.

31. R. Rorty, *Contingence, Ironie et Solidarité*, *op. cit.*, p. 15.

32. *Ibid.*, p. 16

33. I. Berlin, *En toute liberté*, *op. cit.*, p. 142.

Walzer, pour qui le respect des sphères de justice est aussi un respect des équilibres toujours relatifs aux significations que chaque communauté sociale confère à tel ou tel bien :

> Comment pouvons-nous décider de la répartition des soins de santé, sans nous préoccuper de la valeur accordée à la santé et à la longévité dans un groupe déterminé ? Ou bien établir une politique de l'éducation sans prêter attention à l'importance de l'éducation dans une société particulière ?[34]

Ce perspectivisme culmine dans la définition donnée par Rorty de l'ironiste libéral :

> J'emploie « ironiste » pour désigner le genre de personne qui regarde en face la contingence de ses croyances et désirs centraux : quelqu'un qui est suffisamment historiciste et nominaliste pour avoir abandonné l'idée que ces croyances et désirs centraux renvoient à quelque chose qui échapperait au temps et au hasard[35].

---

34. M. Walzer, « Les deux universalismes », *Esprit*, décembre 1992, rééd. dans *Pluralisme et Démocratie*, *op. cit.*, p. 88.

35. *Ibid.*, p. 15. Sur la proximité de Rorty et de Montaigne, voir en particulier Jack Abecassis, « "Le Maire et Montaigne ont toujours esté deux d'une séparation bien claire". Public Necessity and Private Freedom in Montaigne », *Modern Language Notes*, 110/5, 1995, p. 1067-1089 et Christopher Edelman, « Belonging to Oneself. Montaigne on Moral Autonomy », dans C. C. S. Thomas (dir.), *No Greater Monster nor Miracle than Myself. The Political Philosophy of Montaigne*, Macon (Georgia), Mercer University Press, 2014, p. 36-58. À partir d'une perspective foucaldienne, David Hiley (« The Politics of Skepticism: Reading Montaigne », *History of Philosophy Quaterly*, 9/4, 1992, p. 379-399) s'oppose en partie à ce parallèle, en faisant valoir que Montaigne refuse de consentir à une « vie bifurquée » entre privé et public (p. 380). Ann Hartle, pour sa part (« Autonomy and Cruelty: Rorty and Montaigne on the Social Bond », dans E. K. Bush, P. A. Lawler [dir.], *Democracy Reconsidered*, New York, Lexington Books, 2009, p. 69-77), dont les arguments rejoignent ceux du communautarisme d'un Alasdair MacIntyre, voit une « opposition frontale » (p. 71) entre les deux auteurs, à partir de leur conception du fondement du lien social (la compassion réciproque pour Rorty, la « vérité », exprimée à partir de la tradition et de la communauté, pour Montaigne). Voir aussi l'article récent d'Emiliano Ferrari, « Continental Skepticism and American Pragmatism: Transatlantic Uses from Montaigne to Richard Rorty », *MS*, 31, 2019, p. 83-96.

Nous avons ici nommé trois penseurs contemporains de l'éthique du libéralisme – trois penseurs que l'on peut nommer par ailleurs des *liberals* au sens américain du terme, associant la défense de la liberté privée à celle d'un *welfare state*, et qui nous semblent pouvoir être considérés par certains points comme les héritiers du « libéralisme » de Montaigne. Peut-on allonger cette liste pour inclure *tous* les « pluralistes » libéraux ? Limitons-nous ici à évoquer deux auteurs à la fois proches par leur projet et différents par leur méthode – John Rawls et Thomas Nagel.

La théorie de la justice de Rawls répond en grande partie aux critères mentionnés. Recouverts du voile d'ignorance, garant de la neutralité des principes déontologiques fondamentaux, les individus ignorent leur position dans la société. Mais ils savent une chose : que, quelle que soit leur situation, ils veulent éviter le pire : l'esclavage, le servage, la persécution religieuse, la soumission par une classe sociale, la cruauté et la torture, la pauvreté extrême, etc.[36]. Le principe du *maximin*, selon lequel l'ordre social le plus juste est celui qui améliore le sort des plus mal lotis, converge, par des voies différentes, avec le rejet de l'indécence chez Berlin, ou celui de la cruauté, de la tyrannie et de l'humiliation chez Shklar, Walzer et Rorty. Et la priorité donnée à la liberté rejoint sans doute celle accordée par Montaigne au « ménagement » de la volonté. Ce qui diffère est plutôt la tentative, héritée du rationalisme, d'ordonner les principes de justice selon un ordre lexical (le premier étant absolu, le second conditionné à l'application du premier, le troisième à l'application du premier et du second, etc.)[37]. À l'holisme moniste des libertariens, Rawls oppose ce qu'Alain Boyer nomme un « holisme structural », entendu comme « seule solution

36. J. Rawls, dans J. Habermas, J. Rawls, *Débat sur la justice politique*, *op. cit.*, p. 137-138, cité et commenté par A. Boyer, *Apologie de Rawls*, *op. cit.*, p. 136.

37. Voir J. Rawls, *Théorie de la justice*, *op. cit.*, chap. 11, p. 92 et chap. 26, p. 184.

non tragique du problème de [...] l'incommensurabilité [des valeurs] » et « réponse, la seule possible, à la tragédie de l'incommensurabilité »[38] – mais qui reste tout à fait étranger à l'esprit des *Essais*.

C'est bien aussi au nom du pluralisme que Thomas Nagel critique cette ordination lexicale, en faisant valoir l'opposition irréductible en chaque individu entre un point de vue personnel et un point de vue impersonnel. L'article de 1977, « La fragmentation de la valeur », part du fait de l'existence de « véritables dilemmes pratiques qui n'ont pas de solution », car ils mettent en balance des valeurs « formellement différentes »[39]. Nous voici en apparence proche de l'esprit des *Essais*. Mais Nagel ne se résout pas pour autant à un perspectivisme éthique[40]. Et ce non seulement parce qu'il se dit lui-même « réaliste » en moral (*i.e.* affirmant l'existence objective des valeurs morales), mais parce qu'il tente de façon récurrente sinon de résoudre de façon universelle et définitive les dilemmes moraux, tout du moins de hiérarchiser les solutions selon leur pertinence axiologique à partir d'une procédure rationnelle qu'il compare lui-même à un calcul combinatoire à même de réaliser la synthèse des différents points de vue et de concilier le « collectivement désirable » et « l'individuellement raisonnable », « [l']impartialité et [la] partialité raisonnable à l'égard de soi »[41].

---

38. A. Boyer, *Apologie de Rawls*, *op. cit.*, p. 27, 134, 195 et 234.

39. Thomas Nagel, « La fragmentation de la valeur », dans *Questions mortelles* (1979), trad. P. Engel et C. Tiercelin, Paris, PUF, 1993, p. 155 et 159.

40. Nagel s'engage au moins partiellement dans cette voie. Il reconnaît ainsi qu'« il y a de véritables dilemmes pratiques qui n'ont pas de solution » (*ibid.*, p. 159). Ou encore que « la coexistence de points de vue contradictoires [...] n'est pas seulement une illusion nécessaire pratique : c'est un fait irréductible de la vie » (« Le subjectif et l'objectif » [1979], *ibid.*, p. 245).

41. Voir Th. Nagel, *Equality and Partiality*, New York/Oxford, Oxford University Press, 1991, trad. C. Beauvillard, *Égalité et Partialité*, Paris, PUF, 1994, p. 30, 40 et 79. Blondine Desbiolles écrit que Nagel défend « l'idée d'une impartialité d'un ordre supérieur, qui serait seul

Le pluralisme éthique des *Essais* part d'un scepticisme bien plus radical. Il a par avance renoncé à chercher des normes morales universelles et a pris son parti de l'impossibilité de référer nos valeurs éthiques et politiques à des prétendues « lois naturelles ». Si ces lois existent, leur accès est fermé à l'homme prétendument civilisé : « Il est croyable qu'il y a des loix naturelles, comme il se voit és autres creatures ; mais en nous elles sont perdues » (II, 12, p. 580)[42]. La raison ne nous permet pas de réduire ce pluralisme à une règle certaine : « J'appelle raison nos resveries et nos songes, avec la dispense de la philosophie » (II, 12, 523) ; « j'appelle tousjours raison cette apparence de discours que chacun forge en soy : cette raison, de la condition de laquelle il y en peut avoir cent contraires autour d'un mesme subject, c'est un instrument de plomb et de cire, alongeable, ployable et accommodable à tous biais et à toutes mesures » (p. 565). Cette raison, poursuit Montaigne, « fournit d'apparence à divers effects. C'est un pot à deux anses, qu'on peut saisir à gauche et à dextre » (II, 12, p. 581). Elle est « une teinture infuse environ de pareil pois à toutes nos opinions et moeurs, de quelque forme qu'elles soient » (I, 23, p. 114). La raison humaine n'est pas un outil pour découvrir la vérité, mais une faculté de donner une apparence de cohérence à n'importe quelle fantaisie. Il reste qu'elle n'est pas à même de donner une solution universelle et définitive aux dilemmes moraux, du type : l'utile ou l'honnête ? l'auto-expression privée ou l'ordre public ? Ou, pour faire une incursion dans les dilemmes sociétaux post-rawlsiens : libertés individuelles ou redistribution sociale ?

à même de porter une impartialité à la fois justifiée, capable d'englober les partialités raisonnables en son sein, et de porter une forme remaniée de libéralisme égalitaire » (*La Justice à l'épreuve des points de vue. Repenser l'impartialité avec Thomas Nagel*, thèse de doctorat soutenue en 2018, IRPhiL, université Lyon 3, p. 385).

42. Elles subsistent ainsi, par exemple, chez les Cannibales : « Les loix naturelles leur commandent encores, fort peu abastardies par les nostres » (I, 31, p. 206).

revenu minimum ou revenu universel ? promotions au mérite ou politique de quotas ? Le « moi » lui-même n'est pas assez unifié pour se résoudre durablement à l'un des partis et prétendre trouver la solution au problème de la justice comme équité. Sur ce plan comme sur d'autres, comme l'écrit Montaigne (I, 26, p. 151), « il n'y a que les fols certains et resolus ». Et le tragique, loin de n'être que le revêtement superficiel et provisoire des dilemmes moraux, est ancré dans la condition de l'homme.

SÉLECTION BIBLIOGRAPHIQUE[1]

1. Textes de Montaigne

Montaigne, *Essais*, Paris, chez Abel l'Angelier, 1588.

Montaigne, Michel de, *Essais de Michel, seigneur de Montaigne...*, éd. P. Coste, 4e éd., 1739.

Montaigne, Michel de, *Essais* (édition réalisée à partir de l'exemplaire de Bordeaux), éd. P. Villey, sous la direction et avec une préface de V. L. Saulnier, Paris, PUF, 1924, rééd. augmentée 2004.

Montaigne, Michel de, *Essais*, présentation, établissement du texte, apparat critique et notes A. Tournon, Paris, Imprimerie nationale 1998, 3 vol.

Montaigne, Michel de, *Essais* (édition de 1595), éd. J. Balsamo, M. Magnien et C. Magnien-Simonin, Paris, Gallimard, 2007.

Montaigne, Michel de, *Des prières* (Essais, *I, 56)*, éd. et commentaire A. Legros, Genève, Droz, 2003.

Montaigne, Michel de, *Sur des vers de Virgile (*Essais, *III, 5)*, introduction et commentaire J. Terrel, Paris, Classiques Garnier, 2019.

Montaigne, Michel de, *De la phisionomie (*Essais, *III, 12)*, introduction et commentaire B. Perona, Paris, Classiques Garnier, 2019.

---

1. Les études sur Montaigne, même restreintes à notre sujet, sont trop nombreuses pour pouvoir toutes être référencées ici. Nous nous limitons donc à celles que nous avons citées, auxquelles nous ajoutons quelques autres qui nous paraissent d'une importance particulière par rapport à notre propos. Comme indiqué dans l'Avant-propos, nous utilisons les deux abréviations suivantes : *BSAM* : *Bulletin de la Société des amis de Montaigne* ; MS : *Montaigne Studies.*

Montaigne, Michel de, *Des coches (*Essais, *III, 5)*, introduction et commentaire F. Lestringant, Paris, Classiques Garnier, 2021.

Montaigne, Michel de, *Du pedantisme (*Essais, *I, 25)*, introduction et commentaire M. Foglia, Paris, Classiques Garnier, à paraître.

Montaigne, Michel de, *Journal de voyage de Michel de Montaigne*, éd. F. Rigolot, Paris, PUF, 1992.

The Montaigne Project, édition Villey-Saulnier avec images digitales correspondantes de l'exemplaire de Bordeaux, site de l'université de Chicago (https://www.lib.uchicago.edu/efts/ARTFL/projects/montaigne/index.html : consulté le 20/01/2021).

Montaigne à l'œuvre (MONLOE), site internet porté par le programme *Bibliothèques virtuelles humanistes* du Centre d'études supérieures de la Renaissance de Tours (https://montaigne.univ-tours.fr/ : consulté le 30/01/2021).

2. Autres sources citées

Adorno, Theodor W., « L'essai comme forme », dans Id., *Notes sur la littérature*, trad. S. Muller, Paris, Flammarion, 1984, p. 5-29.

Arendt, Hannah, *Condition de l'homme moderne*, trad. G. Fradier, Paris, Calmann-Lévy, 1961, rééd. 2005.

Arendt, Hannah, *Vies politiques*, Paris, Gallimard, 1974.

Aristote, *Éthique à Eudème*, trad. V. Décarie, Paris/Montréal, Vrin, 1984.

Aristote, *Éthique à Nicomaque*, trad. J. Tricot, Paris, Jean Vrin, rééd. 1990.

Aristote, *Les Politiques*, trad. P. Pellegrin, Paris, Flammarion, rééd. 1993.

Arnauld, Antoine, Nicole, Pierre, *La Logique ou l'Art de penser…*, éd. P. Clair et F. Girbal, Paris, PUF, 1965.

Aubenque, Pierre, « Philosophie pratique et herméneutique. Réflexion sur le néo-idéalisme allemand contemporain », dans A. Tosel (dir.), *Formes de rationalité et phronétique moderne*, Besançon, Presses universitaires de Franche-Comté, 1995, p. 15-32.

Aubenque, Pierre, *La Prudence chez Aristote*, Paris, PUF, 1963.

Auerbach, Erich, *Mimésis. La représentation de la réalité dans la littérature occidentale*, Paris, Gallimard, 1968.

Augustin, *Œuvres de saint Augustin*, Paris, Institut d'études augustiniennes, 56 vol. parus, 1937-.

Bacon, Francis, *The Works of Francis Bacon*, éd. J. Spedding, R. Leslie Ellis et D. Heath, Londres, 1858-1874, vol. 1-5.

Bacon, Francis, *Du progrès et de l'avancement des savoirs*, trad. M. Le Dœuff, Paris, Gallimard, 1991.

Berlin, Isaiah, *Les Penseurs russes*, trad. D. Olivier et A. Berlin, Paris, Albin Michel, 1984.

Berlin, Isaiah, « Two Concepts of Liberty », Oxford, Clarendon Press, 1958, trad. J. Carnaud et J. Lahana, « Deux conceptions de la liberté », dans *Éloge de la liberté*, Paris, Calmann-Lévy, 1988, p. 167-218.

Berlin, Isaiah, *En toute liberté. Entretiens avec Ramin Jahanbegloo*, Paris, Félin, 1990.

Berlin, Isaiah, *Le Bois tordu de l'humanité. Romantisme, nationalisme et totalitarisme*, trad. M. Thymbres, Paris, Albin Michel, 1992.

Berlin, Isaiah, *Freedom and its Betrayal: Six Ennemies of Human Liberty*, trad. L. Folliot, *La Liberté et ses traîtres*, Paris, Payot & Rivages, 2002, rééd. 2007.

Bloom, Allan, *L'Âme désarmée*, trad. P. Alexandre, Paris, Julliard, 1987.

Blumenberg, Hans, *Le Rire de la servante thrace. Une histoire des origines de la théorie*, trad. L. Cassagnau, Paris, 2000.

Bodin, Jean, *Les Six Livres de la République*, éd. Ch. Frémont, M.-F. Couzinet et H. Rochais, Paris, Fayard, 1986, 6 vol.

Boyer, Alain, *Apologie de Rawls*, Paris, PUF, 2018.

Cavell, Stanley, *Conditions nobles et ignobles. La constitution du perfectionnisme moral émersonien*, trad. C. Fournier et S. Laugier, Paris, L'Éclat, 1993.

Charron, Pierre, *De la sagesse*, éd. B. de Negroni, Paris, Fayard, 1986.

Cicéron, *Les Devoirs (De officiis)*, texte établi par M. Testard, introduction, trad. et notes S. Mercier, Paris, Les Belles Lettres, 2014.

Cicéron, *Lælius. De amicitia*, trad. Robert Combès, Paris, Les Belles Lettres, 1975.

Constant, Benjamin, *De l'esprit de conquête et de l'usurpation dans leurs rapports avec la civilisation européenne* (1814), dans *Écrits politiques*, textes choisis, présentés et annotés par M. Gauchet, Paris, Gallimard, 1997.

Derrida, Jacques, *Force de loi. Le « Fondement mystique de l'autorité »*, Paris, Galilée, 1994.

Derrida, Jacques, *Politiques de l'amitié*, Paris, Galilée, 1994.

Derrida, Jacques, *L'Animal donc que je suis*, éd. M.-L. Mallet, Paris, Galilée, 2006.

Desbiolles, Blondine, *La Justice à l'épreuve des points de vue. Repenser l'impartialité avec Thomas Nagel*, thèse de doctorat soutenue en 2018, université Lyon 3.

Descartes, René, *Œuvres*, éd. C. Adam et P. Tannery, 1897-1909, rééd. 1996 [précisier l'édition : Vrin ?], 11 vol.

Descartes, René, *Œuvres philosophiques*, éd. F. Alquié, Paris, Garnier, 1963, 3 vol.

Descombes, Vincent, *Parler de soi*, Paris, Gallimard, 2014.

Dewey, John, *Démocratie et éducation*, suivi de *Expérience et éducation*, trad. G. Deledalle, Paris, Armand Colin, 1975, rééd. 2018.

Diogène Laërce, *Vies et doctrines des philosophes illustres*, trad. sous la dir. de M.-O. Goulet-Cazé, Paris, Le Livre de poche, 1999.

Durkheim, Émile, *L'Évolution pédagogique en France*, préface F. Dubet, rééd. Paris, PUF, 2014.

Dworkin, Ronald, « Le libéralisme », dans A. Berten, P. Da Silveira et H. Pourtois (dir.), *Libéraux et communautariens*, Paris, PUF, 1997, p. 51-86.

Emerson, Waldo, *The Complete Writings of Waldo Emerson...*, New York, H. Wise and Co, rééd. 1929.

Emerson, Waldo, *Emerson and His Journal*, éd. J. Poste, Cambridge (Mass.)/Londres, The Belknap Press of Harvard University Press, 1982.

Emerson, Waldo, *The Collected Works of Ralph Waldo Emerson*, ed. J. Slater, Cambridge (Mass.)/Londres, The Belknap Press of Harvard University Press, vol. 1, 1994 et vol. 2, 1979.

Emerson, Ralph Waldo, *Autobiographie d'après son Journal intime*, trad. R. Michaud, Paris, Armand Colin, 1914.

Emerson, Ralph Waldo, *La Confiance en soi et autres essais*, trad. M. Begot, Paris, Rivages poche, 2000.

Emerson, Ralph Waldo, *Société et Solitude*, trad. Th. Gillybœuf, Paris, Payot & Rivages, 2010.

Érasme, *Colloquia*, trad. E. Wolff, Paris, 1992, 2 vol.

Érasme, *De pueris (« De l'éducation des enfants »)*, trad. P. Saliat, intro et notes B. Jolibert, Paris, Klincksieck, 1990.

Érasme, *La Philosophie chrétienne : l'*Éloge de la folie, *l'*Essai sur le libre arbitre, Le Cicéronien, *la* Réfutation de Clichtove, introduction, trad. et notes P. Mesnard, Paris, Jean Vrin, 1970.

Érasme, *Le Plan des études* (*De ratione studii*), éd. C. Blum, A. Godin, J.-C. Margolin et D. Ménager, Paris, Robert Laffont, 1992.

Érasme, *Paraclesis*, trad. Y. Delegue et J.-P. Gillet, *Érasme. Les Préfaces au Novum Testamentum*, Genève, Labor et Fides, 1990.

Ficin, Marsile, *Commentaire sur le* Banquet *de Platon. De l'amour*, texte établi, traduit, présenté et annoté par P. Laurens, Paris, Les Belles Lettres, 2002.

Flathman, Richard, *Skepticism, Individuality and Chastened Politics*, Newbury Park et *al.*, Sage Publications, 1993.

Foucault, Michel, « Les Hétérotopies », dans Id., *Le Corps utopique. Les hétérotopies*, présentation de D. Defert, Paris, Lignes, 2009.

Foucault, Michel, *Dits et écrits : 1954-1988*, t. IV : *1980-1988*, éd. D. Defert & F. Ewald, Paris, Gallimard, 1994.

Foucault, Michel, *L'Herméneutique du sujet. Cours au Collège de France. 1981-1982*, Paris, EHESS/Gallimard/Seuil, 2001.

Gadamer, Hans-Georg, *Warheit und Methode* (1960), trad. P. Fruchon, *Vérité et Méthode. Les grandes lignes d'une herméneutique philosophique*, Paris, Seuil, 1996.

Geuss, Raymond, *Public Goods, Private Goods*, Princeton, Princeton University Press, 2001.

Gibbon, Edward, *Miscellaneous Works of Edward Gibbon, With Memoirs of His Life and Writings Composed by Himself...*, vol. 5, Londres, 1814.

Guazzo, Stefano, *La civil conversatione...*, éd. sous la dir. d'A. Quondam, Rome, Bulzoni, 2010, 2 vol.

Guazzo, Stefano, *La civile conversation...*, trad. Gabriel Chappuys..., Lyon, Jean Beraud, 1579, rééd. 1580.

Guichardin, François, *Écrits politiques. Discours de Logrono (1512). Dialogue sur la façon de régir Florence (1521-1525)*, éd. et trad. J.-F. Fournel et J.-C. Zancarini, Paris, PUF, 1997.

Habermas, Jürgen, *L'Espace public. Archéologie de la publicité comme dimension de la société bourgeoise* (1962), trad. M. de Launay, Paris, Payot, 1978, rééd. 1992.

Habermas, Jürgen, Rawls, John, *Débat sur la justice politique*, trad. R. Rochlitz, Paris, Cerf, 1997.

Hamilton, Alexander, Ray, John, Madison, James, *Le Fédéraliste*, introduction, trad. et notes A. Amiel, Paris, Classiques Garnier, 2012.

Harrington, James, *Océana* (1656), précédé de J. G. A. Pocock, « L'Œuvre politique de Harrington », trad. C. Lefort et D. Chauvaux, Paris, Belin, 1995.

Hayek, Friedrich, *Droit, législation et liberté*, trad. R. Audouin revue par Ph. Nemo, préface Ph. Nemo, Paris, PUF, 1980, rééd. 2007.

Hegel, Georg Wilhelm Friedrich, *Principes de la philosophie du droit*, trad. et commentaire J.-F. Kervegan, Paris, PUF, 1998, rééd. 2003.

Heidegger, Martin, *Les Concepts fondamentaux de la métaphysique. Monde-finitude-solitude*, trad. D. Panis, Paris, Gallimard, 1992.

Hobbes, Thomas, *Éléments de la loi naturelle et politique*, trad. D. Weber, Paris, Le Livre de poche, 2003.

Hobbes, Thomas, *Du citoyen*, I, 1, 2, présentation et trad. Ph. Crignon, Paris, Gallimard, 2010.

Hobbes, Thomas, *Léviathan. Traité de la matière, de la forme et du pouvoir de la république ecclésiastique et civile*, trad. F. Tricaud, Paris, Sirey, 1971, rééd. 1983.

Hobbes, Thomas, *Léviathan*, trad. et notes par F. Tricaud et M. Pécharmant, introduction M. Pécharmant, Paris, Jean Vrin, 2004.

Hooker, Richard, *Of the Law of Ecclesastical Polity* (1594), ed. W. Speed Hill et *al.*, t. I, New York, Binghampton, 1993.

Hume, David, *Essais moraux, politiques et littéraires et autres essais*, trad. G. Robel, Paris, PUF, 2001.

Hume, David, *Enquête sur les principes de la morale*, trad. Ph. Baranger et Ph. Saltel, présentation Ph. Saltel, Paris, GF-Flammarion, 1991.

Kant, Emmanuel, *Œuvres philosophiques*, trad. sous la dir. de F. Alquié, Paris, Gallimard, 1980-1986, 3 vol.

Kelsen, Hans, *La Démocratie. Sa nature, sa valeur*, trad. C. Eisenmann, Paris, Dalloz, 2004.

La Boétie, Étienne de, *Œuvres complètes...*, notice biographique, variantes, notes et index P. Bonnefon, Bordeaux/Paris, 1892.

La Boétie, Étienne de, *De la servitude volontaire ou Contr'un...*, éd. et présentation N. Gontabert, Paris, Gallimard, 1993.

La Boétie, Étienne de, *Le Discours de la servitude volontaire*, éd. P. Léonard, suivi de *La Boétie et la question du politique* (textes de F. de Lamennais, P. Leroux, A. Vermorel, G. Landauer, S. Weil, M. Abensour, M. Gauchet, P. Clastres et C. Lefort), Paris, Payot, 1976, rééd. 1983.

La Croix du Maine, François, *Premier volume de la bibliothèque du sieur de La Croix du Maine...*, Paris, L'Angelier, 1584.

Larmore, Charles, *Les Pratiques du moi*, Paris, PUF, 2004.

La Rochefoucauld, François, *Maximes et réflexions diverses*, éd. J. Truchet, Paris, Flammarion, 1977.

Laurent, Alain, Valentin, Vincent (dir.), *Les Penseurs libéraux*, Paris, Les Belles Lettres, 2012.

Lawlor, Leonard, *This is not Sufficient. An Essay on Animality and Human Nature in Derrida*, New York, Columbia University Press, 2007.

Leibniz, Gottfried Wilhelm, *Nouvelle méthode pour apprendre et enseigner la jurisprudence*, trad. G. L. Maurin, Paris, A. Mesnier, 1830.

Levinas, Emmanuel, « The Paradox of Morality: an Interview with Emmanuel Levinas », dans R. Bernasconi, D. Wood (dir.), *The Provocation of Levinas: Rethinking the Other*, Londres, Routledge, 1988, p. 168-180, trad. A. Benjamin et T. Wright, « Le paradoxe de la moralité : un entretien avec Emmanuel Levinas », *Philosophie*, 112/1, Paris, Minuit, 2012, p. 12-22.

L'Hospital, Michel de, *Gouverner la haine. Discours politiques pendant les guerres de Religion, 1560-1568*, Clermont-Ferrand, Paléo, 2001.

Lipse, Juste, *Les Politiques*, édition de Paris, 1597, livre IV, 1, 70, avant-propos J. Lagrée, Caen, Presses universitaires des Caen, 1994.

Llored, Patrick, *Jacques Derrida. Politique et éthique de l'animalité*, Mons (Belgique), Sils Maria, 2012.

Locke, John, *Lettre sur la tolérance et autres textes*, trad. J. Le Clerc, introduction, bibliograpie, chronologie et notes J.-F. Spitz, Paris, Flammarion, 1992.

Mac Callum, Gerald, « Negative and Positive Freedom », *Philosophy, Politics and Society*, éd. P. Laslett, W. G. Runciman et Q. Skinner, Oxford, 1972, p. 174-193.

Macedo, Stephen, *Liberal Virtues: Citizenship, Virtue, and Community in Liberal Constitutionalism*, Oxford, 1991.

Machiavel, Nicolas, *Œuvres*, trad. Ch. Bec, Paris, Robert Laffont, 1996.

Machiavel, Nicolas, *Discours sur la première décade de Tite Live*, trad. A. Fontana et X. Tabet, Paris Gallimard, 2004.

MacIntyre, Alasdair, *After Virtue. A Study in Moral Theory*, Notre Dame, University of Notre Dame Press, 1981.

Malebranche, Nicolas, *De la recherche de la vérité*, éd. G. Rodis-Lewis, dans Id., *Œuvres*, Paris, Gallimard, t. I, 1979.

Margalit, Avishai, *The Decent Society*, trad. N. Goldblum, Cambridge (Mass.)/Londres, Harvard University Press, 1996.

Mill, John Stuart, *De la liberté*, trad. L. Lenglet, à partir de la trad. de Dupond White, préface P. Bouretz, Paris, Gallimard, 1990.

Montesquieu, Charles Louis de Secondat, baron de, *Œuvres complètes*, préface George Vedel, présentation et notes D. Oster, Paris, Seuil, 1964.

Moraux, Paul, *À la recherche de l'Aristote perdu. Le dialogue* Sur la justice, Paris, Publications universitaires de Louvain/Nauwalaerts, 1957.

Nagel, Thomas, *Égalité et Partialité*, trad. C. Beauvillard, Paris, PUF, 1994.

Nagel, Thomas, *Le Point de vue de nulle part*, trad. S. Kronlund, Paris, L'Éclat, 1993.

Nagel, Thomas, *Questions mortelles* (1979), trad. P. Engel et C. Tiercelin, Paris, PUF, 1993.

Nicole, Pierre, *Essais de morale*, introduction et notes L. Thiroin, Paris, Les Belles Lettres/Encre marine, 2016.

Nietzsche, Friedrich, *Œuvres philosophiques complètes*, éd. G. Colli et M. Montinari, Paris, Gallimard, 1970, rééd. 1980, 14 t. en 18 vol., 1967-1997.

Nozick, Robert, « On The Randian Argument », *The Personalist*, 582, 1971.

Nozick, Robert, *État, anarchie, utopie*, trad. E. d'Auzac révisée par E. Dauzat, Paris, PUF, 1988.

Pascal, Blaise, *Œuvres complètes*, éd. L. Lafuma, Paris, Seuil, 1963.

Pétrarque, François, *La Vie solitaire (1346-1366)*, introduction, trad. et notes Ch. Carraud, préface N. Mann, Grenoble, Jérôme Millon, 1999.

Pétrarque, François, *Mon ignorance et celle de tant d'autres*, trad. J. Bertrand revue par Ch. Carraud, Grenoble, Jérôme Million, 2000.

Pettit, Philip, *Republicanism. A Theory of Freedom and Government*, Nex York, Oxford University Press, 1997, trad. P. Savidan et J.-F. Spitz, *Républicanisme. Une théorie de la liberté et du gouvernement*, Paris, Gallimard, 2004.

Platon, *Œuvres complètes*, sous la dir. de L. Brisson, Paris, Flammarion, 2008, rééd. 2011.

Plutarque, *La Vie des hommes illustres…*, trad. J. Amyot, texte établi et annoté par G. Walter, Paris, Gallimard, 1937, 2 vol.

Plutarque, *Les Œuvres morales et philosophiques de Plutarque*, [trad. J. Amyot], Paris, chez Jean Macé…, 1618, 2 vol.

Plutarque, Erotikos. *Dialogues sur l'amour*, texte et trad. R. Flacelière revus par F. Frazier, Paris, Les Belles Lettres, 2008.

Rancière, Jacques, *Le Maître ignorant*, Paris, Fayard, 1987.

Rand, Ayn, *La Vertu d'égoïsme*, trad. A. Laurent, Paris, Les Belles Lettres, 2008.

Rand, Ayn, *La Source vive* (1943), trad. J. Filion, Paris, Plon, 1971.

Rand, Ayn, *Une philosophie pour vivre sur la terre*, trad. M. Lemosse, M. Meunier et A. Laurent, présentation A. Laurent, Paris, Les Belles Lettres, 2020.

Rawls, John, *Théorie de la justice* (1971), trad. C. Audard, Paris, Seuil, 1987, rééd. 1997.

Rawls, John, *Libéralisme politique* (1993), trad. C. Audard, Paris, PUF, 1995, rééd. 2006.

Rawls, John, *Justice et Démocratie*, trad. C. Audard *et al.*, Paris, Seuil, 1993.

Rawls, John, *Lectures on the History of Moral Philosophy*, éd. B. Herman, Cambridge (Mass.)/Londres, Harvard University Press, 2000.

Rawls, John, *Lectures on the History of Political Philosophy*, éd. S. Freeman, Cambridge (Mass.)/Londres, The Belknap Press of Harvard University Press, 2007.

Ricœur, Paul, « La raison pratique », dans T. Geraets (dir.), *La Rationalité aujourd'hui*, Ottawa, Ottawa University Press, 1979, p. 225-241, rééd. dans P. Ricœur, *Du texte à l'action*, Paris, Seuil (Points), 1986, p. 263-288.

Ricœur, Paul, *Le Juste*, Paris, Esprit, 1995.

Ricœur, Paul, *Soi-même comme un autre*, Paris, Seuil, 1990.

Rorty, Richard, *Contingence, ironie et solidarité* (1989), trad. P.-E. Dauzat, Paris, Armand Colin, 1993.

Rothbard, Murray, « The Political Thought of Étienne de La Boétie », introduction à Étienne de La Boétie, *The Politics of Obedience. The Discourse of Voluntary Servitude*, trad. H. Kurz, Ludwig von Mies Institute, 1975, rééd. 2008.

Rousseau, Jean-Jacques, *Œuvres complètes*, éd. sous la dir. de M. Raymond *et al.*, Paris, Gallimard, t. I, 1959.

Ryan, Alan (dir.), *The Idea of Freedom. Essays in Honour of Isaiah Berlin*, Oxford, Oxford, Oxford University Press, 1979.

Scaliger, Joseph, *Scaligeriana sive excerpta ex ore Josephi Scaligeri*, Genève, P. Columesium, 1666.

Schmitt, Carl, *Hamlet ou Hécube. L'irruption du temps dans le jeu* (1956), trad. J.-L. Besson et J. Jourdheuil, Paris, L'Arche, 1992.

Schmitt, Carl, *Le* Léviathan *dans la doctrine de l'État de Thomas Hobbes. Sens et échec d'un symbole politique*, trad. D. Trierweiler, Paris, Seuil, 2002

Schmitt, Carl, *Théologie politique* (1922), trad. J.-L. Schlegel, Paris, Gallimard, 1988.

Sebond, Raimond, *La Théologie naturelle de Raymond Sebon Docteur excellent entre les modernes, en laquelle par l'ordre de Nature est desmontrée la vérité de la Foy Chrestienne et Catholique*, traduite nouvellement de Latin en François par M[el] de Montaigne, Paris, 1569, p. 2 v°.

Sebond, Raimond, *Livre des creatures de Raymond Sebond*, traduict de latin en François [par Montaigne], préface de l'autheur, Paris, 1569, éd. Th. Gontier, « La notion de "doctrine", de la traduction du prologue de la *Théologie naturelle* de Sebond aux *Essais* de Montaigne », dans Ph. Desan (dir.), *Dieu à nostre commerce et société. Montaigne et la théologie*, Genève, Droz, 2008, p. 171-174.

Sénèque, *Des bienfaits (De beneficiis)*, trad. F. Préchac, Paris, Les Belles Lettres, 1972, 2 vol.

Sénèque, *De l'oisiveté*, dans Id., *Dialogues*, éd. et trad. R. Waltz, Paris, Les Belles lettres, t. IV, 1927, rééd. 1970.

Sénèque, *Lettres à Lucilius*, texte établi par F. Préchac, trad. H. Noblot, Paris, Les Belles Lettres, t. I, 1945, rééd. 1969.

Sennet, Richard, *The Fall of the Public Man*, New York, Alfred Knock Inc, 1977.

Sextus Empiricus, *Esquisses pyrrhoniennes*, introduction, trad. et commentaires P. Pellegrin, Paris, Seuil, 1997.

Shklar, Judith, *Ordinary Vices*, Cambridge (Mass.), Belknap Press of Harvard University, 1984, trad. F. Chase, *Les Vices ordinaires*, Paris, PUF, 1992.

Smith, Adam, *Recherches sur la nature et les causes de la richesse des nations*, trad. G. Garnier revue par A. Blanqui, introduction et index D. Diatkine, Paris, Flammarion, 1991, 2 vol.

Spitz, Jean-Fabien, *La Liberté politique. Essais de généalogie conceptuelle*, Paris, PUF, 1995.

Tacite, *Dialogue des orateurs*, éd. H. Goelzer, trad. H. Bornecque, Paris, Belles Lettres, rééd. 1960.

Taylor, Charles, *Philosophical Papers*, t. II : *Philosophy and the Human Sciences*, Cambridge (UK), Cambridge University Press, 1985.

Taylor, Charles, *Les Sources du moi. La formation de l'identité moderne* (1989), trad. Ch. Melançon, Paris, Seuil, 1998.

Taylor, Charles, *Le Malaise de la modernité* (*The Ethics of Authenticity*, 1992), trad. Ch. Melançon, Paris, Cerf, 1992, rééd. 1999.

Thomas d'Aquin, *Somme de théologie*, trad. A.-M. Roguet, Paris, Cerf, 4 vol., 1984-1986.

Tocqueville, Alexis de, *Œuvres*, Paris, Gallimard, 1991-2004, 3 vol.

Trilling, Lionel, *Sincérité et Authenticité* (1972), trad. M. Jézéquel, Paris, Bernard Grasset, 1994.

Tuck, Richard, « Hobbes and Locke on Toleration », dans M. Dietz (dir.), *Thomas Hobbes and the Political Theory*, Lawrence, University Press of Kansas, 1990, p. 153-171.

Valère Maxime, *Faits et dits mémorables*, trad. G. Combès, Paris, Les Belles Lettres, 1995-1997, 2 vol.

Viroli, Maurizio, *For Love of Country: An Essay on Patriotism and Nationalism*, Oxford, Oxford University Press, 1995.

Voegelin, Eric, *Ordre et Histoire*, t. III : *Platon et Aristote*, trad., préface et notes Th. Gontier, Paris, Cerf, 2015.

Voltaire, *Lettres philosophiques*, éd. O. Ferret et A. McKenna, Paris, Classiques Garnier, 2006.

Walzer, Michael, *Traité sur la tolérance*, trad. C. Hutner, Paris, Gallimard, 1998.

Walzer, Michael, *Pluralisme et Démocratie*, trad. collective, introduction J. Roman, Paris, Esprit, 1997.

Williams, Bernard, *Vérité et Véracité. Essai de généalogie*, trad. J. Lelaidier, Paris, Gallimard, 2007.

3. Commentaires : études générales

Alazard, Florence, Geonget, Stéphane, Gerbier, Laurent, Mellet, Paul-Alexis (dir.), Dissensus. *Pratiques et représentations de la diversité des opinions (1500-1650)*, Paris, Honoré Champion, 2016.

Armogathe, Jean-Robert, *Une secte fantôme au XVIIIe siècle : les égoïstes*, mémoire, Paris, Sorbonne, 1970.

Audard, Catherine, *Qu'est-ce que le libéralisme ? Éthique, politique, société*, Paris, Gallimard, 2009.

Balsamo, Jean, « *La Servitude volontaire* à l'usage des "Malcontents" : La Vive description de la tyrannie (Reims, 1577) », dans J. O'Brien, M. Schachter (dir.), *La Première Circulation de* La Servitude volontaire *en France et au-delà*, Paris, Honoré Champion, 2019.

Baron, Hans, *The Crisis of the Early Italian Renaissance. Civic Humanism and Republican Liberty in an Age of Classicism and Tyranny*, Princeton (NJ), Princeton University Press, 1955, rééd. 1966.

Bastiat, Frédéric, *Œuvres complètes*, Paris, Guillaumin et Cie, 1862-1864, 7 vol.

Battista, Anna Maria, *Politica e morale nella francia dell'éta moderna*, Gênes, Name, 1998.

Besnier, Bernard, « *Éthique à Nicomaque*, VI, 5. Le rôle du chapitre 5 dans le sixième livre », dans J.-Y. Château (dir.), *La Vérité pratique.* Éthique à Nicomaque, *livre VI*, Paris, Jean Vrin, 1997, p. 69-85

Bloom, Allan, *L'Amour et l'Amitié*, trad. P. Manent, Paris, De Falllois, 1996, rééd. Paris, Le Livre de poche, 2003.

Boulet, Michaël, « Claude Lefort, lecteur de La Boétie », dans L. Gerbier (dir.), *Lectures politiques de La Boétie*, Paris, Classiques Garnier (Cahiers La Boétie, 3), 2013, p. 115-135.

Bouwsma, J. William, *The Waning of the Renaissance, 1550-1640*, New Heaven/Londres, Yale University Press, 2000.

Burke, Peter, « Representations of the Self from Petrach to Descartes », dans R. Porter (dir.), *Rewriting the Self: Histories from the Middle Age to the Present*, Londres/New York, Routledge, 1997, p. 17-28.

Bury, Emmanuel, *Littérature et Politesse. L'invention de l'honnête homme, 1580-1750*, Paris, PUF, 1996.

Carabin, Denise, *Les Idées stoïciennes dans la littérature morale des XVIe et XVIIe siècles, 1575-1642*, Paris, Honoré Champion, 2004.

Carbonnier-Burkard, Marianne, « Les préambules des édits de pacification (1562-1598) », *Bulletin de la société de l'histoire du protestantisme français*, 144, 1998, p. 75-92.

Carraud, Vincent, *L'Invention du moi*, Paris, PUF, 2010.

Cassirer, Ernst, *Le Problème de la connaissance dans la philosophie et la science des temps modernes*, t. I : *De Nicolas de Cues à Bayle*, trad. R. Fréreux, préface M. Ferrari trad. par Th. Loisel, Paris, Cerf, 2004.

Cavaillé, Jean-Pierre, « Langage, tyrannie et liberté dans le Discours de la servitude volontaire d'Étienne de La Boétie », *Revue des sciences philosophiques et théologiques*, 72/1, 1988, p. 3-30.

Cave, Terence, *Cornucopia, figures de l'abondance au XVIe siècle. Érasme, Rabelais, Ronsard, Montaigne* (1979), trad. G. Morel, Paris, Macula, 1997.

Céard, Jean, *La Nature et les Prodiges. L'insolite au XVIe siècle, en France*, Paris, Droz, 1977.

Christin, Olivier, *La Paix de religion. L'autonomisation de la raison politique au XVIe siècle*, Paris, Seuil, 1997.

Christin, Olivier, *La cause des autres. Une histoire du dévouement politique*, Paris, PUF, 2021.

Cooper, John M., « The Forms of Friendship », *Reason and Emotions. Essays on Ancient Moral Psychology and Ethical Theory*, Princeton, Princeton University Press, 1998, p. 312-335.

Crouzet, Denis, *Les Guerriers de Dieu. La violence au temps des troubles de religion (vers 1525-vers 1610)*, Seyssel, Champ-Vallon, 2 vol.

Curley, Edwin, « Hobbes and the Cause of Religious Toleration », dans P. Springborg (dir.), *The Cambridge Companion to Hobbes'* Leviathan, Cambridge (UK), Cambridge University Press, 2007, p. 308-334.

Desan, Philippe, « The Worm in the Apple: The Crisis of Humanism », dans Id. (dir.), *Humanism in Crisis. The Decline of the French Renaissance*, Ann Arbor, University of Michigan Press, 1991, p. 11-34.

Descendre, Romain, « Qu'est-ce que la vie civile ? Machiavel et le *vivere civile* », *Transalpina*, 17, 2014, p. 1-18.

Eden, Kathy, *Friends Hold All Things in Common: Tradition, Intellectual Property, and the Adages of Erasmus*, New Haven (CT), Yale University Press, 2001.

Elias, Norbert, *La Société de cour*, trad. P. Kamnitzer et J. Etoré, préface R. Chartier, Paris, Calmann-Lévy, 1974, rééd. Flammarion, 1985.

Elias, Norbert, *La Société des individus*, trad. J. Étoré, avant-propos R. Chartier, Paris, Fayard, 1991.

Festugière, André, *La Philosophie de l'amour de Marsile Ficin et son influence sur la littérature française du* XVIe *siècle*, Paris, Jean Vrin, 1941.

Flathman, Richard, *Freedom and Its Conditions: Discipline, Autonomy, and Resistance*, Londres, Routledge, 1993.

Fontenay, Élisabeth de, *Le Silence des bêtes. La philosophie à l'épreuve de l'animalité*, Paris, Fayard, 1998, rééd. 2013.

Fraisse, Jean-Claude, Philia. *La notion d'amitié dans la philosophie classique*, Paris, Jean Vrin, 1974.

Garin, Eugenio, *L'Éducation de l'homme moderne (1400-1600)*, trad. J. Humbert, Paris, Fayard, 1968.

Gilbert, Felix, « The Venetian Constitution in Florentine Political Thought », dans N. Rubinstein (dir.), *Florentine Studies: Politics and Society in Renaissance Florence*, Londres, Faber and Faber, 1968.

Giocanti, Sylvia, *Scepticisme et Inquiétude*, Paris, Hermann, 2019.

Goffi, Jean-Yves, *Le Philosophe et ses animaux. Du statut éthique de l'animal*, Nîmes, Jacqueline Chambon, 1994.

Gontier, Thierry, "Restoration or Destruction of the *Eschaton* ? Voegelin's Reading of Hobbes", B. Torres Morales & J. Monserrat Molas (eds.), *Eric's Voegelin Political Readings : From the Ancient Greeks to the Modern Times*, Abington on Thames, Routledge, 2021, p. 59-73.

Gontier, Thierry, *La Question de l'animal. Les origines du débat moderne*, Paris, Hermann, 2011.

Good, Graham, *The Observing Self. Rediscovering the Essay*, Londres, Routledge, 1988, rééd. 2014.

Goyard-Fabre, Simone, « Au tournant de l'idée de démocratie : l'influence des monarchomaques », *Cahiers de philosophie politique et juridique de l'université de Caen*, 1, 1982, p. 27-48.

Goyet, Francis, *Les Audaces de la prudence. Littérature et politique aux* XVIe *et* XVIIe *siècles*, Paris, Classiques Garnier, 2009.

Greenblatt, Stephen, *Renaissance Self Fashioning, from More to Shakespeare*, Chicago, Chicago University Press, 1980, rééd. 2005.

Hampton, Timothy, *Writing from History. The Rhetoric of Exemplarity in Renaissance Litterature*, Ithaca/Londres, Cornell University Press, 1990.

Haydn, Hiram, *The Counter-Renaissance*, New York, Charles Scribner's Son, 1950.

Hirschman, Albert O., *Les Passions et les Intérêts. Justifications politiques du capitalisme avant son apogée* (1977), trad. P. Andler, Paris, PUF, 1980.

Hirschman, Albert O., *Bonheur privé, action publique*, trad. M. Leiris et J. B. Grasset, Paris, Fayard, 1982, rééd. 2013.

Holmes, Stephen, *Passions and Constraint: On the Theory of Liberal Democracy*, Chicago, Chicago University Press, 1995.

Huchard, Cécile, « "Mis en lumière, et à mauvaise fin" : Le *Discours de la servitude volontaire* de La Boétie dans les Mémoires de l'estat de France de Simon Goulart », dans J. O'Brien, M. Schachter (dir.), *La Première Circulation de* La Servitude volontaire *en France et au-delà*, Paris, Honoré Champion, 2019, p. 253-272.

Jaume, Lucien, *La Liberté et la Loi. Les origines philosophiques du libéralisme*, Paris, Flammarion, 2010.

Jouanna, Arlette, *Le Devoir de révolte. La noblesse française et la gestation de l'État moderne (1559-1661)*, Paris, Fayard, 1989.

Kallendorf, Craig W., *Humanist Educational*, Cambridge (Mass.), Harvard University Press, 2002.

Keohane, Nannerl O., *Philosophy and the State in France: The Renaissance to the Enlightment*, Princeton, Princeton University Press, 1980.

Konstan, David, *Friendship in the Classical World*, Cambridge (UK)/New York/Melbourne, Cambridge University Press, 1997.

Koselleck, Rheinhart, *Le Règne de la critique* (1959), trad. H. Hildebrand, Paris, Minuit, 1979.

Krailsheimer, Alban J., *Studies in Self Interest from Descartes to La Bruyère*, Oxford, Oxford University Press, 1962.

Lagrée, Marie-Clarté, « *C'est moy que je peins* ». *Figures de soi à l'automne de la Renaissance*, Paris, Presses de l'université Paris-Sorbonne, 1985.

Lasch, Christopher, *La Culture du narcissisme. La vie américaine à un âge de déclin des espérances* (1979), trad. M. Landa, Paris, Flammarion, 2006, rééd. 2018.

Lecler, Joseph, *Histoire de la tolérance au siècle de la Réforme*, Paris, Albin Michel, 1994.

Lestringant, Frank, *Le Huguenot et le Sauvage. L'Amérique et la controverse coloniale en France au temps des guerres de Religion*, Genève, Droz, 2004.

Lestringant, Frank, *Le Cannibale : grandeur et décadence*, Paris, Perrin, 1994, rééd. Droz, 2016.

Limbrick, Elaine, *La Catégorie de l'honneste dans la culture du XVIe siècle*, Saint-Étienne, Institut d'Études de la Renaissance et de l'Âge classique, 1985.

Lyons, John, *The Invention of the Self. The Hinge of Consciousness in the Eightennth Century*, Carbondale/ Edwardsville, Southern Illinois University Press, 1978.

MacLean, Ian, *The Renaissance Notion of Woman. A Study in the Fortune of Scholasticism and Medical Science in European Intellectual Life*, Cambridge (UK), Cambridge University Press, 2011.

Magendie, Maurice, *La Politesse mondaine et les théories de l'honnêteté en France au XVIIe siècle de 1600 à 1660*, Paris, 1912, 2 vol., rééd. Genève, Slatkine, 1993.

Magnard, Pierre, « La pluralité des opinions : une chance pour la vérité ? », dans Ph. Nemo, J. Petitot (dir.), *Histoire du libéralisme en Europe*, Paris, PUF, 2006, p. 127-152.

Magnard, Pierre, *Questions à l'humanisme*, Paris, Cerf, 2011.

Manent, Pierre *Les Libéraux*, Paris, Gallimard, 1986, rééd. 2001.

Manent, Pierre, *Histoire intellectuelle du libéralisme*, Paris, Calmann-Lévy, 1987.

Manent, Pierre, *Le Regard politique. Entretiens avec Bénédicte Delorme-Montini*, Paris, Flammarion, 2010.

Mascuch, Michael, *Origins of the Individualist Self: Autobiography and Self-Identity in England, 1591-1791*, Redwood City, Stanford University Press, 1996.

Melançon, Robert, « L'entretien avec soi », dans E. Kushner (dir.), *La Problématique du sujet chez Montaigne. Actes du colloque de Toronto (20-21 octobre 1992)*, Paris, Honoré Champion, 1995, p. 97-102.

Mellet, Paul-Alexis, Foa, Jérémie, « Une "politique de l'oubliance" ? Mémoire et oubli pendant les guerres de Religion (1550-1600) », *Asterion*, 15, 2016, https://journals.openedition.org/asterion/2829

Mesnard, Jean, « Le XVIIe siècle, époque de crise universitaire », *Marseille*, supplément 88, *Le XVIIe siècle et l'éducation*, 1er trimestre 1972, p. 175-181.

Mesnard, Jean, « Sur le terme et la notion de philautie », *Mélanges sur la littérature de la Renaissance à la mémoire de V. L. Saulnier*, préface P.-G. Castex, Genève, Droz, 1984, p. 197-214.

Moriarty, Michael, *Disguised Vices: Theories of Virtue in Early Modern French Thought*, New York, Oxford University Press, 2011.

Muchembled, Robert, *La Société policée. Politesse et politique en France du XVIe au XXe siècle*, Paris, Seuil, 1998.

Narbonne, Jean-Marc, *Sagesse cumulative et idéal démocratique chez Aristote*, Paris, Jean Vrin, 2020.

Oakeshott, Michael, *Du conservatisme*, trad. J.-F. Sené, Paris, Félin, 2011.

Oakeshott, Michael, *L'Association civile selon Hobbes, suivi de cinq essais sur Hobbes*, trad. D. Weber, Paris, Jean Vrin, 2011.

Paige, Nicholas, *Being Interior: Autobiography and the Contradictions of Modernity in Seventeenth-Century France*, Philadelphie (PA), University of Philadelphia Press, 2001.

Pesty, Éric, « Conférer à la fin du XVIe siècle », *BSAM*, 17-18, 2000, p. 109-120.

Piccolomini, Manfredi, *Parricide and tyrannicide during the Renaissance*, Carbondale/Edwardsville, Southern Illinois University Press, 1991.

Pocock, John G.A., *Le Moment machiavélien. La pensée politique florentine et la tradition républicaine atlantique* (1975), trad. L. Borot, Paris, PUF, 1997.

Reeser, Todd W., *Moderating Masculinity in Early Modern Culture*, Chapell Hill, University of North Carolina Press, 2006.

Reeser, Todd W., *Setting Plato Straight. Translating Ancient Sexuality in the Renaissance*, Chicago/Londres, Chicago University Press, 2016.

Rey, Michel, *L'Amitié à la Renaissance. Italie, France, Angleterre : 1450-1650*, Florence, Institut universitaire européen, 1999.

Rico, Francisco, *Le Rêve de l'humanisme. De Pétrarque à Érasme*, Paris, Les Belles Lettres, 2002.

Romano, Claude, *Être à soi-même. Une autre histoire de la philosophie*, Paris, Gallimard, 2019.

Ryan, Alan, « A More Tolerant Hobbes ? », dans S. Mendus (dir.), *Justifying Toleration. Conceptual and Historical Perspectives*, New York/New Rochelle/Melbourne/ Sydney, Cambridge University Press, 1988, p. 37-59.

Ryan, Alan, *The Making of Modern Liberalism*, Princeton/ Oxford, Princeton University Press, 2012.

Schiffman, Zachary Sayre, *On the Treshold of Modernity. Relativism in the French Renaissance*, Baltimore/Londres, The John Hopkins University Press, 1991.

Schneewind, Jerome B., *L'Invention de l'autonomie. Une histoire de la philosophie morale moderne*, trad. J. P. Clero, P. E. Dauzat et É. Meziani-Laval, Paris, Gallimard, 2001.

Schockenhoff, Eberhard, « L'amour ou l'amitié de l'homme avec Dieu. La doctrine de la charité selon Thomas d'Aquin », trad. M.-Ch. Gillet-Challiol, *Communio*, 38/5, septembre-octobre 2013, p. 37-52.

Seigel, Jerrold, « Problematizing the Self », dans L. Hunt, V. Bonnell (dir.), *Beyond the Cultural Turn. New Directions in the Study of Society and Culture*, Berkeley, University of California Press, 1999, p. 281-314.

Senellart, Michel, « Républicanisme, Eudaimonia et liberté individuelle : le modèle machiavélien selon Quentin Skinner », dans F. Dominguez, R. Imbach, T. Pindl, P. Walter (dir.), *Aristotelica et Lulliana, Instrumenta Patristica*, 26, La Haye [date ?], p. 259-287.

Shklar, Judith, « The Liberalism of Fear », dans N. L. Rosenblum (dir.), *Liberalism and the Moral Life*, Cambridge (Mass.)/Londres, Harvard University Press, 1989, p. 21-39.

Silvano, Giovanni, « Florentine Republic in the Early Sixteenth Century », dans G. Bock, Q. Skinner, M. Viroli (dir.), *Machiavelli and Republicanism*, Cambridge/New York, Cambridge University Press, 1990, p. 41-70.

Skinner, Quentin, *The Foundations of Modern Political Thought*, Cambridge (UK), Cambridge University Press, 1978, trad. J. Grossman et J.Y. Pouilloux, *Les Fondements de la pensée politique moderne*, Paris, Albin Michel, 2009.

Skinner, Quentin, « The Idea of Negative Liberty: Philosophical and Historical Perspectives », dans R. Rorty, J.B. Schneewind, Q. Skinner (dir.), *Philosophy in History: Essays on the Historiography of Philosophy*, New York, Cambridge University Press, 1984, p. 193-221.

Skinner, Quentin, « Macchiavelli and the Republican Idea of Politics », dans G. Bock, Q. Skinner, M. Viroli (dir.), *Machiavelli and Republicanism*, Cambridge (UK)/New York, Cambridge University Press, 1990, p. 143-171.

Skinner, Quentin, *Liberty before Liberalism*, Cambridge (UK), Cambridge University Press, 1998, trad. M. Zagha, *La Liberté avant le libéralisme*, Paris, Seuil, 2000.

Skinner, Quentin, *Visions of Politics*, t. II : *Renaissance Virtues*, Cambridge (UK), Cambridge University Press, 2002.

Skinner, Quentin, *Hobbes and Republican Liberty*, Cambridge (UK), Cambridge University Press, 2008, trad. S. Taussig, *Hobbes et la conception républicaine de la liberté*, Paris, Albin Michel, 2009.

Spitz, Jean-Fabien, *La Liberté politique. Essais de généalogie conceptuelle*, Paris, PUF, 1995.

Strauss, Leo, *La Philosophie de Hobbes*, trad. A. Enegrén et M.-B. de Launay, Paris, Belin, 2000.

Strauss, Leo, *Le Libéralisme antique et moderne*, trad. O. Berrichon Sedeyn, Paris, PUF, 1990.

Taylor, Charles, « What's wrong with Negative Liberty? », dans A. Ryan (dir.), *The Idea of Freedom*, Oxford, 1979, p. 175-193.

Thirouin, Laurent, « Pascal et l'art de conférer », *Cahiers de l'Association internationale des études critiques*, 40, 1988, p. 199-218.

Thirouin, Laurent, « Le moi haïssable. Une formule équivoque », dans H. von Rudolf Behrens, A. Gipper, V. Mellinghoff-Bourgerie (dir.), *Croisements d'anthropologies. Pascals Pensées im Geflecht der Anthropologien*, Heidelberg, Universitätsverlag Winter, 2005, p. 217-247.

Todorov, Tzvetan, *La Conquête de l'Amérique. La question de l'autre*, Paris, 1982.

Todorov, Tzvetan, *Nous et les autres. La réflexion française sur la diversité humaine*, Paris, 1989.

Tosel, André, « De la prudence des Anciens à la prudence des Modernes », dans Id. (dir.), *La Prudence des anciens comparée à celle des modernes. Sémantique des concepts, déplacement des problématiques*, Besançon, Annales littéraires de l'université de Besançon, 1995, p. 7-33.

Toussaint, Stéphane, *Humanismes/Antihumanismes de Ficin à Heidegger*, t. I : Humanitas *et Rentabilité*, Paris, Les Belles Lettres, 2008.

Tuck, Richard, *Natural Rights Theories. Their Origins and Development*, Cambridge (UK), Cambridge University Press, 1979.

Tuck, Richard, *Philosophy and Government, 1572-1661*, Cambridge (UK), Cambridge University Press, 1993.

Turchetti, Mario, « Concorde ou tolérance ? de 1562 à 1598 », *Revue historique*, 556, 1985, p. 341-355.

Turchetti, Mario, *Tyrannie et Tyrannicide de l'Antiquité à nos jours*, Paris, PUF, 2001.

Turchetti, Mario, « Une question mal posée : l'origine et l'identité des "Politiques" au temps des guerres de Religion », dans T. Wanegffelen (dir.), *De Michel de l'Hospital et l'Édit de Nantes. Politique et religions face aux églises*, Clermond Ferrand, Presses universitaires Blaise-Pascal, 2002, p. 357-390.

Viroli, Maurizio, « Il republicanesimo di Machiavelli », dans M. Viroli (dir.), *Libertà politica e virtù civile. Significati e percorsi del repubblica- nesimo classico*, Turin, Edizioni della Fondazione Giovanni Agnelli, 2004, p. 1-29.
Viroli, Maurizio, *From Politics to Reason of State: The Acquisition and Transformation of the Language of Politics 1250-1600*, Cambridge (UK), Cambridge University Press, 2005.
Voelke, André-Jean, *Les Rapports avec autrui dans la philosophie grecque d'Aristote à Panetius*, Paris, Jean Vrin, 1961.

Walker Howe, Daniel, *Making the American Self. Jonathan Edwards to Abraham Lincoln*, Oxford, Oxford University Press, 1997.

Zalloua, Zahi, *Reading Unruly. Interpretation and Its Ethical Demands*, Lincoln (NE)/Londres, University of Nebraska Press, 2014.

4. Commentaires : études sur Montaigne

Abecassis, Jack, « "Le maire et Montaigne ont toujours esté deux d'une séparation bien claire". Public Necessity and Private Freedom in Montaigne", *Modern Language Notes*, 110/5, 1995, p. 1067-1089.
Abecassis, Jack, « "Des cannibales" et la logique de la représentation de l'altérité chez Montaigne », *BSAM*, 29-32, juillet-septembre 1992-janvier-juin 1993, p. 195-208.
Armaingaud, Arthur, « Montaigne et La Boétie », *Revue politique et parlementaire*, 13, mars 1906, p. 499-522 et mai 1906, p. 322-348.
Armaingaud, Arthur, *Montaigne pamphlétaire. L'énigme du Contr'Un*, Paris, Hachette, 1910.
Auerbach, Erich, *Mimésis. La représentation de la réalité dans la littérature occidentale*, trad. C. Heim, Paris, Gallimard, 1968.

Aulotte, Robert, « "Ce ne peut estre malice, c'est plus pour le malheur" : réflexions sur l'attitude d'esprit de Montaigne face au problème de "l'obéissance au magistrat" et la "manutention des polices" », dans M. Dassonville (dir.), *Ronsard et Montaigne, écrivains engagés*, Lexington (Kt), French Forum Publ., 1989, p. 117-123.

Baglivo, Frederico, *La violenza e Montaigne. Storia di un problema filosofico*, Milan, Mimesis, 2018.

Bakewell, Sarah, *How to Live : A Life of Montaigne in One Question and Twenty Attempts at an Answer*, Londres, Chatto & Windus, 2010, trad. P.-E. Dauzat, *Comment vivre ? Une vie de Montaigne en une question et vingt tentatives de réponses*, Paris, Albin Michel, 2013.

Balsamo, Jean, *La Parole de Montaigne. Littérature et humanisme civil dans les* Essais, Turin, Rosenberg et Sellier, 2019.

Battista, Anna Maria, *Alle origini della pensioro politico libertino : Montaigne e Charron*, Milan, A. Guiffré, 1966.

Bauschatz, Cathleen M., « Montaigne, les femmes et les mondes de l'autre », *BSAM*, 29-32, juillet-décembre 1992-janvier-juin 1993, p. 169-177.

Bauschatz, Cathleen M., « The Gender of Genre: A Study in the Reception of Montaigne's *Essais* », *MS*, 2, 1990, p. 26-47.

Beck, William J., « Montaigne face à l'homosexualité », *BSAM*, 9-10, 1982, p. 41-50.

Beck, William J., « The Obscure Montaigne: The Quotation, the Addition, and the Footnote », *College Language Association Journal*, 34/2, 1990, p. 228-252.

Bencivenga, Ermanno, *The Discipline of Subjectivity: An Essay on Montaigne*, Princeton (NJ), Princeton University Press, 1990.

Benoist, Jocelyn, « Merleau-Ponty, Montaigne et les intermitences de l'engagement », dans Ph. Desan (dir.), *Les Usages philosophiques de Montaigne*, Paris, Hermann, 2018, p. 321-333.

Berns, Thomas, *Violence de la loi à la Renaissance. L'originaire du politique chez Machiavel et Montaigne*, Paris, Kimé, 2000.

Birschal, Telma, Sommavilla, Victor, « Montaigne and Narrative Identity. A Dialogue with Galen Strawson and Charles Taylor », *MS*, 31, 2019, p. 131-144.

Blanchard, Marc, *Trois Portraits de Montaigne. Un essai sur la représentation à la Renaissance*, Paris, Nizet, 1990.

Blum, Claude, « Écrire le "Moi" : "J'ajouste mais je ne corrige pas" », dans M. Tetel (dir.), *Actes du colloque international* Montaigne *(1580-1980)*, Paris, Nizet, 1983, p. 36-53.

Boase, Alan M., *The Fortunes of Montaigne: a History of the* Essays *in France, 1580-1669*, Londres, Methuen, 1935.

Boudou, Bénédicte, *Montaigne et les animaux*, Paris, Leo Scheer, 2016.

Bourgeon, Jean-Louis, « Montaigne et la Saint-Barthélemy », *BSAM*, 37-38/2, 1994, p. 101-109.

Boutcher, Warren, « La citoyenneté romaine de Montaigne. La *supplica* des archives dans son contexte », dans Ph. Desan (dir.), *Montaigne à l'étranger. Voyages avérés, possibles et imaginés*, Paris, Classiques Garnier, p. 293-304.

Boutcher, Warren, *The School of Montaigne in the Early Modern Europe*, Oxford, Oxford University Press, 2017, 2 vol.

Brahami, Frédéric, *Le Travail du scepticisme. Montaigne, Bayle, Hume*, Paris, PUF, 2001.

Brahami, Frédéric, « "Être à soi" : la place du politique dans les *Essais* », dans Ph. Desan (dir.), *Montaigne politique*, Paris, Honoré Champion, 2006, p. 36-59.

Bravo Unda, Gabriel, « Analogie de la pensée entre Montaigne et Stephan Zweig », *BSAM*, 11-12, 1988, p. 95-106.

Brody, Jules, « Montaigne "se débine" : lecture philologique de l'essai "Du dementir" (II, 18) », *BSAM*, 1988-89, VIIe série, 13-16, p. 141-159, repris dans Id., *Nouvelles lectures de Montaigne*, Paris, Honoré Champion, 1994, p. 15-36.

Brousseau-Beuermann, Christine, *La Copie de Montaigne. Études sur les citations dans les* Essais, Paris/Genève, Champion/Slatkine, 1989.

Brown, Frieda, *Religious and Political Conservatism in the* Essais *of Montaigne*, Genève, Droz, 1963.

Brunschwicg, Léon, *Descartes et Pascal, lecteurs de Montaigne*, Neuchâtel, La Baconnière, 1942.

Brush, Craig B., *From the Perspective of the Self: Montaigne's Self-Portrait*, New York, Fordham University Press, 1994.

Brush, Craig B., « What Montaigne Has to Say about Old Age », dans R. La Charité, *O un amy ! Essays on Montaigne in Honor of Donald Frame*, Lexington (Kentucky), French Forum Publishers 1977, p. 88-118.

Burke, Peter, « Review of D. Schaefer, *The Political Philosophy of Montaigne* », *Journal of Modern History*, 65, 1993, p. 407-408.

Butor, Michel, *Essais sur les* Essais, Paris, Gallimard, 1968, rééd. dans *Œuvres complètes de Michel Butor*, sous la dir. de M. Calle-Gruber, Paris, La Différence, t. II, 2006.

Calhoun, Alison, *Montaigne and the Lives of the Philosophers: Life Writing and Transversality in the Essais*, Newark, University of Delaware Press, 2015.

Cameron, Keith, « Montaigne and *De la liberté de conscience* », *Renaissance Quaterly*, 26, 1973, p. 285-294.

Carraud, Vincent, Armogathe, Jean-Robert, « Les *Essais* de Montaigne dans les archives du Saint-Office », dans J.-L. Quantin, J.-C. Waquet (dir.), *Papes, princes et savants dans l'Europe moderne. Mélanges à la mémoire de Bruno Neveu*, Genève, Droz, 2007, p. 79-96.

Carraud, Vincent, « Avoir l'âme nette : scepticisme et rigorisme dans "Des prieres" », dans Ph. Desan (dir.), *« Dieu à nostre commerce et société ». Montaigne et la théologie*, Genève, Droz, 2008.

Cave, Terence, « Fragments d'un moi futur : Pascal, Montaigne, Rabelais », dans Id., *Pré-histoires*, I, Genève, Droz, 1999, p. 111-127 ; rééd. J.-R. Fanlo (dir.), *D'une bigarrure fantastique. Le texte composite à la Renaissance. Études offertes à André Tournon*, Paris, Honoré Champion, 2000, p. 105-118.

Cazeaux, Guillaume, *Montaigne et la coutume*, Paris/Milan, Mimesis, 2015.

Céard, Jean, « Agir et prévoir selon Montaigne », *BSAM*, 17-18, janvier-juin 2000, p. 23-30.

Certeau, Michel, « Le lieu de l'autre. Montaigne : "Des cannibales" », *Pour Léon Poliakov. Le racisme, mythes et sciences*, Paris, Complexe, 1981, p. 187-200.

Charles, Syliane, « Le procès de Montaigne par Malebranche : la véracité à l'aune de la vérité moderne », *Renaissance et Réforme*, 21/3, 1997, p. 25-41.

Charpentier, Françoise, « Figure de La Boétie dans les *Essais* de Montaigne », *Revue française de psychanalyse*, 52, 1988, p. 175-189.

Charpentier, Françoise, « Les *Essais* de Montaigne : curiosité/incuriosité », dans J. Céard, *La Curiosité à la Renaissance*, Paris, 1986, p. 111-121.

Charpentier, Françoise, « L'amnésie de Montaigne », *Europe*, 729/1, 1990, p. 26-38.

Charpentier, Françoise, « L'utile et l'honnête : de 1580 aux essais du IIIe livre », dans *La Catégorie de l'honneste dans la culture du XVIe siècle. Actes du colloque international de Sommières II*, Institut de la Renaissance et de l'Âge classique, université de Saint-Étienne, 1985, p. 243-254.

Chateau, Jean, *Montaigne, psychologue et pédagogue*, Paris, Jean Vrin, 1964.

Christiansen, Hope, « The Rhetoric of Self-Depreciation in Montaigne's *Essais* », *Chimères*, 17/2, 1984, p. 15-38.

Cohen, Mark, « Our Liberal Philosopher: A Portrait of Montaigne politique in 2008 », *MS*, 20, 2008, p. 171-184.

Collins, Robert, « Montaigne's Rejection of Reason of State in "De l'utile et de l'honneste" », *The Sixteenth Century Journal*, 23/1, 1992, p. 71-94.

Compagnon, Antoine, *La Seconde Main ou le travail de la citation*, Paris, Seuil, 1979, rééd. 2016.
Compagnon, Antoine, *Nous, Michel de Montaigne*, Paris, Seuil, 1980.
Compagnon, Antoine, « Montaigne chez les postmodernes », *Critique*, juin-juillet 1983, p. 433-434.
Compagnon, Antoine, « Montaigne ou la parole donnée », dans F. Lestringant (dir.), *Rhétorique de Montaigne*, Paris, 1985, p. 9-19.
Conche, Marcel, *Montaigne ou la conscience heureuse*, 1re éd. 1964, rééd. Paris, PUF, 2002.
Conche, Marcel, *Montaigne et la philosophie*, Villiers-sur-Mer, Mégare, 1987, rééd. Paris, Jean Vrin, 1996
Conlay, Tom, « Montaigne on Alterity », dans Ph. Desan (dir.), *The Oxford Handbook of Montaigne*, Oxford, Oxford University Press, 2016, p. 699-714.
Couloubaritsis, Lambros, « L'amitié selon Montaigne et les philosophes grecs », dans K. Kristodoulou (dir.), *Montaigne et la Grèce. Actes du colloque de Calamata et de Messène du 23 au 26 septembre 1988*, Paris, Aux amateurs de livres, 1990, p. 164-178.
Croquette, Bernard, *Étude du livre III des* Essais *de Montaigne*, Paris, 1985.
Croquette, Bernard, *Pascal et Montaigne. Étude de réminiscences des* Essais *dans l'œuvre de Pascal*, Genève, Droz, 1974.

Dagron, Tristan, *Pensée et cliniques de l'identité. Descartes, Cervantès, Montaigne*, Paris, Jean Vrin, 2019.
David, Jean, « Quelques aspects démocratiques de la philosophie de Montaigne », *Modern Language Notes*, 56/7, 1941, p. 485-492
Dédéyan, Charles, *Montaigne chez ses amis anglo-saxons*, Paris, Boivin, 1946, 2 vols.
Defaux, Gérard, *Marot, Rabelais, Montaigne. L'écriture comme présence*, Paris, 1987.
Defaux, Gérard, « Parole et écriture dans les Essais de Montaigne », *Revue d'histoire littéraire de la France*, 6, 1990, p. 852-882.

Defaux, Gérard, *Montaigne et le travail de l'amitié. Du lit de mort d'Étienne de La Boétie aux* Essais *de 1595*, Orléans, Paradigme, 2001.

Delègue, Yves, « "De l'art de conférer" (III, 8) ou de la sottise », *BSAM*, 29, 2003, p. 29-42.

Demonet, Marie-Luce, « Art de conférer, art de raisonner (III, 8) », dans F. Charpentier (dir.), *Montaigne. Les derniers essais. Actes de la journée d'études du 30 novembre 1985*, Paris, UER « Sciences des textes et documents », 1986, p. 19-29.

Desan, Philippe, *Les Commerces de Montaigne. Le discours économique des* Essais, Paris, Nizet, 1992.

Desan, Philippe, « Numérotation et ordre des chapitres et des pages dans les cinq premières éditions des *Essais* », dans C. Blum, A. Tournon (dir.), *Éditer les* Essais *de Montaigne. Actes du colloque tenu à l'université de Paris IV-Sorbonne les 27 et 28 janvier 1995*, Paris, Honoré Champion, 1997, p. 45-77.

Desan, Philippe (dir.), *Dictionnaire de Michel de Montaigne*, Paris, Honoré Champion, 2004, rééd. 2007.

Desan, Philippe, « Montaigne et la politique des termes », dans A. Bettoni, M. Rinaldi, M. Rippa Bonati (dir.), *Michel de Montaigne e il termalismo*, Florence, Leo S. Olschki, 2010, p. 21-33.

Desan, Philippe, « Service public et vie privée chez Montaigne : "d'une séparation bien claire" ? », dans N. Panichi, R. Ragghianti, A. Savorelli (dir.), *Montaigne contemporaneo*, Pise, Edizioni della Normale, 2011, p. 143-157.

Desan, Philippe, *Montaigne. Une biographie politique*, Paris, Odile Jacob, 2014, trad. angl. *Montaigne: A Life in Politics and Letters*, Princeton, Princeton University Press, 2016.

Desan, Philippe, « Montaigne "métis": "De l'utile et de l'honnête" (III, 1) », dans Id. (dir.), *Lectures du troisième livre des* Essais *de Montaigne*, Paris, Honoré Champion, 2016, p. 59-84.

Desan, Philippe, *Montaigne : penser le social*, Paris, Odile Jacob, 2018.

Desan, Philippe, *Dix études sur Montaigne*, Paris, Classiques Garnier, 2020.

Dhommeaux, Jean-Pierre, « Montaigne et sa critique de la justice française », *BSAM*, 17, 1969, p. 14-24.

Dionne, Valerie, « Montaigne on Justice and Law », dans Ph. Desan (dir.), *The Oxford Handbook of Montaigne*, Oxford, Oxford University Press, 2016, p. 471-492.

Dionne, Valérie, *Montaigne, écrivain de la conciliation*, Paris, Classiques Garnier, 2014.

Dreano, Marcel, *La Renommée de Montaigne en France au* XVIIe *siècle*, Angers, Éd. de l'Ouest, 1952.

Dubois, Claude-Gilbert (dir.), *Montaigne et Henri IV (1595-1995). Actes du colloque international (Bordeaux-Pau, 12-13 mai 1995)*, Biarritz, J. & D. Éditions, 1996.

Duval, Edwin W., « Lessons of the New World: Design and Meaning in Montaigne's "Des cannibales" (I, 31) and "Des coches" (III, 6) », *Yale French Studies*, 64, 1983, p. 95-112.

Edelman, Christopher, « Belonging to Oneself. Montaigne on Moral Autonomy », dans C. C. S. Thomas (dir.), *No Greater Monster nor Miracle than Myself. The Political Philosophy of Montaigne*, Macon (Georgia), Mercer University Press, 2014, p. 36-58.

Faye, Emmanuel, *Philosophie et perfection de l'homme, de la Renaissance à Descartes*, Paris, Jean Vrin, 1998.

Ferguson, Gary, « Perfecting Friendship. Montaigne's Itch », *MS*, 9, 1997, p. 105-120.

Ferguson, Gary, *Queer (Re)readings in the French Renaissance. Homosexuality, Gender, Culture*, Aldershot, Ashgate Publishing, 2008.

Ferrari, Emiliano, *Montaigne, une anthropologie des passions*, Paris, Classiques Garnier, 2014.

Ferrari, Emiliano, « Continental Sckepticism and American Pragmatism: Transatlantic Uses from Montaigne to Richard Rorty », *MS*, 31, 2019, p. 83-96.

Feytaud, Jacques de, « La Doulou : Montaigne et la douleur », *BSAM*, 25, janvier-mars 1963, p. 25-66.

Fleuret, Colette, *Rousseau et Montaigne*, Paris, Nizet, 1980.

Foglia, Marc, *Montaigne, pédagogue du jugement*, Paris, Classiques Garnier, 2011.

Foisneau, Luc, « La passion de la gloire chez Montaigne et Hobbes », dans E. Ferrari, Th. Gontier (dir.), *L'Axe Montaigne-Hobbes. Anthropologie et politique*, Paris, Classiques Garnier, 2016, p. 75-89.

Fontana, Biancamaria, « The Political Thought of Montaigne », dans Ph. Desan (dir.), *The Oxford Handbook of Montaigne*, Oxford, Oxford University Press, 2016, p. 232-251.

Fontana, Biancamaria, « "Lâcher la bride" : tolérance religieuse et liberté de conscience dans les *Essais* de Michel de Montaigne », *Cahiers philosophiques*, 114, 2008, p. 27-39.

Fontana, Biancamaria, « Montaigne on Justice and Law », dans Ph. Desan (dir.), *The Oxford Handbook of Montaigne*, Oxford, Oxford University Press, 2016, p. 471-492.

Fontana, Biancamaria, *Montaigne en politique*, Marseille, Agone, 2013.

Frame, Donald, *Montaigne in France, 1812-1852*, New York, Columbia University Press, 1940.

Frame, Donald, *Montaigne. A Biography*, New York, Brace & World, 1956, trad. J.-C. Arnould, *Montaigne. Une vie, une œuvre*, Paris, Honoré Champion, 1994, rééd. Paris, Classiques Garnier, 2006.

Frame, Donald, *Montaigne's Discovery of Man*, New York, Columbia University Press, 1955.

Friedrich, Hugo, *Montaigne*, Berne, Francke Verlag, 1949, rééd. revue et augmentée 1968, trad. R. Rovini, *Montaigne*, Paris, Gallimard, 1968.

Frisch, Andrea, « Montaigne and the Ethics of Memory », *L'Esprit créateur*, 46/1, 2006, p. 23-31.

Frisch, Andrea, « Montaigne on Memory », dans Ph. Desan (dir.), *The Oxford Handbook of Montaigne*, Oxford, Oxford University Press, 2016, p. 648-662.

Fumaroli, Marc, « La conversation », dans P. Nora (dir.), *Les Lieux de mémoire*, t. III, Paris, Gallimard, 1997, p. 617-675.

Fumaroli, Marc, *L'Âge de l'éloquence. Rhétorique et* res literaria *de la Renaissance au seuil de l'époque classique*, Paris, Albin Michel, 1980, rééd. 1994.

Fumaroli, Marc, « Michel de Montaigne et l'éloquence du for intérieur », dans J. Lafond (dir.), *Les Formes brèves de la prose et le discours continu (XVIe-XVIIe siècle)*, Paris, Jean Vrin, 1984, p. 27-50.

Fumaroli, Marc, *La Diplomatie de l'esprit. De Montaigne à La Fontaine*, Paris, Hermann, 1994.

Gauna, Max, *The Dissident Montaigne*, New York, Peter Lang, 1989.

Gauna, Max, *Montaigne and the Ethics of Compassion*, Lewiston (NY), E. Mellen Press, 2000.

Gerbier, Laurent, « "C'est un nom sacré, c'est une chose sainte". L'incompatibilité de l'amitié et de la tyrannie », dans S. Geonget, L. Gerbier (dir.), *Amitié & Compagnie. Autour du* Discours de la servitude volontaire *de La Boétie*, Paris, Classiques Garnier, 2012, p. 113-130.

Gillespie, Michael Allen, « Montaigne's Humanistic Liberalism », *The Journal of Politics*, 47/1, 1985, p. 140-159

Giocanti, Sylvia, *Penser l'irrésolution : Montaigne, Pascal, La Mothe Le Vayer. Trois itinéraires sceptiques*, Paris, Honoré Champion, 2001.

Giocanti, Sylvia, « L'engagement sceptique : politique et distance », *Éthique, politique, religions*, 5/2, 2014, p. 31-48.

Giocanti, Sylvia, « Montaigne et la bêtise », *Le Français préclassique (1500-1650)*, 12, Paris, Honoré Champion, 2009, p. 65-78.

Gontier, Thierry, *De l'homme à l'animal. Montaigne, Descartes ou les paradoxes de la philosophie moderne sur la nature des animaux*, Paris, Jean Vrin, 1998.

Gontier, Thierry, « Entre les "Politiques" et Montaigne. Le théologico-politique chez Pierre Charron », *MS*, 12/1-2, 2000, p. 105-122.

Gontier, Thierry, « La notion de "doctrine", de la traduction du prologue de la *Théologie naturelle* de Sebond aux *Essais* de Montaigne », dans Ph. Desan (dir.), *Dieu à nostre commerce et société. Montaigne et la théologie*, Genève, Droz, 2008, p. 157-174.

Gontier, Thierry, « Doctrine et science dans les Essais de Montaigne », dans R. Imbach, Ph. Büttgen (dir.), Vera doctrina. *Zur Begriffsgeschichte der Lehre von Augustinus bis Descartes. L'idée de doctrine d'Augustin à Descartes*, Wiesbaden, Harrassowitz (Herzog August Bibliothek Wolfenbüttel), 2009, p. 343-364.

Gontier, Thierry, « Montaigne : quelles règles pour l'esprit ? Autour de l'ouvrage de Bernard Sève, *Montaigne. Des règles pour l'esprit* », *Revue de philosophie de Louvain*, 107/3, 2009, p. 485-493.

Gontier, Thierry, « Montaigne, les humanistes et la doctrine des Anciens », *MS*, 21, 2009, p. 13-34.

Gontier, Thierry, « Le "vicieux ply" de Socrate. Nature et vertu dans le chapitre "De la phisionomie" », dans Th. Gontier, S. Meyer (dir.), *Le Socratisme de Montaigne*, Paris, Classiques Garnier, 2010, p. 203-218.

Gontier, Thierry, « Harmonie du monde et harmonie de l'homme dans les *Essais* de Montaigne », dans *Atti della Accademia Pontaniana*, suppl. 59, Naples, 2010, p. 277-290.

Gontier, Thierry, « Que philosopher, c'est apprendre à vieillir », dans Th. Gontier, P. Magnard (dir.), *Montaigne*, Paris, Cerf, 2010, p. 293-314.

Gontier, Thierry, « Prudence et sagesse chez Montaigne », *Archives de philosophie*, 75, 2012, p. 113-130.

Gontier, Thierry, « Conférence et civilité dans le chapitre III, 8 des *Essais* de Montaigne », dans N. Panichi (dir.), *L'antidoto di Mercurio. La "Civil Conversazione", tra Rinascimento e Età moderna*, Florence, Leo S. Olschki, 2013, p. 207-222.

Gontier, Thierry, « Montaigne and Descartes : Precursors of the Modern Animal Question », *MS*, 25, 2013, p. 93-104.

Gontier, Thierry, « Bacon. Une langue pour la science », dans J.-M. Counet (dir.), *Philosophie et langage ordinaire de l'Antiquité à la Renaissance*, Louvain, Peeters, 2014, p. 191-208.

Gontier, Thierry, « Of Animals », dans Ph. Desan (dir.), *The Oxford Handbook of Montaigne*, Oxford, Oxford University Press, 2016, p. 732-749.

Gontier, Thierry, « Les idoles, de Montaigne à Bacon », *BSAM*, 63/1, 2016, p. 165-179.

Gontier, Thierry, « Pluralisme religieux et liberté de conscience chez Montaigne et Hobbes », dans E. Ferrari, Th. Gontier (dir.), *L'Axe Montaigne Hobbes. Anthropologie et politique*, Paris, Classiques Garnier, 2016, p. 267-282.

Gontier, Thierry, « A Re-evaluation of Friendship Among the Moderns. Reading the Ancients in the Chapter "On Friendship" of the *Essays* of Montaigne », *International Political Anthropology*, 10/1, 2017, p. 57-71.

Gontier, Thierry, « Montaigne et la tradition de la liberté négative », dans Ph. Desan (dir.), *Les Usages philosophiques de Montaigne*, Paris, Hermann, 2018.

Gontier, Thierry, « De l'écriture de soi à l'amour de soi », *Revue philosophique de Louvain*, 116/2, 2018, p. 309-321.

Gontier, Thierry, « Quel genre de "libéral" est Montaigne ? Autour d'une lecture américaine des *Essais* », *MS*, 31, 2019, p. 111-130.

Gontier, Thierry, « La "retraite" de Montaigne : une position politique ? », dans J. Balsamo, A. Graves (dir.), *Global Montaigne. Mélanges en l'honneur de Philippe Desan*, Paris, Classiques Garnier, 2020, p. 63-78.

Gontier, Thierry, « "Doctrine sacrée" vs "humaines fantaisies". Pour une lecture exotérique du chapitre "Des prieres" (*Essais*, I, 56) », *BSAM*, 2, 2020, p. 85-100.

Gontier, Thierry, « La maladie et ses lieux », introduction à *Montaigne. Maladie des corps, maladie du temps*, en collaboration avec D. Brancher, *Éthique, politique, religions*, 19/2, 2021, p. 13-21.

Gontier, Thierry, « Apprendre des guerres de Religion. La leçon libérale de Montaigne », dans E. Ferrari, Th. Gontier, N. Panichi (dir.), *Montaigne. Apprendre des guerres de Religion*, Paris, Classiques Garnier, 2021, p. 215-233.

Gontier, Thierry & Brancher, Dominique, « La maladie et ses lieux », *Éthique, politique, religions*, n° 19, 2021-2, p. 13-21.

Gontier, Thierry, « À la frontière de l'humain. La figure ambivalente de l'animal dans l'"Apologie de Raimond Sebond" de Montaigne », *Revue de synthèse*, 143/1-2, 2022, p. 105-124.

Goumarre, Pierre J., « Montaigne et Gentillet », *Romance Notes*, 13/2, 1971, p. 322-325.

Goyet, Francis, « Montaigne and the Notion of Prudence », dans U. Langer (dir.), *The Cambridge Compagnon of Montaigne*, Cambridge (UK), Cambridge University Press, 2005, p. 116-141 ; rééd. augmentée en français dans F. Goyet, *Les Audaces de la prudence. Littérature et politique aux* XVIe *et* XVIIe *siècles*, Paris, Classiques Garnier, 2009, p. 63-107.

Goyet, Francis, « Prudence et panurgie : le machiavélisme est-il aristotélicien ? », dans U. Langer (dir.), *Au-delà de la* Poétique *: Aristote et la littérature de la Renaissance*, Genève, Droz, 2002, p. 13-34, repris dans F. Goyet, *Les Audaces de la prudence. Littérature et politique aux* XVIe *et* XVIIe *siècles*, Paris, Classiques Garnier, 2009, p. 109-145.

Gray, Floyd, *Montaigne et les livres*, Paris, Classiques Garnier, 2013.

Green, Felicity, *Montaigne and the Life of Freedom*, Cambridge (UK), Cambridge University Press, 2012.

Greengrass, Mark, « Montaigne and the Wars of Religion », dans Ph. Desan (dir.), *The Oxford Handbook of Montaigne*, Oxford, Oxford University Press, 2016, p. 138-157.

Grün, Alphonse, *La Vie publique de Michel de Montaigne. Étude biographique*, Paris, D'Amyot, 1855.

Guérin, Philippe, « La Civile Conversation... », dans Id. (dir.), *Le Dialogue ou les enjeux d'un choix d'écriture (pays de langues romanes). Actes du colloque organisé par l'EA ERILAIR les 17-18 octobre 2003*, Rennes, Presses universitaires de Rennes, 2006, p. 235-296.

Guerrier, Olivier, *« Quand les poètes feignent ». « Fantasie » et fiction dans les* Essais *de Montaigne*, Paris, Honoré Champion, 2002.

Guggenheim, Michel, « Des *Essais* aux *Confessions* : deux écrivains devant leur moi », *The French Review*, 34, 1960-1961, p. 517-524.

Hallie, Phillip, « The Ethics of Montaigne's "De la cruauté" », dans R. de La Charité (dir.), *O un amy ! Essays on Montaigne in Honor of Donald Frame*, Lexington (Kentucky), French Forum Publishers, 1977, p. 156-171.

Hallie, Phillip, *Montaigne and Philosophy as Self Portraiture*, Center of Advanced Studies Weseyan University, 1966.

Hampton, Timothy, « Unreadable Signs: Montaigne, Virtue, and the Interpretation of History », dans Ph. Desan (dir.), *Humanism in Crisis. The Decline of the French Renaissance*, Ann Arbor, University of Michigan Press, 1991, p. 85-106.

Hartle, Ann, « Autonomy and Cruelty: Rorty and Montaigne on the Social Bond », dans E. K. Bush, P. A. Lawler (dir.), *Democracy Reconsidered*, New York, Lexington Books, 2009, p. 69-77.

Hartle, Ann, *Michel de Montaigne: Accidental Philosopher*, Cambridge (UK), Cambridge University Press, 2003.

Hartle, Ann, « The Transformation of Virtue in Montaigne's *Essays* », *L'Esprit créateur*, 46/1, 2006, p. 3-12.

Hartle, Ann, *Montaigne and the Origins of Modern Philosophy*, Evanston, Northwestern University Press, 2013.

Heller, Lane M., « Montaigne conteur : "Je dans l'exercitation" (II, 6) », dans E. Kushner (dir.), *La Problématique du sujet chez Montaigne. Actes du colloque de Toronto*

(20-21 octobre 1992), Paris, Honoré Champion, 1995, p. 11-22.

Henry, Patrick, « Doing and Non-Doing in the *Essays* », *MS*, 14, 2002, p. 169-177.

Henry, Patrick, « Recognition of the Other and Avoidance of the Double: the Self and the Other in the *Essais* of Montaigne », *Stanford French Review*, 6/2-3, Stanford, 1982, p. 175-187.

Hiley, David, « The Politics of Skepticism: Reading Montaigne », *History of Philosophy Quaterly*, 9/4, 1992, p. 379-399.

Horkheimer, Max, « Montaigne et la fonction du scepticisme », dans Id., *Théorie critique. Essais*, trad. G. Coffin, O. Masson et J. Masson, Paris, 1978, p. 261-312.

Insdorf, Cecile, *Montaigne and Feminism*, Chapel Hill, University of North Carolina Press, 1977.

Johnson, Eric Aaron, *Knowledge and Society. A Social Epistemology of Montaigne's* Essays, Charlottesville, Rockwood Press, 1994.

Jordan, Constance, « Sexuality and Volition in "Sur des vers de Virgile" », *MS*, 8, 1996, p. 77-98.

Jordan, Constance, « Montaigne on Property, Public Service, and Political Servitude », *Renaissance Quarterly*, 56/2, 2003, p. 408-435.

Keatley, Richard E., « L'écriture des bains. Montaigne lecteur des *De Balneis* », dans Ph. Desan (dir.), *Montaigne à l'étranger. Voyages avérés, possibles et imaginés*, Paris, Classiques Garnier, p. 243-256.

Kellermann, Frederick, « The *Essays* and Socrates », *Symposium*, 10/2, New York, University of Syracuse, 1956, p. 204-216.

Kenny, Neil, « "Have been thinking I'd better take a course in Montaigne": John Dewey, Progressive Education, and Social Class », *MS*, 31, 2019, p. 69-81.

Keohane, Nannerl O., « Montaigne's Individualism », *Political Theory*, 5/3, 1977, p. 363-390.

Knee, Philipe, *La Parole incertaine. Montaigne en dialogue*, Québec, Presses de l'université Laval, 2003, rééd. Paris, Hermann, 2013.

Konstantinovic, Isabelle, *Montaigne et Plutarque*, Genève, Droz, 1989.

Krier, Isabelle, *Montaigne et le genre instable*, Paris, Classiques Garnier, 2015.

Kritzman, Lawrence, « Le roman de la pierre ou Montaigne et l'archéologie du moi », *BSAM*, 13-16, 1988-1989, p. 119-126.

Kritzman, Lawrence D., *The Fabulous Imagination: on Montaigne's* Essays, New York, Columbia University Press, 2009, rééd. 2012.

Kubota, Takeshi, *Montaigne lecteur de* La Cité de Dieu *d'Augustin*, Paris, Honoré Champion, 2019.

Kupitz, Kazimierz, *Elles et lui. Problématique féminine des* Essais, Lodz, Acta Universitatis Lodziensis, 1985.

Kurz, Harry, « Montaigne and La Boétie in the Chapter "On Friendship" », *Modern Language Association*, 65/4, 1950, p. 483-530.

Lagrée, Marie-Clarté, « Montaigne on Self », dans Ph. Desan (dir.), *The Oxford Handbook of Montaigne*, Oxford, Oxford University Press, 2016, p. 453-470.

Langer, Ulrich, « Montaigne's Customs », *MS*, 4, 1992, p. 81-96

Langer, Ulrich, *Perfect Friendship: Studies in Literature and Moral Philosophy from Boccacio to Corneille*, Genève, Droz, 1994.

Langer, Ulrich, « Montaigne's Ethics in Context: Fortitude (I, 12) and Justice (I, 23) », *MS*, 14, 2002, p. 7-18.

Larmat, Jean, « Montaigne, moraliste "certain et résolu" », dans C. Blum, F. Moreau (dir.), *Études montaignistes en hommage à Pierre Michel*, Genève, Slatkine, 1984, p. 139-146.

Laursen, John Christian, *The Politics of Scepticism in the Ancients: Montaigne, Hume and Kant*, Leyde/New York, Brill, 1992.

Laursen, John Christian, Pham, Kevin, « Montaigne in American Political Theory: Two Generations », *MS*, 31, 2019, p. 97-110.

Lazard, Madeleine, *Montaigne et la femme. « Sur des vers de Virgile » (chapitre III, 5 des* Essais*)*, Paris, Arlea, 2010.

Legros, Alain, *Essais sur les poutres. Peintures et inscriptions chez Montaigne*, Paris, Klincksieck, 2000.

Lestringant, Frank, « L'action génitale. À propos du plaidoyer pour le membre (*Essais*, I, 21) », *BSAM*, 19-20, 2000, p. 65-76.

Lestringant, Frank, *Le Brésil de Montaigne. Le Nouveau Monde des* Essais, Paris, Chandeigne, 2005.

Leushuis, Reiner, « Montaigne parrhesiastes: Foucault Fearless Speech and Truth-Telling in the *Essays* », dans Z. Zalloua, *Montaigne after Theory / Theory after Montaigne*, Seattle, University of Washington Press, 2009, p. 100-122.

Levine, Alan, *Sensual Philosophy: Toleration, Skepticism, and Montaigne's Politics of the Self*, Lanham/Boulder/New York/Oxford, Lexington Books, 2001.

Lévi-Strauss, Claude, *Histoire de Lynx*, Paris, Plon, 1991.

Liddle, Michel, « Montaigne et l'altérité », dans C. Blum, M. L. Demonet, A. Tournon (dir.), *Montaigne et le Nouveau Monde*, Mont-de-Marsan, Éditions interuniversitaires, 1994, p. 161-167.

Litwin, Christophe, « La cause perdue de l'amitié républicaine de La Boétie à Montaigne », *MS*, 28, 2016, p. 95-110.

Litwin, Christophe, *Politiques de l'amour de soi. La Boétie, Montaigne et Pascal au démêlé*, Paris, Classiques Garnier, 2021.

Long, Kathleen, « Montaigne on Monsters and Monstruosity », dans Ph. Desan (dir.), *The Oxford Handbook of Montaigne*, Oxford, Oxford University Press, 2016, p. 715-731.

MacPhail, Eric, « Friendship as a Political Ideal », *MS*, 1989, p. 177-187.

Magendie, Maurice, *La Politesse mondaine et les théories de l'honnêteté en France à la fin du XVIIe siècle*, Paris, Alcan, 1925.

Magnard, Pierre, « Montaigne et l'invention de l'homme », *Cités*, 44/4, 2010, p. 123-136.

Magnard, Pierre, *Il se trouve plus de différence de tel homme à tel homme que de tel animal à tel homme*, Mayenne, Pleins Feux, 2002.

Magnien, Michel, « Un écho de la querelle cicéronienne au XVIe siècle : éloquence et imitation dans les *Essais* », dans F. Lestringant (dir.), *Rhétorique de Montaigne*. Actes du colloque de la Société des amis de Montaigne (Paris, 14-15 décembre 1984), Paris, 1985, p. 85 99.

Manent, Pierre, *Montaigne. La vie sans loi*, Paris, Flammarion, 2014.

Mann-Philips, Margaret, « Érasme et Montaigne », dans J.-C. Margolin (dir.), *Colloquia Erasmiana Turoniensia*, Paris, 1972, vol. 1, p. 479-501.

Marchi, Dudley, *Montaigne Among the Moderns. Receptions of the Essais*, Providence/Oxford, Berghahn Books, 1995.

Martin, Daniel, « Montaigne, Author of On Voluntary Servitude », dans D. Schaefer (dir.), *Freedom over Servitude. Montaigne, La Boetie and On Voluntary Servitude*, Wesport/Londres, Greenwood Press, 1998, p. 127-187.

Mathias, Paul, *Montaigne ou l'usage du monde*, Paris, Jean Vrin, 2006.

Mathieu-Castellani, Gisèle, *Montaigne. L'écriture de l'essai*, Paris, PUF, 1988.

Mathieu-Castellani, Gisèle, *Montaigne ou la vérité du mensonge*, Genève, Droz, 2000.

McGowan, Margaret, *Montaigne's Deceits: The Art of Persuasion in the* Essais, Philadelphia, Temple University Press, 1974.

Mehely, Hassan, *Writing Cogito: Montaigne, Descartes and the Institution of the Modern Subject*, Albany, State University of New York Press, 1997.

Melehy, Hassan, « Silencing the Animals: Montaigne, Descartes, and the Hyperbole of Reason », *Symplokē*, 13/1-2, 2005, p. 263-282.

Melehy, Hassan, « The Case of Animals », *L'Esprit créateur*, 46/1, 2006, p. 96-107.

Ménager, Daniel, « La culture héroïque de Montaigne », *BSAM*, 9-10, 1998, p. 39-52.

Ménager, Daniel, *Montaigne et la philosophie de l'ambassade*, *BSAM*, 17-18, 2000, p. 55-67.

Merleau-Ponty, Maurice, « Lecture de Montaigne », *Les Temps modernes*, 3/27, 1947, p. 1044-1060 ; rééd. Id., *Signes*, Gallimard, 1960, p. 250-266.

Mermier, Guy, « L'essai "Des cannibales" de Montaigne », *BSAM*, 7-8, juillet-décembre 1973, p. 27-38.

Méron, Evelyne, « L'animal est-il une personne ? (*Essais*, II, 11 et II, 12) », *BSAM*, 39-40/1, 1995, p. 43-53.

Metschies, Michael, *La Citation et l'Art de citer dans les* Essais *de Montaigne*, Paris, 1997.

Michel, Pierre, « La Boétie, Montaigne et Machiavel », *BSAM*, 61/1, 1962, p. 54-60.

Millet, Olivier, *La Première Réception des Essais de Montaigne (1580-1640)*, Paris, Honoré Champion, 1995.

Moss, Ann, « De l'amitié (*Essais* I, 28) : Luy et Moy », dans J. O'Brien (dir.), *Distant Voices still Heard. Readings of French Renaissance Littérature*, Liverpool, Liverpool University Press, 2000, p. 185-200.

Nakam, Géralde, *Montaigne et son temps. Les événements et les* Essais, Paris, Gallimard, 1982.

Nakam, Géralde, *Les* Essais *de Montaigne, miroir et procès de leur temps. Témoignage historique et création littéraire*, Paris, Nizet, 1984, rééd. Paris, Honoré Champion, 2001.

Nakam, Géralde, *La Manière et la Matière*, Paris, Honoré Champion, 1992, rééd. 2006.

Nakam, Géralde, « L'autoportrait d'une liberté », dans Id., *Le Dernier Montaigne*, Paris, Honoré Champion, 2002, p. 45-62.

Naya, Emmanuel, « *De la "médiocrité" à la "mollesse" : la prudence montaignienne* », dans E. Naya, A.-P. Pouey-Monou (dir.), *Éloge de la médiocrité. Le juste milieu à la Renaissance*, Paris, Rue d'Ulm, 2005, p. 195-216.

Ndiaye, Aloyse R., « Malebranche lecteur de Montaigne. La place des *Essais* dans la *Recherche de la vérité* », dans C. Blum (dir.), *Montaigne penseur et philosophe*, Paris, Honoré Champion, 1990, p. 157-173.

Nicolaï, Alexandre, « Le machiavélisme de Montaigne », *BSAM*, 4, octobre-décembre 1957, p. 11-21 et 5-6, 1958, p. 25-47.

Norton, Glyn P., « "De trois commerces" and Montaigne's Populous Solitude », *The French Review*, 3, 1971, p. 101-109.

Norton, Glyn P., *Montaigne and the Introspective Mind*, La Haye, Mouton, 1975.

Panichi, Nicola, *La Virtù eloquente. La « Civil Conversatione » nel Rinascimento*, Urbino, Editrice Montefeltro, 1994.

Panichi, Nicola, *Picto historia. Lettura di Montaigne e Nietzsche*, Urbino, Quattroventi, 1995.

Panichi, Nicola, « Au-delà de la vertu "innocente" : Montaigne et les théoriciens de la raison d'État », dans Ph. Desan (dir.), *Montaigne politique*, Paris, Honoré Champion, 2006, p. 73-91.

Panichi, Nicola, « De Socrate à Montaigne, en passant par Guazzo », dans Th. Gontier, S. Mayer (dir.), *Le Socratisme de Montaigne*, Paris, Classiques Garnier, 2010, p. 71-85.

Parkin, John, « Montaigne, *Essais*, 3, 1: the Morality of Commitment », *Bibliothèque d'humanisme et Renaisssance*, 41/1, 1979, p. 41-62.

Paysse, Jean-Marie, « De l'éducation selon Montaigne », *Bulletin de l'association Guillaume Budé*, 2, 1970, p. 285-293.

Paysse, Jean-Marie, « Montaigne et la pédagogie », *BSAM*, 22-23, 1970, p. 7-15.

Pédaud, Stéphanie, *Gestes, figures et écritures de maîtres ignorants. Une étude du rapport du philosophe au savoir chez Platon, Montaigne et Rancière*, thèse de philosophie soutenue à Paris Nanterre sous la dir. de M. de Gaudemar, le 30 novembre 2018.

Pellegrin, Marie-Frédérique, « "Un pédant à la cavaliere" : le procès de l'imagination montaignienne chez Malebranche », dans Ph. Desan (dir.), *Les Usages philosophiques de Montaigne*, Paris, Hermann, 2017, p. 83-101.

Périllé, Jean-Luc, « Colotès et la béatification épicurienne de l'amitié », *Les Études philosophiques*, 73/2, 2005, p. 229-259.

Petris, Loris, « L'Hospital, Pibrac et Montaigne. Trois magistrats-écrivains face au néostoïcisme chrétien », dans A. Tarrête (dir.), *Stoïcisme et Christianisme à la Renaissance*, Paris, Rue d'Ulm, 2006, p. 71-91.

Pinchard, Bruno, « Montaigne : essai de lecture dialectique », *MS*, 12, 2000, p. 63-73.

Platt, Michael, « Montaigne, Of Friendship and On Tyranny », dans D. Schaefer (dir.), *Freedom over Servitude. Montaigne, La Boétie and* On Voluntary Servitude, Wesport/Londres, Greenwood Press, 1998, p. 31-85.

Porteau, Paul, *Montaigne et la vie pédagogique de son temps*, Paris, Droz, 1935.

Pouilloux, Jean-Yves, *Montaigne. L'éveil de la pensée*, Paris, Honoré Champion, 1995.

Pouilloux, Jean-Yves, « Le "non-agir" », *BSAM*, 17-18, 2000, p. 95-107.

Protopa, Maria, « Montaigne et l'Univers », *Diotima*, 21, 1993, p. 137-142.

Quantin, Jean-Louis, « Les censures de Montaigne à l'index romain : précisions et corrections », *MS*, 26, 2014, p. 145-162.

Quint, David, *Montaigne and the Quality of Mercy: Ethical and Political Themes in the* Essays, Princeton, Princeton University Press, 1998.

Reeser, Todd W., « Queer Energy and the Indeterminate Object of Desire in Montaigne's "On Some Verses of Virgil" », *The Journal for Early Modern Cultural Studies*, 16/4, 2016, p. 38-71.

Reeser, Todd W., « Montaigne on Gender », dans Ph. Desan (dir.), *The Oxford Handbook of Montaigne*, Oxford, Oxford University Press, 2016, p. 562-580.

Regosin, Richard L., *Montaigne Unruly Brood. Testual Engendering and the Challenge to Paternal Authority*, Berkeley, University of California Press, 1996.

Regosin, Richard L., *The Matter of my Book: Montaigne's* Essays *as the Book of the Self*, Berkeley/Los Angeles/Londres, University of California Press, 1977.

Reiss, Timothy J., « Montaigne et le sujet du politique », *Œuvres et critiques*, 8/1-2, 1983, p. 127-152.

Reynolds-Cornell, Régine, « Smoke and Mirrors: Covert Dissent in Montaigne's *Essays* and Overt Dissent in the Discourse *On Voluntary Servitude* », dans D. Schaefer (dir.), *Freedom over Servitude. Montaigne, La Boetie and On Voluntary Servitude*, Wesport/Londres, Greenwood Press, 1998, p. 115-126.

Rider, Frederick, *The Dialectic of Selfhood in Montaigne*, Stanford, MW Books, 1973.

Rigolot, François, « Montaigne et la servitude volontaire : pour une interprétation platonicienne », dans I. Zinguer (dir.), *Le Lecteur, l'Auteur et l'Écrivain. Montaigne : 1492-1592-1992. Actes du colloque international de Haïfa*, Paris, Honoré Champion, 1993, p. 85-103.

Rigolot, François, « Montaigne lecteur européen de l'Amérique », *Diogène*, 164, 1993, p. 3-15.

Rigolot, François, « Quand Montaigne emprunte à l'*Éthique à Nicomaque*. Étude des "allongeails" sur l'Exemplaire de Bordeaux », *MS*, 14, 2002, p. 19-35.

Rigolot, François, « Montaigne et Aristote : la conversion à l'*Éthique à Nicomaque* », dans U. Langer (dir.), *Au-delà de la* Poétique : *Aristote et la littérature de la Renaissance*, Genève, Droz, 2002, p. 48-63.

Riveline, Maurice, *Montaigne et l'amitié*, Paris, Paris, Alcan, 1939.

Roose, Alexander, « Montaigne, libéral et sceptique : les lectures de Judith Shklar, Isaiah Berlin, Friederich Hayek et Michael Oakeshott », *MS*, 28, 2016, p. 111-124.

Roussel, François, « Société et solitude selon Montaigne : faire travailler un lieu commun », *MS*, 28, 2016, p. 65-78

Royé, Jocelyn, *La Figure du pédant de Montaigne à Molière*, Droz, Genève, 2008.

Sanders, Sylvia G., « Montaigne et les idées politiques de Machiavel », *BSAM*, 18-19, 1976, p. 85-99.

Sayce, Richard A., *The* Essays *of Montaigne. A Critical Exploration*, Londres, Northwestern University Press, 1972.

Schachter, Marc D., « "That Friendship which possesses the Soul": Montaigne loves La Boétie », *Journal of Homosexuality*, 41/3-4, 2001, p. 5-21.

Schachter, Marc D., « "Montaigne's'Voluntary Liberty" and the Politics of Friendship », dans Id., *Voluntary Servitude and the Erotics of Friendship. From Classical Antiquity to Early Modern France*, Londres, Ashgate, 2008, p. 73-113.

Schaefer, David, « The Good, the Beautiful and the Useful: Montaigne transvaluation of Values », *American Political Science Review*, 73/1, 1979, p. 139-154.

Schaefer, David, « Montaigne's Political Reformation », *The Journal of Politics*, 42/3, 1980, p. 766-791

Schaefer, David, *The Political Philosophy of Montaigne*, Ithaca/Londres, Cornell University Press, 1990.

Schaefer, David (dir.), « Montaigne and La Boétie », dans D. Schaefer (dir.), *Freedom over Servitude. Montaigne, La Boétie and On Voluntary Servitude*, Wesport/Londres, Greenwood Press, 1998, p. 1-30.

Schanz, Vera, *Politische und literarische Souveränität im frühneuzeitlichen Frankreich: Bodin, La Boétie, Montaigne*, Wurtzbourg, Königshausen & Neumann, 2013.

Schneewind, Jerome B., « Montaigne on Moral Philosophy and the Good Life », *The Cambridge Companion to Montaigne*, 2005, p. 207-228.

Scholar, Richard, *Montaigne and the Art of Free-Thinking*, Oxford, Peter Lang, 2010, trad. Th. Contantinesco, *Montaigne libre penseur*, Paris, Hermann, 2015.

Schwartz, Jérôme, « "La conscience d'un homme": Reflections on the Problem of Conscience in the *Essais* », dans R. de La Charité (dir.), *O un amy ! Essays on Montaigne in Honor of Donald Frame*, Lexington (Kentucky), French Forum Publishers, 1977, p. 242-276.

Screech, Michael, *Montaigne et la mélancolie. La sagesse des* Essais (1983), trad. F. Bourgne avec la collaboration de J.-L. Haquette, Paris, PUF, 1992.

Sellevold, Kristi, *« J'ayme ces mots... » Expressions linguistiques du doute dans les Essais de Montaigne*, Paris, Honoré Champion, 2004.

Sève, Bernard, *Montaigne. Des règles pour l'esprit*, Paris, PUF, 2008.

Simonin, Michel, « Œuvres complètes ou plus que complètes ? Montaigne éditeur de La Boétie », *MS*, 7, 1995, p. 5-34.

Skenazi, Cyntia, « La diversion de la vieillesse : les ruses de Montaigne », dans C. Winn, C. Yandell (dir.), *Vieillir à la Renaissance*, Leyde, Brill, 2013, p. 339-357.

Slongo, Paolo, *Governo della vita e ordine politico in Montaigne*, Milan, Franco Angeli, 2010.

Smith, Malcolm, *Montaigne and the Roman Censors*, Genève, Droz, 1981.

Smith, Malcolm C., *Montaigne and Religious Freedom. The Dawn of Pluralism*, Genève, Droz, 1991.

Starobinski, Jean, « "To preserve and continue": Remarks on Montaigne's Conservatism », *Diogenes*, 118, 1982, p. 103-120.

Starobinski, Jean, *Montaigne en mouvement*, Paris, Gallimard, 1982.

Statius, Pierre, « La religion de Montaigne : essai d'interprétation », *BSAM*, 33-34, 1993, p. 89-107.

Stone, Donald, « Women and Friendship », *MS*, 8, 1996, p. 23-34.

Strowski, Fortunat, *Montaigne*, Paris, Alcan, 1906, rééd. 1931.

Supple, James J., « L'orgueil nobiliaire de Montaigne », dans F. Moureau *et al.*, *Montaigne et les* Essais, *1580-1980*, Paris/Genève, Honoré Champion/Slatkine, 1983, p. 100-110.

Supple, James J., *Arms versus Letters: the Military and Litterary Ideals in the* Essais *of Montaigne*, Oxford, Oxford University Press, 1984.

Supple, James J., « The Failure of Humanist Education: David de Fleurance-Rivault, Anthoine Mathé de Laval, and Nicolas faret », dans Ph. Desan (dir.), *Humanism in Crisis. The Decline of the French Renaissance*, Ann Arbor, University of Michigan Press, 1991, p. 35-53.

Supple, James J., « David Lewis Schaefer: Armaingaud Rides Again », dans K. Cameron, L. Willett (dir.), *Le Visage changeant de Montaigne / The Changing Face of Montaigne*, Paris, Honoré Champion, 2003, p. 259-275.

Tarrête, Alexandre, « Penser la neutralité en temps de guerre civile (Bodin, Lipse, Montaigne) », dans E. Ferrari, Th. Gontier, N. Panichi (dir.), *Montaigne. Penser en temps de guerres de Religion*, Paris, Classiques Garnier, 2021, p. 127-145.

Tetel, Marcel, « Montaigne et Guazzo : de deux conversations », dans C. Blum, F. Moreau (dir.), *Études montaignistes en hommage à Pierre Michel*, Genève, Slatkine, 1984, p. 239-246 (repris dans Id., *Présences italiennes dans les* Essais *de Montaigne*, Paris, Honoré Champion, 1992, p. 11-25).

Tetel, Marcel, « De l'"honneste" chez Montaigne : réversibilité et subversion », dans *La Catégorie de l'honneste dans la culture du XVIe siècle. Actes du colloque international de Sommières II*, Institut de la Renaissance et de l'Âge classique, Université de Saint Étienne, 1985, p. 233-242.

Tetel, Marcel, « Montaigne et Machiavel ? », dans Id., *Présences italiennes dans les* Essais *de Montaigne*, Paris, 1992, p. 75-95.

Tetel, Marcel, « La réécriture d'Épaminondas », dans Z. Samaras (dir.), *Montaigne, espace, voyage, écriture*, Paris, Honoré Champion, 1995, p. 293-304.

Tetel, Marcel, « De la subjectivité augustinienne dans le *Secretum* et les *Essais* », dans K. Flasch, D. de Courcelles (dir.), *Augustinus in der Neuzeit. Colloque de la Herzog August Bibliothek de Wolfenbüttel, 14-17 octobre 1996*, Turnout, Brepols, 1998, p. 23-32.

Thompson, Douglas I., *Montaigne and the Tolerance of Politics*, Oxford, Oxford University Press, 2018.

Tournon, André, « "Nostre liberté volontaire..." : le *Contr'un* en marge des *Essais* », *Europe*, 729-730, 1990, p 72-82.

Tournon, André, « "Advenu" ou "non advenu"... », dans C. G. Dubois (dir.), *Montaigne et l'histoire*, Paris, Klincksieck, 1991, p. 31-38.

Tournon, André, « "Ny de la punctuation" : sur quelques avatars de la segmentation autographe des *Essais* », *Nouvelle revue du seizième siècle*, 17/1, 1999, p. 147-159.

Tournon, André, *Montaigne. La Glose et l'Essai*, Lyon, Presses de l'université de Lyon, 1983, rééd. Paris, Classiques Garnier, 2000.

Tournon, André, « Justice oblige », *BSAM*, 21-22, 2001, p. 71-79.

Tournon, André, « Justice and the Law », dans U. Langer (dir.), *The Cambridge Companion to Montaigne*, New York, Cambridge University Press, 2005, p. 96-117.

Tournon, André, *« Route par ailleurs ». Le « nouveau langage » des* Essais, Paris, Honoré Champion, 2006.

Traverso, Edilia, *Montaigne e Aristotele*, Florence, Felice le Monnier, 1974.

Trèves, Nicole, « Beyond "l'utile" et "l'honnête" : on some Pioneering Aspects of Machiavelli and Montaigne », *BSAM*, 15-16, 1983, p. 45-60.

Trinquet, Roger, « Montaigne et la divulgation du *Contr'un* », *Revue d'histoire littéraire de la France*, 64/1, 1964, p. 1-12.

Van Delft, Louis, « Réflexion morale et économie du moi dans les *Essais* », *BSAM*, 19-20, 1990, p. 35-50.

Villey, Pierre, *L'Influence de Montaigne sur les idées pédagogiques de Locke et Rousseau*, Paris, 1911.

Villey, Pierre, « Montaigne en Angleterre », *Revue des deux mondes*, septembre 1913, p. 115-150.

Villey, Pierre, *Les Sources et l'Évolution des* Essais *de Montaigne*, Paris, Hachette, 1933, 2 t.

Villey, Pierre, *Montaigne devant la postérité*, Paris, Boivin, 1935.

Vincent, Hubert, *Éducation et Scepticisme chez Montaigne, ou pédantisme et exercice du jugement*, Paris, L'Harmattan, 1997.

Vincent, Hubert, « Scepticisme et conservatisme chez Montaigne ou Qu'est-ce qu'une philosophie sceptique ? », dans P.-F. Moreau (dir.), *Le Retour des philosophies antiques à l'Âge Classique*, t. II : *Le Scepticisme aux XVIe et XVIIe siècles*, Paris, Albin Michel, 2001, p. 132-163.

Wallen, James R., « "Our Natural and Original Illness": Tracking the Human/Animal Distinction in Montaigne and Nietzsche », *Comparative Literature Studies*, 52/3, 2015, p. 449-478.

Weller, Barry, « The Rhetoric of Friendship in Montaigne's *Essays* », *New Literary History*, 9/3, 1978, p. 502-523.

Winter, Ian J., « Montaigne's Self-Portraiture: Contemporary and Societal Reaction », *Kentucky Romance Quaterly*, 23/1, 1976, p. 77-92.

Winter, Ian J., *Montaigne's Self Portrait and Its Influence in France, 1580-1630*, Lexington (Kentucky), *French Forum*, 1976.

Zalloua, Zahi, « Montaigne and the Levinassian Other », *L'Esprit créateur*, 46/1, 2006, p. 86-95.

Zinguer, Ilana, « Les anecdotes dans les *Essais* de Montaigne », *BSAM*, 9, 1974, p. 81-107.

Zinguer, Ilana, « Les trois commerces ou principes pour une théorie de la communication », dans Id. (dir.), *Le Lecteur, l'Auteur et l'Écrivain. Montaigne : 1492-1592-1992. Actes du colloque international de Haïfa*, Paris, Honoré Champion, 1993, p. 55-68.

INDEX DES AUTEURS

TABLE DES MATIÈRES

DANS LA MÊME COLLECTION

Yvan Blot,
Herbert Spencer. Un évolutionniste contre l'étatisme

Paul-Jacques Lehmann,
Léon Say ou le libéralisme assumé

Alain Laurent,
Ayn Rand ou la passion de l'égoïsme rationnel

Philippe Boulanger,
Jean-François Revel
ou la démocratie libérale à l'épreuve du XXe siècle

Nicolas Buat,
John Law. La dette, ou comment s'en débarrasser

Patricia Commun
Les ordolibéraux.
Histoire d'un libéralisme à l'Allemande

Jean-Philippe Vincent,
Qu'est-ce que le conservatisme ?

Jérôme Perrier,
Alain ou la démocratie de l'individu

Hubert Étienne,
Le Cens de l'État.
Comprendre la crise du politique par la modernité fiscal

Composition et mise en pages
Nord Compo à Villeneuve-d'Ascq

Ce volume,
le dixième
de la collection « Penseurs de la liberté »
publié aux éditions Les Belles Lettres
a été achevé d'imprimer
en décembre 2022
sur les presses
de La Manufacture Imprimeur
52000 Langres

N° d'éditeur : 10419
N° d'imprimeur : 221145
Dépôt légal : février 2023
Imprimé en France

L'un des rares « hommes de libéralité » dans une « époque de bigoterie » selon Waldo Emerson, « premier homme complètement moderne » selon Leonard Woolf, Montaigne a marqué l'histoire de la pensée libérale.

Certes, les *Essais* ne sont ni un ouvrage de philosophie politique ni un ouvrage d'économie. Mais la mutation anthropologique et morale qu'ils annoncent aura des effets dans ces deux domaines. Leur valorisation d'une éthique centrée sur l'autonomie et l'expression de soi, leur critique des diverses modalités d'autoritarisme et de domination, la césure, souvent conflictuelle, qu'ils instaurent entre l'homme privé et les offices publics, conduisent à une réévaluation de la fonction et des limites des institutions politiques, faisant, pour reprendre la formule de Tocqueville, d'« une sorte d'égoïsme raffiné et intelligent [...] le pivot sur lequel roule toute la machine ». La définition de cet égoïsme vertueux constitue une réponse aux défis du temps provoqués par la crise de l'humanisme, la découverte d'un nouveau monde, mais aussi des brutalités qui ont accompagné sa conquête, et avant tout la guerre civile engendrée par les conflits confessionnels.

Partant des réflexions de Montaigne sur la relation à soi-même et aux autres, Thierry Gontier en analyse les conséquences morales et politiques. Il fait dialoguer les *Essais* avec quelques-unes des grandes philosophies de notre temps autour du libéralisme (Arendt, Rawls, Habermas, Derrida, Taylor, etc.) pour décrire ces modèles alternatifs de refondation du social que sont l'amitié et la conférence.

Thierry Gontier est Professeur de philosophie politique et morale à l'université Jean Moulin-Lyon 3 et membre senior honoraire de l'Institut universitaire de France (IUF). Ses travaux portent sur l'anthropologie morale et politique de la première modernité (Renaissance, Âge classique) et ses prolongements dans la pensée contemporaine. Il est le cofondateur de l'Atelier Montaigne. Il est aussi vice-président de la Société des amies et des amis de Montaigne (SIAAM) et directeur de la série éditoriale *Lectures des* Essais.

27 €

BELLES LETTRES DIFFUSION DISTRIBUTION S.A.S.

ISBN : 978-2-251-45398-9

9 782251 453989